Kunst-Reiseführer in der Reihe DuMont ~~*iente*~~

Zur schnellen Orientierung – die wich~~tigsten~~ **Orte und Sehenswürdigkeiten·Oberbayerns auf ein**~~en Blick~~
(Auszug aus dem ausführlichen Ortsregister ab S. 393)

Altenstadt	276	Mittenwald	
Altomünster	105	Moosburg	
Altötting	333	Mühldorf	
Anger	358	München	118
Aschau	222	Neuburg/Donau	102
Attel	309	Neuötting	336
Bad Reichenhall	171	Neuschwanstein	242
Bad Tölz	230	Oberammergau	240
Baumburg	352	Polling	271
Bayrischzell	223	Rabenden	353
Benediktbeuern	233	Raitenhaslach	345
Berchtesgaden	169	Ramsau	171
Burghausen	341	Reisach	299
Chiemsee	217	Rosenheim	302
Dießen	265	Rott am Inn	307
Dietramszell	231	Rottenbuch	297
Eichstätt	101	Ruhpolding	174
Erding	115	Schäftlarn	164
Ettal	238	Schleißheim	160
Fischbachau	223	Schongau	275
Frauenchiemsee	219	Seeon	354
Freising	110	Steingaden	280
Fürstenfeldbruck	162	Tegernsee	226
Garmisch-Partenkirchen	235	Tittmoning	346
Herrenchiemsee	220	Traunstein	356
Höglwörth	357	Tuntenhausen	305
Hohenpeißenberg	274	Urschalling	217
Ingolstadt	97	Vohburg	100
Kochelsee	234	Wasserburg	309
Königssee	171	Weilheim	271
Landsberg	244	Wessobrunn	272
Laufen	349	Weyarn	225
Linderhof	242	Wieskirche	277
Markt Indersdorf	106	Zugspitze	237

In der Umschlagklappe: Übersichtskarte von Oberbayern

In der hinteren Klappe: Stammbaum der Wittelsbacher und Wallfahrtskirchen Oberbayerns

Gerhard Eckert

Oberbayern

Kultur, Geschichte, Landschaft
zwischen Donau und Alpen, Lech und Salzach

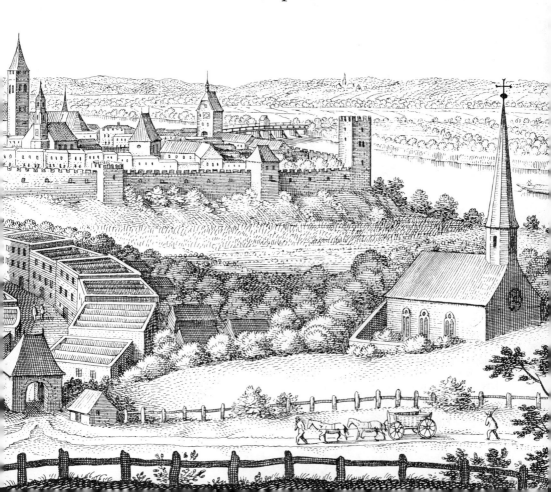

Umschlagvorderseite: Kloster Seeon, Chiemgau (Foto: Peter Klaes)
Umschlaginnenklappe vorn: Mörlbach, Verkündigungsaltar in St. Stefan (Foto: Löbl-Schreyer)
Umschlagrückseite: St. Bartholomä am Königssee mit Watzmann-Ostwand (Foto: J. Kinkelin)
Frontispiz S. 2/3: Mühldorf (Matthäus Merian: Topographia Germaniae, Bayern 1657)

© 1980 DuMont Buchverlag, Köln
8., überarbeitete Auflage 1988
Alle Rechte vorbehalten
Satz: Rasch, Bramsche
Druck und buchbinderische Verarbeitung:
C & C Joint Printing Co., (H.K.) Ltd.

Printed in Hong Kong   ISBN 3-7701-0987-2

Inhalt

Bayern, wo es am bayerischsten ist 9

Oberbayern – das geliebte Land 11
   Von der Landschaft zur Kunst 11
   Warum Oberbayern ›anders‹ ist 12
   Der Schöpfung nachgeholfen 13
   Bleibt Oberbayern, was es war? 15
   Kirchen – Andacht und Kunstgenuß 18
   Nicht nur Barock und Rokoko 22
   Oberbayern neu erleben 22

Vom Pfahlbau-Bewohner zum Freistaat-Bürger 23
   Bayern in Altbayern 23
   Die erste Besiedlung 24
   Wie kamen die Boiern hierher? 24
   Frühe Christianisierung 25
   Von den Frankenherzögen bis zu den Wittelsbachern 25
   Im Zeichen der Wittelsbacher 27
   Ein ›Brandenburger‹ in Bayern 28
   Ein wirklich weiser Herrscher 29
   Reformation und Gegenreformation 29
   Ferdinand Maria und der Barock 31
   Zwischen Preußen und Habsburg 32
   Die Revolution und – Napoleon 49
   Ludwig I. – Erfolg und Debakel 50
   Max II. – der Fortschritt zieht ein 50
   Ludwig II. – Traum und Wirklichkeit 51
   Abschied von den Wittelsbachern 52
   Bayerns Weg in die Gegenwart 53

Künstler, die Oberbayern prägten 54
Die Brüder Asam 56
Johann Baptist Baader 57
Ignaz Baldauff 58
Johann Georg Bergmüller 59
François Cuvilliés d. Ä. 59
Johann Michael Fischer 61
Erasmus Grasser 62
Ignaz Günther 64
Matthäus Günther 65
Christian Jorhan d. Ä. 66
Leo von Klenze 67
Hans Krumper 68
Hans Leinberger 69
Franz Xaver Schmädl 70
Die Familie Schmuzer 70
Johann Baptist Straub 72
Giovanni Antonio Viscardi 73
Christian Wink 73
Familie Zimmermann 74
Familie Zürn 76
Franz Zwinck 77

Oberbayern zwischen Altmühltal und München 79
Zu viele fahren hier unachtsam hindurch
    Ingolstadt 97   Vohburg 100   Eichstätt 101   Neuburg/Donau 102
    Schrobenhausen 103   Sandizell 103   Aichach 104   Maria Birnbaum 105
    Altomünster 105   Markt Indersdorf 106   Hohenkammer 107   Ilmmünster 107
    Scheyern 107   Pfaffenhofen 108   Moosburg 109   Freising 110   Erding 115
    Wartenberg 116   Groß-Thalheim 116

Die Hauptstadt, die man lieben muß 118
München ist Oberbayerns ruhender Mittelpunkt
    Frauenkirche 122   St. Peter 125   St. Michael 126   Theatinerkirche 127
    Dreifaltigkeitskirche 128   St. Johann-Nepomuk-Kirche 145   St. Anna
    auf dem Lehel 145   St. Michael in Berg am Laim 146   Residenz 147
    Marienplatz 149   Englischer Garten 152   Nymphenburg 153   Blutenburg 155

Vor Münchens Toren 157
Kunsterlebnisse am Rande der Großstadt
    Dachau 159   Haimhausen 160   Schleißheim 160   Fürstenfeldbruck 162
    Schäftlarn 164   Kreuzpullach 165   Grünwald 165

Das Bilderbuch, das Oberbayern heißt 166
Im Verlauf der Deutschen Alpenstraße aufgeblättert
    Berchtesgaden 169   Bad Reichenhall 171   Ruhpolding 174   Streichenkapelle 175
    Grassau 176   Urschalling 217   Herrenchiemsee 220   Hohenaschau 222
    Fischbachau 223   Schliersee 224   Weyarn 225   Gmund 226   Tegernsee 227
    Bad Tölz 230   Dietramszell 231   Benediktbeuern 233   Schlehdorf 234
    Mittenwald 235   Garmisch-Partenkirchen 235   Murnau 238   Ettal 238
    Oberammergau 240   Linderhof 242   Neuschwanstein 242

Von Landsberg in den Pfaffenwinkel 244
Vieles ist bekannt, aber es gibt auch Entdeckungen
    Landsberg 244   Vilgertshofen 265   Dießen 265   Andechs 266   Starnberg 269
    Bernried 270   Weilheim 271   Polling 271   Wessobrunn 272
    Hohenpeißenberg 274   Schongau 276   Altenstadt 276   Wies 277
    Steingaden 280   Rottenbuch 297

Mit dem Lauf des Inn durch Oberbayern 299
Am Anfang und am Ende liegt Österreich
    Reisach 299   Flintsbach 301   Westerndorf 301   Rosenheim 302   Bad Aibling 303
    Weihenlinden 304   Tuntenhausen 305   Rott am Inn 307   Attel 309
    Wasserburg 309   Amerang 309   Halfing 309   Isen 330   Mühldorf 331
    Neumarkt-St. Veit 332   Altötting 333   Neuötting 337

Die beschauliche Welt des Rupertiwinkel 339
Zwischen Inn, Salzach und Chiemsee
    Margarethenberg 340   Burghausen 341   Marienberg 345   Raitenhaslach 345
    Tittmoning 346   Fridolfing 348   Laufen 349   Abtsdorf 350   Freilassing 351
    Trostberg 351   Baumburg 352   Rabenden 353   Seeon 354   Traunstein 356
    Höglwörth 357   Anger 358

    Literaturhinweise 360

Praktische Reisehinweise 361
Anreise 361
Touristische Auskunftsstellen 362
    Verkehrsauskünfte in München 364
Bergbahnen 364
Schiffsverkehr 365
Kleine Klimakunde 366
Reisezeit 366
Reiseplanung 367
Kleidungsvorschläge 367

Unterkunft	368
Zur Kur nach Oberbayern	369
Speisen und Getränke	369
Die besten Küchen	370
Das kulturelle Angebot in den Urlaubsorten	373
Besondere Veranstaltungen	373
Museen	374
Souvenirs	384
Glossar	385
Register	387
Abbildungsnachweis	402

Bayern, wo es am bayerischsten ist

Oberbayern ist nicht nur die bekannteste deutsche Ferienlandschaft, sondern auch diejenige, an die beinahe jeder mit festgelegten Erwartungen und Klischeevorstellungen herangeht. Das um so mehr, je weiter entfernt von Oberbayern er wohnt. Dieser südliche Teil des Freistaats Bayern scheint unausweichlich in Schablonen gepreßt zu sein, die jedem sofort einfallen, sobald die Rede auf Oberbayern kommt: Königssee und Hofbräuhaus, Zugspitzbahn und Schuhplattler, Oberammergau und Edelweiß – das sind nur einige von ihnen. Darüber hinaus hat Oberbayern, so könnte es scheinen, kaum noch Geheimnisse und Überraschungen zu bieten.

Dabei hat sich etwas Merkwürdiges ergeben: Sobald außerhalb Bayerns Eigenarten, Besonderheiten, Wesensmerkmale dieses Landes und seiner Menschen beurteilt werden, kommt beinahe jedem und beinahe ausschließlich das Bild und die Mentalität Oberbayerns in den Sinn – noch dazu jenes Klischee von Oberbayern, versteht sich, jenes Oberbayerns des Alpenraums also, München als Hauptstadt Oberbayerns und des ganzen Bayerns zugleich einbezogen.

Daß dieses Oberbayern jedoch nur einen (wenn auch den größten!) von insgesamt sieben bayerischen Regierungsbezirken darstellt, daß außer Oberbayern auch Niederbayern und Bayerisch-Schwaben, die Oberpfalz sowie Ober-, Mittel- und Unterfranken selbstverständlich zu Bayern gehören und im Ganzen eine nicht unwichtige Rolle spielen – wer wird sich dessen schon recht bewußt?! Räumlich umfaßt Oberbayern nicht mehr als ein knappes Viertel, der Einwohnerzahl nach weit weniger als ein Drittel ganz Bayerns. So gibt es im Freistaat Bayern – man sollte es kaum glauben! – mehr Franken als Oberbayern. Dennoch wird nun einmal allgemein Oberbayern als die bayerischste Provinz des Landes betrachtet, wird der Teil kurzerhand fürs Ganze genommen.

Ja, das Oberbayern, das viele von uns zu kennen glauben, mag durchaus als Inbegriff des ganzen Landes aufgefaßt werden. Aber: Wo nun wirklich seine Grenzen liegen, wird den wenigsten Liebhabern dieser Landschaft recht bewußt. Keinesfalls nämlich umfaßt Oberbayern lediglich die Alpenregionen und das Voralpenland mit München als dem nördlichsten Vorposten. Nein, München liegt – wer hat's gewußt? – ziemlich genau in Oberbayerns Mitte! Noch ein Stück weiter nämlich, als Oberbayern von München aus nach Süden bis zur österreichischen Grenze reicht, zieht es sich auch nach Norden hin, wenngleich bald merklich schmaler werdend. Erst jenseits von Ingolstadt, an der Altmühl, endet Oberbay-

BAYERN, WO ES AM BAYERISCHSTEN IST

ern, das zugleich nach Nordosten hin Mühldorf, Altötting und Neumarkt-St. Veit einschließt und nordwestlich beinahe bis zur Mündung des Lech in die Donau – sie fließt im Norden sogar für eine kurze Strecke durch Oberbayern! – reicht. Eine Gebietsreform in den siebziger Jahren hat den Regierungsbezirk Oberbayern über die historischen Grenzen hinaus von der Donau nach Norden bis zur Altmühl verschoben.

Oberbayern ist also, auch wenn Ihnen liebgewordene Vorstellungen damit möglicherweise verlorengehen, bestenfalls zur knappen Hälfte ein ›Bergland‹. Der andere, sogar größere Teil erstreckt sich über Ebenen und Hochebenen. Wer bayerische, also oberbayerische Dörfer und Städte, Häuser und Menschen zu kennen glaubt, wird sie in und um Freising, Schrobenhausen, Landsberg oder Burghausen ein wenig anders erleben. Das setzt freilich voraus, daß er überhaupt dorthin kommt, wo der Tourismus eine wesentlich bescheidenere Rolle spielt. Oberbayern, um es noch einmal deutlich zu sagen, umfaßt erheblich weniger als Bayern, jedoch weit mehr, als gemeinhin angenommen wird.

So gilt demnach auch das Klischee, das man Oberbayern unverwechselbar angeheftet hat, nur für einen Teil dieses Gebietes. Das ändert anderseits wieder nichts daran, daß die Reisenden just das in Oberbayern erwarten, was ihnen die Fremdenverkehrswerbung mit ihrer schönfärberischen (und einseitigen) Bildvermittlung immer wieder vorsetzt. Das führt leider dazu, daß manche (die meisten) Urlauber an allerlei Bedeutendem oder gar Wesentlichem ahnungslos vorüberfahren. Sie halten sich an vertraute, jedermann geläufige Schönheiten und verpassen damit die stilleren, oft künstlerisch wichtigeren und erlebnisstärkeren Eigenarten, die am Rande oder abseits der gängigen Strecke liegen.

Versuchen Sie bitte, an Hand dieses Kunst-Reiseführers künftig andere Maßstäbe anzulegen und umzudenken. Vielleicht gelingt es Ihnen, auch wenn es nicht ganz einfach ist. Zu stark dominieren eben doch Namen wie Berchtesgaden, Ruhpolding, Tegernsee, Mittenwald oder Garmisch-Partenkirchen mit ihren fest umrissenen Landschaftsbildern, zu gewichtig erscheinen die Attraktionen von Herrenchiemsee, der Königsschlösser und natürlich auch der Wieskirche, als daß noch viel anderes daneben Raum hätte. Aber es kommt darauf an, das Vertraute nicht auszuschließen und das weniger Geläufige nicht einfach unter den Tisch fallen zu lassen.

Wenn ein Theodor Fontane vor mehr als hundert Jahren in einem anderen Teil Deutschlands durch die Mark Brandenburg wanderte, um bisher nicht Geschautes oder Gewürdigtes zum erstenmal ins rechte Licht zu setzen, so wäre es an der Zeit, nach Oberbayern mit der Absicht zu fahren, es noch einmal ganz neu zu ›entdecken‹, so als habe es keinen Ganghofer oder Ludwig II. gegeben – eine Reise also, die ohne vorgeprägte Ansichten erfolgt und mehr sucht als die hinlänglich bekannten Sehenswürdigkeiten. Das künstlerische Gesicht Oberbayerns ist viel zu reich, viel zu mannigfaltig und viel zu beglückend, als daß man es beständig aus der Perspektive der Alpen-Euphorie oder eines Tegernsee-Snobismus betrachten sollte. Versuchen Sie also, nach Oberbayern zu fahren, als ob Sie noch nichts darüber wüßten, um es unbefangen und aufgeschlossen zu erleben, um im bisher Unbekannten mehr zu finden, als Sie vorher ahnten, und – hinter dem scheinbar Bekannten – eine ganz neue Welt aufzuspüren!

Oberbayern - das geliebte Land

»Es ist das wenigste, daß man tapfer umhersteigt im Gebirge, während man am Meer still im Sande ruht. Aber ich kenne den Blick, mit dem man dem einen, und jenen, mit dem man dem anderen huldigt. Sichere, trotzige, glückliche Augen, die voll sind von Unternehmungslust, Festigkeit und Lebensmut, schweifen von Gipfel zu Gipfel; aber auf der Weite des Meeres, das mit diesem mystischen und lähmenden Fatalismus seine Wogen heranwälzt, träumt ein verschleierter, hoffnungsloser und wissender Blick, der irgendwo einstmals tief in traurige Wirrnisse sah ... Gesundheit und Krankheit, das ist der Unterschied. Man klettert keck in die wundervolle Vielfachheit der zackigen, ragenden zerklüfteten Erscheinungen hinein, um seine Lebenskraft zu erproben, von der noch nichts verausgabt wurde ...«

Mit diesen Worten läßt Thomas Mann seinen Thomas Buddenbrook über den Unterschied zwischen einem Aufenthalt am Meer und dem im Gebirge nachsinnen. Ob man das Ergebnis bejaht, bei dem das Gebirge zur Bestätigung der Gesundheit wird, ist eine zweite Frage. Dennoch geht die Anziehungskraft Oberbayerns auf Urlauber und Erholungsbedürftige zunächst einmal von den Bergen aus – von ihrem eindrucksvollen Anblick für die meisten, von ihrer mehr oder minder kühnen Eroberung für eine Minderheit, während der bedächtige Wanderer die goldene Mitte repräsentiert. Alle suchen und bewundern im Gebirge die schöne Landschaft – eine erstaunliche Wandlung, denn früher sah man es viel eher als bedrohlich, unheimlich oder gar abschreckend an.

Von der Landschaft zur Kunst

Schöne Landschaften können leicht dazu führen, ja verführen, über ihnen die Zutaten von Menschenhand, so kunstvoll sie auch sein mögen, geringer einzuschätzen. Die Landschaft drängt die Kunst in den Hintergrund. So wandeln sich die Schwerpunkte: Wurden ursprünglich die Kirchen, Burgen und Schlösser als Vorposten gegenüber Natur und Bergen geschaffen, als Schutz und Trost sozusagen, so hat die Bejahung der Bergwelt und ihre Bezwingung durch jedermann zugängliche Straßen, Wege, Bauten und Bahnen das Gewicht kultureller Leistungen im Tal, in der Ebene vermindert. Beispielsweise haben in der Schweiz die Erschließung der Berglandschaft und ihre dominierende Anziehungskraft dazu geführt, daß das Interesse an der Schweizer Kunst vergleichsweise geringer geworden ist. In die Schweiz fährt man der Berge wegen, keinesfalls um Kunst zu erleben.

Wie aber steht es damit in Oberbayern, wobei wir uns zunächst an die herkömmliche Einstufung Oberbayerns als einer Alpen- und Voralpenlandschaft halten? Gewiß erscheint den meisten Betrachtern der Königssee auf den ersten Blick wichtiger als die künstlerische Gestalt von St. Bartholomä, das vielleicht nur als Fotomotiv reizt. Ebensowenig können Garmisch-Partenkirchens Kirchen in der Gunst der Besucher mit der Zugspitze konkurrieren. Die Reihe ließe sich fortsetzen. Muß man also auch hier davon ausgehen, daß die Kunst hinter der Landschaft zurücktritt und zu einer nur von Minderheiten überhaupt beachteten Nebensache wird?

Die Antwort dürfte ein wenig zwiespältig ausfallen. Zwar darf man wohl nicht so kühn sein, das augenscheinliche und zahlenmäßig belegbare Interesse an ganz bestimmten Bau- und Kunstwerken bereits als Zeichen für ein lebhaftes und lebendiges Kunstverständnis anzusehen. Mit dem Besuch der Schlösser, einiger hervorragend bekannter Kirchen und vielleicht noch einiger Museen wird eher Neugier befriedigt als Kunstsinn gezeigt. Noch immer wird überdies Tegernsees Bräustübl lebhafter besucht als die daneben gelegene Klosterkirche St. Quirin, um nur ein sehr augenfälliges Beispiel zu erwähnen. Aber selbst Neugier, wenn sie tatsächlich zu Begegnungen mit der Kunst führt, ist ein begrüßenswertes Motiv und vielleicht der Ansatz zu Verstehen und Erleben.

Warum Oberbayern ›anders‹ ist

Es ist wohl nicht übertrieben, wenn man zu den Eindrücken, die für ein ›richtiges‹ Bild Oberbayerns unentbehrlich sind – neben Bergen, Tälern, Seen und Ausblicken –, auch die bunt bemalten Hausfronten zählt, die Zwiebeltürme der Kirchen, die reichen Altäre und Deckengemälde in den Gotteshäusern, die Fassaden der Inn- und Salzachstädte, die Türme alter Burgen, die wuchtigen Gemäuer alter Klöster und dazu – in den Gemäldegalerien – die ausdrucksvolle Bildhaftigkeit der Altdorfer, Leibl, Schwind oder Spitzweg.

Die Bergkulisse des Ammergebirges läßt in Oberammergau die Werke der Herrgott-Schnitzer und die in Farben erzählten Geschichten des ›Lüftlmalers‹ Zwinck nicht zurücktreten. An vielen Orten – besonders typisch die Wieskirche – fließen der bergige Horizont, die farbenfrohe Umwelt und das nicht minder farben- und stuckfrohe Kircheninnere zu vollkommener Harmonie zusammen. Weithin in Oberbayern verbinden sich Natur und Kunst zu einem gemeinsamen Erlebnis. Das eine erscheint dem, der zu sehen und zu empfinden vermag, unvollkommen ohne das andere.

Hier ist die Entwicklung ganz offensichtlich anders verlaufen als in der Schweiz. Zumal für Oberbayern mit seinen aus religiösen Bedürfnissen und kirchlicher Notwendigkeit errichteten Bauten durchaus gilt, was der Kunsthistoriker Hans Weigert behauptet hat: »Niemals ist in Deutschland so viel gebaut worden wie im frühen achtzehnten Jahrhundert. Die deutsche Phantasie dichtete damals in Räumen wie um 1500 in Bildern, um 1800 in

Versen.« In der Tat: Auch wenn manche ältere romanische oder gotische Kirche der barocken Baufreude des 18. Jahrhunderts durch radikale Umgestaltung – insbesondere innen, aber bisweilen auch außen – geopfert wurde, muß man den Klöstern und Kirchgemeinden dankbar sein, die Oberbayern das Gesicht gaben, das wir heute kennen. Das Ergebnis wiegt schwerer – auch wenn ein oberflächlicher Augenschein es anders deuten könnte – als die Prunkbauten Ludwigs II. Kirchen und Klöster bauten nicht – wie es Ludwig II. tat – für ein individuelles, ichbezogenes ästhetisches Vergnügen, sondern mehr oder minder für die Allgemeinheit der Gläubigen, für das Volk. Das macht vieles an diesen Bauten dank der zum Ausdruck kommenden naiven Bildfreudigkeit auch heute noch so leicht zugänglich. Joseph Gregor hat als erster darauf hingewiesen – und es bestätigt sich vielerorts –, daß die Deckengemälde eines Cosmas Damian Asam oder Johann Baptist Zimmermann mit ihren oft dramatischen optischen Erzählungen frühe Vorläufer der bewegten Bilder von Film und Fernsehen unserer Tage waren. Die Welt in ihrer Harmonie und in ihrem Zwiestreit, vornehmlich im Rahmen der durch die Bibel vorgegebenen Stoffe, wurde dem Kirchenbesucher in lebendigen Bildern vor Augen geführt.

Weithin in Oberbayern – und das gilt auch für die Bezirks- und Landeshauptstadt München – bestätigt sich das fruchtbare Neben- und Miteinander von Landschaft und Kunst. Dabei wird hier das eine, dort das andere stärker im Vordergrund stehen. Eine solche Spannung, ein solches ›Wetteifern‹ ist notwendig, ja unvermeidlich. Überblickt man jedoch Oberbayern als Ganzes, dann spürt man bald – und nicht nur im Alpenraum –, daß Landschaft und Kunst als Folge einer Entwicklung, die Jahrhunderte umfaßte, zusammenfließen.

Der Schöpfung nachgeholfen

Wer ohne ein festes und begrenztes Ziel durch Oberbayern fährt, wird immer wieder zweierlei im Blick haben können: Sein Auge wird vom Kirchturm zur Bergspitze, von der Brunnenplastik zu den Wiesen, von der Stuckdekoration zum einstrahlenden Licht schweifen. Ob Ruperti- oder Pfaffenwinkel, ob Hallertau (Holledau) oder Inn-Salzach-Dreieck: Daß Kirchen und Klöster so früh den Reiz der Landschaft jener mittelalterlichen Zeit als Anlaß und Anstoß für ihre Bauten empfanden, ist nicht zum Schaden der Natur geschehen – im Gegenteil! Man hat – gewissermaßen – der vorhandenen Schöpfung nachgeholfen und sie – überwiegend bis heute, zum Glück – nicht verunstaltet.

Der unverwüstliche Ludwig Ganghofer hat dieses Miteinander göttlicher Vorgabe mit menschlicher Schaffensfreude als beredtes Zeugnis dem ersten Propst Berchtesgadens im Mittelalter in den Mund gelegt und damit zum Ausdruck gebracht, was in gewisser Weise für ganz Oberbayern gilt: »Wen Gott lieb hat, lässet er fallen ins Berchtesgadener Land.« Hierher gehört auch die ein wenig überhebliche, aber doch zugleich rührend einfältige Legende von der Verteilung der Welt durch den lieben Gott: Alle Völker mußten bei ihm vorsprechen, um ihr Stück Land zugeteilt zu erhalten. Der bescheidene Bayer – so

OBERBAYERN – DAS GELIEBTE LAND

Votivtafel, ›EX VOTO, 1. 6. 99‹, Öl auf Holz

charakterisiert ihn jedenfalls die Legende – stellt sich als letzter hinten an. Als er schließlich an der Reihe ist, hat Gott bereits alles vergeben. Was bleibt dem Schöpfer anderes übrig, als dem Bayern just das Stück der Erde zuzuweisen, das er eigentlich für sich selbst vorgesehen und daher zum allerschönsten gemacht hatte? Es war Bayern und – wie wir sahen – in erster Linie eben Oberbayern.

Sein Reiz in unseren Tagen ist nicht allein von der Landschaft geprägt, sondern davon, daß hier auch Bauten und Kunst harmonisch übereinstimmen, daß nicht *gegen* die Landschaft, sondern *in* ihr und mit Gespür für ihre Eigenart gebaut wurde. Wo sonst in Deutschland könnte man das guten Gewissens ebenfalls sagen?!

In diesem Sinne ist Oberbayern ein Glücksfall, zu dem zweifellos beiträgt, daß Zerstörungen und Verheerungen des letzten Krieges keine allzu großen Ausmaße annahmen – selbst in den großen Städten, die hier ohnehin spärlich sind: Einzige Großstadt ist München, und lediglich Ingolstadt nähert sich großstädtischer Einwohnerzahl. Das gilt für einen Bereich, der immerhin mehr als 16 000 qkm – also mehr als Schleswig-Holstein oder Sachsen – umfaßt. Der Kern der ›gewachsenen‹ Kunst ist in Oberbayern weithin unversehrt geblieben und mußte nicht aus der Zerstörung restauriert werden, auch wenn es ganz ohne solche ›Reparaturen‹ selbstverständlich auch hier nicht abging, in München beispielsweise. Allein die Säkularisation zu Beginn des 19. Jahrhunderts, die als Folge der Französischen Revolution auftretende Verweltlichung, hat – wie es ähnlich und noch viel stärker in Frankreich selbst geschah – Wunden geschlagen und zu spürbaren Verlusten geführt. Zu einer einschneidenden Zerstörung – wie etwa in Cluny – kam es jedoch in Oberbayern nicht.

Als kurz danach, Anno 1835, Albin Bukowsky, ein geistlicher Herr, durch Oberbayern reiste und zuerst Seeons einstiges Chorherrenstift und dann das nun von einem Landrichter bewohnte ehemalige Jesuitenkollegium von Ebersberg zu Gesicht bekam, mußte er einräumen: »Ob die Jesuiten Hundsfötter, ob sie der menschlichen Gesellschaft nützlich oder schädlich waren, weiß ich nicht. Aber das weiß ich, das sehe ich, daß wo sie immer nisteten, sie großartige Werke aufweisen.«

Sachlicher hat es vor einiger Zeit der aus Weilheim gebürtige Oberbayer W. E. Süskind, ausgedrückt: »Die Vorstellung von Oberbayern als Erholungsgebiet hängt eng zusammen mit der Vorstellung, daß wir hier ein in sich geschlossenes Gebiet ländlicher Sozialstruktur vor uns haben. Ein Bauernland mit Zwiebeltürmen und Klosterkirchen vom uralten, ursprünglich romanischen Polling, Wessobrunn und Rottenbuch bis zur barocken Pracht von Kloster Schäftlarn und Dietramszell und zur verspielten Rokoko-Eleganz der Wieskirche. Das sind nur die bekanntesten Namen. Es gibt unzählige weniger berühmte, und der Wanderer kann noch heute und auf den kleinsten Dörfern die erstaunlichsten Funde machen. Auch ihren bäuerlichen Charakter haben die oberbayrischen Landkreise zum größten Teil bis heute bewahrt.«

Bleibt Oberbayern, was es war?

Erstaunlicherweise hat sich daran auch in den 25 Jahren, die seit Süskinds Feststellungen vergangen sind, nichts geändert. Das bayerische Beharrungsvermögen, anderswo vielleicht nicht immer so erfreulich, erweist sich hier als ein entscheidender Vorzug. In Oberbayern bestehen fast alle Dörfer noch ohne den städtische Wohnweise nachahmenden, entstellen-

Freilichtmuseum Glentleiten, Hodererhof (Typ Einhof): Giebelansicht und Querschnitt; Obergeschoß- und Erdgeschoßgrundriß

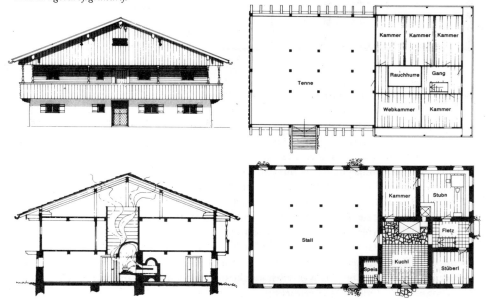

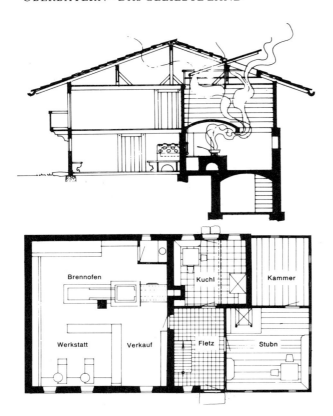

Freilichtmuseum Glentleiten, Zehentmaierhaus (Typ Einhof): Querschnitt; Erdgeschoßgrundriß mit Hafnerwerkstätte

den Außenbezirk, der anderswo ihr Bild beträchtlich schmälert. Die durch Generationen überkommene Bauweise wird im Prinzip, auch wenn es innen modern und komfortabel zugeht, fortgesetzt. Allerdings ahnt der Tourist nur wenig von dem Wandel, der sich trotz allem unter der Oberfläche vollzieht und dazu geführt hat, daß nun auch in Oberbayern die ersten Freilichtmuseen – vor allem das auf der Glentleiten (Abb. 2–4) zwischen Murnau und Kochel – entstanden, ja entstehen mußten, wenn nicht wesentliche Zeugnisse bodenständiger Bauweise verschwinden sollten. Nicht ohne Bitterkeit betont der Leiter des Glentleiten-Museums Ottmar Schuberth, daß die mit Steinen beschwerten Legschindeldächer oberbayerischer Häuser, wie sie noch im ersten Viertel unseres Jahrhunderts selbst in Berchtesgaden oder Garmisch-Partenkirchen (ganz zu schweigen von den kleineren Dörfern) weithin vertreten waren, »dank den Bemühungen der Forstbehörden und des Brandschutzes leider in unseren Gegenden fast völlig ausgerottet und auch in Tirol am Aussterben« sind. Nur als grimmiger Hohn ist dabei das Wörtchen ›dank‹ zu verstehen. Auch in Oberbayern fordern Unverstand und Modernisierungssucht ihre Opfer.

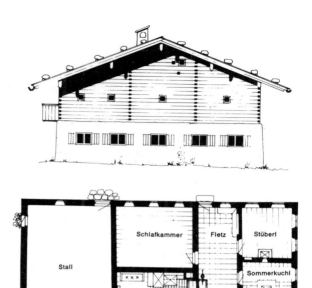

Freilichtmuseum Glentleiten, Mörnerhof aus Heretsham; Giebelansicht und Erdgeschoßgrundriß (Teil eines Vierseithofes aus dem östlichen Oberbayern)

Freilich gibt es, wie mancher von Blumenbalkonen faszinierte Tourist meinen mag, durchaus nicht nur einen Haustyp in Oberbayern, sondern es sind nicht weniger als sechs. Da sie über einen größeren Raum verbreitet sind, hat man von ›Hauslandschaften‹ gesprochen, die sich keineswegs an politische Grenzen halten, sondern beispielsweise von Südbayern aus bis ins österreichische Tirol hineinreichen oder aus anderen Teilen Bayerns bis nach Oberbayern, wobei sich zugleich vielerlei Abwandlungen ergeben haben.

Ottmar Schuberth hat in einem Überblick die Häuser beschrieben, die Dörfer und Landschaft Oberbayerns prägen: »Im Voralpenland sind es die stolzen Einhöfe mit flachgeneigtem Satteldach, die oft einsam auf den Höhenzügen thronen, im Osten die geschlossenen Vierseithöfe, herb und abweisend, und im Berchtesgadener Land die weit in die Landschaft blickenden offenen Zwiehöfe mit den typischen im Obergeschoß überhängenden Feldkästen. Im Gegensatz dazu dann die oft eng zusammengebauten Mittertennhäuser mit ihren reichen Bundwerkgiebeln im Werdenfelser Land, oder die charakteristischen Heustadel um Mittenwald. Nördlich Münchens herrscht das westbayerische Haus vor, mit mittelsteilem Giebeldach, vielfach direkt auf dem Erdgeschoß, und um Ingolstadt ragt bereits das Jurahaus herein mit seinem schweren flachen Kalkplattendach auf den mächtigen Rafen.«

Das alles sind in Jahrhunderten gewachsene Hausformen, die ihre Gestalt der jeweils erforderlichen Funktion verdanken und zugleich das ›künstlerische‹ Formgefühl der Erbauer zum Ausdruck bringen. Gegenüber der Uniformität moderner Siedlungshäuser, wie sie auch im Dorf entstehen, zeigt sich in Oberbayern eine erfreuliche, aus dem Bodenständigen gewachsene Vielfalt, selbst dort, wo der Grundtyp in einem Dorf der gleiche ist. Das kann man an den überkommenen Häusern von Anger aus dem 18. Jahrhundert – von König Ludwig I. als »schönstes Dorf Bayerns« bezeichnet – ebenso ablesen wie am Nebeneinander von Alt und Neu, wie es sich beispielsweise in Reit im Winkl (Abb. 13) oder Bayrischzell (Farbt. 25) zeigt. In solchen und ähnlichen Dorfbildern, oft gerade auch abseits der Hauptstraßen überraschend anzutreffen, erweist sich, warum Oberbayern bei seinen Gästen von außerhalb so herzliche Gefühle der Behaglichkeit entstehen läßt.

Kirchen - Andacht und Kunstgenuß

Sicher sind diese architektonischen Zweckformen des Hausbaus nicht auf eine künstlerische Ebene mit den prunkvollen Schloßbauten und den reich ausgeschmückten Kirchen und Klöstern zu stellen. Während die dörflichen Häuser den alltäglichen Lebensgewohnheiten der Menschen dienen, sind die Gotteshäuser zwar nicht ausschließlich dem Sonntag vorbehalten, wohl aber zur Lösung aus dem Alltag im Geist feierlicher Erhebung und Besinnung angelegt. Dabei fließen kaum irgendwo in Deutschland weltliche und religiöse Lebensformen so eng ineinander wie hier in Oberbayern.

Schon der zur Zeit der Romantik durch Oberbayern reisende junge schwedische Dichter Per Daniel Atterbom äußerte 1817: »Du kannst leicht begreifen, wie merkwürdig uns Protestanten am Anfang der Anblick eines katholischen Landes vorkam: Kruzifixe in allen Ecken der Wirtshäuser, an die Wände gemalte Heiligenbilder usw. Jedes Haus und jede Familie scheint, mindestens auf dem Lande, außer Christus, Maria und manchmal einem Nationalheiligen ihren eigenen privaten Schutzheiligen oder Hausgott zu haben ... Übrigens: obwohl hierzulande das rein symbolische und in seiner Idee unleugbar schöne – wenn auch zu einem Teil an Heidnisches erinnernde – römische Ritual von der katholischen Priesterschaft ziemlich mechanisch und seelenlos vollzogen wird, kann ich nicht leugnen, daß ich bei verschiedenen Momenten ... ganz tief und mehrmals zu Tränen gerührt wurde.«

Auch der erste deutsche Volkskundler, Eduard Duller, kam Mitte des vorigen Jahrhunderts zu der Feststellung, daß in Oberbayern die römisch-katholischen Kirchenfeste, vor allem Fronleichnam, »wahre Volksfeste« seien, »eine Schaustellung allen Glanzes und allen Reichtums«. Das bereits angesprochene bayerische Beharrungsvermögen hat dazu geführt, daß es bis heute an diesen beiden Feststellungen aus dem vorigen Jahrhundert eigentlich wenig zu korrigieren gibt.

Auch wenn die Sorge vor Kirchenräubern heutzutage mancherorts bewirkt hat, die sonst ständig zugänglichen Kirchen abzuschließen oder durch ein Gitter lediglich den Blick auf

Kleines Wallfahrtsbild, Altötting, um 1765, Maximilian Jungwierth

Heiligtümer und Kunstschätze aus der Entfernung freizugeben, nicht aber eine Annäherung zu erlauben, spielen die Kirchen im dörflichen, klein- und mittelstädtischen Leben nach wie vor eine maßgebliche Rolle. Damit aber sprechen auch ihre Kunstwerke unverändert zu den Kirchenbesuchern. Größere und kleinere Wallfahrtskirchen – an der Spitze die berühmte Gnadenkapelle in Altötting (Farbt. 33; Abb. 10, 195), die Benediktinerklosterkirchen in Andechs (Farbt. 49; Abb. 150–152) und Ettal (Farbt. 40, 41; Abb. 141) sowie die Wieskirche (Farbt. 47, 48; Abb. 164–166) – behalten ihren Platz im Jahresablauf der gläubigen Oberbayern. Man verstehe – oder versuche zu verstehen – die Mahnungen in manchen Kirchen, daß die Gotteshäuser keine Museen, sondern Stätten der Andacht seien und daher in würdiger Weise besucht werden sollten.

Ebenso läßt sich freilich nicht leugnen, daß die aus der Religion gewachsenen (und über sie hinaus bedeutsamen) Kunstwerke die Kirchen *auch* zu Museen, zu Stätten des Kunstgenusses machen, jedenfalls für solche Kirchenbesucher, die nicht der Glaube anzieht und erfüllt, sondern das Werk eines schöpferischen Künstlers. Insofern wächst manche örtliche Kirche über ihren lokalen religiösen Auftrag hinaus, weil ihr Kunstbestand kultureller Besitz aller Bürger ist. Diese zusätzliche Bedeutung, die viele Kirchen nicht nur in Oberbayern, sondern in der ganzen Welt erlangt haben, darf allerdings nicht dazu führen, daß die Andacht der Gläubigen – sei es die individuelle, sei es im Gottesdienst – gestört oder geschmälert wird. Darauf wird der Kirchenbesucher gerade in Oberbayern beim Schauen (oder gar Fotografieren) Rücksicht nehmen müssen, weil hier die Kirchen zu vielen Zeiten reger besucht sind als

OBERBAYERN – DAS GELIEBTE LAND

Votivtafel aus Andechs, Ende 17. Jh., Öl auf Holz

anderswo. Erfreulicherweise kommen viele Kirchen von künstlerischem Rang ihren nicht religiös, sondern an der Kunst interessierten Besuchern entgegen, indem sie Informationsheftchen auslegen, die gegen eine freiwillige Anerkennungsgebühr entnommen werden können. Damit bekennt sich – nolens volens – auch die Kirche zum ›Museum‹, das ja beileibe kein Platz des Amüsements ist.

Nicht zufällig ist so viel von Kirchen die Rede. Während beispielsweise im bayerischen Franken vielerlei bürgerlich-weltliche oder ritterhaft-adlige Kunstgesinnung zum Ausdruck kommt, gehen in Oberbayern neun von zehn Kunstwerken (wenn das reicht) auf kirchliche Anstöße zurück: Bauten von Pfarr- und Wallfahrtskirchen, Klöster verschiedener Orden, plastische Kirchenausschmückung von der gotischen Madonna bis zur reich geformten Stuckvielfalt des Rokoko und schließlich der überquellende Schatz der Malerei von den mittelalterlichen Fresken, hier und da erst in unseren Tagen wieder freigelegt, bis zu den Passionsdarstellungen an zahllosen Kirchenwänden und den in kühner Phantasie gestalteten Deckengemälden, die schon im Jahr 1778 von Johann Georg Sulzer in seiner ›Theorie der schönen Kunst‹ so gedeutet wurden: »Der Maler hebt durch seine Arbeit die Decke des Baumeisters wieder weg, läßt uns an deren Stelle den Himmel oder die Luft sehen und in derselben eine Handlung von allegorischen oder mythologischen Personen. Dadurch bekommen diese Gemälde den Vorteil, daß sie einigermaßen aufhören, Gemälde zu sein,

Andachtsbild der Wallfahrt zu Tuntenhausen, 1651, J. Franck

indem man den wahren Ort der Sonne zu sehen glaubt.« Damit war die rationale Theorie der Praxis dicht auf den Fersen. Prägnanter kann man auch heute den farbigen Bildreichtum so vieler Kirchen, die damit zugleich den Blick nach oben, zum angenommenen Sitz der Göttlichkeit, lenken, nicht deuten. Sie werden bei Ihrer Reise durch Oberbayern noch oft an diese Worte Sulzers denken müssen.

Wenn wir davon ausgehen, daß die Maler und Bildhauer, die Oberbayerns Kirchen schmückten, keinesfalls nur oberbayerischer Herkunft waren – die Asams kamen zwar aus Rott am Inn, aber Ignaz Günther war Oberpfälzer, die Zürns stammten aus dem Bodenseeraum und die Zimmermanns aus Schwaben –, so trifft der verallgemeinernde Satz des im 18. Jahrhundert besonders heimischen Kunsthistorikers Adolf Feulner auch hier zu: »Für die Gestaltung des Unwirklichen, des Irrationalen brachten die Deutschen natürliche Vorgaben mit: die Phantastik, die Neigung zur expressionistischen Verstärkung des Ausdrucks, zur Übertreibung der Dynamik, zur farbigen Irrationalität.« In Oberbayerns Kirchen kann man das allerorten bestätigt finden. Es macht den Besuch dieser Kirchen, auch wenn ihre Vielzahl den arglosen Touristen zunächst erschrecken mag, immer wieder zum Erlebnis, das sich der landschaftlichen Besonderheit – nicht nur im Alpenraum – wahrhaft würdig anschließt.

Nicht nur Barock und Rokoko

Aber, um noch kurz bei den Kirchen zu bleiben, Sie dürfen trotz des Gewichts, das Barock und Rokoko in Oberbayern zweifellos haben, nicht annehmen, daß es an Werken aus anderen Kunstepochen mangele. Sie sind freilich oft, etwas abseits der üblichen Wege, unbeachtet geblieben. Wie etwa, um ein besonders erstaunliches Beispiel zu nennen, die romanische Kirche St. Michael in Altenstadt (Abb. 16, 161–163), unweit von Schongau, das viele nur als Durchgangsstation zur Wieskirche passieren. Oder Laufens frühgotische Stiftskirche Mariae Himmelfahrt (Abb. 17, 211, 212) mit der anstoßenden Michaelskapelle (heute in Mariahilf-Kapelle umbenannt), an deren Portalen Ihnen zwei romanische Löwen begegnen, die Gegenstücke zu denen des Berchtesgadener Kreuzgangs (Abb. 101) sind. Auf sie trifft in etwa das zu, was Georg Dehio über den Künstler des Braunschweiger Löwen sagte: Er habe wohl nie in seinem Leben einen Löwen leibhaftig gesehen, »aber er wußte, was ein Löwe war«. Oder im Raum nordöstlich von München, wohin sich nur wenige Touristen ›verirren‹, die erstaunliche Begegnung mit einer alten Backsteinkirche aus dem 11./ 12. Jahrhundert mit einem spätgotischen Altar von Hans Leinberger: Es ist Moosburgs ehemalige Stiftskirche St. Castulus (Abb. 15, 52–55). Daß auch die Renaissance in Oberbayern ihre Spuren hinterließ, beweisen nicht nur St. Michael (Abb. 70) in München und andere Werke der Hauptstadt, sondern auch Burghausens ehemalige Jesuitenkirche St. Joseph (Abb. 203) und die Wandmalereien in der Spitalkirche Hl. Geist sowie Traunsteins Salinenkapelle St. Rupert in der Au (Abb. 218). Nicht selten lassen sich unter dem Mantel von Barock und Rokoko, der vielen Kirchen im 18. Jahrhundert übergestreift wurde, die romanischen oder gotischen Ursprünge entdecken. Mancher Bau ist weit älter, als sein Äußeres vermuten läßt.

Oberbayern neu erleben

Vermutlich ist Ihnen schon bewußt geworden: Sobald Sie sich stärker und in einem weiter gefaßten geographischen Raum der Kunst Oberbayerns zuwenden, werden Sie eine neue Dimension dieser Landschaft erkennen, um nicht zu sagen: entdecken. Dazu dürfen Sie freilich Ihre Fahrten und Ausflüge nicht allein nach Bergen, Seen und Tälern ausrichten, nicht allein dem landläufig bekannten Dutzend von Kirchen und Schlössern zustreben, sondern müssen sich um eine neue Perspektive bemühen. Sie werden dann bald bemerken, daß sich Ihnen ein Oberbayern auftut, wie es nicht im Allerweltsprospekt steht. Ein Oberbayern, das sich nicht nur mit Zugspitze, Watzmann oder Wendelstein, nicht nur mit Partnachklamm oder Inntal als ein wahrhaft geliebtes Land erweist, sondern räumlich und künstlerisch weit mehr umfaßt, als die Zeugnisse des vertrauten Oberbayern-Image das vermuten lassen oder wahrhaben wollen. Daß eine solche Erweiterung Ihres Blickfeldes nicht nur aufschlußreich, sondern - mehr als das - sogar kurzweilig ist, macht die Kunstreise durch Oberbayern immer wieder überraschend und fruchtbar.

Vom Pfahlbau-Bewohner zum Freistaat-Bürger

Baiern in Altbayern

Kunst entsteht und wächst nicht im luftleeren Raum. So ist auch in Oberbayern viel Kunst nicht denkbar ohne das Umfeld, das durch Herzöge, Könige, Bischöfe und Klosterherren geprägt war. Während sie für die Geschicke des Landes oder oft auch nur für den eigenen Vorteil sorgten, gaben sie zugleich Aufträge oder Anstöße für Bauten, Bildwerke, Städte- oder Klostergründungen.

Mit Oberbayerns Geschichte ist es eine eigene Sache. Sie ist nicht nur ebenso bewegt wie das Gesicht der Landschaft, sondern zugleich auch die Geschichte größerer Räume, übergreifender Einflüsse und Entwicklungen. Es ist auf weite Strecken die Geschichte eines Gebietes das als ›Altbayern‹ bezeichnet wird. Wo dessen Grenzen liegen, wo ein als Gegensatz dazu wohl notwendiges ›Neubayern‹ beginnt, läßt sich gewiß nicht auf den Kilometer genau ausmachen. Im Lauf der Jahrhunderte haben sich die Grenzen immer wieder verschoben. Das ursprüngliche Herzogtum war zeitweise größer als das heutige Gebiet Bayerns. Sie sollten es sich, ohne in geschichtliche Grenzstreitigkeiten einzutreten, einfach machen und davon ausgehen, daß ›Altbayern‹ (neben Teilen Niederbayerns und der Oberpfalz) das Land südlich der Donau umfaßte, das nördlich daran anschließende Franken – gehört also zum ›neuen‹ Bayern.

Beim Streifzug durch die Geschichte werden Sie bald entdecken, daß das *y* im bayerischen Namen erst neueren Datums ist. Baiern (und vorher Boiern) hießen die Bewohner des Gebiets, bevor der griechenfreundliche König Ludwig I. (1825–1848) seinem Volk das *y* verlieh, das sich seitdem so selbstverständlich durchgesetzt hat, daß mancher beim stilechten ›Baiern‹ zunächst an einen Druckfehler glauben mag. Immerhin: Die Wissenschaftler gehen genau vor. Wenn vom Stamme die Rede ist, bleiben sie beim althergebrachten *i*, während sie dem Staat das hellenische *y* zubilligen. Trotz gebührender Unterstreichung stammesgeschichtlicher Vorzüge blieben auch die Gründer einer Bayernpartei beim *y*, anstatt sich als Baiernpartei traditionsbewußt zu zeigen. So leben also die Nachfahren des Stammes der Baiern in Oberbayern.

VOM PFAHLBAU-BEWOHNER ZUM FREISTAAT-BÜRGER

Die erste Besiedlung

Besiedelt war das Gebiet, das wir heute Oberbayern nennen, mit Sicherheit bereits vor 5000 Jahren, in der Jüngeren Steinzeit also. Vorher freilich hatten die Eiszeiten (deren letzte bis vor etwa 10 000 Jahren dauerte) dafür gesorgt, daß Oberbayerns Landschaft ihr heute so anziehendes Äußeres erhielt. Von den Alpen wanderten mehrfach Gletscher nach Norden, brachten Steine und Schutt mit, die als Endmoränen ganz Oberbayern südlich von München bedecken. Zugleich entstanden aus den Vertiefungen einstiger Gletscherzungen die bekannten Seen. Um den Kreis zu schließen: Im Starnberger See (früher Würmsee) hat man bei der Roseninsel vor Feldafing Reste einer Pfahlbausiedlung als Anzeichen erster Bewohner gefunden.

In der frühen Eisenzeit, auch Hallstattzeit genannt, um 700 v. Chr., wohnten im oberbayerischen Raum Illyrer, zu denen noch im 5. Jahrhundert v. Chr. Kelten traten. An sie erinnern manche (latinisierte) Ortsnamen. Um 15 v. Chr. unterlagen die Kelten den unter Drusus und Tiberius vordringenden Römern. Damit wurde Oberbayern für ein halbes Jahrtausend zur römischen Provinz. Paßstraßen über die Alpen, wie sie ausgebaut noch heute benützt werden (Fernpaß, Reschenpaß, Brenner), verbanden das römische Kaiserreich mit Rätien und Noricum, wie die Römer den Raum benannten: Rätien für den Raum zwischen Bodensee und Inn, Noricum für den Bereich zwischen Inn und Wienerwald. Dann aber begann die Völkerwanderung.

Wie kamen die Boiern hierher?

Damit stehen wir vor dem bis heute ungelösten Rätsel der bayerischen Geschichte: Denn es ist zwar gewiß, daß nach dem Zurückweichen der Römer vor den nachdrängenden germanischen Stämmen der Raum Oberbayern ab etwa 500 n. Chr. besiedelt wurde. Lange Zeit stand für die Historiker fest, daß eine der damals üblichen ›Landnahmen‹ den Stamm der Bajuwaren aus dem böhmischen Raum hierher geführt hätte. So kann man es auch heute noch weithin lesen. Da jedoch über eine solche Landnahme oder Einwanderung keine einzige Quelle berichtet, hat sich in den letzten Jahrzehnten eine neue Auffassung gebildet. Danach scheinen sich nach dem Abzug der Römer die in diesem Gebiet zurückgebliebenen Bevölkerungsreste keltischer, römischer und germanischer Herkunft vereinigt zu haben. Ihren Kern haben dabei wohl die Keltoromanen, Boiovarii (Boier) genannt, gestellt. Sicher haben sie zunächst, wie zur Zeit der Römer, lateinisch gesprochen. Mit den vom Norden her Einfluß gewinnenden Franken hat sich schließlich ein neuer Stamm entwickelt und gefestigt, der althochdeutsch sprach. Erstmals im Jahr 624 ist in einer Lebensbeschreibung des hl. Columban d. J. zu lesen von den Boiern, die jetzt Baiern genannt werden.

Diese neuere Auffassung über die Herkunft der Baiern kann verständlicherweise nicht im Detail bewiesen werden, aber sie klingt wahrscheinlich. Zumal Volkskundler darauf verweisen, daß bis heute im bayerischen Wesen und Volkstum durchaus keltische Züge spürbar sind, zu denen auch spezielle künstlerische Begabungen gehören. Auch damit wird der Gedanke an einen vorherrschend germanischen, das Gebiet für sich in Anspruch nehmenden Stamm der Bajuwaren unwahrscheinlicher. Das muß kein Grund zum Mißvergnügen sein. Die Baiern sollten sich ihrer ›Mischung‹ von Merkmalen und Eigenarten römischer, keltischer und germanischer Herkunft eigentlich freuen. Ihr verdanken sie jedenfalls bis heute die ausgeprägte Mentalität und Natur, die nicht zuletzt zum Nährboden für vielerlei künstlerische Talente geworden ist.

Frühe Christianisierung

Auch das Christentum scheint in Oberbayern eher heimisch gewesen zu sein, als man lange annahm. Früher ging man davon aus, daß Missionare aus Irland oder Schottland erst im 8. Jahrhundert den neuen Glauben hier verbreitet hätten. Aber ohne Zweifel hatte sich das Christentum bereits in den römischen Provinzen Rätien und Noricum ausgebreitet. Als die Römer abzogen, könnte sich eine gewisse Lässigkeit entwickelt haben. Als dann aber die nördlich von Altbayern herrschenden Frankenkönige ihren Einfluß nach Süden, also nach Oberbayern hinein, auszudehnen begannen, haben sie dabei wohl nicht nur Herzöge eingesetzt, sondern auch den christlichen Glauben mitgebracht, den sie selbst im Lauf des 6. Jahrhunderts angenommen hatten. Christentum und althochdeutsche Sprache waren die beiden Mitbringsel, die die von den Franken eingesetzten Herzöge mit ihren fünf im Gefolge vertretenen Geschlechtern (Huosi, Hahilinga, Fagana, Drozza und Aniona, die Ahnen des bayerischen Uradels) in Altbayern verbreiteten.

Man darf gewiß annehmen, daß es sich zunächst um ein recht urwüchsiges Christentum handelte. So ist es verständlich, daß der Baiernherzog ums Jahr 700 zur Pflege des Glaubens drei fränkische Bischöfe – Emmeran, Corbinian und Rupert – im Lande beließ. So erhielt etwa Rupert bzw. Hruodbert im Raum von Inn und Salzach Land, und der Rupertiwinkel hält noch heute diese Herrschaft der Salzburger Bischöfe lebendig, die durch ihre Klostergründungen später Kultur und Kunst entscheidende Anstöße gaben.

Von den Frankenherzögen bis zu den Wittelsbachern

Als erster Baiernherzog fränkischer Herkunft ist Garibald I. (um 550/590) aus dem Geschlecht der Agilolfinger bekannt. Er und seine Nachkommen regierten das oberbayerische Land länger als 200 Jahre, bis zum Jahr 788. Mitte des 8. Jahrhunderts entstand unter Herzog Odilo die ›Lex Baiuvariorum‹, das baierische Stammesrecht, von den fränkischen Königen erlassen. Darüber hinaus war der Schutz der Kirche ausdrücklich festgelegt. Dank ihrer räumlich weiten Entfernung vom Zentrum der fränkischen Macht in Paris herrschten die Herzöge ziemlich eigenmächtig. Daß es gelegentlich wohl recht grausam herging, beweisen die Berichte über einen baierischen Einfall in slawisches Gebiet, bei dem im Jahr 592 2000 Baiern ihr Leben ließen. Ebenso ist überliefert, daß Mitte des 7. Jahrhunderts von 9000 zum Überwintern ins baierische Grenzland gekommenen Bulgaren mehr als 8000 niedergemetzelt wurden.

Schon zur Zeit des ersten Herzogsgeschlechts der Agilolfinger entstanden an mehreren Punkten des heutigen Oberbayern Klöster als Strahlungsfelder der neuen christlichen Lehre und Kultur: 719 Tegernsee, das 746 geweiht wurde, 732 Benediktbeuern und in der zweiten Hälfte des 8. Jahrhunderts Polling. In diesem Zusammenhang ist auch die Errichtung der Bistümer Salzburg (um 700) und Freising (739) von Wichtigkeit, die beide der gleichen weltlichen Macht unterstanden, wobei Salzburg um 798 gar zum Erzbistum erhoben wurde. Durch das Wirken des päpstlichen Legaten Bonifatius wurde Baiern zur eigenen Kirchenprovinz, was die Franken zunächst nicht allzu gern sahen. Im Jahr 753 veranlaßte Herzog Tassilo III. die Gründung der Benediktinerabtei Wessobrunn, aus der etwa 50 Jahre später mit dem ›Wessobrunner Gebet‹ ein erstes deutsches Sprachzeugnis hervorging, gewissermaßen die Urzelle der deutschen Literatur!

Die fränkische Sorge vor der allzu großen Eigenmacht der baierischen Provinz wurde geschürt durch die erhebliche Selbständigkeit, die Herzog Tassilo III. als Quasi-König für sich und sein Land erworben hatte. Was tatsächlich Anno 788 in Ingelheim zwischen ihm und Karl dem Großen vorgefallen ist, wird sich nie genau ermitteln lassen: Tatsache ist, daß Tassilo abgesetzt, gefangengenommen und 794 zum förmlichen Verzicht auf sein Herzogtum gezwungen wurde. Nun dachte Karl der Große gar nicht daran, einen anderen selbständigen Herzog einzusetzen, sondern machte Baiern zur fränkischen Provinz, die ein Statthalter verwaltete – als erster sicherheitshalber auch noch sein eigener Schwager Gerold.

Es dauerte nun über ein Jahrhundert, bis durch den Tod von König Ludwig dem Kind im Jahr 911 die Herrschaft der Karolinger endete, so daß mit Arnulf, dem Sohn des Markgrafen Luitpold, wieder ein baierischer Herzog die Macht übernehmen konnte. Freilich war es nur eine vorübergehende Entwicklung. Nach Arnulfs Tod im Jahr 937 ging die Selbständigkeit der baierischen Herzöge wieder verloren. Unter Kaiser Otto fiel Baiern im Jahr 947 an dessen Bruder Heinrich (947–955), mit dem ein Sachse Herzog von Baiern wurde.

Im Verlauf der Zeit hat sich aus dem baierischen Völkergemisch, wie es nach dem Abzug der Römer bestand, eine echte Gemeinschaft gebildet, deren Einheit die Möglichkeit für eine deutsche Kolonisation im Südosten nach Ungarn und zur Adria hin schuf. Zur entscheidenden Bewährung kam es im Jahr 955 bei der Schlacht auf dem Lechfeld, als die vordringenden Magyaren zurückgeschlagen und in die Ebene von Donau und Theiß gewiesen wurden – für Baiern war damals Regensburg herzogliche Pfalz und Hauptstadt des fränkischen Ostreichs, das auch das Gebiet von Oberbayern einschloß.

Für Oberbayern begann eine neue Epoche im Jahr 1070 mit den Welfenherzögen. Herzog Welf I. (1070–1101) ließ sich in Peiting, östlich von Schongau, eine Burg errichten, die bis zum Ende der welfischen Zeit (1180) eine Art oberbayerische Residenz war. München nämlich, zu dieser Zeit noch ein unbedeutendes Dorf namens Munichen, wurde erst 1158 von dem letzten Welfenherzog, Heinrich dem Löwen (1156–1180), gegründet. Die Erinnerung an Peitings Glanzzeit, heute kaum noch vorstellbar, ging im Dreißigjährigen Krieg unter, als die Schweden den Ort und die Überreste der Welfenburg gründlich zerstörten.

Im Zeichen der Wittelsbacher

Das 12. Jahrhundert brachte Baiern nicht nur im Jahr 1180 den Beginn der Wittelsbacher Herrschaft, der das Land beständig bis 1918 (und insgeheim hier und da noch länger und sogar bis in unsere Tage) treu blieb, sondern auch einen für Oberbayern wichtigen Loslösungsprozeß: Die Herzogtümer Österreich und Steiermark wurden – wie schon früher Kärnten – vom altbairischen Gebiet abgetrennt. Erster Wittelsbacher war Otto I. (1180–1183), dem Kaiser Friedrich I. Barbarossa am 16. September 1180 das baierische Herzogtum übertrug. Mit den Wittelsbachern kam ein Grafengeschlecht an die Macht, das nicht zu den reichsten und angesehensten gehörte, aber umfangreiche Besitztümer verwaltete. Der neue Herzog Otto hatte seinen Sitz in Kelheim. Als er bereits drei Jahre später starb und sein Sohn und Erbe Ludwig ihm folgte (1183–1231), der dazumal erst zehn Jahre alt war, hätte niemand den Wittelsbachern eine Chance für eine lange Herrschaft gegeben. Aber diesem Ludwig I. gelang 1214 mit dem Erwerb der Rheinpfalz von den Welfen noch einmal eine Erweiterung des baierischen Territoriums. Und ein zweites: Als Ludwig I. im Jahr 1204 die Witwe des Grafen von Bogen heiratete, kam – als Folge späterer Erbschaft – das bis heute beliebte Wappen mit den weiß-blauen Rauten an die Wittelsbacher.
    Der aus dieser Ehe stammende Sohn Otto II. mit dem Beinamen der Erlauchte (1231–1253) hinterließ zwei gleichberechtigte Söhne, die im Jahr 1255, um beide regieren zu können, ihren baierischen Besitz kurzerhand aufteilten. Dabei tauchten die Begriffe von Ober- und Niederbayern zum erstenmal auf, deren Grenzen freilich anders verliefen als die der heutigen Regierungsbezirke. Ludwig II. (der Strenge, 1253–1294) herrschte (mit Sitz im Alten Hof von München) über Oberbayern (ohne den Chiemgau, der zu Niederbayern gezählt wurde) mit der Pfalz. Bruder Heinrich XIII. (1253–1290) regierte über Niederbayern. Großzügig und eigenwillig verfuhren dazumal die Fürsten mit Land und Leuten.
    Tatsächlich hatten Ober- und Niederbayern bereits eine unterschiedliche Struktur. Den kleinen Adelsbezirken mit zahlreichen Kleinstädten und Marktplätzen in Niederbayern stand in Oberbayern neben dem wittelsbachischen Besitz die Herrschaft des Hochadels gegenüber: größere Landbezirke, weniger Städte und Märkte. Das verhinderte aber nicht, daß noch nicht einmal 100 Jahre nach der Teilung, 1340, Ober- und Niederbayern wieder vereint wurden, ein Erfolg des Königs Ludwig IV. (1314–1347), der seinen Beinamen der Bayer dadurch erhielt, daß der in Avignon lebende Papst ihm die Anerkennung als deutscher König verweigerte und ihn geringschätzig als ›der Bayer‹ titulierte, woraus schließlich ein Ehrenname wurde (Abb. 31). Nachdem Ludwig 1328 auch noch die Kaiserwürde erhielt, konnte er 1340 Herzog des vereinten Ober- und Niederbayern werden. Unter ihm errang

auch München erstmals kulturelle (und politische) Bedeutung – hier traf sich alles, was die Päpste von Avignon ablehnte, hier konzentrierten sich die Franziskaner.

Der Name Ludwigs des Bayern ist mit der Schaffung des Stadtrechts und des baierischen Landrechts verbunden. In seiner Kanzlei wuchs eine deutsche Schriftsprache heran. Zugleich entstanden in dieser ersten Hälfte des 14. Jahrhunderts wiederum neue Klöster, von denen Ettal, 1330 von dem aus Italien zurückgekehrten Ludwig gegründet, das bekannteste ist. Wirtschaftlich gab der von Reichenhall ausgehende Salzhandel den Städten längs der Salzach und sogar München immer wieder neue Impulse – dadurch trat auch das Bürgertum stärker in den Vordergrund.

Als der wittelsbachische Kaiser Ludwig der Bayer 1347 starb, bestand der Besitz, den er seinen sechs Söhnen hinterließ, nicht allein aus Ober- und Niederbayern, sondern außerdem aus Tirol, Brandenburg und Holland. Nicht mehr lange freilich, denn die sechs Erben begannen bald zu teilen.

Ein ›Brandenburger‹ in Bayern

»Jeder wollte sein eigenes Ländchen mit seiner eigenen Residenz. Man dividierte das Land und legte das eben Geteilte dann doch wieder zusammen, um es schon wenig später neuerlich zu zerschnipseln: ›Landesteilungen‹ – insgesamt waren es acht – wurden zu einer wittelsbachischen Spezialität, unter der die Landeskinder unendlich viel zu leiden hatten.« So sieht es Hans F. Nöhbauer wirklichkeitsnah.

Als Ludwig V. das baierische Herzogtum übernahm, war er schon vorher mit der Mark Brandenburg belehnt worden, was ihm den Beinamen des ›Brandenburger‹ eintrug. Mancher den Preußen abholde bayerische Bürger wird mit Erstaunen entdecken, daß zwischen 1347 und 1361 ein Brandenburger Markgraf in Baiern regierte. Das ominöse Lehen selbst hatte er allerdings bereits an seine Brüder abgetreten. Dank ehelicher Verbindung mit der Tiroler Erbin Margarete Maultasch konnte er seinen Einfluß nach Süden zu ausdehnen, was freilich nach seinem Tod die hinterbliebene Witwe nicht hinderte, sich ihrerseits zu den Habsburgern zu orientieren und die baierische Grafschaft Tirol an Österreich zu vermachen.

Das Jahr 1392 führte zu einer neuen Teilung. Durch sie verlor Oberbayern seine Einheit. Die drei jetzt entstehenden Herzogtümer umfaßten das ingolstädtische Baiern, Niederbayern mit Landshut und Oberbayern mit München und Straubing. Gut ein Jahrhundert bestanden diese drei wittelsbachischen Linien mit ihren Herzögen, deren Schicksale (wie das von Ingolstadts Ludwig dem Gebarteten) unterschiedlich verliefen. Die Gründung der Ingolstädter Universität im Jahr 1472 unter Ludwig IX. dem Reichen (1450–1479) bedeutete nicht nur die Bildung einer Hochburg des Humanismus. Denn ihre spätere Verlegung nach Landshut (1800) und von da nach München (1826) machte sie zur Wiege von Münchens Universität.

Ein wirklich weiser Herrscher

Der Landshuter Erbfolgekrieg von 1504/05 brachte dann das Wiedererstehen des von den Wittelsbachern regierten Altbaiern. Ihr erster Herzog war Albrecht IV. (1465–1508), der seinen Beinamen der Weise dank glücklicher Verbindung von Gelehrsamkeit und staatsmännischer Klugheit durchaus verdiente. So erließ er 1506 ein Gesetz der Primogenitur, das dem jeweils Erstgeborenen die Herrschaft in einem ungeteilten Land übertrug, was die baierische Einheit sicherte. Damit wurde zugleich die Aktivität der Herzöge auf innere und kulturelle Angelegenheiten und nicht auf Auseinandersetzungen mit ihren Brüdern gelenkt.

Für den oberbayerischen Süden war das Jahr 1487 bedeutungsvoll: Die Kaufleute Venedigs waren mit Bozen, wo sie ihre großen Märkte abhielten, in Streit geraten. Sie sahen sich nach einem anderen Ort um, der ihnen ähnliche Möglichkeiten für den Handel bot. So kamen sie nach Mittenwald. Von 1487 bis 1679 florierte Mittenwald als venezianischer Handelsplatz. Noch heute erinnern die Gewölbe der alten Mittenwalder Häuser an die Zeit, als hier Waren über Waren lagerten. Um auch anderen Teilen Oberbayerns aus diesem Handel Gewinn zu verschaffen, sorgte Albrecht IV. dafür, daß ums Jahr 1492 die Kesselbergstraße zwischen Kochel- und Walchensee, heute bei Motorsportlern und Touristen gleichermaßen belebt, ausgebaut wurde, die den Weg von München nach Mittenwald erleichterte.

Reformation und Gegenreformation

Es ist an der Zeit, in dieser Geschichte Oberbayerns auch von der Kunst zu sprechen, in der noch zur Zeit des weisen Albrecht die Ahnung der Reformation durchschimmerte. Zugleich bahnten sich neue Stilprinzipien an. Noch das Kloster Ettal (in seiner ursprünglichen, im 18. Jahrhundert dann veränderten Gestalt) war ein gotischer Bau des Mönchtums gewesen. Aber am Ende der Gotik (deren Name, in Italien geprägt, abwertend und im Sinne von ›barbarisch-roh‹ gemeint war) traten im gesamtbaierischen Raum die individualistischen Künstler aus dem ansässigen Bürgertum auf, die um den Namen Albrecht Dürers kreisen. Dabei lag das Schwergewicht ihres Wirkens nördlich von Oberbayern. In Oberbayern selbst haben von den Großen dieser Zeit nur Hans Leinberger (der Niederbayer aus Landshut) in Freising und Erasmus Grasser im Münchner Raum gewirkt. In den Meistern der Dürer-Zeit offenbarte sich bereits die Vorahnung jenes folgenschweren Einschnitts, den die Reformation nicht nur für Oberbayern, sondern für ganz Deutschland bedeutete. »Ein Aufbäumen der Seele hatte in jenen früheren Zeiten als erste Sprache immer noch die sichtbare Form zur Verfügung. Gewiß haben die Meister noch nicht wissen können, was sie schon aussprachen (...) Sehr merkwürdig ist aber, daß wenn auch niemand das Kommende wissen konnte, eine seltsame Ahnung die Zeit der Vorgewitterstimmung doch schon mit dem Kommenden verband.« (Wilhelm Pinder)

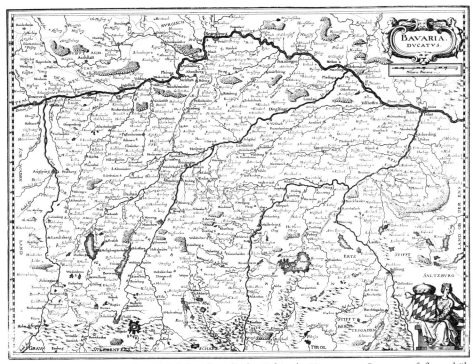

Merians Bayern-Karte aus dem 17. Jahrhundert, die das Gebiet des Herzogtums Bayern umfaßt, enthält im wesentlichen das heutige Oberbayern

Als die Reformation 1517 tatsächlich einsetzte, konnte Oberbayern – dank abermals dem weisen Herzog Albrecht IV. – in die geistig-religiösen Wirren mit der Vorgabe gehen, daß der Landesherr sich bereits vorher seine Rechte gegenüber der Kirche gesichert hatte: Er war der Zeit voraus gewesen. Gewiß schlugen auch in Oberbayern die Wellen des Glaubenskampfes hoch. »Die Zeit war reif, die alte Kirche gelähmt, ihre Formen erstarrt, der Boden durch den christlichen Humanismus bereitet, die Menschen hungrig nach Erneuerung.« (Bosl)

Aber Altbaiern, Oberbayern also, blieb letztlich katholisch. Es blieb auch von den sozialen Folgen der Reformation, den Bauernkriegen, verschont. Nicht zuletzt half der neu gegründete Orden der Jesuiten (1534), der gerade in Oberbayern große Bedeutung und erheblichen Einfluß gewann, Herzog Wilhelm IV. (1508–1550), die Gegenreformation erfolgreich zu machen. Letztlich durch diese Entwicklung konnte Baiern als Ganzes im weltpolitischen Spiel des 16. und 17. Jahrhunderts als Bollwerk des Katholizismus gegenüber dem protestantischen Norden eine gewichtige Rolle spielen.

Noch bevor der Dreißigjährige Krieg auch über Baiern seine Schatten warf, war der Sohn von Wilhelm V. dem Frommen (1579–1597), der sich dem Staatsbankrott durch Abdankung entzog, Kurfürst Maximilian I. (Abb. 32) an die Macht gekommen. Er übte sie über 54 Jahre – von 1597 bis 1651 – aus. »Der bedeutendste unter den wittelsbachischen Regenten, ein Mann von nüchternem Verstand und tiefer Frömmigkeit, reformierte sein Land von innen wie von außen.« (Hans F. Nöhbauer)

Er gründete nicht nur 1609 die Katholische Liga, die er zusammen mit den Habsburgern während des Dreißigjährigen Krieges als Widerpart Wallensteins lenkte, sondern baute mit dem Codex Maximilianeus (1616) die Rechtspflege aus und trug viel zum Ausbau von München bei. Maximilian I. war Vertreter eines Absolutismus, durch den Baiern zwar zur führenden katholischen Macht auf deutschem Boden wurde, aber auch – bis nach Oberbayern hinein – Kriegsschrecken und Verwüstungen erduldete, deren Spuren noch nach einem weiteren Jahrhundert nicht verwischt waren. So mußte er, nachdem er den Westfälischen Frieden (1648) noch erlebt hatte, die letzten Jahre seines Lebens dem Wiederaufbau des Vernichteten widmen.

Ferdinand Maria und der Barock

Wenn Baiern, vor allem Oberbayern, ein Bauernland geblieben ist, dann hat wohl Maximilians Sohn Ferdinand Maria (Abb. 33; der Name Maria geht auf den Marienkult jener Zeit in Baiern zurück), der von 1651 bis 1679 regierte, daran erheblichen Anteil. Sein Bekenntnis zum Bauern lautete: »Mir sind hundert wohlhabende Bauern lieber als die sechshundert Tuchmachern. Der Bauer nimmt hundertmal mehr Anteil am lieben Vaterland und am Landesfürsten als der Fabrikant« (nach Bosl). Das war aus dem Herzen Oberbayerns gesprochen.

Zugleich aber unterstützte Ferdinand Maria, nicht zuletzt bestärkt durch seine kunstliebende savoyische Ehefrau Henriette Adelaide (Abb. 38), den von Italien ausgehenden Barockstil, der von nun an zu der dominierenden Kunstform Oberbayerns werden sollte. Er ließ die Sommerresidenz Nymphenburg (Farbt. 8, 9; Abb. 84) und (nach der Geburt des ersehnten Erben) die Theatinerkirche (Farbt. 5; Abb. 67) errichten.

›Barock‹ ging es unter diesem Erben, Kurfürst Max II. Emanuel (1679–1726), schon zu. Ihn trieb der Ehrgeiz nach einer Krone zum Schaukelspiel zwischen Frankreich und Österreich. Im französischen Sonnenkönig Ludwig XIV. sah er – wie später König Ludwig II. – sein Vorbild. Die kriegerischen Aktivitäten gegen Türken, Frankreich und andere Länder Europas brachten Baiern an den Rand des Zusammenbruchs. Während Baiern von Österreichern besetzt war – dramatisches Ereignis: der vergebliche Bauernaufstand von Sendling 1705 –, lebte der absolute ›Herrscher‹ des Landes im Exil, bis er 1715 nach München zurückkehren konnte. Erst nach seinem Tod ging einer seiner ehrgeizigen Wünsche für kurze Zeit in Erfüllung: Sein Sohn Karl Albrecht (1726–1745) erlangte 1742 als dritter Wittelsbacher für drei Jahre die Kaiserwürde.

Ein wahres Wunder, daß in dieser bitteren Zeit der Kriege, Finanznöte und Ungewißheit die zarte Blume der Kunst verschwenderisch aufblühte. Was Ferdinand Maria und seine Frau Henriette Adelaide begonnen hatten – den Barock ins Land zu holen –, entwickelte sich unter aktiver Beteiligung der Bewahrer des Katholizismus, der Jesuiten, zu einem zweiten Höhepunkt baierischer Kunstentfaltung, deren Schwerpunkt nun allerdings eindeutig in Oberbayern lag. Barock und Rokoko blieben in Oberbayern nicht eine Kunst der Oberschichten. Mit ihrer Übernahme in die Kirchen sprachen die Jesuiten und ihre religiösen Brüder tatsächlich das Volk insgesamt an. »Der einfache Mann erfaßte den Glauben mit den Augen durch Architektur und Bildwerke, mit den Ohren in Predigt und Musik. So wurde das katholisch gebliebene Bayern zum Land des rauschenden Barock auch in den kleinsten Dorfkirchen.« (Bosl)

Zwischen Preußen und Habsburg

Zwischen dem im 18. Jahrhundert aufstrebenden Preußen und dem Österreich der Habsburger geriet Baiern zusehends in Bedrängnis. Letzten Endes stellte es sich auf preußische Seite und spielte damit seine Karte zugunsten eines Mitspracherechts im deutschen Raum aus. Als 1777 mit Maximilian III. Joseph die altbaierische Linie der Wittelsbacher ausstarb, kam deren kurpfälzische Linie auch in Oberbayern zum Zug. Max III. Joseph, kinderlos gestorben, war ein Liebling des Volkes gewesen, das ihm den für einen Herrscher gewiß nicht häufigen Beinamen des ›Vielgeliebten‹ gab.

Das machte es für seinen Nachfolger Karl IV. Theodor (1777–1799; Abb. 34), der aus Mannheim nach Baiern kam, nicht einfach. So beliebt, kunstsinnig und erfolgreich er am Rhein gewesen war, so wenig Sympathie erwarb er sich in München, »vielleicht weil man geahnt oder gewußt hat, daß auch er dieses Volk nicht liebte« (Nöhbauer). Es löste gewiß auch keine Begeisterung aus, daß der neue Kurfürst Beamte und Künstler aus der Pfalz mitbrachte. Dabei ist ihm immerhin die Anlage des Englischen Gartens in München und die Öffnung der Gemäldesammlungen für die Bevölkerung zu danken.

Als Folge des Bayerischen Erbfolgekrieges (1778/79) mußte das bisher zu Oberbayern zählende Innviertel – das Gebiet zwischen Donau, Inn, Salzach und Traun mit der ominösen Stadt Braunau, Hitlers Geburtsort – an Österreich abgetreten werden. Auch Karl Theodor war so baierisch nicht, daß er nicht bereit gewesen wäre, Ober- und Niederbayern den Habsburgern zu übereignen und sich selbst mit einem Teil der Niederlande zu begnügen. Da sorgte ausgerechnet der Preuße Friedrich II. dafür, daß Baiern nicht habsburgisch wurde und seinen – ungeliebten – Kurfürsten behielt – selbstverständlich in erster Linie, um die Habsburger durch die baierischen Gebiete nicht noch mächtiger werden zu lassen. Immerhin läßt sich angesichts dieses historischen Augenblicks ernsthaft darüber nachdenken, was wohl aus Baiern, aus Oberbayern geworden wäre, wenn der Preußenkönig tatenlos zugesehen hätte.

1 WESTERNDORF AM WASEN Kirche Heilig Kreuz ▷

2 FREILICHTMUSEUM GLENTLEITEN ›Mosener Kasten‹, Wandmalerei, 1575

3, 4 FREILICHTMUSEUM GLENTLEITEN Maibaum und Bauernhöfe; Webstube des Deichlhäusls

5, 6 BAD TÖLZ   Fronleichnamsprozession

7   MURNAU   Schäfflertanz

8 Aufrichten des Maibaums in Waakirchen bei Bad Tölz

9 Fronleichnams-Bootsprozession (eingestellt) auf dem Chiemsee
10 ALTÖTTING Gnadenkapelle, Umgang mit Votivtafeln

11 MITTENWALD ›Lüftlmalerei‹

13   REIT IM WINKL

12   Gottesdienst in ETTENBERG   14   Landschaft bei Ramsau, Berchtesgadener Land ▷

16 ALTENSTADT ›Großer Gott von Altenstadt‹, romanisches Holzkruzifix (s. auch Abb. 163)

15 MOOSBURG St. Castulus, Hochaltar von Hans Leinberger, Mittelteil, 1514 (s. auch Abb. 55)

18 Bei Höglwörth

17 LAUFEN AN DER SALZACH   Umgang der Pfarrkirche

19 SCHLOSS HERRENCHIEMSEE   Spiegelgalerie ▷

20 SCHLOSS HERRENCHIEMSEE Hauptfassade

21 BICHL Pfarrkirche, ›Hl. Georg‹ von J. B. Straub, 1753

22 HILGERTSHAUSEN Pfarrkirche, Epitaph von Hans Krumper

Die Revolution und – Napoleon

Es dauerte eine gewisse Zeit, bis die Auswirkungen der Französischen Revolution von 1789 auch Oberbayern erfaßten. Zunächst starb 1799 Karl IV. Theodor – ohne Erben. So fiel Baiern an Max IV. Joseph (1799–1825), Wittelsbacher der pfälzischen Linie und Herzog von Zweibrücken. Zusammen mit ihm kam ein Mann nach München, ohne dessen Geschick und Tatkraft der bayerische Staat von heute kaum denkbar wäre: Maximilian Graf von Montgelas (Abb. 39). Dieser verstand es nämlich, Baiern an der Seite Napoleons zum Mitglied des Rheinbundes zu machen, womit insgesamt der Besitzstand Baierns erweitert wurde. Wie die Revolution in Frankreich Kirchen und Klöster in Staatsbesitz genommen hatte und damit bestürzende kulturelle Verluste verursachte, so fand nun auch in Baiern, nachdem der Jesuitenorden bereits 1773 aufgehoben worden war, eine Säkularisation statt. Der kirchliche Besitz wurde in staatliche bzw. weltliche Hände überführt.

Baiern, also auch Oberbayern, erlebte eine Revolution von oben, eine sozusagen konservative Revolution, die von Montgelas erstaunlich zielstrebig in rund sechs Jahren durchgeführt wurde. Dabei verwirklichte er zugleich napoleonische Vorstellungen, wie er ihnen auch zuvorkam oder über sie hinausging. So konnte am 1. Januar 1806, als Baiern ein souveränes Königreich wurde und aus einem Kurfürst Max IV. Joseph ein König Max I. Joseph geworden war, Napoleon als ›Wiederhersteller des Alten Königtums‹ gerühmt werden. Selbstverständlich hatte Napoleon diesem Königreich von seinen Gnaden die Rolle zugedacht, das Gleichgewicht zwischen den Antipoden Preußen und Österreich zu sichern. Immerhin wurde der Bund auch familiär besiegelt: Napoleons Stiefsohn, ein Beauharnais, heiratete die Tochter des neuen bayerischen Königs. Was tat's?! Baiern hatte nun seinen ›Kini‹, seinen König, und lebte im Licht königlicher Gnaden mehr als hundert Jahre bis 1918.

Allerdings: nicht gerade ruhig. Denn nachdem Baiern zunächst an Napoleons Seite gegen Preußen, Österreich und Rußland gestanden und in Rußland 1812 allein 30 000 Soldaten verloren hatte, kehrte es 1813 den Spieß um und verband sich mit Preußen und Österreich nunmehr gegen Napoleon, wofür es sich freilich vorsorglich Souveränität und Landbesitz garantieren ließ. Auf dem Wiener Kongreß, der das Europa nach Napoleon organisierte, wurde Baiern 1815 in den Deutschen Bund aufgenommen. Aber schon 1817 mußte Montgelas, der alles eingefädelt und betrieben hatte, gehen: Der baierische Kronprinz setzte gegen den Willen von Montgelas, gewissermaßen von oben herab, eine Verfassung durch. Sie konnte den Eindruck erwecken, daß die absolute Macht der Monarchie durch parlamentarische Kontrolle begrenzt war. Ein Zweikammersystem entstand, das die Oberschicht und die Stände repräsentierte, Bauern und Arbeiter jedoch nicht berücksichtigte. Denn darin waren sich Krone und Montgelas immerhin einig, daß eine Mitbestimmung des Volkes wegen dessen fehlender Reife verfrüht gewesen wäre. Dem Volk wurde dagegen schon 1811 ein anderes Geschenk zuteil: Das Oktoberfest entstand! Nachdem die Hochzeit des Kronprinzen Ludwig (des späteren Königs Ludwig I.) mit Therese von Sachsen-Hildburghausen mit einem Volksfest mit Pferderennen am 17. Oktober 1810 begangen worden war, verband man im Jahr darauf auf der nunmehrigen ›Theresienwiese‹ einjähriges Hochzeitsjubiläum, Viehausstellung und Erntefest zu einer feuchtfröhlichen Festivität, die inzwischen Weltberühmtheit erlangt hat.

Ludwig I. – Erfolg und Debakel

Schon als Kronprinz hatte Ludwig I. (Abb. 35) im Hintergrund gewirkt und auch seinen Anteil an der neuen Verfassung gehabt. Mit dem Jahr 1825 trat er nun selbst als König in Erscheinung. Dabei stand er als absoluter Herrscher, als der er sich gab, außerhalb der Strömungen jener Zeit, die zielstrebig zur Revolution von 1848 führten. Er wehrte sich gegen alle liberalen Ansätze, in denen er bereits das hier erstmals auftauchende Schreckgespenst eines ›Kommunismus‹ zu sehen glaubte. Aber er machte auch seine Residenzstadt München (und damit eben Oberbayerns Hauptstadt) zur wichtigsten Stadt des Landes, indem er neue Schwerpunkte setzte. Dabei hielt er sich an seine Worte, die er schon als Kronprinz ausgesprochen hatte, aus München eine Stadt zu machen, die »Teutschland so zur Ehre gereichen soll, daß keiner Teutschland kennt, wenn er nicht auch München gesehen« habe. »Ludwig I. schuf das klassizistische München mit einer königlichen Prachtstraße ins freie Feld ... Auch er rief berühmte Künstler und Wissenschaftler nach München. Auch er sammelte wie fast alle Wittelsbacher Kunstwerke von unschätzbarem Wert. Er hatte einen erlesenen Geschmack und war zudem vorzüglich beraten.« (Wolfgang Boller)

Möglicherweise hätte der »feuerköpfige, allzeit reimende und bauende König« (Nöhbauer) auch die unruhige Revolutionszeit von 1848 überstanden, wenn nicht just um diese Zeit der 60jährige König sein Herz für die ›spanische‹ (in Wahrheit irische) Tänzerin Lola Montez entdeckt hätte. Es empörte die Münchner, daß er in Verbindung mit dieser anderthalbjährigen Romanze die Tänzerin sogar zur Gräfin machen wollte. So blieb Ludwig I. nichts anderes übrig, als 1848 abzudanken.

Max II. – der Fortschritt zieht ein

Es war nicht das Ende der Monarchie. Denn sein Sohn Maximilian II. (1848–1864; Abb. 36) führte als König von Bayern die Reformen, die sein Vater nach heftigem Widerstreben gegen den Geist von 1848 noch angekündigt hatte, durch. Vor allem gab es nun ein Wahlgesetz, das die Vorrechte einzelner Klassen und Stände aufhob. Und – für Oberbayern besonders wichtig – der Bauer wurde Herr auf seinem Grund und Boden. Mit Maximilian II. hatte auch Oberbayern einen König, der durch seine Förderung von Wirtschaft und Kultur neue Akzente setzte. Eisenbahnlinien führten ab 1854 in Richtung Holzkirchen, Schliersee und seit 1855 von München nach Starnberg. Auf dem Starnberger See verkehrte ab 1851 ein Dampfschiff. Mit dem sozialen zog also auch der technische Fortschritt ein. Oberbayern wurde allmählich vom Tourismus entdeckt, auch wenn er zunächst nur eine begrenzte Bedeutung hatte. München wurde zur Stadt der Künstler – ob Maler, Dichter, Architekten oder Bildhauer. »'Nordlichter' waren am Hof des zweiten Max gern gesehen.« (Nöhbauer) Demgegenüber erhielt die Musik in München erst gesteigerte Bedeutung (auch wenn bereits Max II. die Volksmusik förderte) durch den nächsten König, Ludwig II., der nicht nur ab 1864 die Linie seines Vaters fortsetzte, sondern auch – als eine seiner ersten Amtshandlungen – Richard Wagner zu sich rief. Schon 1865 erlebte ›Tristan und Isolde‹ hier die Uraufführung. Zwei Jahre nach seinem Regierungsantritt mußte der inzwischen 20jährige König bereits Krieg führen, obwohl das Land darauf nicht vorbereitet war, so daß er auch – gegen Preußen! – rasch verloren wurde.

Ludwig II. – Traum und Wirklichkeit

Über Ludwig II. (Abb. 37), der immerhin 22 Jahre, von 1864 bis 1886, regierte und in dessen Herrscherzeit das gewiß auch für Bayern bedeutende Ereignis der deutschen Reichsgründung unter Einschluß des Landes fiel, ist – nicht nur in Bayern – viel geschrieben und gerätselt worden. Sicher ist, daß die Beschäftigung mit Kunst und Kultur, die bei seinen Vorgängern bereits eine wesentliche Rolle spielte, bei ihm dominierend wurde und sich darüber hinaus außerordentlich einseitig entwickelte. Wenn er, wie man gesagt hat, in einer Traumwelt lebte, so hat mancher seiner Träume in Oberbayern (und im nahen schwäbischbayerischen Allgäu) reale Gestalt angenommen. Längst sind die Schulden, die er hinterließ, in barer Münze durch Touristen und Kunstfreunde in bayerische Kassen zurückgeflossen. Was er für sich allein baute und allein zu genießen dachte, ist heute zum bewunderten und beliebten Ausflugsziel breitester Massen geworden.

Der Gang der Geschichte aber führte an Ludwig II. vorbei. Zwar durfte er noch im Namen Bayerns dem preußischen König die deutsche Kaiserkrone antragen, wobei Bismarck ihm gewissermaßen die Feder geführt hatte. Bei der Kaiserproklamation in Versailles jedoch war Ludwig II. nicht anwesend. Mit Müh und Not ergab sich in der bayerischen Abgeordnetenkammer später die erforderliche Zweidrittelmehrheit für die mit der Reichseinheit notwendig werdenden Verfassungsänderungen. Mißtrauische fürchteten eine Majorisierung bayerischer Eigenständigkeiten. Dazu kam es jedoch erst, als ein Politiker des 20. Jahrhunderts von München aus das Reich in seinen tödlichen Griff bekam.

Als sich nicht länger verheimlichen ließ, daß Bayerns König geisteskrank und praktisch schon seit 1870 nicht mehr regierungsfähig gewesen war, kam es zu jenem tragischen Ereignis, bei dem Ludwig II. zusammen mit seinem Arzt im Starnberger See ertrank. Aber auch Ludwigs Bruder, König Otto I., endete in geistiger Umnachtung und wurde zwischen 1886 und 1912 durch seinen Onkel Luitpold als Prinzregent vertreten. Aus Altersgründen überließ Luitpold freilich das Regieren überwiegend seinem Minister Lutz und dessen Nachfolgern. Das bayerische Volk war seinen Königen und Prinzregenten stets wohlgesinnt, einige (besonders Ludwig II.) liebte es sogar, aber den Beamten mißtraute und den Preußen grollte es – eine Verdrängung, die auch in der Gegenwart hier und da noch spürbar sein mag, auch wenn sich die Vorzeichen geändert haben.

Abschied von den Wittelsbachern

Seit 1871 verlief die Geschichte Bayerns parallel zur deutschen Geschichte, was besonders deutlich wurde, als mit dem letzten König Ludwig III., der zunächst 1912/13 Prinzregent für Otto I. war und in den schwierigen Jahren 1913 bis 1918 als König regierte, die Monarchie beendet war. Ludwig III. hat seine durch die Revolution von 1918 veranlaßte Flucht (er dankte nämlich nicht ab wie andere deutsche Fürsten) nur um drei Jahre überlebt und starb 1921 im Alter von 76 Jahren. Die Herrschaft der Wittelsbacher war nach 738 Jahren zu Ende gegangen – eine Dynastie von erstaunlicher Lebenskraft, die vor allem in Oberbayern ihre unübersehbaren Spuren hinterlassen hat.

Dennoch war – sozusagen unter der Oberfläche der monarchisch orientierten Gesellschaft – spätestens seit der Jahrhundertwende eine neue Gruppierung in München und im weiteren Sinne in Oberbayern entstanden. Freiheitliche Autoren und Verleger, sozialistisch gesinnte Publizisten und Politiker, avantgardistische Maler (wie Kandinsky in Murnau) waren schon vor der Revolution aus dem Muff der monarchischen Bürokratie herausgewachsen. Es war sicher kein Zufall, daß eine kritisch-satirische Zeitschrift wie der ›Simplicissimus‹ in München (und nicht in Berlin) erschien.

Immerhin muß man Ludwig III. zugute halten, daß er eher als manche Stelle in Berlin begriff, worauf es ankam, um Frieden und eine legale Entwicklung zu einer parlamentarischen Demokratie zu erhalten. Daß es zu den blutigen Ausschreitungen im Zusammenhang mit der Räterepublik kam, war eigentlich ebenso unerwartet wie der Putsch Hitlers im Jahr 1923; beides ließ Bayern als unsicheren Boden für die Demokratie erscheinen. Aber Bayern spielte, nachdem es schon 1919 seine eigene Verfassung erhalten und sich zum Freistaat ernannt hatte, nur dann und wann eine eigenwilligere Rolle als andere Länder der Weimarer Republik. Als 1934 die deutschen Bundesstaaten von Hitler abgeschafft wurden, erlebte Bayern wie andere Länder eine ›Gleichschaltung‹. München war die ›Stadt der Bewegung‹.

Widerstand leisteten in Bayern sowohl versteckt tätige Monarchisten und Sozialisten als auch – später – Persönlichkeiten wie Professor Huber und die Geschwister Scholl. Mit Dachau lag eines der berüchtigtsten Konzentrationslager in Oberbayern.

Bayerns Weg in die Gegenwart

Nach dem Kriegsende, durch amerikanische Truppen besetzt und von Vertriebenen überlaufen, wurde schon im Herbst 1945 durch General Eisenhower der bayerische Staat wiederhergestellt, der Ende 1946 seine neue Verfassung erhielt. Der Landtag des ›Freistaates‹ lehnte zunächst das 1949 verabschiedete ›Grundgesetz‹ der neuen Bundesrepublik Deutschland ab, war dann aber, veranlaßt durch Beschlüsse der anderen Landtage, doch bereit, sich der Bundesrepublik anzuschließen. Als südlicher Regierungsbezirk des Freistaats Bayern, übrigens der größte Regierungsbezirk der Bundesrepublik überhaupt, hat Oberbayern nicht nur einen starken Zustrom von Nichtbayern erstaunlich assimiliert, sondern ist zum meistbesuchten Urlaubsgebiet auf deutschem Boden geworden.

Mag die Geschichte Oberbayerns über weite Strecken mit der ganz Bayerns identisch gewesen sein, so bleibt doch die Tatsache, daß der Reisende gerade in Oberbayern immer wieder auf Zeugnisse dieser Geschichte stößt – von den uralten Fundamenten vieler Kirchen und Klöster über Burgen, die als Ruinen oder in erneuerter Form erhalten blieben, bis hin zu stattlichen Bürger-, Patrizier- und Bauernhäusern aus früheren Jahrhunderten. Geschichte spricht in Oberbayern nicht weniger einprägsam zu uns als Landschaft. Sie ist – zum Glück – weder im Baulich-Anschaulichen noch im Menschlich-Folkloristischen verschüttet und offenbart ein nicht überall in Deutschland gleichermaßen verankertes Gefühl für Tradition und Heimatbewußtsein.

Es ist wohl unvermeidlich, daß mancher Tourist in seiner Eile oder infolge fehlender Information nicht immer den rechten Griff tut, wenn er sich dem einen oder anderen zuwendet. Burgen des 19. Jahrhunderts mögen imposanter wirken als Burgruinen (wie die von Werdenfels) aus dem Mittelalter. Nachträglich angefügte Kirchtürme blicken stolzer als die Kuben aus romanischer Zeit. Stuck und Bilderreichtum des Barock und Rokoko können auffallender sein als verblaßte Fresken des Mittelalters. Aus Trümmern restaurierte Bauten zeigen sich eindrucksvoller als die verwitterten Zeugen aus ferner Vergangenheit.

Lassen Sie sich bei Ihrem Weg durch Oberbayerns Kunst nicht irreführen. Geschichte muß nicht laut oder gar schreiend sprechen, sondern kann sehr leise, in der Stille wirken. Schauen und horchen Sie aufmerksam, damit Sie ihr tatsächlich begegnen!

Künstler, die Oberbayern prägten

Der Reichtum an Kunstwerken, die heute aus vielen vergangenen Jahrhunderten in Oberbayern zu uns sprechen und aus diesem Boden gewachsen sind, beweist, wie viele Künstler hier gewirkt haben. Gewiß – aus früher Zeit kennen wir fast keine Namen. So wissen wir nicht, wer die Meister von Altenstadt, von Laufen, von St. Zeno in Bad Reichenhall oder vom Ursprungsbau des Freisinger Doms waren. Wir wissen wenig oder nichts über frühe Bildhauer wie etwa den, der in der Kunstgeschichte als ›Meister von Rabenden‹ (um 1510) verzeichnet ist und außer mit seinen Schnitzfiguren in der Kirche St. Jakob (Abb. 214) von Rabenden (südwestlich von Trostberg) auch noch in einem halben Dutzend anderer Kirchen mit seinen oder seines Schulkreises Werken auftaucht. Sein Stil hat ihn überdauert, während sein Name verklungen ist. Ein anderer aus der Reihe der anonymen Künstler, deren Meisterschaft lediglich durch einige ihrer Werke bestätigt wird, ist der Meister der Altöttinger Türen, der 1513/19 in Eiche geschnitzten Flügeltüren der Stifts- und Wallfahrtskirche St. Philipp und Jakob. Ihm begegnen wir außerdem in den Kirchen von Perach (bei Altötting), Unterholzhausen, Au am Inn (ehemaliges Augustiner-Chorherrenstift) und – ohne volle Gewißheit – in Baumburgs ehemaligem Augustiner-Chorherrenstift.

Ein Fall für sich ist der Seeoner Meister, dessen sitzende Muttergottes (um 1430) aus dem Kloster Seeon inzwischen in Münchens Bayerisches Nationalmuseum gewandert ist (Abb. 216). Vom gleichen Meister läßt sich in Weildorfs Pfarrkirche St. Martin eine stehende Muttergottes (1429) betrachten. Wahrscheinlich gehört sie eigentlich als Schreinmadonna in Freisings Klarakirche zu dem dort befindlichen Weildorfer Flügelaltar. Auch dieser Meister von Seeon ist für uns namenlos geblieben.

Zwei Künstler, die nur einmal in Oberbayern ihre Handschrift hinterließen, haben in Blutenburg in der gotischen Kapelle des früheren Wittelsbacher Schlosses gearbeitet. Martin der Glaser lieferte eine Folge von 32 Glasfenstern (1497), die als Thema die Verkündigung und die Leiden Christi haben. Insgesamt 14 beinahe lebensgroße hölzerne Figuren von Christus, der Muttergottes und den Zwölf Aposteln an der Nordwand des Altarraums stammen von dem ›Meister der Blutenburger Apostel‹. Nicht ganz gering ist auch die Zahl der Künstler, von denen wir nichts als die Initialen kennen. Hier und da hat man die

Anfangsbuchstaben einigermaßen zuverlässig deuten können. So hat man aus dem A. S. in der Wieskirche auf Anton Sturm geschlossen, aus MZB in Burghausens Pfarrkirche St. Jakob auf Michael Zürn, während schon in der Kreuzpullacher Kirche Hl. Kreuz die Meinungen auseinandergehen, ob die Abkürzung JGB 1710 auf den Stukkateur Johann Georg Baader oder den Maler Johann Georg Bergmüller (Abb. 42) schließen läßt. Kein Wunder, daß weitere Initialen, insbesondere ältere, Rätsel aufgeben, die sich nicht lösen lassen.

Neben diesen anonym gebliebenen Meistern, für die nur ihr Werk sprechen kann, steht eine außerordentlich stattliche Zahl von mehr oder minder bekannten Künstlern. Über 1000 sind es allein in Oberbayern, die wir namentlich kennen. Manche von ihnen haben als Baumeister oder Schnitzer freilich nur lokale Bedeutung erlangt. Manche sind auch nur durch ein einziges Werk in ihrer Umgebung der Nachwelt überliefert. Andere Künstler aber sind mit einem reichen Werk vertreten, und ihr Wirken ist gelegentlich gar nicht allein auf Oberbayern beschränkt geblieben. Das gilt etwa für die Künstler, die aus Italien oder anderen Ländern nach Oberbayern geholt wurden. Außerdem breiteten sich künstlerische Stilrichtungen einzelner Meister oder Gruppen von Oberbayern in andere Gebiete aus und – selbstverständlich – auch umgekehrt. Gar nicht so selten treten Künstlerfamilien auf wie die Asams, die Zimmermanns, die Schmuzers. Das gilt vor allem für die Zeit, in der es in Oberbayern von fähigen Baumeistern, Malern, Bildhauern nur so gewimmelt haben muß – anders wären Umfang und Vielfalt der Leistungen in dem begrenzten Zeitraum des frühen 18. Jahrhunderts gar nicht zu erklären.

Gewiß sagt die Zahl der Werke, mit denen ein Künstler im oberbayerischen Raum vertreten ist, allein noch nichts über seinen Rang aus. Mancher, der in Franken oder Schwaben und darüber hinaus Bedeutung hat, mag in Oberbayern nur ein oder zwei Werke geschaffen haben. Dennoch werden Sie auf Ihrem Weg durch Oberbayern zwangsläufig auf eine bestimmte Gruppe von Künstlern besonders oft stoßen, weil sie – rein zahlenmäßig – häufig tätig waren. Dies aber wohl wiederum, weil sie der Ruf der Qualität begleitete. Das gilt für die beiden Günthers, die familiär nichts miteinander zu tun haben und gelegentlich auch verschieden geschrieben werden: Ignaz und Matthäus. Es gilt ebenso für den Baumeister Johann Michael Fischer, für den Maler und Stukkateur Johann Baptist Zimmermann und den Baumeister Dominikus Zimmermann, für die Bildhauer Franz Xaver Schmädl und Johann Baptist Straub (Abb. 41) oder für den Maler Christian Wink. Jeder von ihnen ist an wenigstens 20 verschiedenen Orten mit seinen Werken vertreten, so daß sich für den Beschauer eine großartige Möglichkeit zum wertenden Vergleichen ergibt. Nicht fehlen dürfen übrigens in dieser Reihe die Brüder Asam – Cosmas Damian, Maler und Architekt, und Egid Quirin, Stukkateur und Bildhauer, gelegentlich auch Maler und Baumeister. Auch ihr Vater, Hans Georg Asam, gehört in diese Künstlerfamilie, die eine Art Programm für das bayerische Rokoko bedeutet.

Neben diesen gewissermaßen beherrschenden Künstlern in der oberbayerischen Szene stehen zahlreiche andere, denen Sie nicht ganz so oft, aber immerhin doch an mindestens zehn Orten begegnen. Zu ihnen gehören, um die bekanntesten von weit über 20 Namen anzuführen, aus früher Zeit Erasmus Grasser und Hans Leinberger, später François Cuvilliés d. Ä. und die beiden italienischen Baumeister Giovanni Antonio Viscardi und Enrico Zuccalli, auch dieser übrigens aus einer Künstlerfamilie, die noch mit den Architekten Gasparo und Domenico Christoforo vertreten ist. In einer früheren Epoche, Mitte des 17. Jahrhunderts, arbeiteten die Mitglieder der Familie Zürn in Oberbayern, vor allem die Bildhauer Martin und Michael. Erst in der zweiten Hälfte des 18. Jahrhunderts tritt der bekannteste und populärste der Familie Zwinck, der ›Lüftlmaler‹ mit dem Vornamen Franz, auf.

Um Ihnen die Begegnung mit den wichtigsten der in Oberbayern tätigen Künstler zu erleichtern, sollen Ihnen einige genauer vorgestellt werden. Nicht in einer lückenlosen, auf Vollständigkeit bedachten Biographie kunsthistorischer Art, sondern als Porträtskizze, aus der Sie sich über Eigenart und Hauptleistung ein Bild machen können. Insbesondere beschränkt sich die Darstellung auf das, was dieser oder jener Künstler für Oberbayern bedeutet, wobei nur gelegentlich der Blick über die Landschaftsgrenzen hinaus geht, sofern es für das Gesamtbild notwendig sein sollte.

Sie tun gut daran, bereits vor Ihrer Reise durch Oberbayern die erste Bekanntschaft mit den wichtigsten Künstlern in diesem Raum zu machen. Geboren ist mancher von ihnen außerhalb Oberbayerns, einige von ihnen gar außerhalb der deutschen Grenzen. An seiner Bedeutung für Oberbayern, an der Einordnung im Zusammenklang von Kunst und Landschaft, ändert es nichts, woher ein Künstler gekommen ist.

Die Brüder Asam
Cosmas Damian: geboren 1686, gestorben 1739;
Egid Quirin: geboren 1692, gestorben 1750

In der Künstlerfamilie Asam – ihr Ursprung liegt in Rott am Inn, wo Hans Georg Asam 1649 geboren wurde – wies der Vater den Weg, den die Söhne einschlugen. Immerhin hatte Hans Georg Asam, aus München kommend, zwei bedeutende Kirchen ausgemalt: die Fresko-Decken in der Klosterkirche von Benediktbeuern (Abb. 128) und die Abteikirche St. Quirin in Tegernsee (Abb. 115–117). Die Söhne wurden in den Orten geboren, in denen ihr Vater am Werk war: Cosmas Damian 1686 in Benediktbeuern, Egid Quirin 1692 in Tegernsee.

Der Maler Cosmas Damian wurde – nach heutigen Maßstäben – nicht alt: Mit 52 Jahren starb er, nachdem er weit über Oberbayern hinaus – in Österreich, in der Schweiz, in Böhmen – künstlerisch tätig gewesen war. Es ist nicht übertrieben, von ihm zu sagen, daß er sich in der Arbeit verzehrte. Allein eines seiner letzten großen Werke, die Decke von Ingolstadts Bürgersaal Sta. Maria Victoria (Farbt. 1), ist nicht nur kühn in Komposition und perspektivischer Anlage, sondern entstand auch in der verblüffend kurzen Zeit von sechs Wochen. Diese Tatsache veranlaßt den Kirchendiener zu der nachdenklichen Überlegung, daß heutzutage ein Künstler-Handwerker sechs Wochen allein zur Vorbereitung benötige.

Beim Entwurf dieses Deckengemäldes kann übrigens Bruder Egid Quirin mitgewirkt haben. Beide Brüder hatten 1712/13 gemeinsam in Rom ihre Studien betrieben und waren dabei von Bernini besonders beeindruckt. Sie haben sich seitdem häufig und besonders gern gemeinsam an eine Arbeit gemacht. Cosmas Damians Arbeitsbereich in Oberbayern lag in München (mehrere Kirchen), im Schleißheimer Schloß (Farbt. 12; Abb. 83), in Freisings Dom (Abb. 61) und, am eindrucksvollsten, in Ingolstadts bereits erwähntem Bürgersaal. Bei den Münchner Kirchen handelt es sich um die Klosterkirche St. Anna auf dem Lehel, die Dreifaltigkeitskirche (Abb. 64; wo 1715 der Maler sein Münchner Debüt gab) und das (zerstörte, aber erneuerte) Deckengemälde der Heilig-Geist-Kirche (Abb. 65). Beide Brüder gemeinsam wirkten an der Gestaltung des Asamschen Wohnhauses in München (Farbt. 7; Sendlinger Straße 61), in Fürstenfeldbrucks Klosterkirche Mariae Himmelfahrt (Abb. 89, 90), in Freisings Dom St. Maria und St. Corbinian (Abb. 61) sowie mehrfach in München: in der zerstörten und wiederaufgebauten Damenstiftskirche St. Anna, in der Heilig-Geist-Kirche und in der Asamkirche (Farbt. 7; Abb. 68).

Egid Quirin, der jüngere Bruder, ergänzte das malerische Werk von Cosmas Damian als Bildhauer und Stukkateur. Nach dem Tod seines Bruders betätigte er sich auch als Freskenmaler. Auch von ihm sind bedeutende Werke außerhalb Oberbayerns zu finden. Daß der in erster Linie mit Stuck arbeitende Egid Quirin auch mit Holz umzugehen verstand, beweisen die vier Kirchenväter, die er 1733 für den Hochaltar der Münchner Pfarrkirche St. Peter schuf. Ein wahrer Meister aber war er als Gestalter von Altären, bei denen er sich trotz der Vielzahl seiner Werke kaum je wiederholte. Immer wieder gelangen ihm neuartige Lösungen. Seine wichtigsten oberbayerischen Werke finden sich in München (soweit erhalten oder erneuert) in der Klosterkirche St. Anna auf dem Lehel, in der Damenstiftskirche St. Anna, in der St. Johann-Nepomuk-Kirche (Asamkirche; Abb. 68), in der Pfarrkirche St. Peter (Abb. 66), in Freisings Dom (Abb. 61), in Fürstenfeldbrucks Klosterkirche (Abb. 89, 90), in Benediktbeuerns Anastasiakapelle und in Sandizells (bei Schrobenhausen) Pfarrkirche St. Petri. Den Hochaltar in Sandizell (Abb. 28) schuf er 1747, wenige Jahre vor seinem Tod, so daß erst nach seinem Tod die Seitenaltäre, die er entworfen hatte, hinzugefügt wurden.

Sieht man die Asam-Brüder als ein Team an, das im gleichen Raum auf verschiedenen künstlerischen Ebenen tätig war und diese zweifellos mit- und aufeinander abstimmte, dann kann man Alois J. Weichslgartner zustimmen, daß sie »durch ihr geniales Zusammenwirken das Idealbild des barocken Gesamtkunstwerks geschaffen« haben.

Johann Baptist Baader
(auch Bader) geboren 1717, gestorben 1779

Der Maler Johann Baptist Baader (den Sie nicht mit dem Stukkateur Johann Georg Bader der Münchner Dreifaltigkeitskirche und von Erdings Wallfahrtskirche Hl. Blut verwechseln dürfen) kam aus Lechmühlen zwischen Landsberg und Schongau und wurde daher gern als

Lechmaler oder – familiärer – als ›Lechhansl‹ bezeichnet. Er zählt zu dem Kreis der Augsburger Freskomaler, deren berühmteste wohl Johann Georg Bergmüller (Abb. 42), sein Schüler Johannes Evangelista Holzer und Matthäus Günther waren. Sicher gehört Baader nicht in diese Spitzengruppe, aber seine soliden handwerklichen Qualitäten und, was nicht übersehen werden sollte, sein hier und da durchbrechender Humor machen ihn zu einem liebenswerten Künstler. In Oberbayern war er zwischen 1760 und 1779 häufig tätig. Dabei schuf er zahlreiche Deckengemälde wie in Perchting (Kirche Mariae Heimsuchung), Wessobrunn (Pfarrkirche St. Johannes) und Rott bei Schongau (Pfarrkirche St. Johannis).

Der Schwerpunkt seines Schaffens lag im Landsberger Raum. Hier gelang ihm in Vilgertshofens Wallfahrtskirche zur schmerzhaften Maria 1770 eines seiner besten Gemälde (Farbt. 50). Im gleichen Ort war er sich nicht zu schade, seinen Pinsel auch im Obergeschoß des 1690 erbauten Wirtshauses anzusetzen, wo er drei reizende Deckengemälde schuf: In ihnen treten biblische Gestalten sehr volkstümlich in der damaligen Tracht der Lechrainer Bauern auf. Von einer seriöseren Seite erleben Sie Baader in den im gleichen Jahr entstandenen vier Gemälden in den Seitenkapellen von Weilheims Pfarrkirche St. Mariae Himmelfahrt (Abb. 155). Sie waren ursprünglich für das Pollinger Kloster und seinen Kapitelsaal bestimmt, wanderten aber nach dessen Aufhebung 1803 nach Weilheim und entgingen damit zum Glück der Zerstörung des Klosterkomplexes.

Ignaz Baldauff
Geboren ?, gestorben 1783

Daß Ignaz Baldauff in Inchenhofen, nördlich von Aichach, geboren wurde, mag seinen Lebensweg bestimmt haben. Mit der Wallfahrtskirche St. Leonhard besaß der Ort zugleich die älteste und bedeutendste der Leonhards-Wallfahrten. Der Backsteinbau dieser Kirche geht zwar auf das 15. Jahrhundert zurück, wurde jedoch zu Beginn des 18. Jahrhunderts mit Neuwölbung und Zwiebelhaube barock umgestaltet. Für Baldauff muß die Gestaltung der Deckenfresken ›seiner‹ Kirche um 1776 die Erfüllung eines Wunschtraums gewesen sein. Selbstverständlich lag das Motiv fest: das Leben des hl. Leonhard – »als Ganzes gesehen eine großartige Leistung in der Beherrschung weitgespannter Flächen, ihre gemalten Rahmen täuschen Stuck vor« (Dehio), ein origineller Kunstgriff des Fürstbischöflich Augsburger Hofmalers.

Aber die Inchenhofener Malerei stellt bei weitem nicht Baldauffs einzige Leistung im oberbayerischen Raum dar. Von ihm stammen die Fresken von Schrobenhausens Salvatorkirche, er war im nahen Sandizell sowohl im Schloß als auch in der Kirche St. Petri tätig, wobei er auf den Spuren von Egid Quirin Asam wirkte. Vier der Seitenaltäre, die Sie in Fürstenfeldbrucks Klosterkirche anschauen können, sind Werke Baldauffs. In Fürstenfeldbrucks Pfarrkirche St. Magdalena malte er die Decke des Schiffs mit dem beliebten Motiv jener Zeit, dem Sieg der Rosenkranzkönigin über die Türken in der Schlacht von Lepanto, aus. Als hervorragende Arbeit Baldauffs gilt ebenfalls sein Gemälde für den Hochaltar der

Pfarrkirche S. Maria in Aichach. 1767 schuf er in Beinberg, südlich von Schrobenhausen, die Deckengemälde von Langhaus und Altarraum der Wallfahrtskirche Unserer lieben Frau.

Johann Georg Bergmüller
Geboren 1688, gestorben 1762

Als Direktor der Augsburger Malerakademie hat Bergmüller (Abb. 42) nicht allein mit seinen eigenen Werken Anerkennung gefunden, sondern ist auch zum geschätzten Lehrer einer ganzen Generation von Malern geworden. Zu seinen bedeutendsten Schülern gehörte der allzu jung gestorbene Südtiroler Johannes Evangelista Holzer, dem Sie in Partenkirchens Votiv- und Wallfahrtskirche St. Anton und in Dießens Stiftskirche St. Maria begegnen können.

Der im schwäbischen Untertürkheim geborene Bergmüller studierte in Italien, bevor er nach Augsburg kam. Er hatte die beharrliche Zähigkeit des Schwabens in der künstlerischen Verwirklichung der ihm unter theologischen Gesichtspunkten aufgetragenen Bildideen. Das zeigt sich besonders in der romanischen Klosterkirche St. Johann Baptist von Steingaden, die im 18. Jahrhundert umgebaut wurde und in der Bergmüllers Fresken ganz den Geist des Rokoko widerspiegeln (Farbt. 44). »Da ist Bergmüller, dem man so leicht eine akademische Trockenheit nachsagt, ein lebendiger Schilderer mit schwäbischer Freude am Schalk.« (Herbert Schindler). Und: »Auftraggeber und Maler ist es gelungen, im Freskenzyklus 'Rückschau zur lokalen Vergangenheit und transzendente Vorausschau' (Norbert Lieb) völlig ungezwungen und harmonisch zu vereinen.« (Hans Pörnbacher im Kirchenführer)

Die Grenzen seiner in der Tat manchmal akademischen Abgeklärtheit werden deutlich in Dießens Stiftskirche St. Maria (Abb. 142), wo Bergmüller dem unmittelbaren Vergleich mit Tiepolo (im Nachbaraltar, übrigens dem einzigen Werk des Italieners in Oberbayern) und seinem genialen Schüler Holzer standhalten muß. Zwar sind die Fresko-Deckengemälde von 1736 in dieser Kirche Bergmüllers umfangreichstes Werk, aber sie sind »in ihrer sehr klaren und akademisch-präzisen Formgebung und in der Gewähltheit des Kolorits typische Arbeiten eines abgeklärten Akademikers« (Tintelnot). Andere Arbeiten von Bergmüller können Sie im Schloß Haimhausen, in Landsbergs ehemaligem Jesuitenkloster Hl. Kreuz (Altarbilder von 1755) und in den zehn Jahre später entstandenen Deckengemälden des ehemaligen Ursulinerinnenklosters der gleichen Stadt finden. Übersehen Sie nicht, daß Bergmüller 1756 Altarblätter für die Wieskirche beisteuerte!

François Cuvilliés d. Ä.
Geboren 1695, gestorben 1768

Zwei Werke verbinden Cuvilliés untrennbar mit München: das Alte Residenztheater und das im Nymphenburger Park gelegene Rokoko-Schlößchen Amalienburg. »Das Münchner

KÜNSTLER, DIE OBERBAYERN PRÄGTEN

Rokoko ist ohne den Wallonen Cuvilliés und sein Residenztheater nicht zu denken.« (Hausenstein). Darüber hinaus hat Cuvilliés in dem weiten Zeitraum zwischen 1730 und 1768, als er in seiner künstlerischen Heimatstadt München starb, andere prachtvolle Bauwerke in München errichtet oder doch maßgebend beeinflußt: Residenz, Theatinerkirche (Farbt. 5; Abb. 67), Palais Portia, um nur einige zu erwähnen. Seine Wirkung reichte weit nach Oberbayern hinein: In geringerem Umfang auf die Abtei Schäftlarn (Abb. 91, 92), stärker auf die Stiftskirche St. Maria in Dießen (Abb. 142, 143) und das Schloß Haimhausen (Abb. 85). Ganz zu schweigen von den Künstlern, die er anleitete oder anregte, wie beispielsweise Johann Baptist Zimmermann.

Schon der Werdegang von Cuvilliés ist erstaunlich. Er stammte aus Soignies im Hennegau und wurde als elfjähriger verwachsener ›Zwerg‹ von Kurfürst Maximilian II. Emanuel nach München mitgenommen – zweifellos zum Amüsement, das ein ›Kammerzwerg‹ wohl liefern konnte. Daß er letztlich aber doch für ein ganz andersartiges ›Amüsement‹ sorgte, verdankte er seiner Begabung, die den Kurfürsten veranlaßte, ihn zum Architekten ausbilden zu lassen. Diese Entscheidung erwies sich als überaus glücklich, denn der geniale bayerische Hofarchitekt wurde zum Schöpfer der Glanzpunkte eines bayerisch geprägten Rokoko. Zwar brannte das Alte Residenztheater in München im letzten Krieg beinahe völlig aus, aber glücklicherweise (wenn es bei Zerstörungen überhaupt »Glück« gibt) war die Inneneinrichtung vorher in Sicherheit gebracht worden. So konnte das Cuvilliés-Theater 1958 in alter Pracht, wenn auch an anderer Stelle der Residenz, wiedereröffnet werden. Mit der Amalienburg wuchs der Architekt Cuvilliés in den Rang eines Poeten. »Das Rokoko hat kaum ein anderes Werk hervorgebracht, in dem seine besonderen Stileigenschaften so ausschließlich und so konzentriert in höchster Qualität zur Geltung kämen.« (Dehio)

Übrigens war Cuvilliés, wenn man ihn in München überhaupt noch als Fremden bezeichnen will, einer von mehreren Ausländern – überwiegend Italienern –, die für die Baukunst Oberbayerns Bedeutung gewannen. So ist der Name von Agostino Barelli mit Residenz, Theatinerkirche und Schloß Nymphenburg (Farbt. 9) verbunden. Enrico Zuccalli führte die Theatinerkirche (Abb. 67) weiter, baute 1693 das Palais Portia, dessen Fassade Cuvilliés mehr als 40 Jahre später (1735) umgestaltete, entwarf aufwendige Pläne für Schloß Schleißheim (Farbt. 12) und war auch an den Bauten des Ettaler Klosters (Farbt. 40, 41; Abb. 141) und der Altöttinger Gnadenkapelle (Abb. 195; sein Entwurf fiel dem Geldmangel zum Opfer) beteiligt. Gasparo und Domenico Christoforo Zuccalli bauten u. a. zwischen 1661 und 1690 das ehemalige Chorherrenstift von Gars, waren jedoch auch einzeln an verschiedenen Bauten beteiligt, so Gasparo an der Wallfahrtskirche Mariae Verkündigung von Andechs (Abb. 151, 152) und an der später mehrfach veränderten Pfarrkirche St. Oswald in Traunstein (Abb. 217). Domenico übernahm um 1680 den Bau der Sebastianskapelle im Kreuzganghof von Altöttings Pfarr- und Wallfahrtskirche St. Philipp und Jakob.

Schließlich lieferte Giovanni Antonio Viscardi u. a. 1701 die Pläne für den Bau der Klosterkirche Mariae Himmelfahrt von Fürstenfeldbruck (Abb. 89, 90; die er, nachdem der Bau sich verzögerte, infolge seines Todes im Jahr 1713 nicht mehr selbst ausführen konnte). Außerdem wirkte er an den Plänen von Münchens Dreifaltigkeitskirche (Abb. 64) und von

Schloß Nymphenburg (Farbt. 9) mit. Nicht ganz außerhalb der verbreiteten Zeitmeinung lag sicher die Kurfürstin Henriette Adelaide von Savoyen (Abb. 38), wenn sie deutsche Baumeister als »piu idiotico nell'edificare« (frei übersetzt: »ziemlich dämlich beim Bauen«) bezeichnete. Sicher ist aber wohl, daß deutsche Baumeister ihren italienischen Kollegen Anregungen und Ansporn zu verdanken haben und daß die Epoche der italienischen Architekten maßgeblichen Einfluß auf die danach in Oberbayern durch heimische Künstler erfolgten Bauten gehabt hat. »In der letzten und reifsten Phase des Barocks um 1740 sind die fremden Baumeister zurückgetreten. Rom und Paris sind vergessen ... Was die Fremden ... zu geben hatten, ist verarbeitet, ist Grundlage des letzten Anlaufs geworden, mit dem Deutschland den Barock vollendet ...« (Weigert)

Um noch einmal auf Cuvilliés zurückzukommen, der den Anstoß für diesen Exkurs gab: Sein Sohn trat – wenn auch nicht mit gleicher Brillanz – in die Fußstapfen des Vaters als François Cuvilliés d. J. Zunächst vollendete er 1768 die Fassade der Theatinerkirche (Abb. 67), die sein Vater 1765 entworfen hatte, aber infolge seines Todes nicht mehr ausführen konnte. Später war er der Baumeister des Ständehauses (sog. ›Landschaftlicher Neubau‹, Roßmarkt 15), mit dem er zugleich den Schritt vom Barock zum Klassizismus vollzog.

Johann Michael Fischer
Geboren 1691, gestorben 1766

Der Architekt Johann Michael Fischer kam aus Burglengenfeld in der Oberpfalz und wurde 1723 in München ansässig. Er hat für Oberbayern eine ähnlich bedeutende Stellung innegehabt wie sein 35 Jahre vor ihm geborener Namensvetter Fischer von Erlach in Salzburg und Wien. Auf ihn gehen insgesamt – so besagt es seine Grabinschrift – nicht weniger als 32 Kirchen und 23 Klöster zurück: Eine respektable Lebensleistung, die freilich nicht nur im oberbayerischen Raum erfolgte. Hier allerdings steht, in Rott am Inn, mit der Benediktinerklosterkirche (1759/67 entstanden; Abb. 180, 181), eines seiner reifsten Werke.

Fischer hat die Möglichkeiten von Lang- und Zentralbauten in verschiedener Weise durchgespielt, gelöst und miteinander verbunden, was beispielsweise für Rott am Inn gilt. »Mit ihm vergeistigt der bayerische Stamm seine urwüchsige Derbheit und sein ... kraftvolles Pathos zu gewaltigen Raumkompositionen, die ebenso zart wie beschwingt sind.« (Weigert)

Oberbayern verdankt Fischer gut 20 Bauwerke von Ingolstadt im Norden bis Schlehdorf am Kochelsee im Süden, vom Pfarrhof in Apfeldorf bis zu dem Höhepunkt von Rott am Inn und bis zur Klosterkirche von Altomünster (1763/73), die in Fischers letzten Lebensjahren begonnen wurde und deren Turm über der Westfassade, 1766 vollendet, wohl das letzte Werk war, dessen Fertigstellung der Meister – hier ist das Wort wahrhaft angebracht – erleben konnte.

Manches ist nicht mehr oder nur noch entstellt zu sehen: etwa eine seiner frühesten Arbeiten, das Kloster Schlehdorf (1718; Abb. 126), das heute verbaut ist, oder die durch den

Krieg schwer beschädigte Ingolstädter Wallfahrtskirche ›Zur Schuttermutter‹, die ursprünglich zu Fischers Hauptwerken zu zählen war, aber abgerissen wurde. So muß im oberbayerischen Raum neben Rott am Inn vor allem auf zwei Münchner Kirchen hingewiesen werden. Für die frühere Hof-, heutige Pfarrkirche St. Michael von Berg am Laim fertigte Fischer 1735 den Entwurf. Der Bau wurde zunächst von einem anderen (Stadtmaurermeister Philipp Jakob Kögelsperger) begonnen, bis Fischer 1739 selbst den Bau übernahm. Die schwer beschädigte Kirche ist sofort nach Kriegsende restauriert worden. An der Innenausstattung waren die führenden Künstler Münchens wie Johann Baptist Zimmermann und Johann Baptist Straub beteiligt. Die Kirche gehört durch ihre Raumanordnung, bei der drei zentrale Räume in einer Längsachse eine reizvolle perspektivische Wirkung entfalten, nach Dehios sicher berechtigter Meinung zu den »eigenartigsten Raumschöpfungen des bayerischen Barock« (Abb. 81, 82). Schon einige Jahre früher (1727/30) hatte Fischer die Klosterkirche St. Anna auf dem Lehel mit der Ausschmückung durch Cosmas Damian Asam und Johann Baptist Straub erbaut, die nach ihrer Zerstörung im Jahr 1944 im Verlauf mehrerer Jahrzehnte bis 1979 nach den Originalplänen Fischers und unter Nachmalung der Innendekorationen restauriert worden ist.

Daß ein glücklicher Zufall Fischer die Gelegenheit zu seinem Hauptwerk, der einstigen Benediktinerklosterkirche, heutigen Pfarrkirche von Rott am Inn, gab, beweist die Vorgeschichte des Baus. Die Klosterkirche ging aufs Mittelalter zurück. Nach dem Umbau des Klosters erwog Abt Benedikt Lutz, auch das Kircheninnere dem neuen Rokokostil anzupassen, wofür zwei Augsburger Stukkateure bereits Entwürfe vorgelegt hatten. Dennoch setzt sich der Gedanke an einen Neubau durch. Ein in der Nähe tätiger Benediktinerpater von Freisings Abtei Weihenstephan, der Fischers Sohn seit 1746 angehörte, gibt den Rat, für den beabsichtigten Neubau Fischer heranzuziehen. Der Abt läßt ihn kommen und erteilt ihm den Auftrag. Innerhalb von vier Jahren – Juni 1759 bis Oktober 1763 – ist der Bau vollendet und kann geweiht werden (Abb. 180, 181). Das 18. Jahrhundert hatte eine seiner schönsten Kirchen erhalten, Fischers »reifes Alterswerk, in dem sich die alten Themen kirchlicher Baukunst, der Zentral- und Longitudinalbau durchdringen und zu einem harmonischen, ja klassischen Ausgleich gebracht sind« (Schindler).

Erasmus Grasser
Geboren um 1450, gestorben 1518

Mit diesem Künstler ist eine der eigenwilligsten und kühnsten Bildhauergestalten der Dürer-Zeit im oberbayerischen Raum tätig gewesen. Grasser kam aus Schmidmühlen in der Oberpfalz, nordwestlich von Burglengenfeld, und sein Weg führte ihn um 1470 nach München, wo sein Name erstmals 1474 im Zunftbuch erschien und wo er 1477 – nach einigen Querelen – die Meisterwürde zugesprochen erhielt. Ob er in seinen Wanderjahren vor 1470 in Wien bei dem genialen Niederländer Nikolaus Gerhaert von Leyden (um 1430–1473) gelernt oder gearbeitet hat, ist nicht mit Sicherheit zu sagen. Grasser hat, so

Pinder, »ohne sich selbst zu verlieren, als sehr beweglicher Geist den allgemeinen Formenwandel mitgemacht«. Das heißt: Von den ›Moriskentänzern‹ (Abb. 29), die er 1480 im Auftrag des Rats für den Festsaal des Münchner Alten Rathauses schuf und die in ihrer geradezu grotesken Gliederverschränkung ekstatisch wirken, bis zu der harmonisch ausgeglichenen Symmetrie seines Altaraufsatzes des Jahres 1506 in St. Leonhard von Reichersdorf (bei Miesbach) hat der Künstler eine erstaunliche Entwicklung genommen.

Leider läßt sich das Werk des Künstlers heute nicht mehr vollständig erleben und deuten, weil z. B. die berühmten Hochaltäre von Tegernsee (1498) und Reichersdorf (1502/05) entweder verloren gingen (Tegernsee) oder in ihrer Wirkung beeinträchtigt sind. In vielen Fällen läßt sich auch nicht mehr mit Sicherheit entscheiden, ob ein Werk auf Grasser zurückgeht oder nicht – zeitweise hat man ihm vieles allzu großzügig zugeschrieben, das einer späteren Prüfung nicht standhielt. So wurde der Künstler auch für Werke, die ›nur‹ aus seiner Werkstatt, von Schülern oder Mitarbeitern, stammten, in Anspruch genommen. Bei kritischer Prüfung bleiben in Oberbayern mit Sicherheit zehn Fundstellen, bei denen sich mit Gewißheit ein ›echter Grasser‹ bewundern läßt. Andere – wie in St. Alto in Leutstetten oder in St. Sixtus in Schliersee – bleiben zweifelhaft.

Die ungewöhnlichste Leistung Grassers stellen zweifellos die ›Moriskentänzer‹ dar, die für den Tanzsaal des Münchner Rathauses bestimmt waren – 16 ursprünglich, von denen freilich nur noch zehn erhalten sind, die sich im Münchner Stadtmuseum befinden (Abb. 29): »ein Hymnus an die Kunst der Gotik, ein Fest für das Auge, voller Farbenpracht und tänzerischer Dynamik« (Gallas). Vielleicht sollte man hier einmal erwähnen, daß Grasser sein künstlerisches Licht auch nicht unter den Scheffel stellte: Eine Stadtkammerrechnung von 1480 läßt erkennen, daß sein Honorar für die Moriskentänzer »wohl einzigartig und fürstlich« (Goldner) war.

Wo finden Sie nun außerhalb der Museen noch Werke des Meisters? In München in drei Kirchen, und zwar die Aresinger Grabsteine mit der Beschriftung »den Stain hat gehauen Maister Erasm. Grasser 1482« und die Petrusfigur (1492) in St. Peter und die Apostel- und Prophetenskulpturen (1502) des Chorgestühls in der Frauenkirche. Von ursprünglich 48 Figuren ging ein Teil während des Krieges verloren; außer in der Kirche werden Sie weitere im Diözesanmuseum, Freising, finden. Grasser schuf auch den Schnitzaltar (1483) in Ramersdorfs St. Maria an der Nordwand des Langhauses. Überdies könnte auch die thronende Muttergottes im Hochaltar (um 1480) von ihm stammen, während es fraglich ist, ob die Apostel mit Christus und Maria in der Schloßkapelle von Blutenburg (Abb. 88) auf den Meister selbst zurückgehen.

Außerhalb Münchens lassen sich Grasser mit Sicherheit zuschreiben die ›Trauernden‹ (1492) in Freisings Dom, das (durch Rechnung bezeugte) Marien-Schnitzbild (1483) im ehemaligen Augustiner-Chorherrenstift von Rottenbuch, die Holzfigur des hl. Petrus (um 1490) in Dießens Sakristei von St. Maria, die Figuren einer um 1490 entstandenen Kreuzigung in der Pfarrkirche St. Arsacius von Ilmmünster (Abb. 49) und der bereits erwähnte Reichersdorfer Altaraufsatz.

Wenn auch – ohne jeden Zweifel – allerlei Grassersche Werke im oberbayerischen Raum verloren oder verschollen sind (der Verlust der sechs Morisken-Figuren in der zweiten Hälfte des 19. Jahrhunderts spricht ja Bände), so ist das nach beinahe 500 Jahren kaum anders zu erwarten. Dennoch war Grasser gegen Ende des 15. Jahrhunderts zusammen mit Jörg von Halspach, gen. Ganghofer, und Jan Polack der wichtigste Künstler im Münchner Raum. Daß bei einem Vergleich ein zeitgenössischer Baumeister wie Jörg von Halspach mit Werken wie der Allerheiligenkirche am Kreuz, der Frauenkirche (Farbt. 5; Abb. 62, 63), dem Alten Rathaus (Abb. 74, 78) (alle in München) und dem Freisinger Dom (Abb. 61) zahlenmäßig zwar ungünstiger, von der äußeren Wirkung her aber weit gewichtiger abschneidet, liegt in der Natur der Sache: hier Schnitzkunst, da Architektur und – des Materials: Holz gegen Stein.

Ignaz Günther
Geboren 1725, gestorben 1775

Münchens bedeutendster Rokoko-Bildhauer ist erst in den letzten Jahrzehnten sowohl in seiner formalen Bedeutung als auch im Umfang seines Werkes recht erkannt und gewürdigt worden. Sein Vater war Schreiner im oberpfälzischen Altmannstein bei Eichstätt und griff wohl auch dann und wann zum Schnitzmesser, so daß der junge Ignaz die erste handwerkliche Ausbildung beim Vater erhalten hat. Mit 18 Jahren kam er dann zum Münchner Hofbildhauer Johann Baptist Straub in die Lehre, vervollkommnete sich in Salzburg, Mannheim und Wien, wo er 1754 den Großen Preis der Akademie erhielt. Als er sich daraufhin in München niederließ, wurde er zwar Hofbildhauer, jedoch – ohne Bezahlung, um die er sich vergebens bemühte. Bereits im Alter von 50 Jahren ist Günther gestorben, aber für die verhältnismäßig kurze Zeit seines Schaffens hat das von ihm hinterlassene Werk beträchtliches Gewicht.

Von Ignaz Günther hat Wolfgang Steinitz die Beschreibung eines Porträts gegeben, das der Tiroler Maler Martin Knoller in München kurz vor dem Tod des Künstlers anfertigte – es hängt in Münchens Bayerischem Nationalmuseum. Die Schilderung mag bei der Betrachtung von Günthers Werk hilfreich sein: »Er hatte ein schmales, mageres Gesicht mit jener feinen, geraden Nase, die wir häufig bei seinen weiblichen Figuren sehen können, scharfe graue Augen und als besonderes Kennzeichen einen leicht geöffneten Mund mit auffallend wulstigen, sinnlichen Lippen, der Ausdruck lebendig, nervös und erregt. Er paßt ausgezeichnet zum Charakterbild, das uns seine Schöpfungen ... vermitteln.« Ergänzend hierzu die Deutung, die Hans Weigert – er nannte Ignaz Günther den »letzten großen bayerischen Bildhauer des Spätbarock« – der Figur des Petrus Damianus in Rott am Inn (Kirche St. Marinus und St. Anianus) gibt: Er »ist kein Heiliger mehr, sondern ein überlegener Weltmann, der von den beiden für den Adligen möglichen Karrieren, dem Staats- und dem Kirchendienst, den letzteren gewählt hat. Unvergleichlich die preziöse Eleganz der schmalen Hand, die Noblesse des bis zur Blasiertheit wissenden Gesichtes, das

Lichterspiel auf den zartlinigen Knitterungen der Gewänder. Das ist ein typischer Mensch der überreif gewordenen Aristokratie des Ancien régime«. Die Parallelen drängen sich auf.

Mit dem Wohnsitz in München orientierte sich Günther nach Oberbayern. Die Zahl der von ihm allein zwischen 1760 und 1770 geschaffenen Arbeiten ist erstaunlich, wobei früher manches seiner Werke noch seinem Meister Straub zugerechnet wurde, über den er bald hinauswuchs. In zahlreichen bedeutenden Kirchen wie Weyarn (Ehemaliges Augustiner-Chorherrenstift St. Petrus und Paulus, Abb. 25, 118, 119), Dießen (Ehemaliges Augustiner-Chorherrenstift St. Maria, Abb. 142), Altenhohenau (St. Petri und Pauli, Abb. 185, 186), Starnberg (Alte Pfarrkirche St. Joseph, Abb. 26) und vor allem Rott am Inn (St. Marinus und St. Anianus, Abb. 180–184) finden sich Werke von ihm. In München ist er im Bürgersaal, in der Frauen- und der Peterskirche, in den Schlössern Nymphenburg (mit Gartenplastiken) und Schleißheim (Türflügel) vertreten sowie in Thalkirchens Pfarrkirche St. Maria.

Einen Höhepunkt von Ignaz Günthers Schaffen können Sie in Rott am Inn in der ehemaligen Benediktinerklosterkirche erblicken. Er entwarf nicht nur die Altäre, sondern trug auch mit Altarfiguren zu ihrer Ausführung bei (Abb. 182–184), wie er außerdem für Arbeiten von Joseph Götsch die Entwürfe angefertigt hat. Allenfalls ein für Ettal geplanter Hochaltar – der Entwurf lag vor – hätte Rott noch übertreffen können. Günthers Tod jedoch ließ die Arbeit – als Fresko – an den Tiroler Maler Martin Knoller fallen. So bleibt als Wertung der Rott-Plastiken, daß sie »von einzigartiger handwerklicher Vollendung, von unerhörter Vielfalt und Intensität im Ausdruck« (zitiert nach ›Schatzkammer Deutschland‹) seien.

Matthäus Günther
(auch Gündter) geboren 1705, gestorben 1788

Der Namensvetter von Ignaz, nicht mit ihm verwandt, war Maler und Direktor der Augsburger Malerschule – geboren in Oberbayern und zwar am Peißenberg, gestorben in Augsburg. Sein Tätigkeitsbereich dehnte sich aber weit über Oberbayern hinaus – Stuttgart und Brixen sind zwei der Stätten seines Schaffens. In Würzburg traf er mit Tiepolo zusammen, ohne daß er trotz enger Fühlung und echter Bewunderung seinem Einfluß unterlag – er blieb der Landschaft, aus der er kam, verbunden und verhaftet. Auch wenn ein Altersunterschied von 20 Jahren zwischen Ignaz und Matthäus Günther lag, so kam es doch durch das lange Leben von Matthäus zu Berührungen und gemeinsamer Arbeit. Davon sprechen Schongaus Stadtpfarrkirche Mariae Himmelfahrt, Altenhohenaus St. Petri und Pauli (Abb. 185) und St. Marinus und Anianus von Rott am Inn (Abb. 180, 181) – alles Günther-Kirchen im doppelten Sinne des Wortes. Joseph Schmuzer war ein anderer Künstler, mit dem Günther zusammenarbeitete.

Gelernt hatte Matthäus Günther zunächst in Murnau, dann bei Cosmas Damian Asam in München, bis er sich 1731 in Augsburg niederließ und nun seine Meisterschaft als Freskomaler entwickeln und entfalten konnte. Viele werden einem seiner Werke begegnen, begegnet sein, ohne sich dessen überhaupt bewußt zu werden: Für die Bemalung des Turms der Mittenwalder Kirche St. Peter und Paul lieferte nämlich Günther den Entwurf, der wohl von seinen Schülern ausgeführt wurde – ein beliebtes Schauziel beim Bummel durch Mittenwald! Man hat diese Turmbemalung mit der Cosmas Damian Asams am Turm von Freisings Dom verglichen.

In München werden Sie ihn vergeblich suchen: Sein einziges Werk, das Deckengemälde der Herzogspitalkirche St. Elisabeth, ist zerstört. Deckengemälde – das war die Stärke Günthers, und sie hat er in erstaunlicher Zahl in ganz Oberbayern geschaffen. In der Rosenkranzkapelle von Markt Indersdorf können Sie im Deckenfresko von 1758 sogar sein Selbstporträt sehen. Noch im Alter hat er 1775, als bereits 70jähriger, für die Pfarrkirche St. Sixtus von Moorenweis, südwestlich von Fürstenfeldbruck, ein farbenprächtiges Deckengemälde geschaffen.

Wie für Baldauff mit seinen Arbeiten im heimischen Inchenhofen muß es auch für Günther befriedigend gewesen sein, mit den Deckengemälden für Peißenberg (Wallfahrtskirche Maria Aich; 1734) und Hohenpeißenberg (Gnadenkapelle 1748; Abb. 159) in seiner engeren Heimat künstlerisch hervortreten zu können. Da er u. a. in Garmisch (Neue Pfarrkirche St. Martin; 1733), Oberammergau (Pfarrkirche St. Peter und Paul; 1741; hier auch die Namensschreibung M. Gündter), Bad Tölz (Wallfahrtskirche Mariahilf; 1737) und – wie erwähnt – Mittenwald vertreten ist, wo er außer dem Turm auch die Decken 1740 ausmalte, ist es für den Urlauber in diesem vielbesuchten Gebiet recht einfach, ihm mehrfach vergleichend zu begegnen. Zu den originellsten Werken Günthers gehört sicher das 1767 im Speisesaal des Pollinger (bei Weilheim) Schulhauses, in den früheren Klostergebäuden, angelegte Deckenbild ›Apollo und Pegasus auf dem Musenberg‹.

Günthers Werk »stellt nach Umfang, Wesen und Wirkung zweifellos einen Höhepunkt des bayerisch-schwäbischen Rokoko dar. ... Sein Streben ging nach Verbindung des Zeitgemäß-Rokokohaften mit dem Illusionistisch-Monumentalen ...« (Tintelnot). Dabei reihte sich Günther wie selbstverständlich in den Kreis der Augsburger Malschule ein, deren Direktor er ohne jede Prätention war – ein Geist, den er auch auf seine Schüler übertrug. »Ein starkes Gemeinschaftsgefühl, ein zünftlerisches Berufsethos, eine männliche Art des Wettkampfes, des Geltenlassens muß diese Augsburger ... zusammengehalten haben.« (Schindler)

Christian Jorhan d. Ä.
Geboren 1727, gestorben 1804

Aus Landshut kamen zwei Jorhans, denn es gibt auch einen Jüngeren dieses Namens. Wichtig für Oberbayern ist der ältere gewesen, der von Weigert mit Egid Quirin Asam, dem Bildhauer, verglichen wurde: Asam war der ›Dramatiker‹, Jorhan der ›Lyriker‹.

Rings um Erding gibt es beinahe ein Dutzend Dorfkirchen, von denen jede ›ihren‹ Jorhan hat. Außerdem ist der Künstler auch im Mühldorf-Altöttinger Raum mehrfach vertreten.

Wer Freude an Schnitz-Kunstwerken hat, kann den Spuren Christian Jorhans in Altenerding (Pfarrkirche Mariae Verkündigung mit zahlreichen Werken ab 1760), Bockhorn (Pfarrkirche Mariae Heimsuchung; um 1790), Groß-Thalheim (Wallfahrtskirche St. Mariae; um 1765; Abb. 30), Hörgersdorf (St. Bartholomäus; 1758), Rappoltskirchen (Pfarrkirche St. Stephan; 1785/86) und Salmannskirchen (St. Oswald; 1764) folgen.

In ihrer weichen, nachgiebigen Haltung spricht aus den Figuren Jorhans eine starke Gefühlsbetonung. Zwei originelle und bedeutende Arbeiten des frühen Jorhan (1752 und 1762) finden Sie im ehemaligen Augustiner-Chorherrenstift von Gars am Inn: Neben der Kreuzigungsgruppe, die aus der ehemaligen Pfarrkirche kommt, befindet sich in der St. Felixkapelle, dem Kapitelsaal des Stifts, auf dem Altar das frühere Werk: ein reich geschnitzter Rokoko-Schrein für den Leib des hl. Felix.

Leo von Klenze
Geboren 1784, gestorben 1864

Kronprinz Ludwig rief 1816 den Baumeister Leo von Klenze (Abb. 40) nach München, um der Ludwigstraße mit repräsentativen Bauten ihr unverwechselbares Gesicht zu geben. Bayer war Klenze gewiß nicht, vielmehr kam er aus Schladen, südlich von Braunschweig, aus dem nördlichen Vorland des Harzes, was die ohnehin vorhandene Abneigung der Münchner Bevölkerung gegen die Baupläne noch verstärkte.

Bei seinen Arbeiten im königlichen Auftrag nahm Klenze die Form des Palazzo der Frührenaissance wieder auf, wobei er – wie später auch Friedrich von Gärtner, der Klenze 1827 zur Beschleunigung der Bauarbeiten ablöste – klassische Vorbilder entlang der Ludwigstraße neu belebte. Dazu gehörte etwa die Verpflanzung der Propyläen der Akropolis an den nach dem Klenze-Entwurf 1816/48 entstandenen Königlichen Platz. Dazu gehörten auch die griechischen Pilaster, die in München Einzug hielten. Nicht ohne Ironie läßt sich heute feststellen, daß auch der preußischste der Preußenkönige – Friedrich II. – von seinem Baumeister Knobelsdorff verlangt hatte, er müsse der »edlen Einfachheit der Griechen« nacheifern. Mehr als 60 Jahre später ging München daran, eine solche preußische Anregung zu verwirklichen.

Zwei Gesichtspunkte kennzeichnen Tätigkeit und Leistung Leo von Klenzes: Einmal, daß sie sich beinahe ausschließlich auf München beschränkten, und zum zweiten, daß er hier die Möglichkeit erhielt, nicht etwa nur einzelne Gebäude, sondern ganze Stadtbilder zu planen und zu verwirklichen. Die wenigen Bauten von Klenzes außerhalb von Oberbayerns Hauptstadt entstanden – wie die Münchner – im Auftrag der jeweiligen Könige. Da ist einmal der Umbau des Klosters Tegernsee (Abb. 115) zu einem königlichen Landsitz, wobei Klenze – das läßt sich nicht verschweigen – alles andere als zimperlich mit dem historischen Baubestand umging. Sein königlicher Auftraggeber hieß dabei noch Maximilian I. Joseph. König Ludwig I. war es dann, der eine Neuanlage der Stadtbefestigung von Ingolstadt wünschte. Sie wurde 1826/48 errichtet und im 2. Weltkrieg zu einem Torso verstümmelt.

Auch wenn heute manche von Klenzes Bauten zerstört oder ausgebrannt bzw. nach Beschädigung restauriert sind, so wird man doch die Liste der von ihm geplanten und durchgeführten Bauten und Stadtanlagen mit Bewunderung verfolgen. Ob Königsplatz oder Ludwigstraße (1816/27, fortgeführt durch Friedrich von Gärtner bis 1852) ob Residenz (ab 1826) oder Nationaltheater (1825) und Ruhmeshalle (1843/53), ob Alte Pinakothek (1826/36) oder Odeon (1826/28), ob Monopteros (1830) im Englischen Garten oder der Obelisk auf dem Karolinenplatz (1833) – überall hat Leo von Klenze architektonisch gestaltet oder entscheidend verändert und damit das Münchner Stadtbild bis in die Gegenwart wesentlich geprägt.

Es muß für ihn, den Nicht-Münchner und Nicht-Bayern, ein beglückendes Gefühl gewesen sein, diese Stadt nach seinen Plänen (immer in Abstimmung mit dem König, versteht sich) formen zu können und dem Wort König Ludwigs I. zur Erfüllung zu verhelfen, aus München eine Stadt zu machen, die »Teutschland« ... zur Ehre gereichen soll«. Das ist Klenze in der Tat gelungen. Freilich – die Zerstörungen des Krieges haben dem München Klenzes erheblichen Abbruch getan. Was Wilhelm Hausenstein 1929 kritisch-liebevoll über das Atmosphärische Münchens schrieb, ist 50 Jahre später ganz offenkundig geworden: »Lesen wir im 'Grünen Heinrich' des Gottfried Keller das München von ehedem, so kennen wir es in dem München von heute nicht wieder.«

Hans Krumper
(auch Krumpper) geboren 1570, gestorben 1634

Auch der in Weilheim geborene Bildhauer und Baumeister Hans Krumper wirkte überwiegend in München und starb auch dort. Bis 1597 war er Schüler und Mitarbeiter des Niederländers Hubert Gerhard, der in der Residenz und in mehreren Kirchen mit seinen Werken vertreten ist. Wie Gerhard eine bronzene Bavaria für den Hofgartentempel geschaffen hatte, so gab Krumper mit der ›Patrona Bavariae‹ (1616) an der Westfassade der Münchner Residenz der Stadt und dem Land eine Symbolfigur, auch wenn die wenigsten den Namen ihres Schöpfers kennen (Abb. 77). Den meisten ist das monumentale Bronzestandbild der ›Bavaria‹ vor der Ruhmeshalle (von Ludwig Schwanthaler 1837 entworfen, von Ferdinand von Miller 1844/50 unter skrupelloser Verwendung wertvoller Bronzewerke aus dem 16. und 17. Jahrhundert und unter allgemeiner Bewunderung gegossen) schon der Größe wegen (mit Sockel 30 m hoch!) vertrauter. Dabei wäre ein Krumper wohl zehn Schwanthaler-Millers wert!

Krumpers Leistung für München lag bereits darin, daß er zwischen 1612 und 1618 wesentliche Teile der Residenz entwarf: »Die Residenz erhält unter Verwendung des Antiquariums und Resten der ›Neufeste‹ mit dem Brunnen-, Kaiser- und Apothekenhof ihre gesamtplanerische Disposition.« (Gallas). Ebenso entwarf Krumper Hofkapelle und Reiche Kapelle. Von ihm stammen die Entwürfe für die Bronzefiguren an der Fassade zur Residenzstraße, für die Bronzereliefs in der Kapelle der schmerzhaften Muttergottes der

Frauenkirche, für das Untergeschoß der Jesuitenkirche St. Michael und für den Taufstein der Pfarrkirche St. Peter (1620).

Was Krumpers Anteil an Kunstwerken in Oberbayern, über München hinaus, angeht, so läßt sich vielfach nur vermuten, daß er als Entwerfer oder Berater dahinterstand. Das gilt für Umbauten in Freisings Dom, für die Hauskapelle der Fürstbischöflichen Residenz in derselben Stadt, für Figuren in Ebersbergs Kloster und den Umbau von Pollings Stiftskirche (bei Weilheim; Abb. 153). Gesichert ist jedoch, daß Dachaus Pfarrkirche St. Jakob (1624/25) mit der Friedhofskapelle (1625), in der sich eine Kreuzgruppe von Krumpers Vater Adam befindet, auf Krumpers Pläne zurückgeht. Ebenso war er an der Kirche St. Peter in Petersberg auf dem ›Kleinen Madron‹ (bei Fischbach am Inn) mit dem Entwurf der hölzernen Kassettendecke (1608) beteiligt.

Hans Leinberger
Geboren um 1475, gestorben um 1530

Der Bildhauer aus Landshut war zwar Niederbayer, aber er ist doch an sieben Orten Oberbayerns mit Werken vertreten – sogar mit dem ersten bekannten Höhepunkt seines Schaffens in Moosburg. Er war Zeitgenosse Dürers und Altdorfers, und wahrscheinlich sind sich Leinberger aus Landshut und Altdorfer aus Regensburg auch persönlich begegnet. Noch eine Parallele: Als Leinberger seinen berühmten Hochaltar (1511/14) für die ehemalige Stiftskirche St. Castulus in Moosburg schuf (Abb. 15, 55), arbeitete im fernen Isenheim Matthias Grünewald. An der spätgotischen Glanzzeit großer Künstler war also auch Oberbayern durch eine bedeutende Persönlichkeit beteiligt.

Allerdings gibt Freiherr von Reitzenstein im Hinblick auf die »mächtigen Gestalten« im Moosburger Altar oder auf den Apostel Jakobus im Bayerischen Nationalmuseum, München, zu bedenken: »Fraglos spätgotischen Herkommens sind diese immer stark, nie eigentlich natürlich bewegten Gestalten noch alle. Und doch sind sie nicht mehr mit 'spätgotisch' zu treffen. Sie unter Renaissance zu stellen, schließt aber wieder ihre so ganz deutsche Eigenwüchsigkeit aus.« Es ist, wie Weigert erläutert, bereits der Stil des Manierismus, wo Form wichtiger werden kann als Gehalt. Dennoch verliert Leinbergers Werk noch keineswegs an Bedeutung. Ein neutrales Urteil würde ihn vielleicht als einen nachgotischen Meister würdigen. Denn ein Meister von Rang ist er ohne Zweifel gewesen.

Leinbergers Wirken in Oberbayern begann mit den 25 Figuren des Hochaltars von St. Castulus in Moosburg, zu denen etwa aus der gleichen Zeit (um 1510) eine Marien-Statuette in der Altöttinger Pfarrkirche St. Philipp und Jakob und die Reliefgruppe Anna Selbdritt (1513) in Ingolstadts Franziskanerinnenkloster Gnadental (zu der kaum ein Ingolstadt-Besucher kommt...) traten. In Münchens Frauenkirche steht die große Schnitzfigur des hl. Georg (1525/30), in Feldkirchens (bei Ingolstadt) St. Anna die Muttergottes vom Hochaltar, und Pollings (bei Weilheim) Stiftskirche beherbergt eine sitzende Marienfigur, die Leinberger um 1525 für den Hochaltar der 1805 abgebrochenen Liebfrauenkirche schuf

(Abb. 154). Dazu kommt das großartige Triumphbogen-Kruzifix (um 1520) von Erdings Johanneskirche (Abb. 57).

Leinbergers Werk mag auf oberbayerischem Boden nicht allzu umfangreich erscheinen. Aber angesichts der Tatsache, daß er es in einem Zeitraum von nur 20 Jahren schuf, ist der Anteil Oberbayerns doch recht ansehnlich und rechtfertigt es, auf Leinbergers Spuren durch Oberbayern zu reisen, um diesen echten Bajuwaren mit seinem – wie Pinder es vorgreifend genannt hat – ›barocken‹ Temperament zu erleben. Moosburg insbesondere und der Jakobus des Bayerischen Nationalmuseums dürfen bei keiner Kunstreise durch Oberbayern fehlen.

Franz Xaver Schmädl
Geboren 1705, gestorben 1777

Gewiß zählt der Weilheimer Schmädl nicht zu den ganz großen plastischen Künstlern, und in mancher Kunstgeschichte wird man seinen Namen vergeblich suchen. Aber es spricht doch für sein Können – nicht zuletzt angesichts der erheblichen Konkurrenz –, daß er in dem Raum zwischen Weilheim, Ammersee und Garmisch-Partenkirchen in einer stattlichen Anzahl von Kirchen mitgearbeitet hat und – die schlechtesten sind es nicht!

Wer die Kirchen von Andechs (Abb. 152), Dietramszell (Farbt. 22), Polling (Abb. 153), Oberammergau (Abb. 137, 139), Rottenbuch (Abb. 170) oder Dießen (Abb. 142) besucht, kann Schmädl begegnen. Seine Werke erstrecken sich über einen Zeitraum von etwa 1730 (ein frühes Werk befindet sich, neben einem späteren, in Murnaus Pfarrkirche St. Nikolaus) bis um 1770: Das Kruzifix in Hagens Kirche im Murnauer Raum stammt aus dem Jahr 1769.

Schindler hat darauf hingewiesen, daß in Schongau (Stadtpfarrkirche Mariae Himmelfahrt) Schmädl im Kreis so namhafter Meister wie Ignaz und (als Maler) Matthäus Günter unter dem Plan eines Dominikus Zimmermann wirkte und sicher seinen Anteil an der Rokoko-Ausstattung der Pfarrkirche hat. Wie stiltypisch und lebendig hat Schmädl doch in Rottenbuchs Stiftskirche Mariae Geburt (Abb. 170) an der Seite der beiden Schmuzers und des Matthäus Günther mit Hochaltar (1740/47), Stifterfiguren, Seitenaltären und wohl auch dem Chorgestühl mit den musizierenden Engeln zum Gesamteindruck dieser Kirche beigetragen. »Seine Engel in Rottenbuch zählen zu den vitalsten und frohesten Engelskindern Süddeutschlands« (Schnell). Daß es diese kunstverständigen und künstlerisch gestimmten Handwerker gab, die sich immer wieder in neue Aufgaben hineinfanden, macht letzten Endes den Reichtum der Rokoko-Kirchen Oberbayerns aus. Schmädl steht im Kreis dieser Kunst-Handwerker als keiner der geringsten.

Die Familie Schmuzer

Auf nicht weniger als sieben Mitglieder der Familie Schmuzer können Sie bei Ihrer oberbayerischen Kunstreise stoßen. Der Name verbindet sich mit zahlreichen Werken aus über hundert Jahren. Nicht selten treten manche von ihnen auch gemeinsam auf, wie etwa Vater *Joseph* mit seinem Sohn, dem Stukkateur *Franz Xaver*. Die Vielzahl der Namen führt auch in manchen Kunstbeschreibungen zu Verwirrungen.

Ganz ins 17. Jahrhundert gehören die ersten Schmuzers: *Georg*, der in Polling zwischen 1621 und 1628 als Baumeister und Stukkateur wirkte. Und *Matthias d. J.*, der 1666 den Stuck in der Wallfahrtskirche Maria Birnbaum (Abb. 45) gestaltete.

Johannes Schmuzer (1642–1701) schlägt zuerst die Brücke ins 18. Jahrhundert. Nach seinem Entwurf aus dem Jahr 1673 wurde schließlich Ende des Jahrhunderts Wessobrunns weiträumig geplanter Klosterneubau in Angriff genommen: ›Wessobrunner‹ also sind die Schmuzers seit jeher. Ein halbes Dutzend Bauten steht von Johannes in Oberbayern, als wohl letzter die fürs Kloster Wessobrunn 1698 erbaute Wallfahrtskapelle von Heuwinkl, die 1701 geweiht wurde. Ob Johannes (oder nicht vielmehr Matthias d. J.) um 1670 Ilgens Wallfahrtskapelle errichtet hat, läßt sich nicht sicher sagen. Für Vilgertshofens Wallfahrtskirche (Farbt. 50) jedenfalls steht er als Baumeister und Stukkateur unbestritten fest, von Dehio wohl nicht ganz zu Unrecht »mehr Dekorateur als Architekt« genannt.

Wessobrunner, sagten wir. Mit dem Namen dieses Klosters verbindet sich die Kunst des Stuckierens seit dem 16. Jahrhundert, beginnend mit der Ornamentik und bis zur Großplastik führend. Von Wessobrunn zogen diese kunstfertigen Gipsarbeiter und Dekorateure zwei Jahrhunderte lang in Kirchen und Schlösser beinahe ganz Europas, jedenfalls bis nach Athen und Petersburg. Vor allem an den Kirchendecken waren sie kunstvoll tätig, gleichsam im ›Himmel‹, in dem sie wie »wahre Erzengel herrschten und triumphierten« (Schindler). Man wird diese ungewöhnliche Spezialisierung und ihren Rang kaum noch begreifen können, wenn man das Wessobrunn von heute aufsucht (Abb. 156).

Zurück zu den Schmuzers! Sicher ist Joseph Schmuzer (1683 bis 1725) sowohl in seiner Arbeitsleistung als auch in seiner künstlerischen Substanz der bedeutendste Vertreter seiner Familie. Immerhin ist ihm mit dem Bau von Ettals Kuppel (Farbt. 41; Abb. 141) ein großartiges Werk gelungen – von der Dekoration einmal ganz abgesehen, die sich sozusagen von selbst verstand. Auf ihn geht auch die originelle Anlage der Votiv- und Wallfahrtskirche St. Anton in Partenkirchen zurück. Der Stuck von Wessobrunns Benediktinerkloster (von 1730) und der Umbau von Rottenbuch – Kirche und abgerissenes Kloster – sind im wesentlichen seine Leistung, wobei ihm bei Rottenbuchs Augustiner-Chorherrenstift (wie übrigens auch bei der Pfarrkirche St. Peter und Paul von Oberammergau) sein Sohn Franz Xaver zur Seite stand. Joseph Schmuzer hatte ohnehin einen ausgeprägten Sinn für ›Teamarbeit‹, wie man heute sagen würde: Mit besonderer Vorliebe tat er sich mit Matthäus Günther, dem Maler, zusammen, der gleichen Sinn für gemeinsames Arbeiten besaß.

Schon die genannten Arbeiten kennzeichnen Joseph Schmuzer als einen Baumeister (und Stukkateur), der in Oberbayern etwas galt und mit bedeutenden Bauten beauftragt wurde. So ist sein Name, überschlägig, mit weit über einem Dutzend Kirchenbauten verbunden, von denen einige zu bevorzugten Touristenzielen gehören, nämlich: Oberammergaus St. Peter und Paul (Abb. 139), Garmischs Neue Pfarrkirche St. Martin, Partenkirchens Votiv- und Wallfahrtskirche St. Anton (die er 1738/39 erweiterte), Mittenwalds Pfarrkirche

St. Peter und Paul, von Bad Tölz die Wallfahrtskirche Mariahilf und natürlich, nicht zu übersehen, Ettals Wallfahrtskirche St. Marien (Farbt. 40, 41; Abb. 141).

So bleibt also noch (neben *Franz*, der 1721 den Hochaltar von Vilgertshofens Wallfahrtskirche gestaltete) Franz Xaver, der im Sinne der Wessobrunner Baumeister und Stukkateur zugleich war. Ohne den Vater arbeitete er in Kappels Kirche Heilig Blut, wo er außer den Stukkaturen auch die Seitenaltäre gestaltete, bei der Erneuerung des Langhauses von Schongau (Stadtpfarrkirche Mariae Himmelfahrt) und in der gleichen Aufgabe auch in Steingaden (Kirche des ehemaligen Prämonstratenserklosters Johannes d. T.), wo er 1746/50 die Stuckdekorationen in reicher Fülle erstehen ließ (Farbt. 44).

Johann Baptist Straub
Geboren 1704, gestorben 1784

Neben Ignaz Günther ist Straub (Abb. 41) derjenige Bildhauer, der mit seinen Werken in Oberbayern am häufigsten zu finden ist. Als kurfürstlicher Hofbildhauer hat er, der in Wien gelernt hatte, die größte Werkstätte Münchens geführt, durch die ja u. a. auch Ignaz Günther ging, und viele Kirchen ausgestattet. Dabei ist er von dem Manierismus, der um 1600 eingesetzt hatte, nicht frei geblieben und hat ihn gewissermaßen ins späte Barock übernommen.

Straubs Werken können Sie in München und Umgebung und darüber hinaus im ganzen oberbayerischen Raum begegnen. In München sind die Tabernakel für St. Anna auf dem Lehel und die Dreifaltigkeitskirche (Abb. 64) und die neun (leider beschädigten) Figuren des Törring-Palais bedeutend, die heute im Bayerischen Nationalmuseum stehen. Sein Wohnhaus in der Hackenstraße 10 war mit einer hölzernen Muttergottes geschmückt, die jetzt auch im Bayerischen Nationalmuseum zu besichtigen ist.

Nicht weit von München hat Straub in Schäftlarn wohl seine reifsten Werke geschaffen – es war die Zeit, in der er auf der Höhe seines Schaffens stand: 1755 bis 1764 (Abb. 91, 93). Die Benediktinerabtei Schäftlarn besitzt von ihm Altäre und eine Kanzel. Im gleichen Zeitraum erbaute er die Seitenaltäre im Hauptraum der Klosterkirche von Ettal, »hervorragende Meisterwerke der Altarbaukunst des 18. Jahrhunderts« (Dehio). In Pollings (bei Weilheim) ehemaliger Stiftskirche stehen seine Holzfiguren der beiden Stifter Heinrich und Kunigunde (1763), dazu Holzreliefs und Tabernakel. Originell ist auch in Bichls Pfarrkirche St. Georg der Hochaltar mit dem Kampf des hl. Georg gegen den Drachen (Abb. 21). Spätwerke sind die Altäre in Altomünsters Klosterkirche. Auch wenn manches nicht von Straub selbst stammt, sondern in seiner Werkstatt entstand, so gehören doch auch die Seitenaltäre von Reisachs Karmeliter-Klosterkirche (hier hat teilweise der junge Geselle Ignaz Günther mitgewirkt) aus den vierziger Jahren des 18. Jahrhunderts zu den meisterlichen Leistungen des – wenn man ihn so einordnen darf – Altarspezialisten Straub (Abb. 172).

Giovanni Antonio Viscardi
Geboren 1645, gestorben 1713

Nach Agostino Barelli und Enrico Zuccalli kam auch der italienische Graubündner Viscardi, gerufen im Auftrag der Kurfürstin Henriette Adelaide, 1676 nach München, ein 30jähriger, der mit seinen Plänen bedeutende Bauten Oberbayerns an der Wende vom 17. zum 18. Jahrhundert geformt hat. Wie Zuccalli war auch er Wittelsbachischer Hofbaumeister, der Oberbayern 35 Jahre verbunden blieb, aber auch in der Oberpfalz wirkte. Nicht ganz zehn Bauten sind es, an denen Viscardi mehr oder minder umfangreich beteiligt war – als Planer, Entwerfer, aber auch – wie bei Traunsteins Pfarrkirche St. Oswald (Abb. 217) in den 80er und 90er Jahren des 17. Jahrhunderts (vollendet 1696) – als Leiter eines nach Entwurf von Kaspar Zuccalli, der 1678 starb, entstehenden Baus. Ebenso leitete Viscardi 1692/95 den Bau der Theatinerkirche (Abb. 67), bei der er die Arbeiten von Barelli und Enrico Zuccalli fortführte. Später hat sich Viscardi vorzugsweise auf die Entwürfe beschränkt und mehrfach mit dem Maurermeister Johann Georg Ettenhofer als Bauleiter zusammengewirkt.

In München ist sein bedeutendstes Werk die im Auftrag der Landstände erbaute Dreifaltigkeitskirche (1711/14; Abb. 64); ebenso entwarf er die Pläne für den Bürgersaal (1709/10), der nach kriegsbedingten Zerstörungen bald wieder aufgebaut wurde. Mit den beiden Pavillonanbauten am Schloß Nymphenburg (in ihnen die Schloßkapelle), die Kurfürst Max II. Emanuel ihm 1702 aufgetragen hatte, gab er dem Bau ein neues Gesicht (Farbt. 9).

Drei weitere große Namen sind mit Viscardi verbunden: Fürstenfeldbruck, Schäftlarn, Freising. Der Bau von Fürstenfeldbrucks Klosterkirche (Abb. 89) begann nach seinen Plänen 1701, aber er selbst erlebte die Fertigstellung (1718/36 durch Ettenhofer) nicht mehr. Dehio sieht darin »einen der großartigsten Kirchenbauten Oberbayerns, für die geschichtliche Entwicklung, insbesondere für das Verhältnis des bayerischen Barock zur italienischen Kunst, höchst aufschlußreich«. Übrigens stammen von Viscardi auch die eigentlichen Klostergebäude (1692/1704), heute weltlichen Zwecken dienend. Das Gegenstück war Schäftlarn (Abb. 91, 92). Auch hier stammen die Pläne für Benediktinerabteikirche und Kloster (1702/07) von Viscardi. In Freising bestand Viscardis Beitrag im Neubau von St. Peter und Paul des ehemaligen Prämonstratenserklosters Neustift (1700/15). Ein leicht übersehenes Werk von Viscardi befindet sich etwa 20 km westlich von Fürstenfeldbruck in Steindorf, wo er 1700 die Pläne für die Pfarrkirche St. Johannes der Täufer lieferte.

Christian Wink
Geboren 1738, gestorben 1797

Mit Wink beginnt eine neue Malergeneration, die sich geistig an Rousseau, Salomon Geßner und ihrer Naturromantik orientierte. Der Münchner Hofmaler verstand es, die vertraute Landschaft mit den biblischen Gestalten zu verknüpfen, wobei aus dem Jordan gewissermaßen die Isarauen werden. So ungefähr kann man es in der Pfarrkirche von Inning erleben.

Winks Tätigkeit als Maler setzte Mitte der 60er Jahre ein und erstreckte sich hier bis etwa 1794, als er für Münchens St. Johann-Nepomuk-Kirche ein Tafelbild malte. Die Skala seines Schaffens ist breit – sie reicht von Kreuzigungsbildern über vollständige Kirchenausmalungen bis zu der allegorischen Darstellung der griechischen Sagenwelt im Deckenfresko des Schleißheimer Speisesaals: Ankunft des Odysseus auf der Insel Kalypso. Seine letzte große Arbeit schuf er 1791/92 in Albaching, nordwestlich von Wasserburg, bei der er sich von seinem Vater Johann Adam helfen ließ. Die Pfarrkirche wurde ohne jeden Stuck dekoriert und lediglich mit Fresken ausgemalt. Wie hier, so näherte sich Wink im Verlauf seines Schaffens auch mit den Gemälden für die Seitenaltäre von Schlehdorfs Stiftskirche allmählich einer mehr klassizistischen Auffassung – mit ihm endete die Zeit der Rokoko-Malerei in Oberbayern.

Die Familie Zimmermann

Auch der Name der Zimmermanns taucht nicht weniger als viermal im oberbayerischen Kunstleben auf. In einem Fall handelt es sich um den Pollinger Schreiner *Johann* und im zweiten Fall um Johann Baptists Sohn *Franz*, der 1756 in Nymphenburg dem Vater half. Diese beiden würden es nicht rechtfertigen, ausführlicher über die Familie Zimmermann zu sprechen. Denn der Stern dieser Familie strahlt durch die beiden Brüder *Dominikus*, den Baumeister (1685–1766), und *Johann Baptist*, den Freskenmaler (1680–1758). Wer wollte dem einen oder dem anderen den Vorrang geben, selbst wenn Dominikus als Erbauer der Wieskirche zweifellos ein Plus an landläufiger Popularität aufweist?

Benützen wir den Augenblick, um uns ein Wort Pinders in Erinnerung zu rufen, der die künstlerische Leistung der Baumeister nicht ausreichend gewürdigt sah: »Unser kulturelles Gedächtnis war lange Zeit so einseitig literarisch, daß es Hunderte geringer Schriftstellernamen erhielt, ohne die der größten Architekten zu bewahren.« Gerade angesichts des baulichen Reichtums Oberbayerns verdient dieses Wort Beachtung, wobei in einem Atem mit der Literatur auch die Musik erwähnt werden sollte, die aus ihrer leicht möglichen Wiedergabe, Verbreitung und Erhaltung ihren kulturellen Gewinn zieht.

Sie sind beide, die Zimmermann-Brüder, erstaunlich alt geworden für damalige Zeiten: 78 Jahre der Maler Johann Baptist, sogar 81 Jahre der Baumeister Dominikus. Man könnte fabulieren, daß die künstlerische Arbeit sie so lange jung gehalten habe, wenn nicht andere ihrer Epoche eben dem Übermaß ihres Schaffens allzu früh hätten Tribut zollen müssen. Wenn man nachrechnet, wird man bemerken, was wir dem Schicksal und der Gesundheit im Fall der Zimmermanns zu danken haben: Die Wieskirche erbaute Dominikus zwischen seinem 60. und 70. Lebensjahr. Johann Baptist schuf die in Weiß und Gold gehaltenen Stukkaturen und Fresken von Schäftlarns Benediktinerabtei 1754/56 im Alter von rund 75 Jahren!

Der Anteil von Dominikus Zimmermann an oberbayerischen Bauten ist – von der aus dem Rahmen fallenden Kirche an der Wies abgesehen – nicht allzu groß. In seiner Zeit als

Bürgermeister von Landsberg (1749–1754) war er an drei Kirchen der Stadt als Stukkateur, Planer, Maler und Ausstatter maßgeblich beteiligt. Für das nahe gelegene Schloß Pöring hat er 1739 die Kapelle erweitert und ausgebaut und dabei das einzige von ihm bekannte Deckengemälde geschaffen: »In der ungeschickten Art läßt es nichts von dem dekorativen Talent des Meisters ahnen« (Dehio). Der Umbau von Eresings spätgotischer Pfarrkirche St. Ulrich folgte der Vollendung der Wieskirche, die genauer ›Wallfahrtskirche zum Gegeißelten Heiland‹ heißt. Hier entwickelte Zimmermann seine in Steinhausen im Schwäbischen gewonnene Form in einer neuen Steigerung weiter. Hier kam es auch zum fruchtbaren Zusammenwirken mit dem Bruder, der mit Deckenmalerei und Stukkaturen seine »beste bekannte Arbeit« (Dehio) lieferte. Es ist, als hätten die beiden ›Alten‹ hier noch einmal die Summe ihres Könnens vor aller Augen führen wollen (Farbt. 47, 48; Abb. 165, 166).

Im übrigen gingen beide ihre eigenen Wege. Der ältere, also Johann Baptist, kam in Wessobrunn zur Welt, und das war wohl auch die Voraussetzung für seine Ausbildung. Als Stukkateur und Maler ließ er sich 1706 in Miesbach nieder, wurde 1715 Bürger Freisings und orientierte sich ab 1720 nach München, wo er 1758 starb. Auch Dominikus war gebürtiger Wessobrunner und fand wohl bei Johannes Schmuzer seine Ausbildung. 1716 erwarb er nach einer Zeit in Füssen das Landsberger Bürgerrecht und lebte hier – soweit er nicht seiner Arbeiten wegen unterwegs war – mit seiner Familie. 1753 zog er in die Wies, wo er die letzten 13 Jahre seines Lebens verbrachte. Da Dominikus Zimmermann u. a. in der Schweiz, in Schwaben, in vielen Teilen Bayerns tätig war, ist er weniger seßhaft gewesen als Johann Baptist.

Dem älteren der Zimmermanns dankt München in der Residenz die Seitenaltäre der Hofkapelle (1748), den Stuck der Ahnengalerie und der Schatzkammer. In Schleißheims Schloß half er Joseph Effner, in Nymphenburg François Cuivilliés, von dem er lernte und an dessen Amalienburg (1735/36) auch viel ›Zimmermannsches‹ ist. An weit über 20 Kirchen und allerlei Schlössern war er – meist sogar recht maßgebend – beteiligt. Hier und da arbeitete er auch als Architekt: So baute er mit Dominikus Gläsl Schloß Ismaning zur Fürstbischöflichen Residenz aus. Schaut man die Kirchen Oberbayerns an, mit denen Zimmermanns Name verbunden ist, dann sind es – beinahe immer – nur wirklich bedeutende, wie Freisings Dom (Abb. 61), Münchens St. Peter (Abb. 66), Schäftlarns Benediktinerabtei (Abb. 91, 92), die Wallfahrtskirchen von Andechs (Farbt. 49; Abb. 151, 152) und Ettal (Farbt. 40, 41; Abb. 141), Benediktbeuerns St. Benedikt (Abb. 128), Tegernsees Rekreationssaal im Kloster, Weyarns Augustiner-Chorherrenstift (Abb. 118), Raitenhaslachs Pfarrkirche (Abb. 205) und die Wieskirche (Farbt. 47, 48). Dehio weist darauf hin, daß Zimmermanns blendende Dekoration in Dietramszells Klosterkirche »über den vergleichsweise rückständigen Bau« hinwegtäuscht (Farbt. 22). Leider steht auch für ihn manche Arbeit auf der Verlustliste des letzten Krieges – so seine zerstörten Deckenfresken von Münchens St. Peter (erhalten blieb im Altar der Heiligen Matthäus und Matthias das Altarbild ›Liborius als Fürbitter bei der Madonna mit dem Jesuskind‹ von 1748) oder – davon ist auch Johann Michael Fischer betroffen – Ingolstadts Marien-Wallfahrtskirche ›zur

Schuttermutter‹, deren großes Deckengemälde Zimmermann 1740 geschaffen hatte – die Kirche wurde nach Kriegsbeschädigungen 1950 beseitigt.

Angesichts der Vielzahl der Kirchen ist hier auch der Hinweis auf zwei weltliche künstlerische Bauleistungen der beiden Zimmermanns am Platze. Dominikus zeichnet verantwortlich für den Stuck der Fassade des Landsberger Rathauses. Lange bevor er selbst als Bürgermeister in diesem Gebäude amtierte, entwarf er die 1717/20 ausgeführten reichen Ornamente, die 1828 beinahe einer klassizistischen Umgestaltung zum Opfer gefallen wären. Einige später erfolgte Änderungen wurden 1952 wieder beseitigt, und auch eine Renovierung von 1970 erfolgte werkgetreu.. Johann Baptist ist der Meister der prächtigen Fassade des Kern-Hauses in Wasserburg am Inn (Abb. 189). Im 15. Jahrhundert erbaut, erhielt es 1738/40 seinen Stuck, der – wie man bei einer Restaurierung 1955 feststellte – wohl in den Wessobrunner Werkstätten gegossen und an Ort und Stelle einfach aufgesetzt wurde. Allenfalls über die Aufsatzstücke hat man an der Fassade noch einmal neuen Stuck gegeben. »Stilelemente der Renaissance, verschiedene Barockformen und eine Vorahnung des Biedermeier klingen hier neben dem reinen Rokoko an.« (Siegfried Hofmann)

Die Familie Zürn

Ohne jeden Zweifel ist das hauptsächliche Wirkungsgebiet der Zürns im Bodenseeraum zu suchen. Dennoch begegnen Sie dreien der Brüder auch als Bürger und Meister in Oberbayern. So lassen sich aus einem begrenzten Teil ihres Werkes Eindrücke des Ganzen gewinnen. Der Zürns »entscheidender Beitrag zur deutschen Kunst des 17. Jahrhunderts war die Sythese von Architektur und Plastik in ihren Altären« (Goldner).

Heimat der Zürn-Familie ist Waldsee (Vorderösterreich), wo sich 1582, von Buchau am Federsee kommend, Vater *Hans Zürn* (d. Ä.) als Holz- und Steinbildhauer niedergelassen hatte und wo seine sechs Söhne geboren wurden, die von ihm das Handwerkliche von Grund auf lernten. Von ihnen ist *Jörg* (1583 bis 1635) am bekanntesten geworden. Sein Name ist (zusammen mit dem seines Vaters Hans und seiner Brüder *Martin* und *Michael d. Ä.*) mit dem Hochaltar des Überlinger Münsters verbunden. Nach Oberbayern ist er nie gekommen.

Drei der Zürn-Brüder waren jedoch hier tätig. Von ihnen ist Martin zwischen 1590 und 1595, Michael um 1595 und *David* vor 1598 geboren. David ließ sich als Meister in Wasserburg nieder und erhielt hier auch das Bürgerrecht. Lediglich in Museen sind zwei seiner Werke erhalten: in Wasserburgs Heimathaus die Gruppe St. Anna Selbdritt, im Bayerischen Nationalmuseum, München, eine Elisabeth-Statue.

Die beiden Bildhauer Martin und Michael, die sich besonders gut verstanden und häufig gemeinsam arbeiteten, verließen das heimatliche Waldsee 1635 (vermutlich aus Furcht vor der Pest), um für das Benediktinerkloster Seeon tätig zu werden. Hier stammen von ihnen zwei Grabmäler, darunter das stattliche Marmormal für Abt Honoratus Kolb.

Im Jahr darauf begaben sich die beiden nach Wasserburg und schufen hier neben anderen sakralen Werken einen überdimensionalen Hochaltar sowie einen Sebastianaltar, die starke

Beachtung fanden. Allerdings haben sich nur die Schreinwächter des Hochaltars erhalten. So bleibt die prächtige, holzgeschnitzte Kanzel der Wasserburger Pfarrkirche St. Jakob mit ihrem Figuren- und Phantasiereichtum ihr wichtigstes Werk (Abb. 192, 193).

Die nächste Station der Brüder wurde 1639 die Stadt Burghausen, wo sie für die Pfarrkirche St. Jakob – wie in Seeon – Grabmäler schufen. Zum Ruhm der Familie trug letztlich ein Sohn von David, *Michael d. J.* bei, der sich als einer der bedeutendsten hochbarocken Bildhauer, vor allem im österreichischen Raum, erwies.

Franz Zwinck und Familie

Wenn hier von Künstlern die Rede ist, die das Gesicht von Oberbayern maßgeblich mitbestimmt haben, so darf Franz Zwinck (1748–1792) auf keinen Fall fehlen, denn die ›Lüftlmalerei‹, durch die er sich auszeichnete, fällt jedem Besucher des oberbayerischen Alpenraums ins Auge.

Alles in allem sind es sogar fünf Zwincks, denen man begegnen kann. Der früheste ist der Kistler (Kistenmacher = Tischler) *Blasius Zwinck* aus Miesbach, der gemeinsam mit dem Tölzer Franz Fröhlich den Hochaltar von Schliersees Pfarrkirche St. Sixtus schuf. Vater *Johann Joseph* war Meßner in Kappel bei Unterammergau und ist mit Bildern in Ettals Klosterkirche (1726), Weilheims ehemaliger Franziskanerkirche (1735) und einem Schutzengelbild in Oberammergaus Pfarrkirche St. Peter und Paul (1742) zu finden. Übrigens ist in der gleichen Kirche auch ein *Paul Zwinck* aus Uffing mit einer Kanzel (1756) vertreten.

Franz Seraph Zwinck nun, der Sohn des Johann Joseph, war zeitlebens in Oberammergau ansässig, und mit ihm entstand der Begriff ›Lüftlmalerei‹, mit der heute ganz allgemein die Fassadenmalerei des oberbayerischen Raums von Berchtesgaden (Anno 1600, am Gasthaus ›Zum Hirschen‹, Metzgergasse, das älteste erhaltene Beispiel) an bezeichnet wird (Farbt. 18, 29; Abb. 11, 98, 113, 135, 136).

Was ist darunter zu verstehen? Es hat mehrere Erklärungen gegeben: Die Arbeitsweise an der frischen Luft auf dem Malergerüst an der Hausfassade, möglicherweise auch die luftigen Himmels- und Wolkendarstellungen in den Bildern selbst. Aber am wahrscheinlichsten ist die nächstliegende Deutung: Die Familie Zwinck bewohnte in Oberammergau das Haus ›Zum Lüftl‹. So nannte man den hier ansässigen Maler, wie es ja oft auf dem Lande geschieht, kurz den ›Lüftlmaler‹. Daß daraus die Bezeichnung für eine schon vor Zwinck bestehende und von ihm fortgeführte Malweise wurde, hätte er selbst sich wohl nicht träumen lassen.

Die von Franz Zwinck bekannten Bilder stammen aus der Zeit ab 1770 bis Anfang der 90er Jahre. Es sind durchaus nicht nur ›Lüftlmalereien‹ an Hausfassaden, sondern er malte auch anderes: einen Teil der Kuppelfresken der Pfarrkirche von Egling bei Landsberg, wo Zwinck neben Christian Wink tätig war, ebenso die Darstellungen der Martinslegende (1776) in Garmischs Neuer Pfarrkirche St. Martin und für Ohlstadts Pfarrkirche ein Hochaltar-Gemälde (1791). Seine erste Fassadenmalerei, die uns erhalten und nachweislich von ihm ist, erfolgte 1775 in Mittenwald am ›Hornsteinerhaus‹ und am ›Gasthof zur Alpenrose‹. Allerdings wird angenommen, daß er schon 1770 das ›Kölblhaus‹ in Oberammergau bemalte, was dann auch erklären würde, daß er von hier nach Mittenwald geholt wurde.

Seine eigentlichen Höhepunkte als Hausmaler erreichte er jedoch ab 1778. Aus diesem Jahr stammt das ›Geroldhaus‹ in Oberammergau. Von nun an wuchs Zwinck durchaus über den anderen namhaften ›Lüftlmaler‹ des Raums, Franz Karner (geboren 1737), hinaus, dessen Werke in Mittenwald, Wallgau oder Krün zu sehen sind. Als weiteres Meisterwerk Zwincks gilt Oberammergaus ›Pilatushaus‹ aus dem Jahr 1784. Auch in Unterammergau und zuletzt in Bad Kohlgrub (wo sein Bild am Haus beim Jäger Jürgl leider nicht glücklich restauriert ist) hat Zwinck die Fassaden geschmückt. Bei einer Beurteilung seiner durchaus volkstümlichen (vielleicht würde man heute auch sagen: naiven) Malerei muß man beachten, daß bei dieser Fresko-Technik im Freien das Bild in wenigen Stunden Gestalt annehmen muß. »Der Verputz ist für den Lüftlmaler, was für den Zeichner das Papier.« (Roswin Finkenzeller) Er muß bemalt werden, solange er noch feucht ist. Nur natürliche Mineralfarben erhalten, weil die Mauer unter ihnen ›atmet‹, dem Bild seine ursprüngliche Farbigkeit. Noch heute ist Lüftlmalerei in Oberbayern beliebt, wie das Beispiel der 1983 bemalten Alten Malzmühle von Tutzing (neben vielen privaten Häuserfronten) beweist. Zwinck hat eine Tradition geschaffen, die beinahe zum Inbegriff Oberbayerns wurde. Das läßt ihn, auch wenn kaum eine ›seriöse‹ Kunstgeschichte diese naiven Wandbilder würdigt, zu einem malerischen Pionier werden.

Zwinck kränkelte schon längere Zeit, bevor er – nur 44 Jahre alt geworden – in Oberammergau starb. Seine ›Lüftlmalereien‹ aber, inzwischen durchweg restauriert, haben ihn schon beinahe zweihundert Jahre überlebt und erfreuen heute wie damals die Betrachter. Was kann sich ein Künstler Schöneres wünschen?!

Oberbayern zwischen Altmühltal und München
Zu viele fahren hier unachtsam hindurch

Für die meisten Touristen und Urlauber beginnt Oberbayern erst in München. Auf diese Tatsache mit ihren Konsequenzen habe ich bereits hingewiesen. In der Tat hat das nördliche Oberbayern eine noch längere Nord-Süd-Ausdehnung als das südliche! München liegt mitten in Oberbayern und nicht etwa an seinem nördlichen Eingang. Wenn man das erst einmal weiß, ist es leicht, die richtige Schlußfolgerung zu ziehen. Sie heißt: Fangen Sie Ihre Oberbayern-Reise dort an, wo Oberbayern wirklich beginnt: nördlich von Ingolstadt!

Oberbayern zwischen Ingolstadt und München

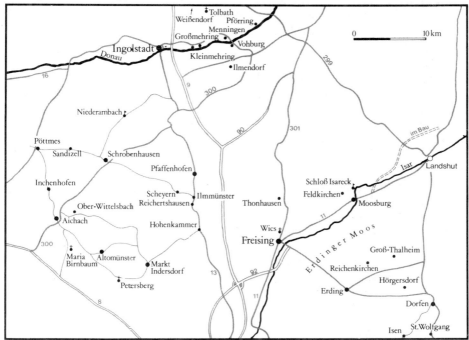

ZWISCHEN ALTMÜHLTAL UND MÜNCHEN

Wer mit dem Bild eines alpinen Oberbayern vor Augen in diese Landschaft nördlich von München und jenseits der Donau über Ingolstadt hinaus fährt, könnte leicht enttäuscht sein. Berge gibt es hier nicht. Flaches Land – keine Tiefebene – herrscht vor, mit Höhen zwischen 400 und 500 m oder auch – wie bei Aichach und Altomünster – sogar ein wenig über 500 m hinausgehend. Am niedrigsten der Nordteil am Donaurand mit den etwa 370 m von Ingolstadt oder Vohburg.

Begrenzt wird dieses nördliche Oberbayern von einem Dreieck der Flüsse Lech (nach Westen), Donau und Altmühl (nach Norden) und Isar (nach Südosten), wobei die Ostgrenze von Moosburg (an der Isar) vom Fluß weg nach Nordwesten zieht. Meist bietet sich ein Blick über grünes Land; Kirchtürme lugen über Hügelchen, als wollten sie damit auf sich hinweisen. Die Dörfer selbst wirken gewiß nüchterner als die des südlichen Oberbayern (wenn man das schon zum Maßstab machen will oder muß), aber ihre bodenständige Sachlichkeit entspricht der landwirtschaftlichen Umwelt. Wald – wie der Hagenauer Forst bei Schrobenhausen oder der Feilenforst bei Geisenfeld – fehlt durchaus nicht.

Im Südosten und Nordwesten grenzen zwei große Moorgebiete die Landschaft ein: Erdinger Moos und Donaumoos, beides waldarme Feuchtgebiete mit dünner Besiedelung. »Zusammenspiel von Ebene und hohem Himmel, unendliche Perspektiven, birkengesäumte Straßen und Wassergräben, stimmungsvolle Beleuchtungen, Spiegelungen in den Gewässern und, nicht zuletzt, die weite Fläche vertorfter schwarzer Humuserde, von der sich Mais-Inseln oder grüne Wintersaat deutlich abheben« – so Ursula Binder-Hagelstange über das Donaumoos, mit seinen beinahe 18 000 Hektar eines der größten kultivierten Moorgebiete Bayerns.

Ebenso typisch ist die Landschaft der Hallertau – südlich der Ingolstädter Donau und nördlich der Linie Freising-Moosburg. Der Name, oft auch als Holledau wiedergegeben und durch die B 301 als Deutsche Hopfenstraße erschlossen, geht auf Hal-Hart-Au zurück, was verborgenes Wald- und Wiesenland am Wasser bedeutet. Das größte erschlossene Hopfenanbaugebiet der Welt – ist schon von weitem durch die zahlreichen 7 m hohen Stangen, mit Querdrähten verbunden und verankert, zu erkennen: An ihnen rankt sich der Hopfen entlang. »Die aufstrebenden Hopfenstangen nehmen der Landschaft die Lieblichkeit, geben ihr ein geometrisches, fast gotisches Gepräge« (Kühnert). Das 15 000–17 000 Hektar große Anbaugebiet bringt jährlich eine Ausbeute von 600 000–700 000 Zentner Hopfen – unentbehrlicher Rohstoff für das bayerische Nationalgetränk Bier, wobei die Dolden ätherische Öle und Bitterstoffe liefern. Übrigens noch gar nicht so lange. Ursprünglich war die Hallertau ein Weinland, und Hopfen wurde aus Böhmen importiert. Heute wachsen die Hopfengebiete (Hauptorte sind Au, Mainburg und Wolnzach) sogar noch.

So hat auch die Landschaft des nördlichen Oberbayern vielerlei Gesichter und einen – wenn auch hier und da vielleicht spröde erscheinenden – eigenen Reiz. Freising und Ingolstadt, die beiden wichtigsten Städte, dazu Eichstätt und Neuburg an der Donau, schließen zugleich mit ihrer Gegensätzlichkeit die große Spannweite des weitreichenden Gebiets ein. Mit Ingolstadt öffnet sich, wir sagten es, der Weg in diese Landschaft, deren kultureller Reiz und Reichtum vergessen läßt, daß spektakuläre Natur fehlt.

23 SCHLOSS LINDERHOF

24 SCHÄFTLARN   Deckenfresko über der Vierung von J. B. Zimmermann, 1754/56
25 WEYARN   Pfarrkirche St. Peter und Paul, ›Verkündigung‹ von Ignaz Günther, 1764/65
26 STARNBERG   Alte Pfarrkirche, Hochaltar von Ignaz Günther, Detail, 1764/65

27 STEINGADEN St. Johann Baptist, Deckenfresko
28 SANDIZELL, St. Petri, Hochaltar von Egid Quirin Asam, 1747
29 Moriskentänzer von Erasmus Grasser, Stadtmuseum München
30 GROSS-THALHEIM St. Mariae, ›Johannes Evangelist‹ von Christian Jorhan d. Ä.

31 Ludwig der Bayer (1294–1347)

32 Kurfürst Maximilian I. (1597–1651)

33 Ferdinand Maria (1651–1679)

34 Karl IV. Theodor (1777–1799)

35 König Ludwig I. (1825–1848)

36 Maximilian II. (1848–1864)

37 Ludwig II. (1864–1886)

38 Henriette Adelaide von Savoyen (gest. 1676)

39 Maximilian Graf von Montgelas (1759–1838)

40 Leo von Klenze (1784–1864)

41 Johann Baptist Straub (1704–1784)

42 Johann Georg Bergmüller (1688–1762)

43 Hans Krumper (um 1570–1634), Denkmalentwurf von R. Maison

44 INGOLSTADT Kreuztor, Liebfrauenmünster und Neues Schloß (Aufnahme freigegeben vom Reg.-Präsidium Nordwürttemberg Nr. 2/32098 C)

45　MARIA BIRNBAUM　Wallfahrtskirche von Konstantin Pader, 1661/68

46　INGOLSTADT　Sta. Maria Victoria, Lepanto-Monstranz von J. Zeckl, 1708

47　INGOLSTADT　Kreuztor, 1383

49 ILMMÜNSTER St. Arsacius, Kreuzigungsgruppe und Chor
50 PFAFFENHOFEN Barocker Giebel am Markt
48 ALTOMÜNSTER Deckengemälde von Josef Mages, 1768
51 ST. PETER bei Petersberg, Langhaus und Chor mit romanischen Wandmalereien

52 MOOSBURG St. Castulus, Tympanon des Westportals, Anfang 13. Jh.

55 MOOSBURG St. Castulus, Chor und Hochaltar von H. Leinberger

53 MOOSBURG St. Castulus, Turm von 1207 (Helm 19. Jh.)

54 MOOSBURG ›Martyrium des hl. Castulus‹, Holzrelief von H. Leinberger

57 ERDING   Kirche St. Johannes, ›Christus‹ (1525) von H. Leinberger

58 ERDING   ›Schöner Turm‹

56 MARKT INDERSDORF   Augustinerchorherren-Stiftskirche, Langhaus und Chor

59 FREISING   Dom, Krypta mit ›Bestiensäule‹

60 FREISING   Marktplatz, Rathaus u. St. Georg

61 FREISING Dom St. Maria und Corbinian, Langhaus

62 MÜNCHEN Frauenkirche, Haupt- und Seitenschiff

63 MÜNCHEN   Türme der Frauenkirche, Weihe 1492 – Turmhauben 1525

64 MÜNCHEN   Dreifaltigkeitskirche, 1711/18

65 MÜNCHEN   Heilig-Geist-Kirche, 1392 vollendet

66 MÜNCHEN   St. Peter, 1368

Den Weg dahin nehmen Sie von der Autobahn (A 9/E 6) über **Ingolstadt**. Die Zerstörungen des Krieges sind dank einer umfassenden Restaurierung weitgehend beseitigt, und Ingolstadts Altstadt zwischen Schloß und Münster bezaubert heute noch (Abb. 44).

Die Stadt ist alt: Ein fränkisches Hofgut des 8. Jahrhunderts war ihr Ursprung. 1392 wurde sie Hauptstadt des Herzogtums Baiern-Ingolstadt, eng mit Niederbayern verbunden. Ingolstadts künstlerische Blüte lag im 15. Jahrhundert, als Herzog Ludwig der Gebartete die bisherige Holzkirche durch den Bau eines *Münsters* ersetzte und – 50 Jahre später, 1472 – die Universität gegründet wurde, die zur Wiege der Münchner Universität wurde. Die Fertigstellung des Münsters zog sich hin. Längst war der gebartete Ludwig im Burghausener Kerker, wohin ihn Sohn, Schwiegertochter und Vetter gebracht hatten, gestorben (1447), als die Ingolstädter noch immer um Geld für die Vollendung ihrer Kirche verlegen waren. 1487 erhielten durch päpstliche Gnade alle diejenigen, die genug Geld für den Kirchenbau spendeten, die Erlaubnis, an Fasttagen wenigstens Butter und Käse zu essen – ein genüßliches Privileg. Ein Viertel des Geldes zweigte der Papst für die Peterskirche in Rom ab, drei Viertel dienten dazu, die Kirche in Ingolstadt schließlich 1520 fertigzustellen. Die Türme, die 86 m hoch werden sollten, wurden nie vollendet.

Ungewöhnlich ist der Kirchenname: Liebfrauenmünster heißt sie von Amts wegen. ›Zur Schönen Unserer Lieben Frau‹ ist ihre ursprüngliche Bezeichnung auf Grund eines 1438 geschenkten Marienbildes, der ›Gnad'‹, das 1801 zerschlagen wurde. Die stattlichen Ausmaße machen die Kirchen zu »einer der größten Staffelhallen, die je gebaut wurden« (F. W. Fischer). Staffelhalle, weil das Mittelschiff höher als die Seitenschiffe ist. Der ursprüngliche Baumeister der Kirche ist unbekannt – möglich, aber nicht bewiesen, daß einer von ihnen der Künstlerfamilie Parler angehörte. Wuchtig wirkt die rötliche Ziegelkirche gewiß, aber zugleich strahlt sie außen wie innen eine frohe Stimmung aus, »einer der bedeutendsten spätgotischen Kirchenbauten Altbayerns« (Dehio).

Der Hochaltar von 1572 steht an der Schwelle von der Spätgotik zur Renaissance: Hans Mielich (oder Muelich) war der Maler der detailreichen Bilder, von denen besonders die ›Kreuzigung‹ beeindruckt. Die ›Schöne Muttergottes‹ an der Kanzel ist ein liebliches Werk des 15. Jahrhunderts. Das Gnadenbild der ›Dreimal Wunderbaren Mutter‹, die großartigen Glasfenstergemälde und der Bronze-Epitaph für den Luther-Gegenspieler Professor Johann Eck sind einige Höhepunkte dieses Münsters.

Näher zur Stadtmitte, nahe dem 1882 umgebauten Rathaus aus dem 16. Jahrhundert, steht die *Untere Pfarrkirche St. Moritz* mit ihren zwei verschiedenartig abgeschlossenen Türmen, in der Diagonale ans Langhaus angeschlossen. Der Bau stammt aus dem 14. Jahrhundert; sein südwestlicher Turm war ursprünglich ein Wachturm der Stadt. Nach der Barockisierung des Inneren im 18. Jahrhundert erfolgte um 1888 – unter Zerschlagung der barocken Kunstwerke – eine Regotisierung. Die Beschädigung durch einen Bombenangriff im April 1945 erlaubte eine Neugestaltung des Kirchenraums. In ihm gefallen besonders eine ›Muttergottes‹ (um 1330), ein ›Christkönig‹ (1450, rechts vom Chor) und eine Silber-Statuette der Immaculata, deren Modell Ignaz Günther 1765 schuf. Da die Glasfenster modern angelegt werden mußten, geben sich hier viele Stilrichtungen ein Stelldichein.

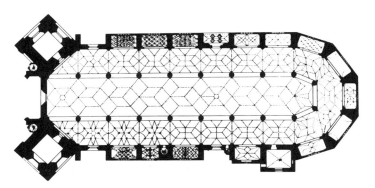

Ingolstadt, Liebfrauenmünster, Grundriß

Kein Besuch in Ingolstadt ohne einen Gang durch den *Bürgersaal Sta. Maria Victoria*, 1732 als Betsaal der Marianischen Studentenkongregation in der Neubaustraße errichtet (Farbt. 1). 1734 schufen die Brüder Asam hier eines ihrer Meisterwerke. Das Deckenfresko von Cosmas Damian ist ein farbiges ›Bilderbuch‹, 40 m lang und wegen der nichtgewölbten, relativ niedrigen Decke mit wechselnden Perspektiven angelegt. Aus ihm sprechen Phantasie, naive bis mythologische Symbolik (wie der Lichtstrahl der Gnade von Maria aus über das Bild) und Freude an Farben, die übrigens in beinahe 250 Jahren keine Auffrischung erfordert haben. Gewissermaßen ein künstlerisches Gegenstück zur Schöpfung, zu dem man Goethes ›Faust‹ zitieren möchte: »Die unbegreiflich hohen Werke sind herrlich, wie am ersten Tag.« Solche Deckenfresken, wie wir ihnen in ganz Oberbayern immer wieder begegnen, »sind die stärkste Leistung der deutschen Barockmalerei, und sie übertreffen die jedes anderen Landes« (Weigert), einen Tiepolo eingeschlossen. Egid Quirins Stuck im Inneren (der sonst seltene äußere Stuck ist ein Werk Wolfgang Zächenbergers von 1733) gliedert und akzentuiert den Raum und nimmt die brüderlichen Motive kongenial auf. Fast könnte man vergessen, daß der Raum ja auch einen Hochaltar besitzt, 1760 hinzugefügt, dessen Bildhauerarbeiten Johann Michael Fischer zugeschrieben werden. Der Kirchendiener wird Ihnen im übrigen in einem Nebenraum noch eine prunkvolle Monstranz von 1708 erläutern: Eine in 30 Jahren gearbeitete Darstellung der Schlacht von Lepanto (1571) des Augsburger Goldschmieds Johannes Zeckl von 1708 aus zahllosen Mini-Teilchen (Abb. 46). Sobald sie wieder in den Saal zurückkehren, werden Sie entdecken, daß Sie bei weitem noch nicht alle Einzelheiten der Deckenfresken erspäht hatten, etwa den durch einen perspektivischen Trick in alle Richtungen zielenden Bogenschützen.

In der *Minoritenkirche* (Franziskanerkirche), deren Bau aus dem Ende des 13. Jahrhunderts stammt, sind vor allem die über 100 Grabmäler beachtlich. Hierher kam auch das Wallfahrtsgnadenbild von etwa 1400, die ›Schuttermuttergottes‹ der zerstörten Wallfahrtskirche dieses Namens, die einst als ein Hauptwerk Johann Michael Fischers galt und von Johann Baptist Zimmermann mit einem Deckengemälde versehen war. Sie finden es auf dem Altar der ersten Kapelle der Südseite.

Falls Sie nicht noch Hans Leinbergers Reliefgruppe der ›Anna Selbdritt‹ im *Franziskanerinnenkloster Gnadental* betrachten wollen, sollten Sie sich jetzt den nicht-kirchlichen Bauten zuwenden. Vielleicht haben Sie schon in der Ludwigstraße, die als Ganzes noch recht anheimelnd wirkt, das Haus Nr. 5 (*Ickstadthaus*) gesehen, das außer dem reich gegliederten Stuck des 18. Jahrhunderts auch noch zwei Heiligen-Fresken im zweiten Stock zeigt. Zu der teilweise erhaltenen alten *Stadtbefestigung* gehört im Westen das *Kreuztor* (Abb. 47) von 1383 mit beinahe verspielten Türmchen, das sich mit dem Münster zu einem nostalgischen Stadtausschnitt vereint.

Ingolstadt besaß zwei *Schlösser*, das ›alte‹ aus dem 13. Jahrhundert und das ›neue‹ von Anfang des 15. Jahrhunderts. Vom alten sehen Sie noch den dreigeschossigen backsteinernen ›*Herzogskasten*‹, später als Speicher benützt, der hier das Marktleben überragt. Das stark kriegsbeschädigte *neue Schloß*, in dessen gotischen Räumen jetzt *Stadt- und Armeemuseum* ihren Sitz haben, ist in alter Würde restauriert worden, der freilich noch etwas Patina fehlt. Als Gegenstück zum Münster stehen auch hier die Türme über Eck (Abb. 44). Noch Altbau ist der abgestützte *Zehentstadel*, später Zeughaus. Der Schloßeingang wird durch einen Uhrturm von 1580 behütet, nach dessen Durchschreiten der Blick auf 19 Kanonen des 16. und 17. Jahrhunderts fällt: Feldschlangen und Kartaunen mit stattlichem Gewicht (Farbt. 2). Vor allem leistete sich die damalige Rüstungsindustrie den ›liebenswerten‹ Luxus, ihre todbringenden Schießrohre künstlerisch mit Löwen und symbolischen Figuren zu verzieren, damit beim rauhen Kriegshandwerk die Ästhetik nicht zu kurz käme...

Wäre nicht die Eisengießerei neben dem Schloßkomplex, so könnte man sich hier in Ingolstadts trutzige Festungsvergangenheit zurückversetzt fühlen, die sie zur stärksten süddeutschen Bastion werden ließ, die selbst Gustav Adolf nicht bezwang und erst Napoleon schleifen ließ. Der Rückweg in die nahe Stadtmitte mit ihren Treppengiebel-Häusern läßt noch einmal den Blick über Ingolstadts Kirchtürme wandern. Oberbayerns nördliche Metropole erfordert einen nicht zu kurzen Aufenthalt, auch wenn das Sehenswerte zum Glück nicht weit voneinander entfernt liegt.

Nördlich von Ingolstadt haben romanische Kirchen die Zeitläufe überdauert. Für mich am rührendsten in Gestalt der winzigen Kirche *St. Leonhard in* **Tolbath** (Farbt. 3), deren Langhaus kaum 10 m erreicht und die trotz ihrer Schlichtheit an der Apsis einen Fries mit Menschen- und Tierköpfen bewahrte. Der Turm erhielt inzwischen eine landestypische barocke Zwiebel, wie auch innen ein Rokoko-Altärchen hinzukam. Aber sonst steht die Kirche heute wie seit 750 Jahren in dem von Kuhduft umwehten Dorf. Ich kann Ihnen Tolbaths Kirchlein, so unauffällig es ist, nur ans Herz legen.

Wer Tolbath gesehen hat, wird verstehen, warum die Volkssage meint, daß sie mit der etwas weiter nördlich an der Straße nach Riedenburg gelegenen, sehr verwandten Kirche *St. Margaretha* in **Weißendorf** von zwei Riesen im Wettbewerb erbaut worden sei. In Wahrheit sind da wohl dieselben Bauleute am Werk gewesen. Strahlend weiß getüncht (außer der Apsis), wirkt der spätromanische Bau aus dem frühen 13. Jahrhundert freilich nicht ganz so intim wie Tolbath, besitzt aber am Westportal ein paar reizvolle Flecht- und Löwenmotive. Auch hier ein gezwiebelter Dachreiter und innen ein Rokoko-Altar, dazu jedoch ein paar ältere Kunstwerke wie die Muttergottes von etwa 1500.

Falls Ihnen solche schlichten romanischen Kirchen Freude machen, können Sie ihre Fortsetzung in **Pförring, Klein- und Großmehring** und etwas weiter südlich in **Ilmendorf** erleben. Sie befinden sich in Großmehring auf dem Boden der Sage: Hier im Möhringen des Nibelungenliedes erschlug Hagen von Tronje den Fergen (Fährmann). Romanisch im Kern ist auch St. *Michael* in **Etting**, nördlich von Ingolstadt, wurde jedoch mehrfach erweitert und verändert – die Lage dieser Wallfahrtskirche ist besonders hübsch. Eine Mischform aus Romanik und Gotik weist **Mennings** *Pfarrkirche St. Martin* auf, die Anfang des 18. Jahrhunderts umgestaltet wurde. Ungewöhnlich: der Treppengiebel des Turms.

Mit Menning und Pförring sind Sie bereits nahe der Donau, und hier ist **Vohburg** ein wichtiger größerer Ort an dem hier 100 m breiten Strom. Die tragische Episode, mit der die Höhenburg über der Donau in die bayerische Geschichte eingegangen ist und die Hebbel 1852 zu seinem Drama veranlaßte, ist dem nüchternen Geschichtsbuch der Gegenwart keine Zeile mehr wert: Agnes Bernauer, die Augsburger Baderstochter, fand hier 1435 in der heimlichen Vermählung mit Herzog Albrecht III. die Erfüllung ihrer Liebe. Ein kurzes Glück, das teuer bezahlt wurde: Drei Jahre später ließ sie der herzogliche Schwiegervater als Zauberin in der gleichen Donau ertränken, auf die sie damals glücklich geschaut hatte.

Die von den Schweden zerstörten Burgmauern werden seit 1971 allmählich restauriert. Den Weg zur *Burg* finden Sie übrigens zwischen den Gasthöfen ›Zur Post‹ aus dem 16. Jahrhundert und ›Zur Sonne‹. Der hochragende Turm auf dem Burghügel hat allerdings keine historische Bedeutung: Er ist ein 1959 errichteter Wasserturm. Im ehemaligen Burghof

Vohburg. Kupferstich von Matthäus Merian

der einfache Bau der heutigen *Pfarrkirche St. Peter* von 1697 mit einigen interessanten alten Grabplatten im Inneren und außen. Im unteren Ortsteil zeigt das spätgotische *Stadttor* aus dem 15. Jahrhundert mit einem Filigran von Türmchen am Giebel noch einen Rest der alten *Marktbefestigung*.

Mit der Altmühl und ihren malerischen Ortschaften östlich und westlich von Eichstätt hat Oberbayern durch die Gebietsreform von 1972 eine landschaftlich und architektonisch gleichermaßen anziehende Bereicherung in seinem äußersten Norden erfahren. **Eichstätt**, wichtigste Altmühlstadt mit einer bedeutenden Katholischen Universität, wurde bereits 741 (durch Bonifatius) Bischofsstadt; erster Amtsträger war der heute noch in Eichstätt verehrte hl. Willibald. Geistliche Bauwerke, deren Krönung der Dom ist, prägen maßgeblich das Bild der Stadt. Weitere bedeutende Bauten sind das mit dem Namen von Willibalds Schwester Walburga verbundene Benediktinerinnenkloster und, aus späteren Zeiten, das Schloß der Willibaldsburg (16./17. Jahrhundert), die Residenz und die fürstbischöfliche Sommerresidenz aus dem 18. Jahrhundert sowie das Bischöfliche Palais und die Dompropstei. Von Kriegszerstörungen blieb Eichstätt verschont, so daß der barocke Residenzplatz (nach hilfreichen Restaurierungen) mit seinem Marienbrunnen bis heute der Mittelpunkt der Stadt geblieben ist.

Man erwähnt Eichstätt häufig im Zusammenhang mit dem weiter südlich gelegenen Freising (siehe Seite 110). In der Tat sind beides geistlich bestimmte Städte. Jedoch begegnen sich in Eichstätt geistliches und bürgerliches Leben enger als in Freising, das vom Domberg dominiert wird. Eichstätts *Dom* ist von pulsierendem Alltagsleben umgeben und jedem Einwohner und Besucher greifbar gegenwärtig. Der Bau geht in seinem Ursprung auf die ottonischen Formen des 8. Jahrhunderts zurück, präsentiert sich heute jedoch nach Umbauten und Erweiterungen romanischen und gotischen Stils im wesentlichen als Werk des 14. Jahrhunderts, durch die Baumeisterfamilie der Parler beeinflußt; innen im 15. Jahrhundert durch den Hochaltar mit seinen Figuren bereichert. Die um 1715 angefügte Barockfassade des Gabriel di Gabrieli aus Roveredo in Graubünden schmälert den Gesamteindruck des Doms nicht. Der auch in Wien und Ansbach würdig vertretene Gabrieli hat in den rund dreißig Jahren seines Wirkens in Eichstätt das Gesicht der Stadt geprägt. Sie aufzusuchen und zusammen mit dem älteren Baubestand zu erleben, füllt einen längeren Aufenthalt in diesem nördlichsten Kunstzentrum Oberbayerns aus. Aus dem beinahe überwältigenden Reichtum an Kunstschätzen der doch eher kleinen Stadt möchte ich nur noch auf das Hochaltarbild der *Schutzengelkirche der Jesuiten* hinweisen. Es wurde 1739 von Johannes Evangelista Holzer, dem ›Eichstätter Hofmaler‹, geschaffen, dem man ansonsten erheblich weiter südlich – vor allem in Partenkirchen (Seite 236) begegnet.

Das Altmühltal mit seinen zum Kreis Eichstätt gehörenden Orten von Dollstein bis Beilngries verbindet über Dutzende von Kilometern entlang einer flußnahen Straße landschaftlichen Zauber mit bodenständiger Baukunst: In **Dollnsteins** Mauern die romanische-gotische *Kirche* mit den Fresken aus der Mitte des 14. Jahrhunderts im Chor; in Eichstätts Umgebung die ehemaligen Klöster *Marienstein* der Augustinerinnen (nur Teile erhalten) und *Rebdorf* der Augustiner-Chorherren mit seiner barock eingekleideten Kirche romanischen Ursprungs sowie einem umfangreichen Klosterkomplex mit gotischem Kreuzgang. Über **Kipfenberg** mit restaurierter mittelalterlicher *Burg* und **Kinding** mit seinem burgartig befestigten Friedhof geht es weiter nach **Beilngries** mit Mauern, Türmen und Wohnhäusern mit Staffelgiebeln sowie dem barocken *Sommerschloß* auf dem nahen Hirschberg, das, ursprünglich eine mittelalterliche Burg, von Gabrieli Mitte des 18. Jahrhunderts umgebaut wurde. In **Kottingwörth** verdient die im Chor mit Fresken des frühen 14. Jahrhunderts geschmückte *Kirche* Aufmerksamkeit.

Südlich von Beilngries liegt **Altmannstein**, Geburtsort von Ignaz Günther (Seite 64). Ein 1769 geschnitztes Kruzifix ziert als Geschenk des bedeutenden Rokoko-Bildhauers seine heimatliche *Kirche*. Südwestlich von Eichstätt wird das beschauliche **Wellheim** von einer eindrucksvollen *Burgruine* mit Palais, Bering und Bergfried überragt. Auch das nordwestlich gelegene **Mörnsheim** am Altmühl-Nebenfluß Gailach gewinnt durch seine *Burgruine Staffelberg* an Profil.

Über die – freilich nur oberbayerische – Frankenalb führt der Weg zur Donaustadt **Neuburg**. Aus römischen Ursprüngen wuchs eine ungewöhnliche Siedlung heran, deren Ober- und Unterstadt sich in reizvollem Gegensatz präsentieren. Während der geschäftige Alltag die Unterstadt belebt, beherrscht die Oberstadt mit Schloß und Hofkirche gelassen die Donau, schon bei der Anfahrt ein markanter Eindruck. Neuburg, im Mittelalter Wohnstätte der Ingolstädter bzw. Landshuter Herzöge, erhielt 1505 den Status einer »Jungen Pfalz« und war Residenz der Landshuter (bis 1685) und ihre wichtigste Stadt. Die heutigen Bauten gehen auf Pfalzgraf Ottheinrich (Anfang 16. Jahrhundert) zurück, der die Reformation nach Neuburg brachte – einer seiner Nachfolger machte sie jedoch wieder rückgängig.

Die Oberstadt scheint nach wie vor abseits von bürgerlicher Realität in der Vergangenheit zu leben. Ihre Bauten gehen im wesentlichen auf das 17. und 18. Jahrhundert zurück; zahlreiche Tafeln verweisen auf die Bedeutung der einzelnen Häuser und unterstreichen den beinahe musealen Charakter. Neben den Bauten entlang der Amalienstraße lohnt sich besonders die Besichtigung der Hofkirche und des Schlosses. Die zunächst protestantische *Hofkirche* wurde von 1607 bis um 1620 erbaut; die Orgelempore entstand etwa hundert Jahre später, der Hochaltar Mitte des 18. Jahrhunderts. Neben der schönen Fassade beeindrucken vor allem die Strukkaturen der Brüder Castelli im Innenraum. Das *Schloß* wurde von Pfalzgraf Ottheinrich zwischen 1530 und 1538 auf der Grundlage einer mittelalterlichen Burg erbaut und ab 1665 um den Ostflügel erweitert. Die Anlage bildet ein unregelmäßiges Viereck, viergeschossig, mit Laubengängen zum Hof und mächtigen Rundtürmen zur Donau hin. Rechts der Toreinfahrt befindet sich die Rüstkammer, links die Schloßkapelle mit sehenswerten Wand- und Deckenfresken, 1543 von Hans Bocksberger dem Älteren aus Salzburg gemalt und wegen ihrer protestantischen Sinngebung später übertüncht. Erst zwischen 1936 und 1951 wurden sie wieder ans Tageslicht gebracht.

Die wenigsten Besucher Neuburgs finden den Weg durch ein Gewerbegebiet nach **Grünau,** dessen noch auf Pfalzgraf Ottheinrich zurückgehende Schloßanlage tatsächlich inmitten einer grünen Au liegt. Das Jagdschloß in der Donauniederung besteht aus dem Alten Schloß von 1530 und dem Neuen Schloß von 1550/55. Hohe Giebel und runde Ecktürme, von Mauern und Graben umgeben, verleihen dem Bau eine stolze Anmut.

Südlich von Neuburg, auf halber Strecke nach Augsburg, liegt die Stadt, in der der Maler Franz von Lenbach 1836 geboren wurde: **Schrobenhausen.** Auf der Fahrt dorthin, hinter Pobenhausen mit seinem imposanten Kirchturm, lohnt sich ein Abstecher nach **Niederarnbach,** auch wenn das 1598 erbaute *Schloß* nicht zu besichtigen ist. Hier gibt es noch ein Gebäude des Gutsherrlichen Gerichts, und der Freiherr von Pfetten-Niederarnbach, dem die anmutige Schloßanlage mit Park gehört, hat sein Anwesen geschmackvoll restauriert.

Von Schrobenhausens drei Kirchen weist die *Salvatorkirche* (um 1437) Fresken von Ignaz Baldauff aus dem Jahr 1760 auf. Insgesamt bedeutender ist jedoch die *Pfarrkirche St. Jakob,* eine Backstein-Basilika aus dem 15. Jahrhundert, deren Baumeister sowohl bei Ingolstadts Münster als auch bei Landshuts St. Martin Vorbilder gesucht hat. Das ursprünglich auf dem Platz vor der Kirche befindliche gotische, 1580 erneuerte *Rathaus,* das die Lenbach-Familie umgestaltete, haben die Schrobenhausener abgerissen und an seine Stelle einen modernen Glasbau gesetzt. Die *Stadtbefestigung* von 1400 blieb einstweilen erhalten und macht es möglich, ein Bild von den damals notwendigen Wehrbauten mit Graben, Mauern und Türmen, die heute als Wallspaziergang teilweise begehbar sind, zu gewinnen. Lenbachs Geburtshaus ist heute zu einem Museum umgestaltet.

Wichtig ist Schrobenhausen aber insbesondere als Ausgangspunkt zum nahen **Sandizell,** seit 1000 Jahren Sitz eines gleichnamigen Adelsgeschlechts, das 1790 zu Reichsgrafen erhoben wurde. Ihr *Schloß* – nicht zu besichtigen! – wurde als Wasserschloß anstelle älterer Bauten um 1750 errichtet. Der Vorgängerbau sah prominente Gäste: 1704 berieten hier Prinz Eugen und der Herzog von Marlborough vor der Schlacht bei Höchstädt die militärische Lage. Der stattliche Barockbau hat sein anmutiges Gegenüber in einem 1763 errichteten Torhaus, nach dessen Passieren Kastanienbäume den Weg zum nahen Schloß begleiten.

Für den Bau ihrer Kirche *St. Petri* holten sich die Sandizells um 1735 in München bewährte, bekannte Künstler: als Planer Johann Baptist Gunetzrhainer, den Maurermeister Michael Pröbstl und für den Turm den Hofmaurermeister Leonhard Matthäus Gießl. Den Hochaltar mit zwei gedrehten Säulen, um die sich vergoldetes Laub hochrankt, schuf 1747 als eine seiner letzten Leistungen kein geringerer als Egid Quirin Asam, der auch die Seitenaltäre entwarf (Abb. 28). 18 Sandizellsche Grabsteine stehen am Kircheneingang. Falls der Zugang ins Schiff – wie gewöhnlich – durch Gitter versperrt ist, kann man in der Vorhalle wenigstens das Epitaph für einen 1564 verschiedenen Sandizell betrachten. Der als letztes nach 1755 ausgeführte Turm mit seinem originellen Helm überragt einen gekonnt gegliederten achteckigen Zentralbau, den Kunsthistoriker zeitweise Johann Michael Fischer zuschreiben wollten.

ZWISCHEN ALTMÜHLTAL UND MÜNCHEN

Ganz im Westen Oberbayerns, dem schwäbischen Landesteil benachbart, liegen noch drei wichtige Kirchenorte: **Pöttmes** mit seiner *Pfarrkirche St. Peter und Paul* von 1748, die Ende des 19. Jahrhunderts erheblich restauriert wurde, Inchenhofen und Aichach. **Inchenhofen** besaß mit der *Wallfahrtskirche St. Leonhard*, ursprünglich zum Kloster Fürstenfeldbruck gehörend, die älteste und bedeutendste Leonhards-Wallfahrt. Hier wurde Ignaz Baldauff geboren, der seiner Heimatkirche um 1760 nicht nur großartige Deckenfresken, sondern auch Gemälde für die verschiedenen Altäre schenkte. Aber auch der umfangreiche Hochaltar, der eine Schnitzfigur des sitzenden Leonhard aufweist, mit gedrehten Säulen und reicher Engel-Ausstattung läßt eigentlich an einen namhafteren Künstler denken, als es der Schreinermeister Wüst war, der ihn ausführte – man könnte sich Egid Quirin Asam als Entwerfer vorstellen. Der Backsteinbau der Kirche stammt aus dem 15. Jahrhundert.

Das südlich von Inchenhofen gelegene **Aichach** besaß in seiner Nähe die einstige *Burg Wittelsbach*, im Jahre 1209 zerstört und nur noch in einem geradezu winzigen Mauerrest von allenfalls zwei Meter Länge und einem knappen Meter Höhe auszumachen. Hier in **Oberwittelsbach** steht ein schlank wirkender Backsteinbau anstelle der früheren Burg, Sühnekapelle genannt und 1418 errichtet.

Die Geschichte der Burg ist angesichts der Bedeutung der Wittelsbacher für Bayern im allgemeinen und Oberbayern im besonderen hinreichend wichtig. Zunächst haben die neuesten Grabungen auf dem Burgplatz ergeben, daß die Burg nicht – wie man bisher annahm – erst 1115 erbaut wurde, sondern auf Ursprünge im 10./11. Jahrhundert zurückgeht. Wenn also 1115 die Grafen von Scheyern hierherzogen und auf Grund des Ortes den Namen Wittelsbacher annahmen, dann hat es möglicherweise bereits vorher Bewohner der Anhöhe gegeben. Als 1208 Pfalzgraf Otto VIII. von Wittelsbach in Bamberg den deutschen König Philipp ermordet hatte, erhielt sein Vetter Herzog Ludwig I. die Anweisung, Ottos Burg zu zerstören. Die Steine sollen für Aichachs Stadtmauer verwendet worden sein. Es dauerte bis 1832, ehe wieder ein Wittelsbacher, König Ludwig I., an den Platz zurückkehrte, den über Jahrhunderte allein die *Sühnekapelle* zierte. Jetzt entstand eine (wenig bedeutsame) neugotische Gedenksäule (1835). In der Kirche ist die als ›Türkenmadonna‹ bezeichnete Muttergottes (sie steht oberhalb eines Halbmonds mit einem Türkenkopf) von 1500 interessant, auch ein mittelalterliches Fresko ist an der Seitenwand freigelegt worden.

Aichachs *Stadtpfarrkirche St. Maria* aus dem frühen 16. Jahrhundert besitzt mit dem Hochaltar, in dem sich eines der besten Gemälde Baldauffs befindet, ein geschmackvolles Kunstwerk. Im Zug der Hauptstraße steht auch die *Spitalkirche Hl. Geist*, ein spätgotischer Bau des 15. Jahrhunderts, an dessen Westseite eine Gedenktafel – ähnlich wie in Schrobenhausen und Wasserburg aus der gleichen Zeit – von 1420 an die *Stadtbefestigung* zur Zeit von Ludwig dem Gebarteten erinnert. Erhalten sind nur noch der Auerturm und zwei Stadttore von damals. Der Ort als Ganzes mit der von bürgerlichen Barockbauten gesäumten Hauptstraße und dem barocken Rathaus wirkt eher schwäbisch als oberbayerisch.

Hier wie anderswo auf Ihrer Oberbayern-Fahrt wird es Ihnen nicht anders gehen als mir: Der Besuch des einen Ziels macht das andere beinahe zwingend notwendig. Wenn man

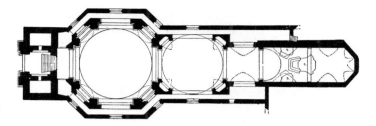

Altomünster, Kirche des Birgittinenklosters, Grundriß

schon hier ist, dann sollte man auch...! So lockt es einfach unwiderstehlich, von Aichach den Weg über Maria Birnbaum, Altomünster und Markt Indersdorf zu nehmen, obwohl man damit schon verdächtig nahe an München herankommt. Sei's drum.

Also: Nach Sandizell stoßen Sie in **Maria Birnbaum** (Abb. 45) abermals auf einen Zentralbau, der bereits Mitte des 17. Jahrhunderts entstand. Der Entwurf der *Wallfahrtskirche St. Maria* stammte vom Münchner Bildhauer und Baumeister Konstantin Pader. Ursprung des Baus mit dem ungewöhnlichen Namen war ein Marienbild, das ein Hirte fand und in einen hohlen Birnbaum stellte. Wie es ab 1659, nach der ersten Wunderheilung, zur Wallfahrt kam, berichtet naiv und schlicht eine der vielen Votivtafeln: »Gehe hin in das Bayernland und suche dieses Bildnis in einem ausgebrannten hohlen Birnbaum an einem Berg. Allda wird deiner langwierigen Betrübnis ein Ende gemacht werden.« Nun, von Glaubensdingen einmal ganz abgesehen, kann schon die idyllische Lage dieser »originellsten Schöpfung bayerischen Frühbarocks« (Schindler) mit dem kuppelreichen Bau der Betrübnis ein Ende machen. Für Oberbayern-Reisende, die auf der Autobahn (A 8/E 11) über Augsburg kommen: Vom Abzweig Adelzhausen ist es nur ein Katzensprung zu dieser stillen Kirche, die ich Ihnen beinahe ebenso empfehlen möchte wie die weit berühmtere und – zugegeben – artistischere Wieskirche. Immerhin ist der Stuck von Matthias Schmuzer d. J. in der um 1665 entstandenen Kirche von feiner und ernster Größe. Bis 1817 barg der Hochaltar in seiner Mitte den ursprünglichen Birnbaum, der heute an die Rückseite verschoben ist.

Das nahe **Altomünster** beherbergt das einzige deutsche *Birgittinenkloster*. Die schwedische Heilige (1303–1373) gründete um 1346 diesen Orden, der Nonnen und Mönche in Doppelklöstern vereinigte, wie es ab 1485 auch hier im Sinne der Mystikerin geschah. So war auch der Aufbau der Kirche davon bestimmt, daß einige Teile den Klosterinsassen – nach Geschlechtern getrennt – vorbehalten, andere den Laien zugänglich waren. Ursprünglich befand sich hier ein nach 750 entstandenes Benediktinerkloster, das etwa ums Jahr 1000 Mönchskloster wurde, ab 1047 bis 1480 Nonnenkloster und von 1485 bis zur Säkularisation des Jahres 1803 Doppelkloster. Immerhin wurde es 1842 als Nonnenkloster erneuert und stellt heute bei uns das einzige Kloster des Ordens dar.

Noch wichtiger freilich ist die Tatsache, daß wir hier einer der bedeutendsten Rokoko-Kirchen des Landes gegenüberstehen. Beinahe scheint der ländliche Ort Kirche und Kloster einzuschnüren, obwohl der hohe Turm, ein typisches Fischer-Werk und einer der schönsten Rokoko-Türme überhaupt, weit ins flache Land hinaus sichtbar ist. Damit ist der

Baumeister genannt, der Altomünster ab 1763 umbaute und darüber 1766 starb: Johann Michael Fischer. Der fast 60 m lange Kirchenraum wirkt trotz mittelalterlicher Bauteile, insbesondere der massiven Umfassungsmauern, einheitlich. »Die aneinandergereihten Räume bringen in ihrer Kulissenwirkung treffliche Raumperspektiven hervor und erzielen wechselvolle Lichtwirkungen, die einen der Hauptreize im gesamten Raumbilde erzielen.« (Hoffmann). Bei der Ausstattung wirken die Deckenfresken des Tirolers Josef Mages (Abb. 48) mit dem Altargemälde von Ignaz Baldauff und den großartigen Bildhauerarbeiten von Johann Baptist Straub und seiner Werkstatt von 1772 zusammen. Wenig, aber graziöser Stuck wurde vom Augsburger Jakob Rauch 1773 eingefügt. In der Gesamtwirkung wird der Weg vom Rokoko, dessen letzter großer Kirchenbau uns hier begegnet, zum Klassizismus bereits angedeutet. Unter den vielen Kirchen Oberbayerns gehört Altomünster ohne Zweifel zu den interessantesten, so daß auch der München-Besucher den Abstecher (über die A 8 / E 11 Richtung Augsburg und Abzweig Odelzhausen) einbeziehen sollte, der sich gut mit Maria Birnbaum (beide sind nur wenige Kilometer voneinander entfernt) verbinden läßt.

In diesem an ungewöhnlichen Kirchen so erstaunlich reichen Gebiet möchte ich Ihnen auf dem Weg nach Markt Indersdorf doch raten, auch noch einen Umweg über **Petersberg** (bei Eisenhofen) zu machen. Einsam zwischen Wiesen und Wald liegt auf der Höhe die rustikal wirkende *Kirche St. Peter* des einstigen Benediktinerklosters. Sie entstand in den wenigen Jahren (1104 bis 1123), in denen Hirsauer Mönche hier ansässig waren und wurde 1104/07 errichtet, allerdings im 18. Jahrhundert verändert. Die übliche Hirsauer Bauweise ist auf einfachere bayerische Weise abgewandelt. Der dreischiffige romanische Bau mit seinen drei Apsiden besitzt im Chor sehenswerte Fresken, die bei der Restaurierung zu Beginn unseres Jahrhunderts entdeckt (und ergänzt!) wurden (Abb. 51). Ursprünglich stand hier auch eine um 1520 geschaffene Muttergottes, die jedoch inzwischen in der Pfarrkirche des benachbarten Walkertshofen aufgestellt ist. Unabhängig von der Kirche und ihren Eigenarten sollten Sie hier die besondere Stimmung des alten Burgbergs mit der weitläufigen Landschaft ringsum genießen.

Das *Augustiner-Chorherrenstift* von **Markt Indersdorf** (Abb. 56) wurde gegründet, um den 1120 über Pfalzgraf Otto verhängten päpstlichen Bann zu lösen. Otto hatte nämlich 1111 auf Veranlassung von Kaiser Heinrich V. mitgeholfen, den Papst Paschalis II. gefangenzunehmen. Der ursprünglich romanische Klosterbau wurde um 1755 mit einem üppigen barocken Mantel versehen, jedoch blieben Türme (ohne Spitzen, die barock hinzutraten und heute weithin sichtbar sind), Portal und Pfeileranordnung romanisch. In die Neudekoration teilten sich im wesentlichen Franz Xaver Feichtmayr (Stuck) und Matthäus Günther (Fresken), der sich im Deckenfresko der noch spätgotischen Rosenkranz-Kapelle selbst abbildete. Schon um 1690 wurde der in großer Pracht angelegte Hochaltar eingefügt. Die 1979 erfolgte Restaurierung unterstreicht den Gesamteindruck. Angesichts der Verbindung dieser Kirche mit den Wittelsbachern ist es gut denkbar, daß – wie es heißt – Pfalzgraf Otto von Wittelsbach (der in Bamberg 1208 König Philipp ermordet hatte) hier beigesetzt wurde.

Der Weg von Markt Indersdorf über Dachau nach München ist so kurz, daß die Versuchung groß sein mag, den nördlichen oberbayerischen Raum nun doch zu verlassen. Tun Sie's nicht! Es gibt nämlich noch viel mehr zu sehen, auch wenn Freising ohnehin ein ebenso unumgängliches wie begeisterndes Muß ist.

Die Grundmauern des *Schlosses* von **Hohenkammer,** nordöstlich von Markt Indersdorf, stammen aus dem 15. Jahrhundert. Seine heutige Gestalt nach Art oberbayerischer Renaissance erhielt das älteste Wasserschloß Bayerns im 17. Jahrhundert. Der Mitte der siebziger Jahre restaurierte Bau mit Arkaden und dreigeschossigen Laubengängen im Innenhof wird für Schulungen und Tagungen genutzt. Gleichfalls am Ufer der Glonn befindet sich Hohenkammers romanische *Pfarrkirche St. Johannes* mit einem stattlichen Hochaltar von Wolf Meyerls (1665) und Holzbildwerken von Christian Jorhan (1765). In **Reichertshausen** gibt es nahe der Ilm ein zweites, allerdings für Besucher nicht zugängliches Wasserschloß. Weiter in Richtung Osten kommt man nach **Geisenfeld,** ehemaliger Klosterort der Benediktinerinnen mit romanisch-gotischer *Kirche, Klosterbauten* von 1703 (sehenswerte Malereien im Inneren) und einem 1626 fertiggestellten *Rathaus* mit einer sitzenden Justitia am Giebel. Besonders zu empfehlen aber ist der Besuch zweier romanischer Bauten südlich von Pfaffenhoeh, in Ilmmünster und Scheyern.

Ilmmünsters *Kirche St. Arsacius* (um 1210/20) ist innen wie außen spätromanisch geblieben, auch wenn sie 1676 gewölbt wurde, denn eine damals gleichzeitig erfolgte Stuckierung wurde vor hundert Jahren wieder beseitigt. Ungewöhnlich die Raumverhältnisse des Bauwerks: 31 m lang, über 10 m breit und in Abkürzung des südlichen Seitenschiffs

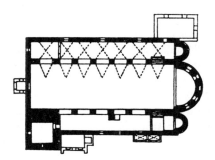

Ilmmünster, St. Arsacius, Grundriß

ein mächtiger Turm mit Stufengiebel. Unter einigen guten Holzfiguren im Innern auch Maria und Johannes, um 1490 von Erasmus Grasser geschaffen, auf einem der Nebenaltäre, während der neuromanisch angelegte Hochaltar Gemälde aus dem Umkreis Jan Polacks und Holzreliefs des 15. Jahrhunderts umschließt (Abb. 49).

Scheyerns *Kloster,* nach der Säkularisierung seit 1843 wieder Abtei der Benediktiner, war mit seiner Kapitelskapelle im Mittelalter Begräbnisstätte der Wittelsbacher. Hierher kamen die Mönche von Petersberg, nachdem die Scheyerner Grafen, die sich nach ihrer Umsiedlung 1115 Wittelsbacher nannten, ihnen Gelände und Gebäude ihres Schlosses geschenkt hatten. Die großzügig-weiträumige Anlage umfaßt die Klostergebäude (überwiegend 16. und 17. Jh., weniges älter), die Basilika Mariae Himmelfahrt und an sie anschließend Heilig-Kreuz-Kapelle, Kreuzgang und als Teil der Johanneskirche die Wittelsbacher Grabkapelle. Der teilweise stuckierte Kreuzgang mittelalterlichen Ursprungs wurde 1938 restauriert. Die Heilig-Kreuz-Kapelle enthält das ›Scheyerner Kreuz‹, ein byzantinisches Kreuzreliquiar, das 1738 in eine Monstranz des Goldschmieds Johann Georg Herkomer eingefügt und 1901 neugestaltet wurde.

In der Königskapelle fand seit 1978 neben Statuen eine ungewöhnliche, aus Spanien stammende Palmesel-Gruppe des 14. Jahrhunderts Aufstellung. Die Johanneskirche, ehemalige Kapitelkirche, ist an den Wänden mit 20 Fürstenbildern aus der Frühzeit der Wittelsbacher geschmückt, die ›Genealogie‹, um 1625 gemalt. Seit 1969 befindet sich nahe dem Eingang das ›Wittelsbachergrab‹, ein gemauertes Hochgrab mit dem Deckstein von 1624, in dem acht Herzöge des Mittelalters (12.–13. Jh.) beigesetzt sind. Ein streng gegliedertes Gewölbe zieht den Blick nach oben.

Die 1215 geweihte spätromanische *Klosterkirche Mariae Himmelfahrt* hat im Gegensatz zu Ilmmünster erhebliche Veränderungen erlebt. Außer den Umbauten von 1768/69 und 1923/24 sorgte der Wessobrunner Ignaz Finsterwalder 1769 für den zeitgemäßen Stuck (Spätrokoko), während der Hochaltar etwa gleichzeitig mit Gemälden von Christian Wink und – am Choreingang – mit zwei Figuren von Ignaz Günther (Bonifatius und Erasmus) ausgestattet wurde. Fresken kamen schließlich noch 1923 hinzu. Die mit dem Blick auf den Altar zu ehrfürchtiger Versenkung zwingende Basilika bereitet mit den rechts anschließenden, geschilderten Kapellen den Weg zu persönlicher Ergriffenheit.

In **Pfaffenhofen** an der Ilm sind Sie bereits wieder erheblich näher an Ingolstadt als an München, im Hopfengebiet der Hallertau (auch: Holledau). Der behagliche, altbayerisch wirkende Markt geht auf die Pfaffenhöfe des Klosters Ilmmünster zurück, in deren Nähe um 1200 der Ort entstand, der schon 1318 zur Stadt erhoben wurde. Traditionelle Giebelhäuser – trotz einiger Entstellungen – prägen sie (Abb. 50). Am Markt die *Stadtpfarrkirche St. Johann Baptist,* deren spätgotischer Turm über acht Vierecksgeschossen durch Eckpfeiler und Blenden zierlich belebt und von einem (1770 nach Blitzschlag erneuerten) Spitzhelm gekrönt wird. Der Bau entstand um 1400, wurde um 1670 gewölbt und vom Wessobrunner Matthias Schmuzer mit Stuck versehen. 1672 kam auch der Hochaltar von Johann Pader hinzu, der aber nicht in seiner ursprünglichen Gestalt erhalten blieb.

In der Landschaft nördlich von Freising wimmelt es geradezu von Dorfkirchen aller Epochen, gewissermaßen die Aura der alten Bischofsstadt. Sobald Sie von Pfaffenhofen aus in östlicher Richtung die Autobahn (A 9 / E 6) gekreuzt haben, wird es Sie aber wohl in erster Linie nach Moosburg und Freising ziehen. Wer sich Zeit lassen kann und will, könnte beispielsweise einen Blick auf **Thonhausens** romanische *Wehrkirche St. Coloman* werfen, deren Mauer von Schießscharten durchlöchert ist. Früher war gar das Obergeschoß nur von außen mit Leitern zugänglich. Näher an Moosburg sind Sie in **Feldkirchens** *St. Anna* aus

Moosburg mit Isar und Schloß Isareck (im Hintergrund rechts). Kupferstich von Matthäus Merian

dem 14. Jahrhundert, in deren Hochaltar Sie eine sitzende Muttergottes von Hans Leinberger (um 1525) finden, im 19. Jahrhundert neu gefaßt. Die sitzende Muttergottes von 1400 im Altarraum erinnert an die des Seeoner Meisters. Nordöstlich von hier – freilich ein kleiner Umweg – das *Schloß* von **Isareck** aus dem 17./18. Jahrhundert, das allerdings nur zum Teil erhalten blieb: Turm und Teile der ursprünglichen vier Flügel sowie die Schloßkapelle.

Mit **Moosburg** sind Sie in der ältesten Stadt Oberbayerns, denn in ganz Altbayern ist nur Regensburg noch älter. Ein Benediktinerkloster wurde bereits im 8. Jahrhundert gegründet, aus dem Kloster wuchs 1021 ein weltliches Chorherrenstift, das 1598 nach Landshut verlegt wurde. Es blieb die einstige Stifts-, heute *Pfarrkirche St. Castulus* (ihr Name geht auf einen römischen Märtyrer zurück; Abb. 54), die 1212 geweiht und 1468 durch einen neuen Chor erweitert wurde. Sie begegnen hier einem der ältesten Backsteinbauten Oberbayerns. Der 1207 errichtete hohe Glockenturm erhielt erst im 19. Jahrhundert seinen Helm (Abb. 53). Bedeutendster Teil des Bauwerks aber ist das romanische West-Portal mit sechsfachen Bögen über dem Tympanon (Abb. 52). Drei Säulen rahmen es mit reicher Dekoration ein.

Im Kircheninneren stehen Sie bei dem bis 14,4 m hohen Hochaltar nicht nur vor dem prächtigsten und größten Werk der späten Gotik, sondern zugleich dem ersten bekannten Werk Hans Leinbergers aus Landshut, das 1511/14 entstand und 25 holzgeschnitzte Figuren umfaßt (Abb. 15, 55). Von ihm stammen auch die mächtigen Kruzifixe zu beiden Seiten des

Mittelschiffs, ein Pestvotivbild und der ›Christus in der Rast‹ im nördlichen Nebenchor. Moosburg ist also eine Stätte der Begegnung mit einem der großen Meister der Dürer-Zeit. »Der große Maßstab ist bei Leinberger von innen her bedingt; er ist auch am Moosburger Altar wirksam.« (Pinder)

Aber auch andere Stücke der Kirchendekoration sind des Anschauens wert. So das Chorgestühl des späten 15. Jahrhunderts mit Ornamenten und Phantasietieren auf den Brüstungen. Beachten Sie die Seitenapsiden: in der südlichen ein hölzernes Vesperbild von 1430, in der nördlichen Leinbergers Holzfigur des ›Christus in der Rast‹ von 1530. Der Altar der kryptaähnlichen Ursula-Kapelle zeigt ein lebendiges Figurenwerk eines Landshuter Meisters von 1508. Der St. Sebastian am Triumphbogen geht auf einen Landshuter Meister vor Leinberger zurück.

Nur drei Meter entfernt von St. Castulus, dem Münster, steht Moosburgs zweite Kirche, *St. Johannes*. Begonnen wurde dieser Bau 1347 und im 15. Jahrhundert durch Schiff und Turm erweitert. Man glaubt förmlich zu spüren, wie die Türme beider Kirchen um den Vorrang kämpfen: Mit diesen beiden stattlichen Türmen präsentiert sich Moosburg dem Ankommenden, wobei der Helm von St. Johannes (heute übrigens eine evangelische Kirche) früheren Ursprungs ist. Ein Teil der Ausstattung dieser Kirche gelangte inzwischen allerdings ins berühmtere (katholische) Münster. Auch für diese Kirche hatte Leinberger einen Hochaltar geschaffen, dessen Reste in die Museen (u. a. nach Freising) wanderten.

Zusammen mit einstigen Stiftsherrenhäusern stehen beide Kirchen ›Auf dem Plan‹. Andere finden Sie im Gries und bei der Lände. Sie reichen bis ins 17. Jahrhundert zurück. An der Strecke zum Bahnhof werden Sie noch dem *Schloß Asch* aus dem 16. Jahrhundert begegnen, einer früheren Wasserburg, die als turmartiger Bau mit ihren drei Geschossen durchaus Charakter besitzt.

In Münchens Nordosten liegen zwei Städte, die das Erdinger Moos zugleich trennt und verbindet: Freising und Erding. Sie sind – auch von München aus – bequem zu erreichen, eine gute halbe Autostunde entfernt. Was Freising als älteste Isarstadt und kirchlich-kultureller Mittelpunkt Altbayerns für die Vergangenheit bedeutet, steht mit Erdings Gegenwart in einem friedlichen Wettstreit: Hier werden Glocken gegossen, die in der ganzen Welt in tausendfacher Zahl zum Gottesdienst und zur Besinnung rufen.

Freising ist ein Erlebnis, heute wie in der Vergangenheit, als der ›mons doctus‹, der gelehrte Berg des Doms, Oberbayerns Kultur und Geistesleben bestimmte. Soll man boshaft (und ungerecht) sein und andeuten, daß heute von *Weihenstephan*, der ältesten Brauerei der Welt und heutigen Hochschule für Brauereiwesen, Landwirtschaft und Gartenbau, stärkere Wirkungen ausgehen? Das mögen Sie selbst entscheiden. Für mich spricht Freising mit seinem Domberg auch heute noch – und hoffentlich noch recht lange – mit der Stimme des Geistes, die nicht immer die der Geistlichkeit im engeren Sinne sein muß, so nahe das hier in der erzbischöflichen Stadt auch liegen mag. Kaum irgendwo sind Sie dem Wesen Oberbayerns näher als hier, auch wenn München inzwischen die unumstrittene Hauptstadt ist. Aber

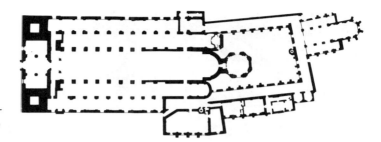

Freising, Dom St. Maria und St. Corbinian, Grundriß

dem ging mancherlei Rabulistik voraus, die erst 1852 ein Ende fand. Kurz gesagt: Da München dank Heinrich dem Löwen aus der Verlegung des Oberföhringer Markts (der Bischof Otto von Freising unterstand) erheblich profitiert hatte, sorgte Kaiser Friedrich I. Barbarossa dafür, daß auch der Bischof nicht zu kurz kam. »Fortan mußte München dem Bischof von Freising als Entschädigung ... ein Drittel der Zoll- und Münzeinnahmen abtreten (bis 1803), und erst 1852 konnte sich die Stadt für 987 Gulden beim Bayerischen Staat, dem Rechtsnachfolger des Hofstiftes von Freising, von dieser Hypothek für immer freikaufen.« (Gallas) Immerhin wiegt Freisings Tradition von 1250 Jahren, seit den Zeiten des hl. Corbinian, auch heute noch schwer, auch wenn seit 1821 der Bischofssitz nicht mehr Freising, sondern München heißt.

Ich gerate ein wenig in Verlegenheit, was ich Ihnen vorschlagen soll: Zuerst durch die Stadt zu wandern und ihr Leben und Treiben zu beobachten, was Sie keinesfalls versäumen sollten, oder aber sofort den Weg bergauf zu wählen, zu dem, was man auch als Domstadt bezeichnet hat, weil es sich deutlich abhebt von der weltlichen Stadt unterhalb.

Blättern Sie noch ein wenig in der Geschichte, ohne die man Freising nicht begreifen kann. Einer der ersten bajuwarischen Herzöge findet in Corbinian seinen Bischof und Heiligen zugleich. Wir schreiben das Jahr 720! Als Bonifatius 739 hier ein Bistum gegründet hat, geht die Burg der Herzöge folgerichtig an den Klerus über. Das über tausendjährige Bistum, durch den Bischof Johann Franz von Ecker (1695–1727) eben noch zu neuer Blüte gebracht, verfiel schließlich der Säkularisation und wurde 1821 nach München verlegt. Auf dem von Merian gestochenen Stadtbild aus der Mitte des 17. Jahrhunderts wird deutlich: Freising war eine Stadt, in der Kirchen vorherrschten, die von der Kirche beherrscht wurde.

Halten wir uns also an den *Domberg*, wo Freising blieb, was es seit jeher war. Eine Befestigung von 1480 trennt den Berg von der Stadt. Der Klerus sorgte vor. Der *Dom St. Maria und St. Corbinian* wuchs aus älteren Bauteilen (nach einem Brand) gegen Ende des 12. Jahrhunderts und wurde 1205 geweiht. Ein romanischer Bau also mit fünf Schiffen, dessen Ursprung auch noch unter den gotischen und barocken Umformungen zu erkennen ist. 1724 gelingt es den Brüdern Asam, dem Innenraum eine einheitliche Form zu geben (Abb. 61). Das hat dazu geführt, daß der romanische Ursprung außen, ganz besonders mit der großen Chorapside, weit deutlicher zu erkennen ist als im Inneren.

Freising, Stadt und Domberg. Kupferstich von Matthäus Merian

Man könnte angesichts des Innenraums mit seinen 1621 eingebauten seitlichen Emporen, sogenannten Lettnern, geradezu an ein großes Theater mit Logen denken, und der Blick wird von dem in Gold gehaltenen Altar und der goldenen Kanzel gefangen. Das Marmor-Portal der Fassade ist weit jüngeren Datums (1681) als die Vorhalle (1314), der wiederum das spätromanische Innenportal (1200) mit seinen Relieffiguren folgt. Um ins Schiff zu gelangen, müssen Sie Stufen hinabgehen, worauf Sie beim Chor – unter dem sich die Krypta befindet – wieder aufwärts gelangen.

In der Krypta, die noch vor 1205 entstand, ist alles romanisch geblieben. In ihr dreimal acht stützende Säulen von großer Variation. Achten Sie vor allem auf die ganz mit Bildreliefs überzogene Säule, der man den Beinamen ›Bestiensäule‹ gegeben hat, weil hier Drachen, Ungeheuer mit Menschen kämpfen (Abb. 59). Geht es um die ewige Auseinandersetzung zwischen Gut und Böse? Man kann es nur vermuten. So viel aber wird in der Krypta

deutlich: daß zwischen ihr und der oberen Halle Welten liegen. Der Steinsarg des hl. Corbinian ist hier in der romanisch geprägten Tiefe geblieben, dagegen überrascht die 1710 an die Krypta angebaute Maximilianskapelle in jähem Übergang mit barockem Stuck und Deckenfresken von Hans Georg Asam, dem Vater der berühmten Brüder. Auch ein Sakristeibau wurde 1448 angefügt.

Den Chor umschließt östlich ein dreiflügeliger Kreuzgang, der Mitte des 15. Jahrhunderts entstand und den 1716 Johann Baptist Zimmermann mit Stuck und Fresken versah. Die hier vereinigten Grabsteine reichen von der Mitte des 14. bis Anfang des 17. Jahrhunderts. Am Ostflügel des Kreuzgangs schließt sich die *Benediktuskirche* von 1350 an – stuckiert und mit Glasbildern in der Apsis.

Der Dom steckt voller Schätze, die sich im einzelnen kaum lückenlos aufführen lassen. Der Hochaltar ist bestimmt von einem Rubens-Gemälde, der ›Apokalyptischen Maria‹ (um

1625), das hier allerdings nur als Kopie vertreten ist, während sich das Original seit der Säkularisation in den Bayerischen Staatsgemäldesammlungen, München, befindet. Der Altar ist ein Werk des Freisinger Bildhauers Philipp Thürr von 1624. Das nördliche Seitenschiff enthält Altäre mit einem Gemälde ›Heimsuchung‹ von Peter Candid, einer hölzernen Muttergottes aus Landshut von 1490, dem Gemälde ›Joachim und Anna‹ von Joachim von Sandrart. Im südlichen Seitenschiff das Gemälde einer ›Anbetung der Hirten‹ (1626) von Matthias Kager. Für die nördliche Empore lieferte Peter Candid ein prächtiges Gemälde der ›Heiligen drei Könige‹. Am Ostende des nördlichen Seitenschiffs verdient Erasmus Grassers Beweinungsgruppe von 1492 Beachtung, die sich mit dem mächtigen Christus von 1440 verbindet. Bewundern Sie auch das reich verzierte Chorgestühl des Freisinger Meisters Bernhard (1484/85).

Dies alles ist nun verbunden und trotz Gegensätzlichkeit zu erstaunlicher Harmonie gebracht unter der dekorativen Bemalung und Stuckierung der Brüder Asam. Fünf Deckenfresken und 20 Freskenfelder über den Arkaden erzählen eine Fülle von Geschichten (farblich auf das Hochaltargemälde von Rubens abgestimmt), darunter in 20 Episoden die Tugenden des hl. Corbinian. Das Beste, was man von diesem Innenraum sagen kann: Es fällt schwer, ihn zu verlassen, weil man immer wieder neue Akzente bemerkt.

Mag am Schluß die oft gestellte Frage stehen, wie sich der starke Gegensatz zwischen dem schlichten Äußeren des Doms, seiner kaum hervorgehobenen Fassade und der ›Woge von Farben‹ und Formen im Inneren erklärt. Die Kosten mögen ein Grund sein. Die nur im Inneren mögliche Beziehung zu Gott ein zweiter. Das spröde und hier nicht vollends beherrschte Ziegelmaterial ein dritter. Aber sicher hat von Reitzenstein recht, wenn er das ›Vorgewicht‹ des Inneren als zeit- und landschaftsbedingt erklärt. »Die baumeisterliche Phantasie kreiste im 18. Jahrhundert ja allenthalben, sonderlich aber hier, im deutschen, baierischen und schwäbischen Süden um das Innen, die Raumgestalt, und sie bezog auch schon das, was der ausstattende, stuckierende, malende, schnitzende Künstler zugeben konnte, in ihr Planen ein.«

Über den Domplatz gelangen Sie zur *Johanniskirche*, einstige Taufkirche, ein frühes Zeugnis der Gotik in Oberbayern (1319/21). Die dreischiffige Basilika enthält einen Flügelaltar mit Bildern von 1509 aus dem Kreis um Jan Polack. Der 1683 errichtete Fürstengang verbindet Dom und bischöfliche Residenz, heute Priesterseminar. Von der mittelalterlichen Befestigung, Anfang des 14. Jahrhunderts, stammt der erhalten gebliebene Turm. Der Arkadenhof mit den Laubgängen von 1519 bedeutet das erste, noch etwas zaghaft wirkende Zeugnis der Renaissance in Altbaiern. Hundert Jahre später wurde die Residenz umgebaut, wobei die Hofkapelle ihren Stuck (möglicherweise von Hans Krumper entworfen) erhielt.

Sie dürfen den Domberg nicht verlassen, ohne das *Diözesanmuseum* besichtigt zu haben. Auch wenn es sein Schwergewicht auf kirchliche Kunst gelegt hat, so ist das Angebot dermaßen reichhaltig und vielfältig, daß jeder Besucher sich angesprochen fühlen kann. Sogar Kinder werden an der Sammlung von Weihnachtskrippen ihre helle Freude haben. Doch sie brauchen Zeit, um die Glanzpunkte des Dombergs auf sich wirken zu lassen.

Unvermeidlich muß Freising, die Stadt in bäuerlichem Umland, ihrem Domberg gegenüber verblassen. Hier regiert der Alltag. Immerhin stehen in und nahe der Hauptstraße freundliche Bürgerhäuser des 17. und 18. Jahrhunderts und einige Kirchen. Die um 1440 errichtete *Pfarrkirche St. Georg* (Abb. 60) ist durchaus besuchenswert, zumal ihre Bauart gleichsam eine Etappe auf dem Weg zu Münchens Frauenkirche darstellt. Der von Antonio Riva gebaute Westturm (1679/89) ist beachtlich. Im Inneren stoßen Sie natürlich auf das Motiv von Georgs Drachenkampf. Am Marienplatz eine *Mariensäule* (1674) mit Steinfiguren der Freisinger Patrone, bei der Münchens Mariensäule Pate stand. Bei der *Altöttinger Kapelle* (1673) am Moosach-Ufer mit achteckigem Seitenaltar (um 1540) der originelle *Mohrenbrunnen* (1700) von Franz Ableitner, am Stadtwappen orientiert.

Es hängt von Ihrer, nach dem Domberg-Besuch sicher knapp gewordenen Zeit ab, was Sie im Umkreis von Freising noch ›mitnehmen‹ wollen und können. In Frage kommt einmal das ehemalige *Prämonstratenserkloster Neustift St. Peter und Paul*, das von Giovanni Antonio Viscardi Anfang des 18. Jahrhunderts erbaut und um 1750 nach einem Brand innen erneuert wurde. Johann Baptist Zimmermann malte den Raum aus, Franz Xaver Feichtmayr fügte den Stuck hinzu, und das beste von allem: der Hochaltar von Ignaz Günther von 1765 in reichem Rokoko mit vielen Schnitzfiguren und vom selben Meister auch das Chorgestühl. Nach Norden zu, Richtung Mainburg, hat auch Freising ›seine‹ *Wieskirche*, rechts am Waldrand und soeben restauriert. Sie wurde um eine Kopie des echten Wiesbildes von Steingaden (die der Freisinger Hofmaler Johann Jäger anfertigte) 1746/48 erbaut. Als Wallfahrtskirche weist sie eine stattliche Zahl origineller Votivbilder auf. Die 1762 ausgemalte Decke ist ein Werk von Franz Xaver Wunderer aus Landshut und bereichert die Kirche ebenso wie das Altargemälde. An Freisings Marienplatz 7 steht das ehemalige *Fürstbischöfliche Lyzeum* von 1697, dessen Saal Hans Georg Asam 1709 mit Fresken ausschmückte.

Durchs Erdinger Moos kommen Sie nach **Erding** und sind immer noch nordöstlich von München. Die anheimelnde Kleinstadt altbaierischer Prägung wurde 1228 von den Wittelsbachern gegründet. Da 1648 ein verheerender Brand die Stadt heimsuchte, stammen die

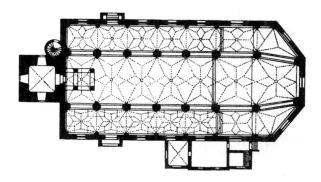

Freising, Pfarrkirche St. Georg, Grundriß

meisten alten Bürgerhäuser erst aus dem 18. Jahrhundert. Noch mittelalterlich sind dagegen der barock bedachte ›Schöne Turm‹, wie das *Landshuter Tor* von 1400 genannt wird, der seine Haubenkuppel über den Backsteinmauern freilich erst 260 Jahre später erhielt (Abb. 58). Von den drei Kirchen beherrscht das mächtige Satteldach der *Pfarrkirche St. Johannes* aus der Mitte des 15. Jahrhunderts mit dem abseits gestellten Glockenturm (früher Standort des Turmwächters) die Stadt. Im Inneren bildet das Triumphbogen-Kruzifix (Abb. 57) von Hans Leinberger (um 1525) den künstlerischen Höhepunkt, obwohl auch zwei hölzerne Johannes-Figuren und eine Muttergottes aus dem spätgotischen Hochaltar auffallen. Am Stadtrand steht die *Wallfahrtskirche Hl. Blut*, die schon 1360 von Pilgern aufgesucht wurde. Der heutige Bau entstand jedoch erst 1675; sein besonderer Reiz liegt in der reichen Stuckausschmückung von Johann Georg Bader. Wenn Ihnen die stattliche barocke Zwiebelkuppel über dem Schrannenplatz auffällt: Sie gehörte zur *Frauenkirche* von Ende des 14. Jahrhunderts, die heute weltlichen Zwecken dient. Der schlanke Turm kann die spätgotische Anlage nicht verleugnen.

Abermals stellt sich Ihnen in Erding die Frage, ob Sie ihre Fahrt nun nach München fortsetzen sollen. Es wäre schade, wenn Sie dadurch versäumen würden, was östlich von Erding – immer noch Oberbayern! – geboten wird. Wer schon einmal hier ist, wird es nicht bereuen, wenn er – vielleicht sogar in dieser Reihenfolge – auch Reichenkirchen, Wartenberg und Groß-Thalheim (bei Fraunberg), Hörgersdorf und Dorfen aufsucht.

In **Reichenkirchens** *Pfarrkirche St. Michael* von 1725, einem ungewöhnlichen Bau mit weiträumigem Querhaus und breitem Langhaus, begegnen Sie verschiedenen Werken des Bildhauers Christian Jorhan d. Ä., darunter die vier Figuren am Hochaltar und die Figuren der Seitenaltäre. Auch die Kanzel von 1759 geht auf Jorhan und seine Werkstatt zurück.

Wartenberg ist gleich dreifach bemerkenswert. Die barocke *Pfarrkirche* weist innen eher volkstümliche Züge auf. Dagegen besitzt die *Friedhofskirche St. Georg* am Ufer der Strogen mit ihrem hohen backsteinernen Satteldachturm einen aus Appolting stammenden spätgotischen Flügelaltar von hohem Rang. Am ortsnahen Nikolaiberg schließlich bewahrt die *Nikolauskapelle* von etwa 1230/50 die Erinnerung an eine alte Burganlage.

Die *Wallfahrtskirche St. Mariae* von **Groß-Thalheim** spiegelt in ihrer prunkvollen Ausstattung die künstlerische Welt des bayerischen Rokoko (Abb. 30). Auch hier war Christian Jorhan d. Ä. 1765 an den Altären der Seitenkapellen und dem Tabernakel des Hochaltars maßgebend beteiligt. Im übrigen stammt der etwas überladene Hochaltar (1737) vom Freisinger Hofbildhauer Franz Anton Mallet, Johann Michael Hiernle schuf die vier Figuren der Kirchenväter, während das Gnadenbild um 1500 entstand. Andere Künstler, die an der Kirche beteiligt waren, sind Hans Kogler, Martin Heigl und Johann Baptist Lethner.

St. Bartholomäus in **Hörgersdorf** präsentiert sich beinahe überraschend als eine Rokoko-Landkirche von 1720/30, die mit ihrer phantasiereichen Dekoration besonders reizvoll ist. Mitte des 18. Jahrhunderts erhielt sie ihre Stuckdekoration. Wahrhaft originell die Altäre mit ihrer Blumen-Mythologie – für Maria ein Lilienmotiv, für Magdalena eine Aloe. Auch Gestühl und Kanzel zeigen sich als Meisterwerke des Rokoko. Übrigens ist auch hier Christian Jorhan mit zwei Figuren (1758) am Hochaltar vertreten.

Dorfen ist von zwei spätgotischen Stadttoren als Resten der alten Befestigung eingefaßt: dem *Isener* und dem *Öttinger Tor*. Die gotische *Pfarr- und Wallfahrtskirche St. Marien* von 1350 wurde Ende des 18. Jahrhunderts vom Münchner Hofbaumeister Leonhard Matthäus Gießl in klassizistischer Ruhe umgebaut. An die Wallfahrtskirche ›Maria Dorfen‹ erinnern Votivbilder. Bei einem Blick in die *Marktkirche St. Vitus* entdecken Sie im Deckengemälde des Langhauses eine alte Ortsansicht eines unbekannten Künstlers.

Sollten Sie den Osten Oberbayerns von München über Haag nach Mühldorf/Altötting und Wasserburg nicht in Ihrem Reiseplan haben, dann möchte ich Sie doch auf **St. Wolfgang** (südlich von Dorfen; Abb. 199), einen bedeutenden spätgotischen Bau des *ehemaligen Kollegiatsstifts,* ab 1430 entstanden, und **Isen**, ebenfalls ehemaliges Kollegiatsstift mit gotischer *Kirche St. Zeno* (Abb. 197) nach dem Vorbild Freisings, hinweisen (vgl. S. 330). Beide Kirchen sind auch von Dorfen aus rasch zu erreichen und gehören mit Sicherheit in jene künstlerische Welt Oberbayerns, die so viele unachtsam durchfahren. Sie wissen jetzt, was dabei alles an historischer Bedeutsamkeit und künstlerischer Ausdruckskraft versäumt wird.

Die Hauptstadt, die man lieben muß
München ist Oberbayerns ruhender Mittelpunkt

Wilhelm Hausenstein, Kunsthistoriker, Kulturpolitiker, Schriftsteller, hat 1929 am Ende einer mehr kritischen als lobenden Würdigung Münchens den Satz geschrieben: »Wer hier gewesen ist, hat, wenn er ein rechter Mensch war, hier zum wenigsten die Hälfte seines Herzens zurückgelassen.« Schonungsloser fällt dagegen, 50 Jahre später, die Kritik eines anderen Publizisten, Martin Morlock, aus: »Das Nonplusultra aller denkbaren Kulturgüter ist für den wahren Münchner seine Heimatstadt, die er als eine Art Gesamtkunstwerk versteht ... Gleichwohl sind die sehr spätgotischen Frauenturmhauben und die neuolympischen Zeltdächer auf dem Oberwiesenfeld so ziemlich das einzige, was 'Isar-Athen' an baulichen Originalen vorzuweisen hat. Die meisten gerade seiner bekannten Baudenkmäler sind Nachbildungen.«

Beide Urteile haben ihre Berechtigung: das gefühlsbetonte von Hausenstein wie auch das nüchterne von Morlock. Wer München besucht und mehr von der Stadt sehen und wissen will als die zur Schablone erstarrten Gemeinplätze von Hofbräuhaus, Oktoberfest, Viktualienmarkt oder Marienplatz mit dem Blick auf den Rathausturm und sein optisch belebtes Glockenspiel, muß in der Tat an die Worte von Karl Wolfskehl, Dichter des Stefan-George-Kreises, anknüpfen: daß München nicht so sehr eine Stadt der eigenen, unmittelbaren Hervorbringung sei als vielmehr der schönste Humus, auf dem in Deutschland das Überpflanzte gedeihen kann; es sei eine Stätte mit dem Gesetz der Anziehung, mit dem Gesetz der Konzentration des Weltweiten auf einen lokal charakterisierten – und zwar kräftig charakterisierten – Boden. So konnten in der Tat italienische, griechische und sogar norddeutsch-preußische Kultureinflüsse hier kräftig wirksam werden und mit dem, was aus dem bayerisch-oberbayerischen Grund wuchs, zu einer fruchtbaren Synthese gelangen.

Man sollte gewiß nicht beklagen, daß München – was ja wohl denkbar gewesen wäre, da eine Hauptstadt eigentlich die Summe ihres Umlands ergibt – keineswegs ein Super-Mittenwald oder Super-Berchtesgaden geworden ist, sondern daß es dank der Weltoffenheit – oder auch dem Geltungsbedürfnis – einiger seiner Monarchen Kunst und Künstler von überall her anzog. Denn blättert man in der Liste der Namen derer, die hier etwas schufen, dann sind weit mehr Länder als Italien oder Griechenland vertreten, nämlich beispielsweise die Niederlande, Belgien, Frankreich, Spanien, die Schweiz und Polen sowie Deutsche aus allen nur denkbaren Provinzen. Wilhelm Hausenstein, um ihn noch einmal zu zitieren, hat es knapp und treffend auf drei Worte gebracht, die Sie sich für Ihre Wege durch München einprägen sollten: »München bedeutet Zusammenkunft.« Etwas näher erläutert: »Die gute Geschichte Münchens ist eine Geschichte der Konzentrationen künstlerischer und wissenschaftlicher Geister; München hat diese Konzentration stärker, spezifischer betrieben als jede andere deutsche Stadt – von dem barock-internationalen Wien etwa abgesehen.« So spitz und amüsant er auch formuliert, so hat Alfred Polgar doch unrecht, wenn er meint: »München liegt nicht in der Welt, sondern in Bayern.« Denn was Kultur und Kunst anbelangt, so liegt München eigentlich weit mehr in der Welt als – in Bayern.

Das kurfürstliche München. Kupferstich von Matthäus Merian, 1640

MÜNCHEN

Diese Vorbemerkung grundsätzlicher Art sollte es Ihnen erleichtern, Ihr persönliches Bild von München zu gewinnen, das im Rahmen dieser oberbayerischen Schau unmöglich erschöpfend und bis in die Einzelheiten dargestellt werden kann. Das ist in umfangreichen Büchern und vielen Reiseführern oft genug geschehen.

Als 1950 aus München-Gladbach ein Mönchengladbach wurde, hat kaum jemand daran gedacht, daß auch München in Wahrheit Mönchen heißen müßte, weil es als Siedlung ›zu den Mönchen‹ (den Tegernseern wohl) gegründet wurde, exakt buchstabiert: zu den Munichen. Auch das Stadtwappen mit dem ›Münchner Kindl‹ (Stadtsiegel von 1239 mit Mönchskopf!) enthält den Mönch. Münchens Geschichte, insgesamt ›nur‹ wenig über 800 Jahre alt, beginnt 1157 mit einem kriegerischen Akt: Heinrich der Löwe zerstörte als neu belehnter Herzog von Bayern die Brücke über die Isar, die der Bischof von Freising bei Oberföhring angelegt hatte, und verlegte damit den Markt, die Zollbrücke und das Münzrecht zu den flußaufwärts gelegenen mönchischen Höfen. Mit dem ›Augsburger Schied‹ von Juni 1158 fand der Gewaltstreich mit kleinen Einschränkungen die kaiserliche Billigung. Mit der Kirche St. Peter (Abb. 66), deren Grundstein wohl bereits vor der Stadtgründung gelegt worden war, so daß sie Münchens ältestes Gebäude überhaupt darstellt, erhielt die neue Siedlung ihren geistlichen Mittelpunkt. Noch im 12. Jahrhundert zog sich ein Mauergürtel um die wachsende, vom Salzverkehr aus Richtung Reichenhall wirtschaftlich begünstigte Stadt. Noch heute läßt sich dieser einstige Mauerring durch die Straßen Rosental – Färbergraben – Augustinerstraße – Schäfflerstraße – Schrammerstraße – Hofgraben – Sparkassenstraße nachvollziehen.

Nachdem Bayern 1180 an die Wittelsbacher gefallen war, wählte Ludwig der Strenge im Jahr 1255 München zum Sitz der Wittelsbacher, zum Verwaltungszentrum Oberbayerns. Die bereits über ihren ersten Mauerring hinausgewachsene Stadt erhielt noch vor 1300 ihren zweiten Mauerring: Angertor – Sendlinger Tor – Karlstor – Schwabinger Tor – Kosttor – Isartor. Er zog den Rahmen, der immerhin gute 500 Jahre Gültigkeit hatte.

Schon im Jahr 1271 erhielt München seine zweite Pfarrkirche: ›Zu Unserer Lieben Frau‹, hervorgegangen aus einer bereits vor der Stadtgründung vorhandenen Marienkapelle und einer ab 1230 erbauten romanischen Pfeilerbasilika, die um 1300 erweitert wurde. Für die heutige Frauenkirche wurde 1468 der Grundstein gelegt, womit die Silhouette der Stadt vorgezeichnet war, die sich 1524/25 mit den ›welschen Hauben‹ auf den 1488 vollendeten Türmen ausprägte. Architekt der Kirche war Jörg von Halspach (gen. Ganghofer), der nach seinem Tod (1488) durch Lukas Rottaler ersetzt wurde (Farbt. 5; Abb. 62, 63, 79).

»Am nördlichsten Rand der Stadt baute sich der Herzog seine von Wasser umgebene Burg, die bis heute unter dem Namen 'Alter Hof' bekannt ist.« (Nöhbauer). Das geschah laut erster urkundlicher Erwähnung um 1284 oder auch etwas früher; der Bau war bis Anfang des 19. Jahrhunderts als ›Ludwigsburg‹ bekannt. Als Folge von Unruhen und insbesondere des Bürgeraufstands von 1384 verlegten die Wittelsbacher ihre Residenz und bauten um 1385/1400 die ›Neue Veste‹, ein festes Bollwerk, aus dem schließlich die Residenz entstand, die im Lauf der Jahrhunderte zahlreiche Änderungen und Erweiterungen erlebte. Bis Ende des 15. Jahrhunderts war München immerhin auf über 13000 Einwohner angewachsen und wichtiger Handelsplatz für Salz, aber auch Wein und Tuche geworden, zumal die Entwicklung Mittenwalds zum Markt Venedigs auch günstig auf München ausstrahlte. Damit trat die wirtschaftliche Bedeutung des Bürgertums in den Vordergrund.

Der Neubau der Frauenkirche (1468/88) und die Errichtung des Alten Rathauses (1470/80), ebenfalls durch Jörg von Halspach, gaben der Stadt eine würdige Mitte. Als ›bäuerlich vornehm‹ (Schattenhofer) ist die Gestalt der Frauenkirche charakterisiert worden, was immer noch besser klingt als die saloppe Redensart vom ›Bauernmünster‹. Das Rathaus freilich mit seinem Torturm wirkte im Rahmen der alten Stadt durchaus monumental und als Ausdruck soliden Bürgerstolzes (Abb. 78). Der sprach auch aus der großzügigen Ausschmückung des Saales mit den Moriskentänzern des Erasmus Grasser von 1480 (Abb. 29).

»Der Übergang Münchens von der Bürgerstadt zur Residenzstadt war von den Auswirkungen der Reformation und Gegenreformation begleitet, die in der Bürgerschaft tiefe Spuren zurückließen« (Gallas). Maximilian I. (1597–1651) sorgte dafür, daß die Residenz ausgebaut und im Geist der Renaissance ausgestaltet wurde. Im Dreißigjährigen Krieg soll Gustav Adolf von Schweden seine Begeisterung für dieses Bauwerk so ausgedrückt haben, daß er den Bau am liebsten auf Karren nach Stockholm geholt hätte.

Tiefe Spuren hinterließen Dreißigjähriger Krieg und die 1634 auftretende Pest. Von 22 000 Einwohnern starb annähernd ein Drittel. In Erfüllung eines Gelübdes ließ Maximilian I.,

München, Marienplatz mit Frauenkirche, Mariensäule und ›Landschaftshäusern‹. Kupferstich von Michael Wening

MÜNCHEN

den Krieg und Pest drei Jahre ferngehalten hatten, 1638 die Mariensäule mit der Statue Hubert Gerhards auf dem Schrannenplatz aufstellen, der 1854 in Marienplatz umgetauft wurde.

Mit der Not des Bürgertums wuchs die Macht des Adels, der aus dem Land in die Stadt mit ihren höfischen Möglichkeiten übersiedelte. Die Residenz wurde zum Zentrum eines absolutistischen Monarchentums, das zu den in der ersten Hälfte des 18. Jahrhunderts gewachsenen Adelspalästen die Prunkbauten von Barock und Rokoko setzte. München wetteiferte mit Versailles. Ausländische und in steigender Zahl auch deutsche Künstler hatten alle Hände voll zu tun. Bauten wie Theatinerkirche (Abb. 67) und Nymphenburger Schloß (Farbt. 9), Residenztheater und Schleißheims Neues Schloß (Farbt. 12) entstanden.

Seit dem Ende des 18. Jahrhunderts wächst München über seine Wallmauern hinaus. 1812 wird von Karl von Fischer, dem Mannheimer Architekten, und Friedrich Ludwig von Sckell, dem Schwetzinger Hofgärtner, ein erster Generalplan für die Ausweitung der Altstadt aufgestellt. Der Kronprinz, ab 1825 König Ludwig I., holt 1816 in die königliche Baukommission Leo von Klenze (Abb. 40) aus Bockenem. Von nun an erhält München, insbesondere mit den Bauten entlang und in Verbindung mit der Ludwigstraße, sein Gesicht. Die Liebe Ludwigs I. zur Antike, auf mehreren Italien-Reisen geweckt und verstärkt, ließ aus der oberbayerischen Hauptstadt ein ›Isar-Athen‹ werden, wie man es halb spöttisch, halb anerkennend genannt hat. Mit der Gestaltung der ›Maxvorstadt‹ zwischen Altstadt und Schwabing wuchsen zwischen Feldherrnhalle und Siegestor die Bauten der Ludwigstraße, des Odeonsplatzes, des Königsplatzes mit den Propyläen, entstanden neue Kirchen: Allerheiligen-Hofkirche, Ludwigskirche, Bonifatius-Basilika. Die Münchner Bürger beobachteten die königlichen Bauaktivitäten allerdings eher mißtrauisch. Ludwigs Sohn Maximilian II. setzte die Anlage der ›Maxvorstadt‹ fort, wobei Maximilianstraße, ›Maximilianeum‹ und ›Altes Nationalmuseum‹ in den 50er bis 70er Jahren des vorigen Jahrhunderts hinzutraten. München hatte für längere Zeit seine Gestalt gewonnen.

Das ›Dritte Reich‹ beginnt schon vor Kriegsausbruch mit ersten Ein- und Abbrüchen im gewachsenen Stadtbild: Die Matthäuskirche (Sonnenstraße) mußte einem Parkplatz weichen. Der klassizistische Bau des ›Palais Karl Theodor‹ in der Ludwigstraße wurde abgerissen. Der Königsplatz wurde seiner Eckpalais beraubt. Der Krieg tut danach ein Übriges. Am 12. September 1944 notiert Wilhelm Hausenstein in seinem Tagebuch: »Das Bild der Zerstörung verdeutlicht sich in dem Grade, als das Aufräumen fortschreitet. Unvorstellbar nach wie vor, daß dies alles je wieder sollte aufgebaut werden können.« Es ist dann doch in einem erfreulichen Umfang geschehen. Auch wenn der Krieg in der Tat manches unwiederbringlich zerstört hat, so hat man auch danach durch Straßenbauten (Altstadtring) zusätzliches Unheil angerichtet. Dennoch: Das München von heute präsentiert sich als eine Stadt, an der der Krieg vorübergegangen zu sein scheint. Nur Kenner wissen es besser.

Selbstverständlich ist es bei den zwei Kirchen des Mittelalters (St. Peter und Zu Unserer Lieben Frau) nicht geblieben. Wer die wichtigsten kennenlernen will, muß heute rund zehn besuchen. Wer auswählt, darf natürlich um keinen Preis die *Frauenkirche* auslassen. Zu

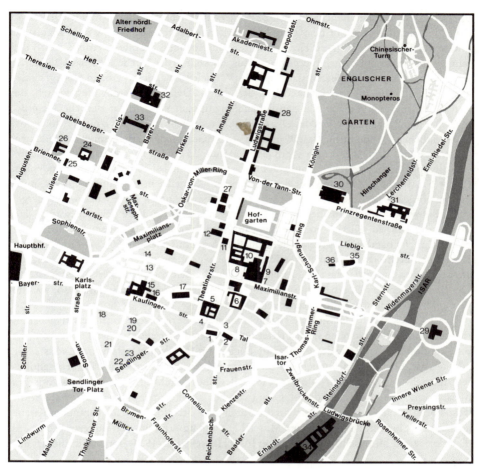

München 1 St. Peter 2 Spitalkirche Heilig Geist 3 Altes Rathaus 4 Marienplatz 5 Neues Rathaus 6 Alter Hof 7 Nationaltheater 8 Denkmal König Maximilian I. Joseph 9 Residenztheater 10 Residenz 11 Preysing-Palais 12 Theatinerkirche (St. Kajetan) 13 Karmelitenkirche 14 Dreifaltigkeitskirche 15 St. Michael 16 Ehem. Augustinerkirche 17 Frauenkirche (›Zu Unserer Lieben Frau‹) 18 Herzogspitalkirche St. Elisabeth 19 Damenstiftskirche St. Anna 20 St. Anna-Damenstift 21 Allerheiligenkirche am Kreuz 22 Asam-Haus 23 St. Johann-Nepomuk (›Asam-Kirche‹) 24 Glyptothek 25 Propyläen 26 Lenbachhaus (Städtische Galerie) 27 Leuchtenberg-Palais 28 St. Ludwig 29 Maximilianeum 30 Haus der Kunst 31 Bayerisches Nationalmuseum 32 Neue Pinakothek 33 Alte Pinakothek 34 Deutsches Museum 35 Pfarrkirche St. Anna auf dem Lehel 36 Klosterkirche St. Anna auf dem Lehel

MÜNCHEN

übersehen ist sie ohnehin nicht. Die ganze Bürgerschaft nahm im 15. Jahrhundert Anteil an dem Neubau, der 1466 mit dem Abriß der vorherigen Kirche begann. Wie in Ingolstadt mußte auch hier den Bürgern ein Anreiz für Geldspenden geboten werden: Ablaß der Sünden für finanzielle Unterstützung des Baus. So konnte die Kirche 1492 nach 26 Jahren Bauzeit geweiht werden. Sie entstand spät im Vergleich zu anderen großen Stadtpfarrkirchen (wie die von Ingolstadt, Landshut, Straubing). Dehio hat darauf hingewiesen, die Kirche sei »in der rein mauermäßigen Behandlung und im Verzicht auf zierliche Kleinformen eher den Backsteinkirchen des Ostseegebietes vergleichbar« als den Bauten Altbayerns. Die westlichen Doppeltürme (fast 99 m hoch) – vier Geschosse würfelförmig, darüber zwei achteckige und der Mauerkranz – erhielten erst um 1525 ihre charakteristischen Renaissance-Kuppeln, die ›welschen Hauben‹, heute aus dem Bild Münchens nicht wegzudenken (Farbt. 5; Abb. 63). Man kann nur darüber rätseln, ob vielleicht ursprünglich doch spitze Helme vorgesehen waren. 1944 zerstört, wurden diese Hauben inzwischen wiederhergestellt. Sie wirken zweifellos behäbig-gemütlicher, als es Spitztürme gewesen wären, und heben zugleich die Kirche von anderen ab, auch wenn die Ausmaße des Baus ganz offensichtlich über den Ansprüchen der damaligen Stadt mit ihren 13500 Einwohnern lagen. Die Frauenkirche »ist in einem hohen Maße bodenständig, sie wurzelt in der Landesart, und stärker darin als im Stil, dem spätgotischen, den ihr die Zeit vorschrieb« (von Reitzenstein). Der Baumeister war Oberbayer aus Polling, der ›Maurer Jörg‹, bodenständig also, was der Name Jörg von Halspach nicht sofort vermuten läßt.

Welch Glück, daß die Glasmalereien im Chor der Kirche rechtzeitig in Sicherheit gebracht worden sind. So überstanden sie den Krieg und machen die Kirche zu einer der wenigen, die ihre Verglasung vom Ende des 14. bis zum Beginn des 16. Jahrhunderts beinahe vollständig erhalten hat. Ebenso ursprünglich die von Erasmus Grasser und seiner Werkstatt geschnitzten Apostel- und Prophetenskulpturen (1502) des Chorgestühls. Ein weiteres spätgotisches Meisterwerk: die Holzstatue des hl. Georg von Hans Leinberger am Sixtus-Portal (Nordwest-Portal). Auch sonst findet sich in der durch die Zeitläufte mehrfach beraubten Kirche noch manche beachtliche Plastik vom Mittelalter bis in unsere Tage – zu letzteren gehört das ›Domkreuz‹ im Mittelschiff (Abb. 62) von Josef Henselmann (1954). Ignaz Günther ist mit

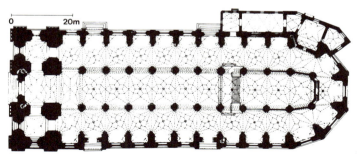

München, Frauenkirche (Domkirche ›Zu Unserer Lieben Frau‹), Grundriß

zwölf Holzreliefs aus dem Marienleben in der Schutzmantelkapelle beteiligt, überdies mit fünf geschnitzten Portalen (erneuert) nach Norden und Süden, darunter das ›Braut-Portal‹. Zu den namentlich bekannten Künstlern, die in der Frauenkirche vertreten sind, gehören außer den genannten Claus Strigel, Jan Polack, Jakob Kistenfeger, Hubert Gerhard, Hans Krumper, Peter Candid, Andreas Faistenberger, Ulrich Loth, Johannes Degler, Tobias Bader und aus unseren Tagen Blasius Spreng, Sepp Frank, Peter Gitzinger, Max Lacher und Elmar Dietz.

Münchens älteste *Kirche St. Peter* (Abb. 66; Rindermarkt/Petersplatz) stammt nach mehreren Vorläufern nun von 1368. Auch sie blieb von erheblichen Kriegszerstörungen nicht verschont, ist aber heute wiederhergestellt. Neben den Türmen der Frauenkirche gehört St. Peter mit seinem typischen Helm in Form einer laternenüberragten Kuppel von 96 m Höhe zu den Schaustücken des Stadtbildes: Er stammt aus dem Jahr 1607. Um 1750 erfolgte durch Ignaz Anton Gunetzrhainer die Barockisierung der Kirche mit dem Stuck und den Deckenfresken von Johann Baptist Zimmermann und Nikolaus Gottfried Stuber. Nur ein Teil des Werkes von Zimmermann überlebte unversehrt. Von der alten Ausstattung blieb der sitzende Petrus Erasmus Grassers, der den Hochaltar optisch beherrscht, erhalten,

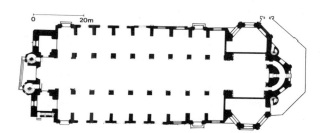

München, St. Peter, Grundriß

ebenso darunter die vier Kirchenväter von Egid Quirin Asam. Weitere Meisterwerke in dieser Kirche sind fünf gotische Tafelbilder von Jan Polack an der nördlichen und südlichen Wand des Presbyteriums, das spätgotische Dreikönigstriptychon von 1477 und der ›Schrenck-Altar‹, ein Sandstein-Retabel von 1407 aus der gotischen Blütezeit Münchens. Die unversehrte Kapelle unter dem Südturm enthält ein Marmor-Taufbecken von Hans Krumper (1620), während die nördliche Turmkapelle den St. Eligius-Altar (1765/70) von Ignaz Günther birgt. An den Westpfeilern unter der Empore die wichtigsten beiden Grabdenkmäler, Rotmarmor-Reliefs, von denen das für Ulrich Aresinger auf Erasmus Grasser (1482) selbst, das für die Eheleute Bötschner auf seine Werkstatt (1505) zurückgeht. Drei weitere Kirchen Münchens sind mittelalterlicher Herkunft: die 1392 vollendete *Spitalkirche Heilig Geist* (Tal 77; Abb. 65), die *Allerheiligenkirche am Kreuz* (Kreuz-

MÜNCHEN

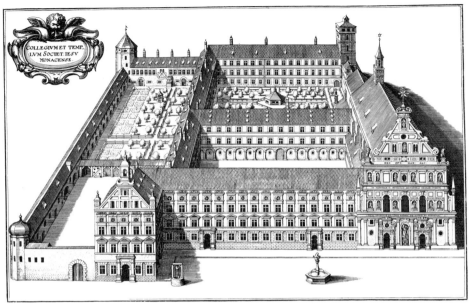

München, Jesuitenkolleg, rechts St. Michael. Kupferstich von Michael Wening

straße 10) von 1485 und die heute als Jagdmuseum und Kaufhaus genutzte ehemalige *Augustinerkirche* (Neuhauser Straße 53). Ebenfalls in der heutigen Neuhauser Straße (Nr. 52) errichteten 1583/97 die Jesuiten als Vorkämpfer des katholischen Christentums das künstlerische Symbol der Gegenreformation: die *Jesuitenkirche St. Michael,* die später zeitweise Hofkirche war und nach der Kriegszerstörung neu erstand. Drei Baumeister, vorwiegend wohl Wolfgang Miller, sind am Bau dieser meisterlichen Renaissance-Kirche (mit dem ersten tonnengewölbten Großraum nördlich der Alpen) beteiligt gewesen. Italienische Vorbilder der römischen Kirche Il Gesù sind unverkennbar. Vor allem haben beide einen nicht durch Stützen aufgeteilten Kirchenraum, wie er für die gotischen Kirchen noch typisch war. Der Kirchenbau Süddeutschlands hat sich bis ins 17. und sogar 18. Jahrhundert erheblich an dieser Kirche orientiert. Dazu trug sicher bei, daß sie in harmonischer Weise italienische und heimische Formelemente miteinander verschmolzen hat. Das gilt auch für die dreigeschossige Fassade.

Gleich beim Betreten des Inneren beeindruckt das über dem Schiff ausgebildete, 20 m umspannende Tonnengewölbe, das dennoch nur 24 cm stark ist – ein Beweis für damaliges handwerkliches Können (Abb. 70). Bei der unvermeidlichen Rekonstruktion nach dem Krieg entfiel die Stuckdekoration. Immerhin blieb sie in den Kapellen erhalten. Auch der Chor weist ein Tonnengewölbe auf – hier beträgt die Spannweite 15,3 m. Der 1586/89 von

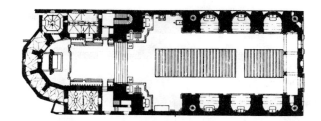

München, St. Michael, Grundriß

Wendel Dietrich geschaffene Hochaltar konnte erneuert werden. In ihm das Altarbild von Christoph Schwarz ›St. Michael im Kampf mit dem Teufel‹. Dazu an den Querhauswänden zahlreiche Gemälde in den Altären, u. a. von Peter Candid. Auffallend an der Westwand des Querhauses das Marmor-Grabdenkmal für den Herzog von Leuchtenberg (Eugen Beauharnais), Stiefsohn Napoleons, das nach einem Entwurf Klenzes durch Bertel Thorvaldsen geschaffen wurde.

Als 1662 die Kurfürstin Henriette Adelaide (Abb. 38) den Erbprinzen Max Emanuel zur Welt bringt, stiftet sie auf Grund eines Gelübdes die *Kirche St. Kajetan* der Theatiner (Theatinerstraße 22), heute allgemein *Theatinerkirche* genannt (Abb. 67). Da die Kurfürstin den heimischen Baumeistern nicht viel zutraut, werden die italienischen Architekten Agostino Barelli und 1674 Enrico Zuccalli beauftragt. Erst knapp ein Jahrhundert später (die Kirche war um 1688 vollendet), fügten die Cuvilliés die bis dahin fehlende Fassadendekoration hinzu. Mit der Theatinerkirche kam der italienische Barock nach Oberbayern und präsentierte sich in einer monumentalen Kuppelkirche. Kein Zweifel, daß Bauweise und Stuckierung die heimische Architektur entscheidend anregten. Auch Münchens Stadtbild erhielt durch die Kuppel und die beiden Türme am Schwabinger Tor zusätzlich einen Hauch

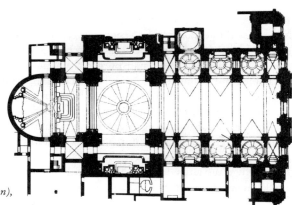

München, Theatinerkirche (St. Kajetan), Grundriß

MÜNCHEN

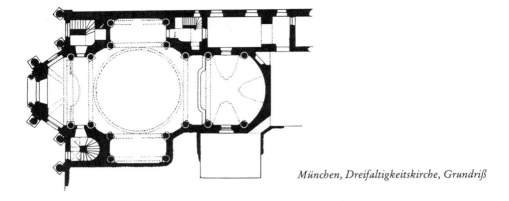

München, Dreifaltigkeitskirche, Grundriß

von südlicher Eigenart, ein bemerkenswerter Kontrast zu der Bodenständigkeit der Frauenkirche (Farbt. 5). Auch diese Kirche war im Krieg zerstört und wurde wiederhergestellt – zum Glück blieb das Innere im Wesentlichen erhalten, so daß der Charakter der Stuckdekoration spürbar ist. Jedoch ging der ursprüngliche Hochaltar verloren, er wurde durch eine gute Kopie des Originals mit einem Gemälde aus der Alten Pinakothek (1646; für die Brüsseler Augustinerkirche bestimmt) ersetzt. Unterhalb des Hochaltars sind die bayerischen Kurfürsten Ferdinand Maria, Max II. Emanuel, Karl Albrecht, Max III. Joseph, Karl Theodor sowie König Max I. Joseph, König Otto von Griechenland und Kronprinz Rupprecht beigesetzt. »Keine der folgenden barocken Kirchen trug noch eimal dieses starke römische Pathos vor, keine trat noch einmal so betont fremd, so pochend auf ihre neue und natürlich bessere Art in die still und stetig gewachsene bürgerliche Stadt« (von Reitzenstein).

Eine ungewöhnliche Entstehungsgeschichte hat nicht nur die Theatinerkirche gehabt, sondern ebenso die *Dreifaltigkeitskirche* (Pacellistraße 6; Abb. 64). 1704 nämlich hatte eine Münchner Bürgerstochter die Vision, ein göttliches Strafgericht könne nur durch den Bau einer Dreifaltigkeitskirche abgewendet werden. Tatsächlich taten sich daraufhin die drei Stände (Geistlichkeit, Adel und Bürgerschaft) noch im gleichen Jahr zu einem Gelöbnis zusammen, auf Grund dessen 1711 der Bau begann, dessen Weihe 1718 erfolgte. Auch hier. fand der Barock Italiens seinen Ausdruck, da Giovanni Antonio Viscardi (wie übrigens auch Zuccalli genaugenommen Graubündner) den Plan lieferte, der dann von Enrico Zuccalli gemeinsam mit Johann Georg Ettenhofer ausgeführt wurde. Der Zentralbau mit Längsachse italienischer Herkunft erhielt durch die Ausstattung heimisches Barock-Gepräge. »Eingesessene samt und sonders waren die das klare, aus dem Rund entwickelte, überkuppelte Raumgefüge ausstattenden Künstler« (von Reitzenstein). Johann Georg Bader lieferte den Stuck, mit den Fresken von Decken und Kuppel legte Cosmas Damian Asam 1715 seine erste Arbeit in München und zugleich eine überzeugende Talentprobe vor.

67 MÜNCHEN Theatiner-kirche, 1688 vollendet

68 MÜNCHEN St. Johann-Nepomuk (›Asamkirche‹), 1746 geweiht

69 MÜNCHEN Blick vom Alten Peter ins Tal

70 MÜNCHEN St. Michael, um 1750

71 MÜNCHEN Preysing-Palais, 1723/28

72 MÜNCHEN Chinesischer Turm im Englischen Garten

73 MÜNCHEN Städtische Galerie im Lenbach-Haus

74 MÜNCHEN   Marienplatz mit Altem Rathaus und Mariensäule
75 MÜNCHEN   Neues Rathaus, Glockenspiel ›Schäfflertanz‹
76 MÜNCHEN   Residenz, Brunnenhof mit Wittelsbacher Brunnen
77 MÜNCHEN   Residenz, ›Patrona Bavariae‹ von Hans Krumper

78 MÜNCHEN   Altes Rathaus (Aufnahme 1935)   79 MÜNCHEN   Neues Rathaus und Frauenkirche (Vorkriegsaufnahme)

80 MÜNCHEN   Nationaltheater (Aufnahme 1935)

81 MÜNCHEN St. Michael in Berg am Laim, um 1750, Blick zum Chor

82 MÜNCHEN St. Michael in Berg am Laim, Fassade ▷

83 SCHLOSS SCHLEISSHEIM Treppenaufgang

85 SCHLOSS HAIMHAUSEN
◁ 84 MÜNCHEN   Schloß Nymphenburg, Steinerner Saal
86 KREUZPULLACH   Heilig-Kreuz, Flügel vom Hochaltar, Werkstatt·Jan Polack, 1513
87 MÜNCHEN   Blutenburg, Schloßkapelle, ›Verkündigung‹ (Detail), 1491

89 FÜRSTENFELDBRUCK   Ehemalige Zisterzienserklosterkirche, Fassade

90 FÜRSTENFELDBRUCK   Ehemalige Zisterzienserklosterkirche, Chor und Hochaltar, 1762

◁ 88 MÜNCHEN   Blutenburg, Schloßkapelle St. Sigismund, 1488

92 KLOSTER SCHÄFTLARN Erste Hälfte 18. Jh.
91 SCHÄFTLARN Klosterkirche, Weihe 1760
93 SCHÄFTLARN St. Augustinus von J. B. Straub

94 DACHAU Pfarrkirche St. Jakob
95 BURG GRÜNWALD bei München

96 BERCHTESGADEN Stiftskirche St. Peter und Johannes, Langhaus, 1470

97 BERCHTESGADEN Stiftskirche St. Peter und Johannes, Fassade

98 BERCHTESGADEN Marktplatz mit ›Hirschenhaus‹ (Marktfront) und Löwenbrunnen

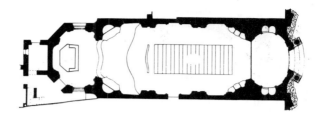

*St. Johann-Nepomuk
(›Asam-Kirche‹), Grundriß*

Mit dem Namen Asam fällt das Stichwort. Denn zu den ungewöhnlichen Kirchenschöpfungen in München gehört auch die Kirche, die – knapp 20 Jahre später – Egid Quirin Asam stiftete und zusammen mit seinem Bruder Cosmas Damian gestaltete. Es ist die *St. Johann-Nepomuk-Kirche* (Sendlinger Str. 62), heute kurz Asamkirche genannt (Farbt. 7). Egid Quirin erwarb Baugelände neben seinem Wohnhaus und errichtete hier ab 1733 die Kirche, deren Fassade 1746, deren Ausstattung aber erst später vollendet war. Was ist das für ein Bau? Nun, da Egid Quirin die treibende Kraft war, nahm er den Baukörper selbst weniger wichtig als die Dekoration. Der Spätstil des Rokoko feierte hier einen seiner letzten Triumphe, auch wenn die Kirche – 28 m lang, knapp 9 m breit – ausgesprochen geringe Ausmaße aufweist. Mit Recht betont von Reitzenstein, daß trotz der anderen Orts gleichfalls als Baumeister tätig gewordenen Stuck-Spezialisten von Wessobrunn lediglich die Asams »so ganz nach innen oder von innen heraus« gebaut haben. Sie mußten einen Raum schaffen, in dem sie sich dann nach Herzenslust entfalten konnten (Abb. 68). Mit Christian Wink (Tafelbild von 1794 ›Vertreibung der Händler‹) und Ignaz Günther (Epitaph des Grafen Zech, in der Vorhalle) sind auch zwei andere Künstler in der Kirche vertreten. Der im Krieg beschädigte Bau ist im wesentlichen restauriert, die Fassade wurde 1979 vollendet. Das Deckenfresko von Cosmas Damian hatte schon vor dem Krieg erheblich gelitten und ist nur noch teilweise zu erkennen.

Wer das Werk von Johann Michael Fischer, des großen Barock-Baumeisters im oberbayerischen Raum, verfolgt, der kann an der Klosterkirche *St. Anna auf dem Lehel* (St. Anna-

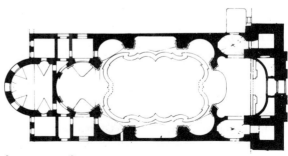

St. Anna auf dem Lehel, Grundriß

145

MÜNCHEN

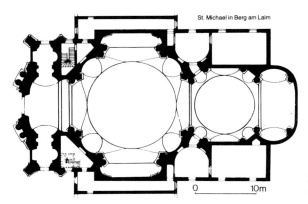

St. Michael in Berg am Laim, Grundriß

Platz 21) nicht vorübergehen, die ursprünglich eine Klosterkirche der Franziskaner war. »München und Altbayern [erhielten] mit diesem Juwel sakraler Baukunst ihre erste Rokoko-Kirche, die ... zu den bedeutendsten Kunstschöpfungen Münchens zählt« (Gallas). Fischer löste mit diesem Frühwerk (1727/37), das zugleich sein einziger Bau in München war, zum erstenmal die Aufgabe, Zentralraum und Langbau zu einer Synthese zu bringen. Freilich hat die Kriegszerstörung der Dekorationen und Deckengemälde der Asams die Kirche lange Zeit in ihrem Wert beeinträchtigt. Vor wenigen Jahren wurden Cosmas Damians Deckengemälde jedoch wiederhergestellt, ebenso blieben die Altäre der Asams und die Kanzel von Johann Baptist Straub teilweise erhalten.

Von den Kirchen der Müchner Vororte ragt eine deutlich an Bedeutung heraus: die einstige Hof- und jetzige *Pfarrkirche St. Michael* in Berg am Laim (Abb. 81, 82; Clemens-August-Straße 6). Sie entstand um 1750. Zwar lieferte Johann Michael Fischer einen Entwurf samt Kostenvoranschlag, aber den Zuschlag bekam 1737 der Hofmaurerpolier Philipp Jakob Kögelsperger, der allerdings nach zwei Jahren doch wieder Fischer weichen mußte. Doch blieb die einmal von Kögelsperger begonnene Fassade. Der als Gutachter befragte François Cuvilliés d. Ä. stimmte Fischers Plänen zu und kritisierte die zu massiv und nicht zierlich genug wirkende Fassade. 1751 konnte der Bau geweiht werden, nachdem die besten Künstler an der Ausstattung mitgewirkt hatten. Das unterstreicht auch die Bedeutung der Kirche. Stuck und Fresken sind Arbeiten von Johann Baptist Zimmermann, die sieben Altäre schuf Johann Baptist Straub. Auch diese Kirche erlitt – durch einen Artillerietreffer – noch 1945 im Altarraum schwere Schäden, die jedoch rasch behoben werden konnten. »Die Gesamtordnung der drei zentralen Räume auf eine Längsachse voll bildhafter Raumdynamik mit wohldurchdachter perspektivischer Wirkung gehört zu den eigenartigsten Raumschöpfungen des bayerischen Barock ...« (Dehio). Ursprünglich war daran gedacht, eine Straße auf die Kirche zuzuführen, die aber nie gebaut wurde, so daß der

Bau heute mit seiner auf Beschauer berechneten, beachtlich entwickelten Fassade gleichsam beziehungslos dasteht.

Vermutlich werden Sie es gar nicht schaffen (oder beabsichtigen), alle hier genannten Kirchen zu besichtigen. Was Sie tun, hängt davon ab, welches Bauzeitalter und welcher Stil Sie vornehmlich interessiert. Denn auch wenn der Anteil der – zweifellos sehenswerten – Kirchen an der Kunstszene in Oberbayern allgemein und in München im besonderen ungewöhnlich hoch ist, so hat München gewiß auch andere Bauten von Rang zu bieten als seine Kirchen.

Beispielsweise den Baukomplex seiner *Residenz*, die sich im Eck von Residenzstraße – Max-Joseph-Platz und Maximilianstraße erstreckt, also sozusagen in Münchens guter Stube. Jenseits der Hofgartenstraße schließt sich der *Hofgarten* an. Die Residenz, wie sie sich heute (zudem restauriert) zeigt, ist seit 1385 in mehreren Bauabschnitten, ausgehend von der ›Neuen Veste‹, entstanden. Nachdem ab 1505 München die Hauptstadt Bayerns war, kristallisierten sich nach und nach die einzelnen Bauimpulse heraus.

Mitte des 16. Jahrhunderts wurde ein ›Fürstlicher Marstall‹ (1563/67; heute Staatliche Münze) gebaut. Derselbe Baumeister, Wilhelm Egckl, schuf für Albrecht V. 1569/71 das Antiquarium (Farbt. 1C) und damit das erste Gebäude der Residenz, mit dessen Halle sich ein makelloser Renaissance-Raum zeigt – er war und blieb zentraler Drehpunkt der Anlage. Als der Niederländer Friedrich Sustris – nun bereits unter Wilhelm V. – den ›Grottenhof‹ (1581/86) plante, bezog er das Antiquarium in seinen Entwurf mit ein. Den Anstoß zu diesen Bauplänen gab nicht zuletzt ein Brand der ›Neuen Veste‹ im Jahr 1580. Drei Flügel umschlossen den von Arkaden umrahmten ›Grottenhof‹.

Die Bauleidenschaft der Wittelsbacher verstärkte sich. Maximilian I. nutzte die mehr als 50 Jahre seiner Regierungszeit, um großzügig-monumental den viereckigen Kaiserhof mit einer Vierflügelanlage zu umbauen und den Hofgarten anzulegen. 1618 waren die Arbeiten abgeschlossen. Wer den Monarchen dabei als Planentwerfer beriet, ist nicht ganz sicher, u. a. wird der Name Hans Krumper genannt. Immerhin war damit der Rahmen für die Residenz bis zum 19. Jahrhundert gezogen – von gelegentlichen Veränderungen abgesehen. So fügte unter Maximilian III. Joseph der geniale François Cuvilliés d. Ä. das *Residenztheater* (1751/53) hinzu.

Was im Überblick so planvoll wirkt, besteht in der Realität freilich aus einer von Herrscher zu Herrscher variierten Folge von Bauabschnitten. Hier ein Überblick für gewissenhafte Besucher:

Unter Maximilian I. (1597–1651): Kaiserhof (Südtrakt), Brunnenhof mit Wittelsbacher-Brunnen (Abb. 76), Apothekenhof, Breite Treppe, Hofkapelle, Reiche Kapelle und Residenzturm, gelbe Zimmer (heute Porzellankammern), der vierflügelige Bau des Kaiserhofes mit Steinzimmer, sogenanntem Trierzimmer, Charlottentrakt, Fassade zur Residenzstraße, Patrona Bavariae (Abb. 77), Kaisertreppe;
unter Ferdinand Maria (1651–1679): Päpstliche Zimmer;
unter Karl Albrecht (1726–1745): Reiche Zimmer, Ahnengalerie;
unter Maximilian III. Joseph (1745–1777): Altes Residenztheater.

MÜNCHEN

Als neuer Bauherr trat im 19. Jahrhundert Ludwig I. auf, für den Leo von Klenze zwischen 1826 und 1835 den Königsbau als Wohnbereich der königlichen Familie errichtete. Die Fassade zum Max-Joseph-Platz mutet nicht zufällig italienisch an: Der Florentiner Palazzo Pitti war das Vorbild. Weitere Bauten folgten: Festsaal (1832/42), Allerheiligenhofkirche (1826/37), Reithalle (1818/22). Italienische Hochrenaissance gibt Münchens Residenz das Gesicht. Nachdem im Sommer 1944 erhebliche Teile bei Luftangriffen zerstört wurden und die ›Reichen Zimmer‹ mit ihrer einmalig verfeinerten Rokoko-Atmosphäre ausbrannten, notiert Wilhelm Hausenstein in seinem Kriegstagebuch: »Das gesamte achtzehnte Jahrhundert von Paris bis Wien und Petersburg, von Madrid bis London, von Venedig bis Kopenhagen hatte Vollkommeneres oder auch nur ebenso Vollendetes nicht aufzuweisen.« Jacob Burckhardt hatte kaum weniger enthusiastisch vom »herrlichsten Rokoko, der auf Erden vorhanden ist«, gesprochen. War es verloren? So schien es bei Kriegsende.

Aber schon bald wurde mit dem Wiederaufbau der Residenz begonnen. Vieles vom Inventar war – dank umsichtig-skeptischer Vorausschau – ausgelagert worden. Wer den ursprünglichen Zustand nicht kannte, wird an der neuen Gestalt wenig auszusetzen haben. Tatsächlich ist der Ausbau größtenteils erfolgreich gewesen. Bei einem Rundgang werden Sie also gezeigt bekommen: die Ahnengalerie, das Porzellankabinett, das Antiquarium (Farbt. 10), die Kurfürstenzimmer, die Hofgartenzimmer, den St. Georgs-Rittersaal, die Reichen und die Päpstlichen Zimmer, die Nibelungensäle, die Hofkapelle, die Reliquienkammer, die Staatsratzimmer mit dem Hartschiersaal, die Reiche Kapelle und den Geweihgang. Zu den eindrucksvollsten Schaupunkten gehört die Schatzkammer der Residenz im östlichen Erdgeschoßflügel des Königsbaus, die u. a. die Kroninsignien des Königreichs Bayern, die Insignien Kaiser Karls VII. Albrecht, eine englische Königinnenkrone von 1570 und die St. Georgs-Statuette von 1590 enthält.

Seit 1958 wird im *Cuvilliés-Theater,* das 1956/58 im Apotheken-Trakt der Residenz neu erstand, wieder gespielt, als ob nichts geschehen wäre. Mozart scheint hier ›zu Hause‹ zu sein. »Dieser Raum war nicht so sehr als Theater-, sondern als Festsaal gedacht; denn im Zuschauerraum liegen die Hauptwerke der künstlerischen Ausstattung, hier fand das eigentliche höfische Schauspiel, nämlich sich selbst zu bewundern, statt.« (Hans Roth)

Den Bau des *Nationaltheaters* (Abb. 80) begann 1812 Karl von Fischer. 1823 brannte alles ab, und nun war es Leo von Klenze, der in Anlehnung an Fischers Pläne das Theater erbaute. Nach dem Zweiten Weltkrieg standen nur noch die Mauern. 1963 fand nach dem Wiederaufbau im klassizistischen Stil die erste Vorstellung statt. Das Äußere mit Säulenportal und Freitreppe ist ebenso geblieben wie innen der Stuck im Foyer. Der Zuschauerraum jedoch kommt dem ursprünglichen Fischerschen Konzept näher. Muß man ausdrücklich sagen, daß ein Besuch in einem der beiden Theater – am besten in beiden! – beinahe unumgängliches Muß eines Kunstbesuchs in München ist?

Das Griechische in München oder – diskreter gesagt – das Hellenische verdankt die Stadt Ludwig I., der bereits als Kronprinz das »Land der Griechen mit der Seele« suchte. »Man kann es verstehen, daß den jungen Kronprinzen die Kunst der Griechen und Byzantiner,

Normannen und Staufer auf Sizilien, der Tempel von Segesta genauso wie der Normannendom von Monreale, so sehr ergriffen hatte, daß er in seiner Heimat gleiche ›Wunderwerke‹ vollbringen wollte, die zum Symbol seiner Macht und Herrlichkeit werden sollten« (Gallas). München erhielt sein klassizistisches Gesicht – Wilhelm Hausenstein formulierte es 1957 anläßlich der Wiedereröffnung der Pinakothek, aber es gilt nicht nur für sie – »nicht ohne den mäkelnden Widerspruch einer (wie leider so oft in Münchens Geschichte) kleinbürgerlich-bedenklichen öffentlichen Meinung«. Selbst der spitzzüngige Kritiker Martin Morlock räumte 1979 ein: »Dennoch bleibt unbestritten, daß der erste Ludwig wie auch der ihm nachfolgende zweite Max mit ihrer klassizistischen Disneyworld etwas Nobles im Sinn hatten ...« Und Morlock weiter und zweifellos durchaus zutreffend: »Insgesamt ist das Stadtbild die zu Stein erstarrte Chronik eines immerwährenden Machtkampfes zweier Gruppen: einer konservativen und einer nicht ganz so konservativen.« Immerhin besteht kein Grund, mit dem Erreichten unzufrieden zu sein.

Das Hellenische spricht etwa aus der *Glyptothek* am Königsplatz, die auf Wunsch des (noch) Kronprinzen Ludwig 1816/30 von Leo von Klenze erbaut wurde. Sie sollte antike Bildhauerkunst in ihren vier Flügeln zeigen, wobei die Antike freilich einen Hauch von Rom mitbekommen hatte. Eine regelrechte Imitation hellenischer Bauten sind die *Propyläen* auf dem Königsplatz, deren Vorbild in der Athener Akropolis zu suchen ist. Der äußere Anlaß: König Ludwigs I. Sohn Otto war 1832 zum König von Griechenland proklamiert worden, was er bis 1862 blieb – für den bayerischen König eine ständige Bestätigung seiner Liebe zur griechischen Antike. Auch die 1838/48 entstandene *Staatliche Antikensammlung* am Königsplatz lehnte sich mit ihrer korinthischen Säulenvorhalle an hellenisches Kunstgefühl an. Als dorische Säulenhalle wurde 1843/53 die *Ruhmeshalle* an der Theresienwiese angelegt. Zieht man die Quintessenz der Baugesinnung Ludwigs I., ohne damit ihren Wert für Münchens Stadtbild zu schmälern, so offenbart sie sich – wie es später verstärkt bei Ludwig II. zum Ausdruck kam – als eine gut gemeinte, aber letztlich nicht schöpferische Imitation des Gewesenen.

Mittelpunkt Münchens ist seit 750 Jahren der *Marienplatz* (Abb. 74), erstmals 1240 als ›forum‹ beurkundet. Ludwig der Bayer verfügte 1315, daß der Platz nicht bebaut werden dürfe, »daz der margt dest lustsamer und dest schöner und dest gemachsamer sey herrn, burgaern, gesten und allen laeuten, di darauf zu schaffen haben«. Im gleichen Jahr entstand östlich des Platzes das (mehrfach durch Brände in Mitleidenschaft gezogene) *Alte Rathaus* (Abb. 78), das um 1470/80 durch Jörg von Halspach (gen. Ganghofer) erneuert wurde. Der im Krieg ausgebrannte (heute wiederhergestellte) Festsaal besaß ursprünglich neben dem Wappenfries (mit 99 Stadtwappen) von Ulrich Furtner die 16 Moriskentänzer von Erasmus Grasser, von denen nur noch zehn erhalten sind, die sich heute im Münchner Stadtmuseum befinden (Abb. 29). »Der ungewohnte Gegenstand eines mimischen Tanzspiels hat den Meister zu übermütigen Wagnissen der Form hingerissen, die in ihrer grotesken Komik unübertrefflich sind.« (Dehio)

Seltsamerweise beachten die meisten München-Besucher viel weniger das historisch gewachsene Alte Rathaus als den Monumentalbau des *Neuen Rathauses* (Abb. 79) von

MÜNCHEN

Georg Joseph von Hauberrisser in flandrischer Manier (1867/1908). Dazu trägt natürlich täglich 11 Uhr das Glockenspiel mit dem ›Schäfflertanz‹ (Abb. 75) bei, der sich auf einen Münchner Brauch aus der unseligen Pestzeit bezieht: Herzog Wilhelm IV. soll angeordnet haben, das glückliche Ende der Pestepidemie alle sieben Jahre mit dem Tanz der Schäffler feierlich zu begehen. Seit 1517 ist dieser Brauch beibehalten worden, nur die 800-Jahr-Feier Münchens 1958 verursachte eine Abweichung vom Sieben-Jahre-Rhythmus. Zweites Schauspiel vom Turm ist die Darstellung der Hochzeit von Herzog Wilhelm V. mit Renata von Lothringen (1568) in Verbindung mit einem Ritterturnier. Das also sind die geschätzten, liebenswerten Attraktionen des Neuen Rathauses. Schenken Sie jedoch besonders dem Alten Rathaus an der Ecke Tal/Sparkassenstraße als dem wirklich ehrwürdigen Gebäude am Marienplatz gebührende Beachtung.

Die hier befindliche *Mariensäule* (Abb. 74) geht auf die Beendigung der schwedischen Besatzung im Dreißigjährigen Krieg zurück. Die Bronze-Madonna wahrscheinlich von Hubert Gerhard, dem Niederländer, erhebt sich mit einer Höhe von 2,15 m auf einem Monolith – vermutlich entstand sie bereits um 1595 und gehörte ursprünglich zum Hochaltar der Frauenkirche. Die bewegten Putti am Sockel sollen Hunger, Krieg, Pest und Ketzertum versinnbildlichen.

Soviel man auch von einzelnen Kirchen und Gebäuden Münchens sprechen mag – und es gibt weit mehr als hier erwähnt, die eine Hervorhebung verdienen –, so lebt München im wesentlichen nicht so sehr von ihnen allein, sondern von den Stadtbildern und -gliederungen, die sich durch Plätze und Straßen ergeben. Der Marienplatz ist dafür ein typisches Beispiel, zumal nachdem er 1972 seinen 1940 abgerissenen östlichen Abschluß, das ›Untere Tor‹ der alten Stadtmauer, wieder erhalten hat – eine städtebaulich dankenswerte Wiedergutmachung. Aber auch *Max-Joseph-Platz, Königsplatz, Lenbachplatz, Maximiliansplatz* und *Odeonsplatz* gehören in die Reihe der Plätze, die diese Stadt prägen, auch wenn sie heute (nicht ohne Grund fehlt der Karlsplatz = Stachus in dieser Reihe) vom turbulenten Verkehrsfluß beeinträchtigt sind und nur selten in Ruhe betrachtet werden können. Dabei sollten sie ihrer Natur nach ja eigentlich ›Ruhepunkte‹ bilden. Auch dem Besucher Münchens kann (wie dem anderer Großstädte) aus touristischer Erfahrung nur geraten werden, den (verkehrsarmen) Sonntag oder – im Sommer – die ersten hellen Morgenstunden für einen Stadtrundgang zu nutzen, der mehr bieten soll als Autokolonnen, Verkehrsampeln und – so Sie selbst motorisiert sind – Parkplatzsuche.

Der *Lenbachplatz* ist übrigens ein Beispiel dafür, wie der Stadtbesucher von heute getäuscht werden kann. Nach dem Verlust der Maxburg (einem Bau von Ende des 16. Jahrhunderts, einst ›Wilhelminische Veste‹ nach Herzog Wilhelm V. genannt), die nach Kriegszerstörung von 1944 bis auf ihren Turm abgetragen wurde und aus dem Stadtbild verschwand, erweckt die moderne Front des Polizei- und Justizgebäudes (der Architekten Th. Pabst und Sepp Ruf) den Eindruck, alles müsse seit jeher so gewesen sein. Achten Sie aber auf den zum Maximiliansplatz hin geschaffenen Abschluß mit dem *Wittelsbacher-Brunnen*, der 1895 durch Adolf von Hildebrand entstand.

Vier Straßenzüge (neben zahlreichen anderen Straßen und Gäßchen mit ihren individuellen Eigenarten) sind für Münchens Gesicht entscheidend und kennzeichnend geworden. Als älteste die *Brienner Straße,* einstige königliche Prachtstraße, schon 1808/14 durch Karl von Fischer angelegt und von Leo von Klenze fortgeführt, der noch nach den Ideen Fischers das Rondell des Karolinen-Platzes übernahm. Die Straße verbindet Odeons- und Königsplatz, leider fiel der Teil zwischen Karolinen- und Königsplatz mit seiner Bebauung dem Krieg zum Opfer. Traurige Ironie des Schicksals, daß die Bomben die Nazibauten nahe beim Königsplatz verschonten, die ungleich wertvollere ältere Architektur aber schwer beschädigten.

Die *Ludwigstraße* trägt ihren Namen zu Recht, weil hier Ludwig als Kronprinz und König den entscheidenden Anteil hat. Sicher ist zweierlei: daß der König sogar mit seinem Auszug aus der Residenz drohte, als der Münchner Magistrat seine Pläne zu saumselig und retardierend behandelte. Aber auch, daß der König durch immer neue Eingriffe in die Absichten sowohl Leo von Klenzes als auch Friedrich von Gärtners seine Vorstellungen von Monumentalität hartnäckig durchsetzte. Feldherrnhalle und Siegestor sind die beiden Pole, zwischen denen die Straße nach und nach wuchs: Beginn um 1816, Abschluß mit dem Siegestor 1852, als Ludwig bereits abgedankt hatte. Nach den Kriegszerstörungen künden die erneuerten Fassaden auch heute wieder (kaum verändert) von der königlichen Vorliebe für romantisch-klassizistische Bauformen. »Diese Ludwigstraße, eine ein Kilometer lange, kalte, vom Flanieren, ja schon vom Stehenbleiben abschreckende Strenge, sollte München frühzeitig zur Weltstadt erheben«, schreibt in nüchterner Einschätzung Martin Morlock, während von Reitzenstein zwar italienische Einflüsse zugesteht, bevor er daran erinnert: »Aber wirkte nicht auch, ganz unbewußt, doch auch der ruhige Raumatem altbayerischer Märkte mit, die ja so oft Plätze und Straßen sind? Wir denken an die langen, breiten, wandgeschlossenen Marktstraßenrechtecke der Innstädte wie Mühldorf oder Neuötting ... es mag immerhin noch etwas, ein Letztes vom Genius loci, in diese mächtige Straße eingegangen sein.« Fällen Sie selbst Ihr Urteil, aber bedenken Sie zugleich – was leicht außer acht gelassen wird –, daß die Straße nicht in einem Zug, sondern in drei Abschnitten und in einem Zeitraum von mehr als 30 Jahren gewachsen ist.

Die *Maximilianstraße* verbindet den Max-Joseph-Platz – Residenz! – mit der Isar. Ursprünglich sollten Arkaden an ihr entlanglaufen, wie es am westlichen Straßenbeginn tatsächlich realisiert worden ist. Ihr Name ist mit König Maximilian II. verbunden, der einen »die Kultur der Gegenwart repräsentierenden Stil« verwirklichen wollte. Dem diente auch ein 1850 unter 100 Architekten ausgeschriebener Wettbewerb für ein ›Athenäum‹ (Hellas ist immer noch maßgebend), der aber nur 17 Teilnehmer fand: der Berliner Oberbaurat Wilhelm Stier gewann. Das daraus hervorgehende Maximilianeum wurde nach den Vorschlägen Gottfried Sempers erbaut. Ausführender Architekt der meisten Bauten der Maximilianstraße war Friedrich Bürklein (1813–1872). Die Bauten wuchsen zwischen 1852 und 1875, das Maximilianeum entstand 1857/74. Auch diese Straße, Ausdruck des sogenannten Maximilianischen Stils, ist umstritten. Ihr erster Kritiker war schon früh Jacob Burckhardt, während von Reitzenstein anderswo im 19. Jahrhundert »nur sehr wenige

MÜNCHEN

Straßengestaltungen vergleichbaren Wertes« sieht. Heute ist die Maximilianstraße eine dezent gehobene Geschäfts- und Kulturstraße (Theater, seit 1926 die berühmten ›Kammerspiele‹) mit dem 1858 hier eröffneten Luxushotel ›Vierjahreszeiten‹. »Die Maximilianstraße«, urteilt Klaus Gallas, »zählt heute neben der Ludwigstraße zu den reizvollsten urbanen Straßenensembles von internationalem Rang; doch leider hat man ihren originellen Charakter rücksichtslos durch den Durchbruch des Altstadt-Ringes zerstört.« Auch hier ein Beispiel für die verwirrende Kraft des Faktischen, die es dem Besucher von heute – ohne Kenntnis historischer Zusammenhänge und Veränderungen – unmöglich macht, ein Bild von dem zu gewinnen, was ursprünglich beabsichtigt und gebaut wurde.

Noch im 19. Jahrhundert begonnen wurde die *Prinzregentenstraße,* die die von der Ludwigstraße zum Englischen Garten führende Von-der-Tann-Straße bis zur Isar verlängert, wo der 1899 vollendete Friedensengel den Schlußpunkt setzt. Mit dem 1933/37 errichteten, neoklassizistischen ›Haus der deutschen Kunst‹ (heute ohne ›deutsch‹!), einem Repräsentationsbau des Hitler-Regimes, erhielt diese Straße, an der auch das Bayerische Nationalmuseum und die Schackgalerie stehen, zeitweise einen peinlichen Beigeschmack, da hier auch die ›Entartete Kunst‹ demonstrativ zur Schau gestellt worden war. Es ist eine Straße, der der Englische Garten etwas von seinem Grün ausleiht.

Dieser *Englische Garten,* 350 Hektar groß und 5 km lang, bis 2 km breit, zieht sich vom Haus der Kunst nordwärts, um dann in die Hirschau und die Isarauen überzugehen. Unter Kurfürst Karl Theodor (1777–1799) regte der gebürtige Amerikaner Sir Benjamin Thompson, in München als Graf von Rumford bekannter, die Anlage eines öffentlichen Gartens an, der ab 1789 unter Leitung von Ludwig von Sckell entstand. Er trug zunächst den Namen ›Theodor-Park‹ und wurde in den frühen 90er Jahren den Münchnern zugänglich gemacht. Es ist – neben Schwetzingen – Deutschlands umfassendster Landschaftsgarten. Er wurde mehrfach verändert. Ludwig von Sckell sah den Sinn der Anlage darin, »... daß sie den Menschen zur Bewegung und Geschäftserholung; zum Genusse der freien gesunden Lebensluft, und zum traulichen geselligen Umgang und Annäherung aller Stände diene«. Die beiden Bauwerke *Monopteros,* 1830 durch Leo von Klenze erbauter Rundtempel mit jonischen Säulen, und der schon um 1790 entstandene *Chinesische Turm* (Abb. 72) – 1944 abgebrannt, 1951/52 originalgetreu neu errichtet – gehören zu den Brennpunkten der Parkanlagen, die gerade heute für sich selbst sprechen.

Wichtiger Bestandteil Münchens sind ohne jeden Zweifel seine reichen Museen. Hier nur wenige Worte dazu – Sie finden eine Übersicht mit Besuchszeiten und weiteren Angaben in den ›Praktischen Reisehinweisen‹. Rund 20 sind es insgesamt. Zuerst die *Alte Pinakothek* (Barer Straße 27), die 1957 wiedereröffnet werden konnte und als einzige der drei großen deutschen Gemäldesammlungen (die beiden anderen: Berlin, Dresden) nichts von ihren Beständen – insbesondere Europäische Malerei des 14. bis 18. Jahrhunderts – durch den Krieg eingebüßt hat. Der Bau wurde 1826/36 von Klenze errichtet. »Die Hauptform ist ein von Ost nach West gerichtetes Rechteck mit Erdgeschoß und Obergeschoß, an dessen beiden Enden kurze quadratische Querbauten vortreten. Wie aber die Schwierigkeit bewältigt wurde, einen so langgezogenen Bau ohne vortretende Mittelstücke hinzustellen, ohne dabei langweilig zu werden, bleibt immer ein Meisterstück der Proportionskunst ... Und in der Formengebung im Einzelnen überragt der Bau den Klenzeschen Königsbau um ein Beträchtliches!« (Wölfflin). Ein Museum also, das auch durch seine architektonische Hülle Rang hat.

In einem 1981 eröffneten Neubau fand die auf 1853 zurückgehende *Neue Pinakothek* (im Krieg zerstört) daneben mit großartigen Werken ihren besonderen Rang wieder.

Gewichtig auch das *Bayerische Nationalmuseum*, von König Maximilian II. gegründet und in einem Ende des vorigen Jahrhunderts entstandenen Bau an der Prinzregentenstraße (Nr. 3) untergebracht. Es stellt sich in den Dienst der Kunst- und Kulturgeschichte Bayerns.

Das *Deutsche Museum* auf der Isarinsel ist das größte und bedeutendste technische Museum der Welt, eine Gründung von Oskar von Miller. Seine Entstehung wurde durch den Ersten Weltkrieg verzögert, so daß die Eröffnung erst 1925 stattfinden konnte. Der Zweite Weltkrieg verminderte seine Bestände um 20%.

Wenn Sie sich das allmähliche Wachsen Münchens deutlich machen, dann können Sie sich gut vorstellen, wie weit *Schloß Nymphenburg* (Farbt. 8, 9; Abb. 84), heute mitten im Münchner Westen, dazumal vom Stadtkern entfernt lag: immerhin eine Wegstunde. Es hatte also schon seinen ›Sinn‹, hier ein ›Sommerschloß‹ zu errichten, ein kurfürstliches Wochenendhaus sozusagen, das Kurfürst Ferdinand Maria seiner Frau Henriette Adelaide zum Geschenk machte. 1664 begann Agostino Barelli mit den Bauarbeiten, die 1673 vom Graubündner Enrico Zuccalli fortgeführt und – im ursprünglichen Rahmen – 1675 beendet wurden. Es war zunächst ein verhältnismäßig einfacher Bau.

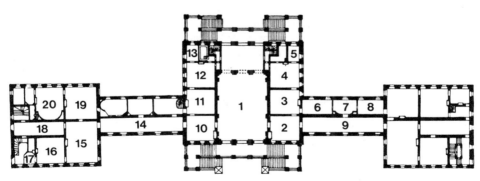

Schloß Nymphenburg, Grundriß Nordflügel: 1 Festsaal (Großer oder Steinerner Saal) 2 Erstes Vorzimmer 3 Zweites Vorzimmer (Gobelinzimmer) 4 Ehemaliges Schlafzimmer 5 Nördliches Kabinett 6 Schönheitsgalerie Max Emanuels 7 Wappenzimmer 8 Karl Theodor-Zimmer 9 Nördliche Galerie *Südflügel:* 10 Erstes Vorzimmer 11 Zweites Vorzimmer 12 Schlafzimmer 13 Chinesisches Lackkabinett 14 Südliche Galerie *Südlicher Pavillon:* 15 Schönheitsgalerie König Ludwig I. 16 Maserzimmer 17 Kabinett 18 Kleine Galerie 19 Blauer Salon 20 Schlafzimmer

MÜNCHEN

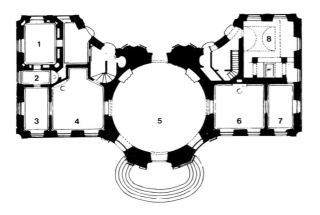

Amalienburg, Grundriß des Erdgeschosses
1 Hundekammer
2 Retirade
3 Blaues Kabinett
4 Ruhezimmer
5 Spiegelsaal
6 Jagdzimmer
7 Fasanenzimmer
8 Küche

Maximilian II. Emanuel, dessen Geburt überhaupt der Anlaß für die Gabe des Baugrunds war, beauftragte 1702 Giovanni Antonio Viscardi, den Bau mit Pavillons zu erweitern, und 1716 setzte Joseph Effner den Ausbau fort. Unter Kurfürst Karl Albrecht erhielten Schloß und Park schließlich nach rund hundert Jahren Bauzeit ihre (in etwa) heutige Gestalt. Es entstanden 1719 der *Marstall*, 1739 der *Orangenbau*, 1747 die *Remise* und die *Rondellbauten*. Hinter dem Schloß im 200 Hektar großen Park befinden sich die *Pagodenburg* von 1717, die *Badenburg* von 1719, die *Magdalenenklause* von 1725 und – das Nonplusultra – die *Amalienburg* von 1734, Höhepunkt des letzten Bauabschnitts, den François Cuvilliés d. Ä. bis 1739 als einen Traum des Rokoko gestaltete.

Auch wenn der Plan des Kurfürsten, Nymphenburg zur ›Karlsstadt‹ zu entwickeln, nicht verwirklicht wurde, so ist doch der Gesamtkomplex Nymphenburg – Schloß, Nebenbauten, Park – ein großzügiges Schloßensemble von künstlerischem Charme. So elegant und mit so leichter Hand ist kaum je in Deutschland, geschweige denn in Oberbayern, gebaut worden. Das gilt nun freilich in ganz besonderem Maße von der Amalienburg, die Cuvilliés für die Kurfürstin Amalie schuf. »Das Rokoko hat kaum ein anderes Werk hervorgebracht, in dem seine besonderen Stileigenschaften so ausschließlich und so konzentriert in höchster Qualität zur Geltung kämen.« (Dehio). Max Hauttmann hat versucht, den Eindruck des Spiegelsaals der Amalienburg zu verdeutlichen: »Wände und Kuppel übersponnen mit Schnitzereien, Stukkaturen und Spiegeln, so daß alle begrenzenden Flächen aufgehoben, verflüchtigt sind und nur eine spinnwebenzarte Laube in der blauen Luft zu schweben scheint.« Dem hat Hausenstein hinzugefügt: »Wer wissen oder beweisen will, was 'Rokoko' ist, der kann es fast nicht, ohne hier gewesen zu sein.« Johann Baptist Zimmermann, der Stukkateur, und Joachim Dietrich als Schnitzkünstler standen Cuvilliés zur Seite. Es ist ein Bau, der zu Superlativen verführt und der allen, die Oberbayern nach landläufiger Auffassung als eher grobschlächtig oder doch derb einstufen, ein völlig neues Empfinden vermitteln kann.

Schloß und Park
Nymphenburg
1 *Mittelpavillon*
2 *Galerien*
3 *Innere Pavillons*
4 *Äußere Pavillons*
5 *Verbindungsflügel*
6 *Orangeriebau*
7 *Marstallmuseum*
8 *Rondell*
9 *Großes Parterre*
10 *Kanal*
11 *Große Kaskade*
12 *Südlicher*
   Kabinettsgarten
13 *Nördlicher*
   Kabinettsgarten
14 *Gewächshäuser*
15 *Gartenpavillon*
16 *Ehemalige*
   Menagerie
17 ›*Dörfchen*‹
18 *Amalienburg*
19 *Magdalenenklause*
20 *Badenburg*
21 *Pagodenburg*
22 *Monopteros*
23 *Pan-Gruppe*
24 *Brücke*

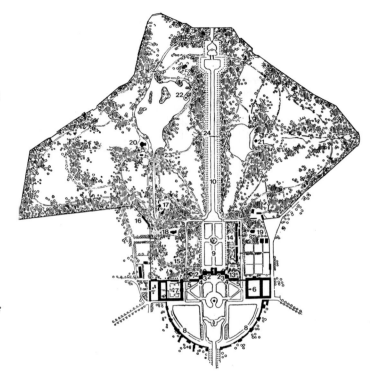

Nymphenburg, über das sich unendlich viel sagen ließe, ist nebenbei auch die Heimat des *Porzellans*, das diesen Namen trägt. Die Versuche begannen 1747, also erkleckliche Zeit nach Meißen. Schon 1754/63 arbeitete der Tessiner Franz Anton Bustelli in der Nymphenburger Werkstätte und schuf die lieblichen Porzellanfiguren im Rokokostil. Sein ›Liebespaar‹ wirkt wie eine Transponierung Mozartscher Opern in Porzellan. Seit 1761 beherbergt ein Pavillon im Norden des Schlosses die Porzellanmanufaktur.

Nymphenburgs *Park* wurde zuerst unter Karl Theodor der Öffentlichkeit zugänglich gemacht. Für seine Gestalt wurde zu Beginn des 19. Jahrhunderts Ludwig von Sckell maßgebend, der der französischen Schloßgarten in einen ›natürlichen‹ englischen Park verwandelte. Dabei veränderte er nur die Seitenteile. Die Hauptachse jedoch, die Effner mit einer Kaskade bereichert hatte, mußte unverändert bleiben – dem Schloßbau verpflichtet.

Auch mit dem Jagdschloß von *Blutenburg* – im Raum Obermenzing-Pipping, nahe bei Nymphenburg – haben die Wittelsbacher den engeren Münchner Raum von einst verlassen. Die Burg geht auf das frühe 15. Jahrhundert – möglicherweise sogar aufs 12. Jahrhundert,

MÜNCHEN

wie Nöhbauer vermutet – zurück, als Albrecht III. 1435/39 den Bau (Umbau) veranlaßte, während sein Sohn Sigismund 1488 die St. Sigismund-Kapelle errichten ließ, für die Jan Polack bald darauf drei Altarbilder malte (Abb. 87, 88). 1681 wurde die einstige Wasserburg neu gestaltet. Neben den alten achteckigen Wehrtürmen und dem dreigeschossigen Torturm blieb die Schloßkapelle ziemlich unverändert. Zu ihrer Ausstattung gehören außer den Polack-Bildern die ›Blutenburger Apostel‹, Holzbildwerke eines unbekannten Meisters aus dem Umkreis von Erasmus Grasser, die 32 Glasfenster von Martin dem Glaser, die Verkündigung und Leiden Christi darstellen und Ende des 15., Anfang des 16. Jahrhunderts entstanden. Auch der spätmittelalterliche Hochaltar, als Flügelaltar angelegt, verdient Beachtung. Kaum weniger als das (stärker besuchte und gemeinhin bekanntere) Schloß Nymphenburg bedeutet Blutenburg ein Muß für den kunstinteressierten München-Besucher.

Jean Paul hat das Wort von München als der Stadt geprägt, »die überall nur aus Mittelpunkten besteht«. Darin liegt etwas Wahres. Denn ob Marienplatz oder Karlsplatz (Stachus), ob Ludwig- oder Maximilianstraße, ob Sendlinger Tor oder Schwabing – überall kann man das Gefühl haben, gerade hier schlage das Herz der Stadt am vernehmlichsten und typischsten. Solche Punkte gibt es zu Dutzenden vom Viktualienmarkt bis zur Theresienwiese. Daß München eine ›schöne‹ Stadt sei, schön durch ihre Lage an der Isar und im Vorland der Alpen, schön durch ihre Bauten und Kunstschätze, ist eine weitverbreitete, sicher auch nicht falsche Meinung. Daß sie aber auch – selbst wenn man das pralle oberbayerische Leben in ihren Mauern gebührend würdigt – einen Hang besitzt, »sich … ins Museale zu projizieren«, wie Hausenstein es genannt hat, ist kaum zu verkennen. Man könnte lange darüber philosophieren, ob die Weltoffenheit und künstlerische Aufgeschlossenheit des Münchens aus dem 18. und 19. Jahrhundert bis hin zur Jahrhundertwende der Stadt geblieben ist. Würde noch heute Thomas Mann, wie an der Schwelle zu unserem Jahrhundert, emphatisch ausrufen können: »Die Kunst blüht, die Kunst ist an der Herrschaft … München leuchtet!«? Denken Sie über die Frage nach und geben Sie Ihre höchstpersönliche Antwort, nachdem Sie München besucht haben. An der Liebe zu dieser Stadt sollte und wird ein Nein ebensowenig ändern wie ein Ja.

Vor Münchens Toren
Kunsterlebnisse am Rande der Großstadt

Auch wenn sicher kaum jemand den engeren Umkreis Münchens als Glanzpunkt oberbayerischer Landschaft empfinden und als solchen besuchen wird, so beeindruckt es doch immer wieder, wie rasch der Stadtrand zu ländlichen Strukturen überleitet, die den Gedanken an die noch recht nahe Großstadt bald verwischen. Zwar ist auch München – zum Leidwesen vieler – in den letzten Jahrzehnten erheblich nach draußen gewachsen, wuchern Satellitenstädte ins Umland hinein, aber das hat noch nicht dazu geführt, daß die Dörfer und Landstädte – wie etwa Fürstenfeldbruck oder Dachau – ihr Gesicht verloren hätten.

Die Landschaft um München ist weithin bodenständig geblieben und noch nicht zum Vorstadt-Anhängsel degradiert worden. Vielleicht haben hier Autobahnen, die den Verkehr

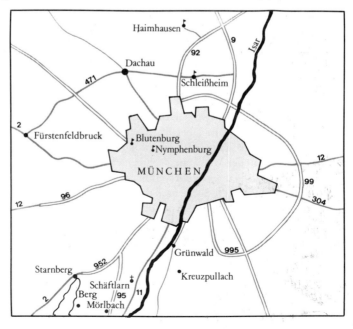

Sehenswürdigkeiten in Münchens Umgebung

rasch abfließen und nicht erst mühsam durch die Randbezirke und -orte sickern lassen, einen wichtigen Vorzug. Sie strahlen ja von München – und meist in der Stadt selbst beginnend – sternförmig nach fünf Richtungen – ganz abgesehen vom Autobahnring (A 99) nach Osten und teilweise nach Norden.

Dabei weist Münchens Umlandschaft recht verschiedenartige Charakterzüge auf: Nach Süden setzt schon bald die Ahnung der Voralpen und Alpen ein, steigen erste Hügel lebendig an und begleiten die Forsten von Perlach, Grünwald, Deisenhofen und der Forstenrieder Park den Weg. Nach Nordosten bestimmt die Isar mit dem beginnenden Erdinger Moos und seiner dünnen Besiedlung ähnlich wie nordwestlich das Dachauer Moos das Gesicht der Natur. Im Osten setzt schon bald der stattliche Ebersberger Forst einen deutlichen Akzent. Nach Westen zu herrscht Flachland vor, teilweise auch locker bewaldet, das von der Amper auf ihrem Weg in den Ammersee belebt wird. Was die Münchner selbstverständlich wissen, könnte auch der Besucher beherzigen: Man muß gar nicht so weit aus München herausfahren, um Oberbayern in seiner ganzen Natürlichkeit zu begegnen. Der Umkreis einer halben Autostunde – jeweils rund 25 km von Münchens Zentrum entfernt – genügt. Schon hier wird Ihnen der erste *Maibaum* begegnen.

Er gehört zum selbstverständlichen Bestandteil eines ordentlichen Dorfes. Seine Aufstellung (Abb. 8) am 1. Mai kann mit Hindernissen verbunden sein, wenn nämlich der sorgsam vorbereitete Baum von Bewohnern eines Nachbardorfs arglistig in finsterer Nacht gestohlen wird – was in Oberbayern ein echtes und beliebtes ›Kavaliersdelikt‹ ist. Den Spott hat dabei die bestohlene Gemeinde, die nur mit reichlich Bier ihren eigenen Maibaum zurückkaufen kann. Daß solche Bräuche durchaus nicht ausgestorben sind, konnte man erst 1979 in der Nähe Münchens erleben. Auch Museumsdirektor Schuberth berichtet über den Maibaum von Glentleiten (s. auch Abb. 3): »Natürlich wurde er, nachdem er geschlagen war, auch gestohlen, wie es der Brauch ist.«

Der Maibaum, mit einem grünen Kranz an der Spitze, trägt in zierlicher Anordnung zu beiden Seiten des Stammes figürliche Darstellungen des heimischen Handwerks und heimischer Sitten, oft kunstvolle Holzschnitzereien und leuchtend bunt bemalt. Damit gibt der Maibaum zugleich eine Übersicht über Handwerke und Spezialgewerbe eines Dorfes, wobei jede wichtige Tätigkeit nach Möglichkeit berücksichtigt ist. In manchen Teilen Oberbayerns bleibt der Maibaum, nachdem er geschält wurde, unbehandelt, während er im Chiemgau und Weilheimer Raum weißblau gestrichen wird. Hoch muß der Maibaum unter allen Umständen sein – die Suche nach dem passenden Stamm ist schon die halbe Arbeit. Der des Museums Glentleiten ragt 36 m hoch in den Himmel, reicht 3 m tief in die Erde. Gern wird der Maibaum durch einen Spruch am Unterteil des Stammes in seiner Bedeutung hervorgehoben. So fand sich 1979 in Germerings Ortsteil Unterpfaffenhofen, westlich von München, der Vers:

»Nach alter Väter Sitte   *zum Zeichen unsrer Einigkeit,*
steh' ich in des Dorfes Mitte.   *zu stärken unser Freundschaftsband,*
Zur Ehr der holden Weiblichkeit,   *zum Schmuck für unser Bayernland.«*

Die frühere Sitte, den Maibaum im Herbst zu entfernen und im folgenden Mai einen neuen aufzurichten, hat sich angesichts der immer kunstvolleren Ausgestaltung der Maibäume weithin verändert: Mancherorts steht der Maibaum ganzjährig bzw. über mehrere Jahre und erhält am 1. Mai lediglich einen frischen grünen Kranz. Bodenständige Freude am Bilden und Schnitzen hat sich beim Maibaum bis in städtische Randgebiete – und erst recht auf dem stadtfernen Dorf – erhalten.

Dachau gehört noch zu den Orten, die auch bereits bei der Anfahrt, sei es aus dem Norden, sei es von Augsburg über die Autobahn (A 8 / E 11) bequem erreicht werden können – es bedeutet mehr als die schmerzliche Erinnerung an das Konzentrationslager, das seit 1933 mit seinem Namen verbunden ist und seit 1965 durch eine *Gedenkstätte* mit Museum (500 Exponate) dem Besucher wertvollen Anschauungsunterricht erteilt. Dachau ist auch der Geburtsort von Joseph Effner (1687–1744), des Münchner Hofarchitekten, der u. a. Nymphenburgs Schloß vollendete und das Dachauer *Schloß* 1715 umbaute, das 1979 zur Restaurierung anstand. Nur einer der ursprünglichen vier Schloßflügel aus der Renaissance blieb erhalten. In ihm befindet sich der von Hans Thonauer mit einem mythologischen Fries 1567 ausgemalte große Saal (nur im Rahmen von Konzerten zugänglich) und ein Café.

Der Weg durch Dachaus Straßen führt an Häuserfronten vorüber, die aufs 17. und 18. Jahrhundert zurückgehen und glücklicherweise kaum entstellt wurden. Die *Pfarrkirche St.*

Dachau mit Schloß und Stadtpfarrkirche. Kupferstich von Matthäus Merian

VOR MÜNCHENS TOREN/DACHAU, SCHLEISHEIM

Jakob (Abb. 94), für deren Langhaus Hans Krumper die Pläne geliefert hatte (der spätgotische Chor wurde bereits 1584/86 durch Friedrich Sustris umgebaut!), die 1624/25 zu einem Neubau führten, wurde noch 1648 durch die Schweden in Brand gesteckt. Sie präsentiert sich als Renaissance-Bau mit einer weißen Stuckdecke in strengen Linien. Das Langhaus weist lebensgroße Holzgestalten von Christus und den Aposteln auf, bemerkenswert zahlreiche Prozessionslampen und Zunftstangen (Hochaltar neueren Datums).

Der nahe *Petersberg* war Sitz eines Benediktiner-Klosters auf dem Weg von Fischbachau nach Scheyern. Die zwischen 1104 und 1107 erbaute, im 18. Jahrhundert abgeänderte *Kirche*, befindet sich heute in der Nähe einer Landvolkshochschule. Die schlichte Basilika (ohne Turm) enthält innen beachtliche romanische Fresken im Chor, die um 1906 entdeckt (und ergänzt) wurden. Übrigens erhielt die südliche Apsis erst nachträglich einen Turmersatz, der als Außenbild etwas schmälert.

In nordöstlicher Richtung erreichen Sie – bereits in der Annäherung an die Autobahn (A 9 / E 6) – **Schloß Haimhausen,** in dessen über dreißig Räumen Antiquitäten zum Verkauf angeboten werden (Abb. 85). Es gewinnt dadurch an Bedeutung, daß der Bau des 17. Jahrhunderts für die Reichsgrafen von Haimhausen ab 1747 durch François Cuvilliés umgeändert wurde. Sie kennen die doppelläufige Freitreppe vor der Gartenfront von Nymphenburg. Der Südflügel wird ganz von der glanzvollen Kapelle mit Gemälden Johann Georg Bergmüllers eingenommen, der auch für den Festsaal ein Gemälde beisteuerte. Treppenhaus und Räume sind mit zartem Rokoko-Stuck überzogen.

Wenn Sie von hier auf München zufahren, stoßen Sie auf ein weiteres der berühmten Schlösser der Wittelsbacher: **Schleißheim.** Ursprünglich wollte hier Wilhelm V. am Rande des Dachauer Mooses als büßender Eremit die letzten Jahre seines Lebens verbringen. Auch wenn für diesen Zweck das erste Herrenhaus immerhin 44 Räume umfaßte, so beanspruchte der Herzog für sich selbst lediglich Wohn- und Schlafraum sowie die Kapelle. Sein Sohn, Herzog und späterer Kurfürst Maximilian I., machte Schleißheim ab 1616 zu seinem Sommersitz und ließ das Herrenhaus durch Heinrich Schön d. Ä. zum *Alten Schloß* umbauen. Eine Erweiterung nahm dann sein Sohn Kurfürst Ferdinand Maria vor, dessen Frau, die Kurfürstin Henriette Adelaide, hier mit Vorliebe Feste und Jagden veranstaltete: Lebensfreude im savoyischen Stil in Schleißheim!

Kurfürst Maximilian II. Emanuel begann mit seiner Umwandlung von Schleißheim, indem er zunächst das *Schlößchen Lustheim*, 1 km von Schleißheim entfernt und vermutlich Vorbild für die später entstehenden ›Burgen‹ des Nymphenburger Parks, durch den Graubündner Enrico Zuccalli bauen ließ. Schon früh hegte der Kurfürst aber auch Pläne für einen weiteren Ausbau Schleißheims, die sich freilich durch die widrigen Zeitläufte erst ab 1719 in abgeänderter Form durch Joseph Effner verwirklichen ließen. Die eigentliche Vollendung erfolgte dann unter König Ludwig I., so daß die Baugeschichte tatsächlich rund 150 Jahre umfaßt.

Das durch den Krieg besonders getroffene Alte Schloß, das Jagdschlößchen Lustheim und das schließlich in voller Pracht entstandene Neue Schloß bilden zusammen mit den Gartenanlagen ein beredtes Beispiel höfischer Kunst insbesondere des 18. Jahrhunderts.

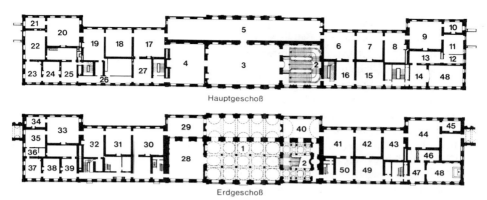

Schleißheim, Neues Schloß 1 Eingangshalle und Sala terrena 2 Treppenhaus 3 Großer Saal 4 Viktoriensaal 5 Große Galerie 6 Vorzimmer des Kurfürsten 7 Audienzzimmer des Kurfürsten 8 Paradeschlafzimmer des Kurfürsten 9 Wohnzimmer oder Großes Kabinett des Kurfürsten 10 Rotes Kabinett oder Jagdzimmer 11 Niederländisches Malerei-Kabinett 12 Oratorium 13 Obere Sakristei 14 Empore 15, 16 Nebenräume 17 Vorzimmer der Kurfürstin 18 Audienzzimmer der Kurfürstin 19 Paradeschlafzimmer der Kurfürstin 20 Wohnzimmer oder Großes Kabinett der Kurfürstin 21 Kammerkapelle oder Obere Kapelle 22–27 Galerieräume 28 Speisesaal 29 Billard- oder Musiksaal 30–33 Galerieräume 34 Stukkatur-Kabinett 35 Drechselzimmer 36–39 Galerieräume 40 Südliche Antecamera 41–44 Galerieräume 45 Blaues Kabinett 46 Untere Sakristei 47 Vorraum der Kapelle 48 Große Kapelle oder Maximilianskapelle 49, 50 Nebenräume

Der Hauptbau des Neuen Schloßes ist 169 m lang, die Anlage als Ganzes eine der ausgedehntesten des europäischen Barock (Farbt. 12). Seine Ausmaße überstiegen die sinnvollen Notwendigkeiten bei weitem: mehr scheinen als sein! Die Anlage vermittelt mit Treppenhaus (Abb. 83), Sälen, Galerie das Bild stolzer Machtentfaltung und unermeßlichen Reichtums, obwohl von beidem wahrlich nicht die Rede sein konnte. Jedenfalls beginnt die wertvolle Ausstattung bereits mit den von Ignaz Günther geschnitzten Türflügeln des Haupt-Portals, zeigt sich im Speisesaal mit einem Fresko Christian Winks und wird im Stuck von Johann Baptist Zimmermann, Johann Georg Bader und Charles Claude Dubut fortgeführt. Auch Cosmas Damian Asam ist mit einem Fresko im Treppengewölbe beteiligt. Im Festsaal wirkten Zimmermann, Franz Joachim Beich und Jacopo Amigoni zusammen.

Heute wird das Schloß als Außengalerie der Bayerischen Staatsgemäldesammlungen benutzt und beherbergt Gemälde der Spätrenaissance und des Barock. Auch wenn es sich möglicherweise anbietet, eine Besichtigung von Schleißheim mit der von Nymphenburg zu verbinden, so sollten Sie klugerweise darauf verzichten und beide getrennt besuchen, weil das Nacheinander der beiden Monumentalanlagen mehr verwirrt und abstumpft, als daß es Parallelen und Zusammenhänge erschlösse. An zwei solch gewichtigen ›Hauptmahlzeiten‹ – Sie gestatten den profanen Vergleich – kann man sich leicht den Magen verderben.

VOR MÜNCHENS TOREN/FÜRSTENFELDBRUCK

Zeigt der Norden Münchens ein Schwergewicht weltlicher Herrscherbauten, so überwiegen nach Westen und Süden die Bauwerke der Kirche: Zisterzienser in Fürstenfeldbruck, Benediktiner in Schäftlarn. Beide Klöster mit ihren Kirchen wuchsen jedoch letzten Endes auf dem gleichen künstlerischen Humus wie der Bau-Impetus der Wittelsbacher. An Aufträgen für Architekten, Maler, Bildner, Stukkateure ist über viele Jahrzehnte hinweg kein Mangel gewesen. Schon für das 18. Jahrhundert galt, was Thomas Mann an der Wende vom 19. zum 20. für München beinahe hymnisch ausdrückte: »Die Kunst blüht, die Kunst ist an der Herrschaft, die Kunst streckt ihr rosenumwundenes Zepter über die Stadt hin und lächelt.« Dieses Lächeln beglückte ganz Oberbayern.

Fürstenfeldbruck verdankt die Entstehung seines Klosters einem tragischen Irrtum. Die mit Herzog Ludwig II. dem Strengen verheiratete Maria von Brabant schrieb Anno 1258 zwei Briefe: an ihren Ehemann und an den Wildgrafen Heinrich von Kyrburg. Unseligerweise verwechselte der Bote (wie in einer Posse) die Briefe. Die Inhalte waren mißverständlich. Der Herzog glaubte sich hintergangen und betrogen und befahl, ohne seine Frau auch nur anzuhören, sie zu enthaupten. Als das geschehen war, stellte sich der Irrtum heraus – der Herzog mußte einsehen, daß er übereilt gehandelt hatte. Lebendig machen konnte er seine Frau nicht wieder. Was blieb ihm übrig, als zur Sühne, wie sie ihm vom Papst auferlegt wurde, 1263 das *Kloster* Fürstenfeldbruck zu gründen? (Ursprünglich stand das Sühnekloster im Raum von Rosenheim ...) Aus dem niederbayerischen Aldersbach kommend ließen sich hier Zisterzienser nieder.

Die heute als Polizeischule dienenden (und als Kulturzentrum Fürstenfeldbrucks vorgesehenen) Klosterbauten wurden um 1700 durch Giovanni Antonio Viscardi errichtet, während die Fresken vom Vater der Asam-Brüder, Hans Georg Asam, stammen. In einem kleinen Teil der Klosterbauten befindet sich (außer dem Klosterstüberl des Herzoglichen Bräuhauses von Tegernsee) die *Klostergalerie* von Susanne und Paul Adelhoch, die in drei Stockwerken u. a. die größte Maßkrugsammlung Oberbayerns (341 Stück) sowie Folkloristisches, Gemälde und Keramik zur Schau und zum Verkauf enthält.

Der beherrschende Bau ist jedoch die *Klosterkirche Mariae Himmelfahrt* (Abb. 89). Freilich handelt es sich nicht mehr um den ersten, frühgotischen Backsteinbau von 1263/90, sondern um einen Neubau von Anfang des 18. Jahrhunderts, dessen Pläne Viscardi 1701 erstellte, die aber erst nach dem Tod des Graubündners (1713) ausgeführt wurden. Erst 1766

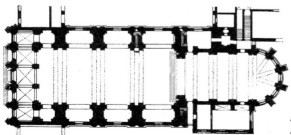

Fürstenfeldbruck, Klosterkirche Mariae Himmelfahrt, Grundriß

war die Inneneinrichtung vollendet. Schon 40 Jahre später wäre die Abteikirche im Zuge der Säkularisation um ein Haar durch Kanonen zusammengeschossen worden. Zum Glück hatte Fürstenfeldbruck einen ebenso verständigen wie mutigen Posthalter, der dies zu verhindern vermochte.

Die Kirche, die Dehio einen »der großartigsten Kirchenbauten Oberbayerns« genannt hat, bildet einen wesentlichen Beitrag zur Auseinandersetzung Oberbayerns mit italienischen Einflüssen. Niemand kann leugnen, daß sie hier vorhanden sind. Aber schon die 1747 vollendete Westfassade mit zwei Stockwerken und Giebel zeigt durchaus eigene Züge und ist »in ihrem steilen Aufragen ganz unitalienisch« (Dehio).

Die Innenmaße der Kirche sind erstaunlich: 83 m Länge, 28,4 m Breite, 27 m Höhe (Abb. 90). Ebenso verwundert die Helligkeit unter dem Tonnengewölbe des Hauptschiffs, die den hohen Fenstern in zwei Rängen zu verdanken ist. So können die Farben, an denen hier nicht gespart wurde, leuchten und zusammen mit der reichen Stuckornamentik von Pietro Francesco Appiani im Altarraum und von Egid Quirin Asam im Langhaus eine frohe Feiertagsstimmung hervorrufen. Die Deckenfresken der Asam-Brüder erzählen anschaulich vom hl. Bernhard und den Festen des Kirchenjahres. Auch der Hochaltar (Abb. 90) von Johann Baptist Straub glitzert prächtig (Entwurf E. Q. Asam) und zeigt die Himmelfahrt Mariae. Zwei Madonnen – eine Stein-Madonna der Frühgotik, eine sitzende Madonna der Spätgotik – gehören ebenso zu den wertvollen Ausstattungsstücken wie das Nußbaum-Chorgestühl und die Beichtstühle. Die Orgel stellt Oberbayerns einziges original erhaltenes zweimanualiges Werk aus der ersten Hälfte des 18. Jahrhunderts dar.

Fürstenfeldbrucks Kirche enthält übrigens in ihrer Sakristei auch zwei um 1480 entstandene Gemälde des spätgotischen Meisters Gabriel Mälesskircher, dessen Name bisher vorwiegend der Fachwelt bekannt ist und fürs große Publikum noch der ›Entdeckung‹ harrt. Bezeichnenderweise nennt der offizielle Kirchenführer den Namen überhaupt nicht. Dabei hat sich Wilhelm Hausenstein nicht gescheut, Mälesskircher in Nachbarschaft zu dem gleichfalls einmal übersehenen Grünewald zu nennen. Sein bedeutendstes Werk, eine Kreuzigung von 1474, gehörte zunächst an den Quirinus-Altar des Klosters Tegernsee, gelangte aber später in Nürnbergs Germanisches Nationalmuseum. Hinter Mälesskircher steht »die urwüchsig derbe Kraft der Bayern und die ... Neigung zum Barocken« (Weigert). Außer in Fürstenfeldbruck begegnen Sie Mälesskircher noch in Rottenbuch mit der Fassung eines Marien-Schnitzbildes von Erasmus Grasser, im Freisinger Erzbischöflichen Klerikalseminar mit einem Bildnis des hl. Onuphrius (1470), während von seinen Altaraufsätzen für Tegernsees St. Quirin und seiner Fassadenmalerei an Münchens Altem Hof (Rekonstruktionsversuche) nur Fragmente erhalten sind.

Fürstenfeldbrucks Klosterkirche zeugt nicht nur von barocker Glaubenskraft, sondern vereinigt in harmonischer Kontrapunktik Einflüsse aus sehr verschiedenen Himmels- und Stilrichtungen. »Diese Überschneidungen und stilistischen Übergänge innerhalb der Zeitentwicklung, innerhalb der italienischen, französischen und baierischen Stuckgeschichte und innerhalb der Brüder Appiani und der beratenden Gebrüder Asam sind selbst im barockreichen Bayern einmalig und von köstlicher Frische.« (Schnell)

VOR MÜNCHENS TOREN/SCHÄFTLARN, KREUZPULLACH

Die Stadt Fürstenfeldbruck beherbergt zwei weitere Kirchen: *St. Leonhard* (Farbt. 4) von 1440, die über ihrem Portal im Sinne ihres Heiligen die Worte trägt: »Gott segne die Rösser«. In der *Pfarrkirche St. Magdalena* (1673/79) befinden sich Malereien von Ignaz Baldauff, Christian Wink und Werke des Fürstenfeldbrucker Schnitzers Melchior Seidl, darunter ein auferstandener Christus von 1695. Am langgezogenen Markt das ehemalige *Klosterrichterhaus* von 1626 mit einem zierlichen Erker, neben dem Hotel zur Post.

Südwestlich von Fürstenfeldbruck nahe der B 471 zwischen Schöngeising und Mauern ist mit dem *Jexhof* ein Bauernhofmuseum des Landkreises Fürstenfeldbruck im Ausbau. Es ist – zunächst – jeden ersten und zweiten Sonntag im Monat (14–17 Uhr) zugänglich, jedoch von Weihnachten bis Ostern geschlossen.

Ziemlich genau südlich von München, unweit der Autobahn (A 95 / E 6) bzw. an der B 11 liegt **Schäftlarn**, der zweite maßgebende Klosterbau im engeren Münchner Umkreis. Ursprünglich als Benediktinerabtei um 760 gegründet, wurde es im 10. Jahrhundert wieder verlassen und 1140 von Bischof Otto I. von Freising dem Prämonstratenserorden übergeben, der das Kloster erneuerte. Einen originellen, zeitbezogenen Kommentar zu den damaligen Ereignissen geben die Schäftlarner Annalen, die Gallas zitiert: »München wird zerstört, Föhring wieder aufgebaut.« Es war eine falsche Prophezeiung. Nach der Säkularisation erwarb König Ludwig I. die Abtei für die Benediktiner zurück.

Das heutige *Kloster* entstand Anfang des 18. Jahrhunderts nach Entwürfen von Giovanni Antonio Viscardi, wobei man auch hier Johann Georg Ettenhofer als den ausführenden Baumeister vermutet. Die Lage des Klosters im Isartal vor den dahinter ansteigenden bewaldeten Höhen trägt zu dem harmonischen Gesamteindruck wesentlich bei. Die bedeutende barocke *Kirche* wird von den Klosterbauten eingerahmt, so daß nur eine Seite in weiß und grün den Beschauer anspricht (Abb. 92). Sie wurde 1733/51 errichtet, wohingegen der Turm mit seinem schön geschwungenen, spitz auslaufenden Helm 1712 vollendet war, nachdem der Turmbau von 1707 eingestürzt war. Der Turm stand somit schon lange vor der Kirche. Baumeister der Kirche war zuerst der Meister des bayerischen Rokoko selbst: François Cuvilliés d. Ä. Da sich aber der Kirchenbau aus kriegsbedingten finanziellen Gründen hinauszögerte, konnte erst um 1760 die Weihe erfolgen. Die Ausstattung beanspruchte nochmal ein gutes Dutzend Jahre. Nicht vollständig geklärt ist die Frage, wessen Werk die Kirche denn sei. Denn Cuvilliés beschäftigte sich nur einige Jahre mit dem Bau, jedenfalls nicht über 1740 hinaus. In einer Baurechnung von 1751 wird ein ›Herr Fischer‹ genannt, woraus man auf Johann Michael Fischer schließt, der hier zusammen mit seinem Schwager Johann Baptist Gunetzrhainer gewirkt haben dürfte. In ihrer vornehmen, kühlen, höfischen Eigenart stellt die Kirche einen Sonderfall unter den oberbayerischen Klosterkirchen dar, die sonst so ganz ihrem bäuerlichen Umland verpflichtet sind. Dennoch: eine in der Wirkung große Kirche.

Dazu trägt nicht zuletzt der künstlerische Rang des Dekorativen bei (Abb. 91, 93). Johann Baptist Zimmermann war bereits 74 Jahre alt, als er die Kirche mit Stuck und Fresken versah. »Die Fresken sind wundervoll hell, heiter, voll Licht und Luft, Himmel und Landschaft, die

Farben so frisch wie zart, duftig, mit dem Schimmer von Opal und Perlmutt.« Geradezu hymnisch lautet dieses Urteil von Alexander von Reitzenstein. Großartig wirken die Altäre von Johann Baptist Straub, der auch die Kanzel in reicher Eleganz schuf. Dritter im Bunde war der Münchner Hofmaler Balthasar August Albrecht, der für Seitenaltäre und ein Hochaltar-Gemälde zeichnete. »Trotz der anmutigen Pracht hat hier alles Maß und Ziel.« (›Schatzkammer Deutschland‹)

Bevor Ihr Weg Sie nach München zurückführt, sollten Sie noch zwei Orte an der Strecke in Ihr Programm einbeziehen: Kreuzpullach und Grünwald. In **Kreuzpullach** begegnen Sie der barocken *Heilig-Kreuz-Kirche,* einer Dorfkirche aus dem frühen 18. Jahrhundert, die so reich geschmückt ist, wie man es der von außen eher unscheinbaren Kirche gar nicht zutraut. Innen vereinen sich pastellfarbiger Stuck in blau, gelb und rot, Fresken, Schnitzereien und Gemälde zu einem wahrhaft liebenswerten Gesamteindruck. Wenn man schon ein Werk hervorheben will, dann vielleicht den früher zum Hochaltar gehörenden spätgotischen Flügelaltar (unter der Empore), der 1513 aus der Werkstatt von Jan Polack kam (Abb. 86).

Nur ein kleines Stück weiter stoßen Sie mit **Grünwald** auf die einzige noch erhaltene mittelalterliche *Burg*anlage im Umkreis Münchens (Abb. 95). Immerhin geht der Bau, wie er sich heute zeigt, auf die letzten Jahrzehnte des 15. Jahrhunderts zurück. Hier oberhalb des Isartals hatte Herzog Ludwig II. der Strenge schon 1293 die Gunst von Landschaft und Lage für den Bau einer Burg genutzt. Später verkam sie, wurde aber im 19. Jahrhundert restauriert, wodurch sich Wohn- und Wirtschaftsbauten veränderten. Bergfried, Torbau mit Stufengiebel und der westliche Zinnenturm spiegeln zusammen mit Erdwall und Graben ein Stück Burgenromantik. Es ist nicht ausgeschlossen, daß Teile der Grundmauern und der Burgbrunnen noch römischen Ursprungs sind.

Das Bilderbuch, das Oberbayern heißt

Im Verlauf der Deutschen Alpenstraße aufgeblättert

Wenn es möglich ist, daß landschaftliche Schönheit durch das Erlebnis von Kunst noch gesteigert werden kann und daß auch Kunst sich in einer eindrucksvollen Landschaft zwingender offenbart, dann liefert Oberbayerns Alpen- und Voralpenlandschaft den Beweis. Es kommt allenfalls darauf an, ob der Beschauer durch den Anspruch an seine Fähigkeit zum Empfinden und Nachempfinden nicht überfordert ist. Viele lassen es aus diesem Grund – oder auch nur aus Unkenntnis – mit der Landschaft genug sein und nehmen Kirchen, Klöster, Schlösser und bunte Häuser lediglich in ihrer äußeren Hülle als liebenswerte Staffage auf. Damit sollten Sie sich nicht begnügen!

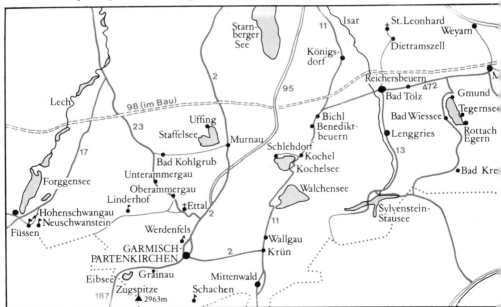

Die Deutsche Alpenstraße – von Berchtesgaden bis Neuschwanstein

Daß der Natur des Alpenrands von Oberbayern nur verhältnismäßig wenig Text gewidmet ist, hat seine guten Gründe. Die Landschaften sind oft genug beschrieben und noch öfter abgebildet worden. Sie lassen sich ohnehin nicht aus Ihrem Blickfeld entfernen. Das Innere einer Kirche aber, die Skulptur in einer Kapelle, die Säle und Dekorationen eines Schlosses müssen aufgesucht, besinnlich betrachtet und in ihrer Eigenart erfaßt werden. Kunstgenuß erfordert Muße. Wer läßt sie sich schon, wer läßt sie sich ausreichend, wenn er auf der *Deutschen Alpenstraße* dahinrollt?

Diese Straße verbindet Berchtesgaden und Lindau am Bodensee und ist bewußt als Deutsche Alpenstraße gekennzeichnet, um damit die Straßen auszuschließen, die vielleicht jenseits der Grenze im Österreichischen den Weg erleichtern würden. Noch sind nicht alle Strecken bis auf den letzten Kilometer ausgebaut, so daß auch die Straßennummern durchaus nicht einheitlich sind. Hier und da bieten sich überdies Abzweigungen und Nebenstrecken an, die Sie keinesfalls aussparen sollten, auch wenn gelegentlich dabei eine Mautgebühr fällig werden kann. Aber: Nehmen Sie sich die Muße, immer wieder haltzumachen. Nicht nur des Panoramas der Berge, des überwältigenden Fotomotivs wegen, sondern auf den Spuren der Kunst. Sonst bringen Sie sich um den Genuß, den gerade diese Straße auszeichnet: Werke der Natur, wie immer Sie die Schöpfung auch auffassen, und der Menschen miteinander in ein gemeinsames Bild einfließen zu lassen.

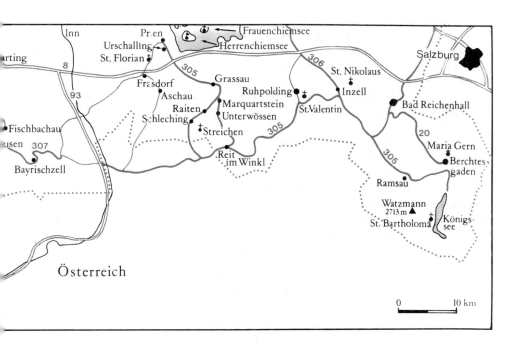

DEUTSCHE ALPENSTRASSE/BERCHTESGADENER LAND

Wie erklärt es sich, daß man von dieser Landschaft am Fuße der teils bayerischen, teils österreichischen Alpen mit ihren Seen, dem Nacheinander von Berg- und Talstrecken, der Abwechslung von majestätischen und idyllischen Eindrücken so gern als von einer ›Bilderbuch-Landschaft‹ spricht? Nun, ich erlebe es seit Jahren, daß bei der Auswahl von Farbfotos für einen Kalender unbefangene Betrachter den Aufnahmen aus Oberbayern klar den Vorzug geben. Wäre nicht Ausgewogenheit und Erfassung aller Landstriche der Bundesrepublik ein Gebot der Gerechtigkeit, dann stünden für alle zwölf Kalendermonate oberbayerische Motive durch Mehrheitsentscheidung zur alleinigen Verfügung.

Ob Rupertiwinkel oder Werdenfelser Land, ob Chiemsee oder Zugspitze – dies ist das Nonplusultra einer Ferienlandschaft, von der jeder träumt. Selbst das Wetter, das in Oberbayerns Voralpen mit Regen gelegentlich nicht gerade sparsam umgeht und im Winter in den Talorten mit Schneesicherheit knausert, vermag die Freude an der oberbayerischen Szenerie nicht zu trüben. Dabei spielt viel dörfliche Nostalgie mit. Urige Bauernhöfe mit ihren Brunnen, Kuhställen, Misthaufen oder gar Jauchewagen sind als Kolorit vom Gast geschätzt und noch hinreichend unversehrt erhalten. »Malerischer als im Berchtesgadener Land, wo so manche Kuh prächtig geschmückt das Vergnügen einer Bootsfahrt über den Königssee hat, kann man sich nirgendwo im Gebirge den Almauftrieb vorstellen.« (Moniac). Doch auch anderswo ist es wenig anders. Überall grasen im Sommer Kühe mit ihren weithin klingenden Glocken auf sattgrünen Grasflächen. Ohne die Touristen viel zu beachten, stapfen in manchem vielbesuchten Urlaubsort die vierbeinigen Milchspender morgens und abends von und zu den Ställen durch die Straßen. Diese Rückbesinnung auf bäuerliche Wurzeln erfaßt viele, auch wenn sie es entschieden ablehnen würden, hier Bauer zu sein oder auch nur in weniger ansprechender Jahreszeit die Tage zu verbringen. »Der plattfüßige und bleichgesichtige Großstädter, der sich wieder ans freie Atmen gewöhnt, bemerkt nicht ohne Sentimentalität, daß es hier noch alles gibt, wovon er geträumt hat. Er ... denkt in seiner Natureligkeit nicht daran, daß er nur die gezähmte, durch Bergbahnen und Hütten in bekömmliche Portionen eingeteilte Natur kennt, nicht die fremde und bedrohliche, mit der die Einheimischen vor dem Zeitalter des Tourismus zu kämpfen hatten, als sie vor jedem Gewitter und Hochwasser Angst haben mußten.« (Greiner)

Darüber hinaus gehört es zu den Vorzügen dieser Landschaft, daß sie dem Besucher gewissermaßen alles bietet: Ruhe oder Aktivität, Schauen oder Handeln, Rustikalität oder Spitzenkomfort. Was immer jemand sucht, ist in einer bunten Palette enthalten: der See für Baden und Wassersport, die Bergbahn zum mühelosen Erreichen der Gipfel, der Blick nach und von oben, die polierten Urlaubsorte mit ihren Angeboten, die Bänke für bequeme Spaziergänger, die Cafés, Gasthäuser, Gourmet-Restaurants, die Wanderstrecken eben oder bergan, die Welt der Felsen und Hütten für Bergsteiger, zügige Straßen für Autofahrer, das Spielcasino sowie Golf- und Tennisplatz, winterliche Pisten und Loipen, geräumte Spazierwege, die Schiffahrt auf den Seen und – zuletzt genannt, weil davon am ausführlichsten die Rede sein wird – eine reiche kulturelle Umwelt mit ihren Anregungen und Eindrücken. Genießen Sie also längs der Deutschen Alpenstraße eine – wiederholen wir's ruhig – Bilderbuch-Landschaft und – lassen Sie sich dafür Zeit!

Wo der Watzmann auf die Türme von Stifts-, Pfarr- und Franziskanerkirche schaut und mit schornsteinbesetzten Dächern ein weithin vertrautes, romantisches Motiv bildet, liegt **Berchtesgaden** (Farbt. 16). In der Hochsommerzeit stellt der Ort heutzutage ein wimmelndes, auto- und busübersätes Durcheinander dar. Freude an Berchtesgaden empfinden kann man eigentlich nur noch, wenn der große Strom der Neugierigen, der Königssee-Ausflügler und Obersalzberg-Versessenen, der Bus-Rundfahrer abgeebbt ist. Da mag ruhig der letzte Frühlingsschnee eben noch schmelzen oder das Herbstlaub schon von den Bäumen fallen – Berchtesgaden verkraftet widrige Jahreszeiten besser als den verbissenen Ansturm seiner Besucherscharen. Das gilt in beinahe noch stärkerem Maße für den Königssee, der während der Sommermonate mit Mammut-Parkplätzen zum Amüsier- und Klamaukrummel degradiert ist, so daß sein eigener Reiz hoffnungslos untergeht.

Neben seinen bekannteren Sehenswürdigkeiten besitzt Berchtesgaden an der Rückseite seines Marktplatzes (Abb. 98) in der Metzgergasse mit dem ehemaligen *Gasthaus ›Zum Hirschen‹* ein Stück witzig-charmanter Fassadenmalerei, das lange vor dem ›Lüftlmaler‹ Franz Zwinck entstand, nämlich bereits zwischen 1600 und 1610. Der unbekannte Maler hatte den frechen Einfall, die Menschen als Affen darzustellen und ihnen so den Spiegel ihrer Laster und Schwächen vorzuhalten. Ein Beispiel für geschickt angebrachte Kritik an der Renaissance-Gesellschaft, wobei der einzige darin enthaltene Spruch mit dem Bild einer Hasenjagd das bittere Fazit zieht: »Gwalld will Recht han«.

Stift und Markt Berchtesgaden. Kupferstich von Matthäus Merian

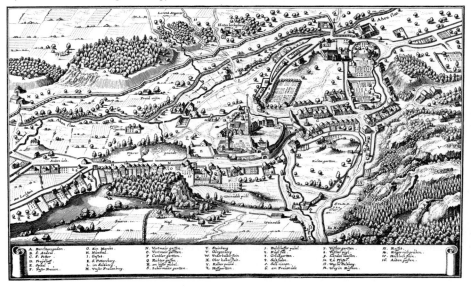

DEUTSCHE ALPENSTRASSE / BERCHTESGADEN, RAMSAU

Mit der Stiftskirche *St. Peter und Johannes* (Abb. 96, 97) und dem zum *Wittelsbacher-Schloß* (heute auch Museum) gemachten *Kloster* erinnert Berchtesgaden an die Zeit der Augustiner-Chorherren, die hier von 1108 bis 1803 als Fürstpröpste herrschten. Sie kamen 1102 von Rottenbuch und sicherten sich rasch wertvolle Privilegien: 1142 zum päpstlichen Eigenkloster ernannt, bestätigte 1156 der Kaiser die Forsthoheit und schließlich 1290 die Landeshoheit. Waldungen und Salinen bildeten den klösterlichen Reichtum, der die zu Reichsfürsten ernannten Pröpste jedoch nicht vor Verschuldung bewahrte, so daß sie 1389 Salzburg unterstellt wurden. Die Wittelsbacher sahen das nur ungern und regierten das Berchtesgadener Land zwischen 1594 und 1809, bis Berchtesgaden endgültig zu Bayern kam.

Auf den ursprünglich romanischen Stiftsbau des 12. Jahrhunderts gehen untere Langhausmauern und Turmanlage der Kirche zurück, die Türme entstanden nach Blitzzerstörung von 1596 erst Mitte vorigen Jahrhunderts, der Chor bereits um 1300 und das Langhaus 1470. Mit dem Chor besitzt der Bau ein Stück früher Gotik, wie sie in Altbayern rar ist – achten Sie vor allem auf das großartig geschnitzte Chorgestühl mit seinen reichhaltigen Motiven (Original im Bayerischen Nationalmuseum, München, hier nur noch Kopien). An die Kirche schließt der Kreuzgang an, der im wesentlichen noch spätromanisch ist (Nordflügel teilweise erneuert) und an den Seiten zahlreiche Grabsteine und -platten enthält, die die Erinnerung an die 47 Pröpste lebendig erhalten (Abb. 100). Der eindrucksvolle große Löwe im Ostflügel geht auf lombardische Vorbilder zurück, zwei kleinere romanische stehen im Nordflügel (Abb. 101).

Mit dem Schloßmuseum im Klostergebäude, dessen Sammlungen von Kunst und Waffen in 30 Räumen im Rahmen von Führungen nach Bedarf zu besichtigen sind, wird ein Stück bayerischer Geschichte lebendig: Kronprinz Rupprecht hatte durch umsichtige Restaurierung das Schloß erhalten und besaß hier nach 1918 Wohnrecht, das er bis 1932 wahrnahm. »Auch heute wird das Schloß noch gelegentlich von Mitgliedern der wittelsbachischen Familie bewohnt.« (Nöhbauer). Außer wertvollen Kunstwerken (von Tilman Riemenschneider, Erasmus Grasser und Veit Stoß bzw. aus deren Werkstätten) enthalten die Zimmer Wittelsbachisches Mobiliar verschiedener Stilrichtungen (Rokoko, Klassizismus, Biedermeier) und Familienporträts sowie Jagdtrophäen (Abb. 102).

Auch die Franziskanerklosterkirche *Frauenkirche am Anger* von 1519, einst außerhalb des Ortes, heute längst im örtlichen Wohnbereich, sollten Sie nicht übersehen: Berchtesgadens Gesicht wächst aus dem Nebeneinander der achteckigen Spitztürme der Stiftskirche und der grünen Turmhelme von Franziskaner- und Pfarrkirche. Der von außen als Chor erscheinende Ostteil der Kirche ist in Wahrheit eine 1668 angefügte Kapelle, in deren Marmor-Altar sich eine Ährenkleid-Madonna aus der Zeit um 1500 befindet, die Nachbildung des Gnadenbildes im Mailänder Dom. Freunde von Originellem und Originalen sollten rechts am Eingang der Kirche auf das Memorialgrab von Anton Adner achten, eines der früher typischen Berchtesgadener Hausierer. Dieser war einer der urigsten und lebte, im Alter von König Max I. Joseph unterstützt, 117 Jahre.

In Berchtesgadens Umgebung bietet die *Wallfahrtskirche St. Maria* (Farbt. 17) von **Maria-Gern** keine künstlerischen Glanzpunkte, aber sie wirkt einfach liebenswert: »hell, freundlich, mit sanft gebuchteten Mauern und fröhlichem Rokokobandlwerk am Gesims« (Schindler). Der Landschaft mit dem Watzmann im Hintergrund würde ohne dieses Kirchlein etwas fehlen.

Beinahe noch schöner liegt oberhalb von **Ramsau** (dessen Kirche zu den beliebtesten Fotomotiven der bayerischen Alpen gehört), die spätbarocke *Wallfahrtskirche Mariae Himmelfahrt in* **Kunterweg** am Berghang (Farbt; Abb. 14). Hier hat der Salzburger Hofbaumeister Sebastian Stumpfegger nach 1730 eine Kirche wie selbstverständlich in die Berglandschaft gesetzt. Jetzt gehört sie dazu. Innen haben die Reichenhaller Christoph Tatz d. Ä. und Christoph Egasser einen dreigeschossigen Hochaltar geschaffen, der »kraftvoll und elegant« zugleich (Schindler) das äußere Bild abrundet.

Wenn Sie schon in Ramsau sind, werfen Sie unbedingt einen Blick auf die geschnitzten Figuren der Zwölf Apostel (um 1420/30) an der Emporenbrüstung von Ramsaus *Pfarrkirche St. Fabian und Sebastian*, die also nicht nur ein fotogenes Äußeres, sondern auch künstlerische Werte besitzt.

Aber noch haben Sie *St. Bartholomä* am **Königssee** nicht besucht, das freilich als Ziel einer Schiffahrt immer noch wichtiger ist denn als Kunstwerk (Umschlagrückseite). Die kleeblattförmige Anlage der Kirche mit den typischen, behaglich wirkenden Kuppeldächern rings um ein zentrales Türmchen entstand nach 1697. Die Hochaltar-Gemälde von 1698 stammen von Johann Degler. Überraschend, daß die Dreikonchenanlage des mächtigen Salzburger Doms für das kleine Kirchlein als Modell diente. Vor dem Langhaus das einfache Jagdschloß von 1708/09.

Noch einmal sollten Sie sich nun in Berchtesgaden umschauen. Entweder Sie folgen der allgemeinen Neigung, ins *Salzbergwerk* einzufahren. Oder Sie machen einen Besuch in dem 1614 errichteten Schloß *Adelheim*, das seinerzeit der Stiftsdekan Degenhart Neuchinger, wie er stolz betont, »auf eigene Kosten fürwahr« erbaute. Heute beherbergt der Bau, der auch architektonisch mit Innenhof, Treppenhaus und Kapelle etwas bietet, die ganze Skala des Berchtesgadener Kunsthandwerks. Man vermutet, daß schon die Rottenbucher Mönche die Kunstfertigkeit der Holzbearbeitung mitbrachten. ›Berchtesgadener Holzhandwerkskunst‹ war durch Jahrhunderte ein wichtiger Erwerbszweig, und Holz- und Beinschnitzer waren angesehene Leute. Die Spezialisierung führte dazu, daß es außer Drechslern (der erste schon im 13. Jahrhundert!) auch Schachtel-, Spielzeug-, Instrumenten-, Lagl-, Schaffler- und Löffelmacher gab. Im Schloß Adelsheim ist das neben vielen anderen Eigenarten der Berchtesgadener Heimatwelt lebendig geblieben.

Bevor Sie von Berchtesgaden aus auf der Deutschen Alpenstraße die Saalach überqueren, werden Sie gewiß die Schleife über **Bad Reichenhall** machen. Es ist eine Salzstadt und war es wahrscheinlich schon zwei oder drei Jahrhunderte vor unserer Zeitrechnung. Als die Römer kamen, war Salz hier bereits eine begehrte Handelsware der keltisch-illyrischen Bewohner. Im 6. Jahrhundert erhielt Rupertus, späterer Salzburger Bischof, auch die Reichenhaller

DEUTSCHE ALPENSTRASSE/BAD REICHENHALL

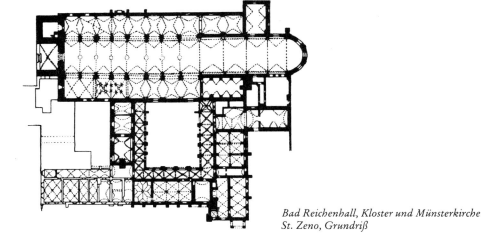

Bad Reichenhall, Kloster und Münsterkirche St. Zeno, Grundriß

Solequellen als Geschenk, bis sie 1158 mit Reichenhall (ursprünglich: ›hala majore‹, wobei majore für groß oder reich steht) in die Obhut der bayerischen Herzöge kamen. Streitigkeiten mit Salzburg beendete Herzog Georg der Reiche, indem er um 1500 die Salzgewinnung kaufte und aus ihr ein herzogliches Monopol machte. Der Wohlstand Reichenhalls strahlte bis nach München, denn Salz war damals eine Kostbarkeit.

Wenn Ihr erster Weg in Bad Reichenhall verständlicherweise zu Bayerns größter romanischer Kirche, der *Münsterkirche St. Zeno* (Abb. 103–105) führt, dann müssen Sie auf die Enttäuschung vorbereitet sein, daß der Kirchenraum durch Gitter näherer Betrachtung entzogen ist. Der Eintritt durch die gotische Vorhalle öffnet den Blick auf das romanische Westportal von 1200 (Abb. 104), das, dreifach abgestuft, unter lombardischem Einfluß entstand. Zwei Löwen tragen die äußeren Säulen; das Tympanon zeigt neben der Muttergottes mit Jesuskind die beiden Heiligen Rupertus (rechts) und Zeno. Die Hochreliefs in den Mauern zu beiden Portalseiten stammen aus dem 8. Jahrhundert. Beim Blick durch das Gitter in den Innenraum beeindrucken dessen Ausmaße: 90 m lang, 30 m breit, 16 m hoch – kaum kleiner als Salzburgs alter Dom. Die gotische Umgestaltung des Innenraums durch Peter Inntzinger nach einem Brand im Jahre 1512 wirkte sich unvorteilhaft aus, so daß man heute – auch nach Neugotisierungen des vorigen Jahrhunderts – um Wiederherstellung der ursprünglichen Formen bemüht ist. Der 1935 aufgestellte Hochaltar enthält Plastiken des frühen 16. Jahrhunderts. Beachtenswert im linken Seitenschiff das spätgotische Taufsteinbecken von 1522 aus der Schule des Hans Leinberger.

Der romanische *Kreuzgang*, kulturell bedeutendster Teil der Klostergebäude (Abb. 105), ist nur durch das Institut der englischen Fräulein, die seit 1852 hier ansässig sind, zugänglich. Leider ist er nur an Sonn- und Feiertagen für eine Stunde (von 11–12 Uhr) zu besichtigen.

Einladender verhält sich die romanische *Stadtpfarrkirche St. Nikolaus* von 1181, die ebenfalls oberitalienische Einflüsse aufweist. Der Westturm ist modern. In der schlichten, etwas dunklen Kirche mächtige Stützpfeiler in Natursteinen mit harmonisch schwingenden Bögen. Vom Eingang führen Stufen abwärts ins tiefer gelegene Schiff. Das Fresko in der Apsis und die 14 Kreuzwegstationen in Medaillons auf den Emporen sind Werke des Moritz von Schwind, die nach einer Restauration wieder ihren alten Platz erhielten. – Auch die *Spitalkirche St. Johannes* war im Ursprung romanisch, wurde nach 1481 gewölbt und erhielt im 18. Jahrhundert den Rokoko-Stuck. Die Deckengemälde schuf 1877 Hans Thoma.

Die alte Salzstadt Bad Reichenhall hat leider 1834 einen verheerenden Stadtbrand erlebt, bei dem nur wenige alte Gebäude des früheren Inn-Salzach-Typs erhalten blieben. Malerisch zeigt sich der Rathausplatz vor allem zur Marktzeit, wobei der *Wittelsbachbrunnen* mit seinen vier Löwen dominiert. Der Brand wies den Reichenhallern einen neuen Weg zu wirtschaftlicher Blüte: Das Heilbad entwickelte sich, von König Max II. gefördert, und wurde 1890 offiziell anerkannt.

Auf der Rückfahrt zur Alpenstraße passieren Sie die Burgruine *Karlstein* aus dem 12. Jahrhundert, die dem Schutz des Salzwesens diente. Auf dem Nordost-Vorsprung des Burgbergs steht die *Kirche St. Pankratius*, ursprünglich auch romanisch, bis 1676 ein Neubau begann. Im Inneren überrascht ein reichgeschnitzter und vergoldeter Hochaltar.

Der Abstecher nach **Inzell** bringt Ihnen die Begegnung mit der *Pfarrkirche St. Michael* mit ihrem doppelt gezwiebelten Kirchturm von 1727. Gegenüber steht der von Ecktürmen eingefaßte *Gasthof ›Zur Post‹* (früher ein Hof des Klosters St. Zeno in Reichenhall) aus der ersten Hälfte des 16. Jahrhunderts.

Wenn Sie vom Ortsrand in Richtung Adlgaß fahren, erreichen Sie über Sterr und Einsiedl auf einer empfehlenswerten Nebenstrecke das holzgeschindelte *Kirchlein St. Nikolaus* mit seinem nadelspitzen Dachreiter in unmittelbarer Nachbarschaft eines urigen Bauernhofs, dessen einstige Bewohner 1583 durch Kaiser Siegmund ein Wappen verliehen bekamen. Die Kirche, inmitten der Almenlandschaft auf der Höhe gelegen, geht aufs 15. Jahrhundert zurück. Damals zog sich Luitpold II., Graf von Plain, hierher zurück, nachdem er wegen der Brandschatzung Salzburgs von Barbarossa 1157 mit dem Bannfluch belegt worden war, und lebte als Einsiedler bis zu seinem Tod im Jahre 1190. Die heutige Kirche entstand im späten 15. Jahrhundert. Die Holzfiguren der Heiligen auf dem Hochaltar aus dem frühen 16. Jahrhundert, das Triumphbogen-Kreuz (um 1400) sowie die Glasgemälde des 15. Jahrhunderts machen dieses entlegene Kirchlein zu einer Kostbarkeit.

Kurz vor Ruhpolding passieren Sie die alte *Wallfahrtskirche St. Valentin* in Zell, das älteste Bauwerk im Ruhpoldinger Raum. Obwohl klein, spiegelt die Kirche doch mehrere Stilrichtungen. Der romanische Bau wurde 1450 mit einem Chor mit Netzgewölbe bereichert. 1955 konnten die Fresken von 1450 in diesem Gewölbe freigelegt werden. Überlebensgroß die Figur des hl. Christophorus, der so viele Kirchen Oberbayerns ziert. Dieser stammt aus der ersten Hälfte des 17. Jahrhunderts.

DEUTSCHE ALPENSTRASSE/INZELL, RUHPOLDING

Auch wenn 1969 die katholische Kirche manche der legendären Heiligenfiguren, wie sie gerade in Oberbayern weit verbreitet waren, aus ihren Kalendarien gestrichen hat, so blieb und bleibt Sankt Christophorus im Glauben des Volkes sehr lebendig, heute gar als Schutzpatron der Kraftfahrer neu bestätigt. Nicht einmal Luther hatte bei seinem Kampf gegen den Heiligenkult den tätigen Glauben des Christophorus verdammen können. Von Münchens Frauenkirche bis zu zahllosen Dorfkirchen werden Sie dem Christophorus immer wieder begegnen. Auch auf den Fassaden privater Wohnhäuser taucht er auf.

Was ist das für eine Gestalt? Gegeben hat es ihn zweifellos. Freilich sind Geschichte und Legende nur noch schwer zu trennen. Als Märtyrer wurde er von Kaiser Decius ins Gefängnis geworfen, enthauptet. Die Legenda aurea berichtet über ihn, daß er einer der verfluchten Kanaaniter war. So wollte er, um dem Fluch zu entgehen, dem mächtigsten Herrscher der Welt dienen. Der König, der sich vor dem Teufel bekreuzigte, und der Teufel, der ums Kreuz einen Umweg machte, waren nicht seine Männer. Er suchte den Gekreuzigten. Ein Einsiedler riet ihm, hilfreich Reisende über einen gefährlichen Fluß zu tragen. »Sei jedermanns Diener, so wirst du den König Jesus Christus sehen«. So verging sein Leben, bis ihn eines Tages ein Kind rief, er solle es über den Fluß tragen. Während er das tat, wurde das Gewicht des Kindes immer größer und drohte, ihn zu erdrücken. Aber er hielt durch und erfuhr am jenseitigen Ufer von dem Kind: »Du hast mehr getragen als die Welt, du hast den Schöpfer der Welt getragen«. So wurde der ›Christophorus‹, der Christusträger, aus ihm. Das Motiv hat die Künstler über die Jahrhunderte immer wieder fasziniert – auch in Zell.

Ruhpolding, einst weniger gefällig Miesenbach genannt, ist das beliebte Ziel großer Touristenströme und wurde bereits in den 30er Jahren von Berlin aus als Inbegriff oberbayerischer Bergwelt durch Reiseveranstalter erschlossen. Es besitzt oberhalb des lebhaften Ortes die *Pfarrkirche St. Georg.* An der Stelle früherer romanischer und gotischer Bauten entwarf Hofbaumeister Johann Baptist Gunetzrhainer den Plan für den 1738 begonnenen, 1757 mit dem Turm vollendeten Bau. Es ist eine der interessantesten oberbayerischen Dorfkirchen mit stattlichen Ausmaßen: 40 m lang, 14 m breit, 19 m hoch. Sie weist ein Tonnengewölbe auf und – zwischen den breiten Wandpfeilern des Langhauses – zwei Nischen mit der mächtigen Kanzel und dem ansehnlichen Altar. Die Rokoko-Ausstattung wurde noch 1821 von Sebastian Rechenauer mit der Deckenbemalung fortge-

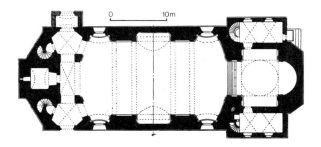

Ruhpolding, St. Georg, Grundriß

führt. Von ergreifender Wirkung die (erst 1955 wieder aufgefundene) romanische Madonna eines unbekannten Meisters aus dem 12. Jahrhundert im rechten Seitenaltar: die milde Mutter Maria, auf die sich der lehrende Christus stützt. In ihrer Schlichtheit wirkt diese ›Ruhpoldinger Madonna‹ beinahe modern (Farbt. 13). Unten im Ort ein *Museum für bäuerliche und sakrale Kunst* mit 193 Hinterglasbildern, 40 Truhen und Kästen und der größten Paramenten-Sammlung Europas mit Meßgewändern und Brokatstoffen aus vielen Jahrhunderten.

Durch eine immer wieder bezaubernde Landschaft von Bergen, Almen, Seen, wenig besiedelt und von vielfältiger Eigenart, gelangen Sie nach **Reit im Winkl** mit seinen in bunter Mischung vereinten älteren und neueren landestypischen Häusern (Abb. 13). Darüber liegt die vor allem als Skigebiet beliebte Winklmoosalm in 1160 m Höhe.

Die Weiterfahrt auf den Chiemsee zu vermittelt in **Unterwössens** *Kirche St. Martin* (1780/83) die Begegnung mit einem 1781 entstandenen Deckengemälde von Ignaz Baldauff. **Marquartsteins** *Schloß* entstand bereits um 1075 und wurde 1857 so restauriert, daß man eine Vorstellung von dem mittelalterlichen Wehrbau erhält. Die *Schloßkapelle St. Vitus,* ursprünglich spätgotisch, wurde nach einem Brand 1844/45 erneuert und enthält in drei klassizistischen Altären einige Gemälde des 18. Jahrhunderts.

Der unbekannteste Ort an dieser touristisch beliebten Strecke, nämlich **Raiten**, überrascht mit der abseits auf der Höhe gelegenen teils romanischen, teils spätgotischen *Kirche St. Maria,* vom Kirchhof eingerahmt. In ihr eine ›Maria zu den sieben Linden‹ als Teil des Hochaltars, eine sitzende Muttergottes von Ende des 15. Jahrhunderts, naiv empfunden. Treppenspuren erinnern an einen alten zugehörigen Wehrturm. Im heutigen Glockenturm ein Votivbild von 1782, das sich auf den Brand in Raiten bezieht. Aus der Zeit davor blieben zwei Gehöfte (von 1722 und 1732) erhalten: Hof Nr. 32 und Meßnerhof.

Mit Raiten sind Sie auf einer Nebenstrecke, die Sie sich keinesfalls entgehen lassen dürfen. Sie führt über **Schleching** (Grenzübergang nach Österreich) und dessen kurz vor 1740 entstandene *Pfarrkirche St. Remigius,* deren Stuckmotive der Decke sich in den Gestühlswangen wiederholen, zur *Streichen-Kapelle* (Abb. 106). »Hoch oben auf dem Berg, verbunden mit den Felsen, auf denen sie gebaut und aus denen sie herauswächst, sind Langhauswände, Chorraum und Dachreiter schon in sich eine weiterführende lebendige Gliederung, die mit dem dominierenden, weit nach unten gezogenen Dach, mit dem dahinter ansteigenden Wald und den aufragenden Bergen eine Harmonie eingehen, wie sie weit und breit ihresgleichen sucht.« (Brugger)

Zuerst die Anfahrt: Sie biegen unmittelbar vor dem Grenzübergang nach links ab, fahren aufwärts und halten sich an drei aufeinanderfolgenden Gabelungen jeweils rechts. Das schönste Erlebnis bietet sich, wenn Sie Ihren Wagen dort stehen lassen, wo es die Verkehrshinweise vorschreiben, und den letzten Kilometer zu Fuß zurücklegen und einen prächtigen Tannenwald durchwandern. Jedoch fahren Besucher der unterhalb der Kapelle gelegenen Gaststätte – sozusagen am Rande der Legalität – auch bis zur Kapelle, die im Sommer (mit den anschließenden Wandermöglichkeiten) beliebtes Ausflugsziel ist.

DEUTSCHE ALPENSTRASSE/STREICHEN-KAPELLE, URSCHALLING

300 m oberhalb des Tals der Tiroler Ache verlief hier einst ein Saumpfad = Strich, daher Streichen-Kapelle, zwischen Chiemsee und Kitzbühel. An ihm entstand wohl bereits im 8./ 9. Jahrhundert die erste Kapelle; das heutige einfache Kirchlein St. Servatius wurde an der Wende vom 13. zum 14. Jahrhundert erbaut. Um 1440 erhielt es im Chor, Anfang des 16. Jahrhunderts (1508/13) im Langhaus seine Fresken und drei wertvolle Altäre. Die Fresken wurden 1685 kurzerhand übertüncht und erst 1943/54 allmählich freigelegt und restauriert. Sie geben der Kirche ihren wahrhaft überwältigenden und in solcher Einsamkeit kaum vermuteten Charakter. Warum zwischen Chor- und Langhausfresken über 70 Jahre vergingen, ist schwer erklärlich – vielleicht fehlten die Mittel. Auf der rechten Seite des Chorbogens finden Sie die klugen, auf der linken die törichten Jungfrauen. Nördliche Chorwand und Ostseite des Chors zeigen Szenen aus dem Marienleben und die Passion. Leider sind die Chorfresken nicht so gut erhalten wie die des Langhauses, die »zu den bedeutendsten Arbeiten dieser Zeit in Altbayern« (Brugger) zu rechnen sind. Ihr Ursprung liegt wohl in dem Kreis um den Salzburger Maler Konrad Laib, der schwäbische und oberitalienische Richtungen vereinte, so daß die Verwandtschaft der Streichen-Fresken mit denen in Südtiroler Kirchen erklärlich ist. Die Fresken füllen die Langhauswände von oben bis unten aus. Sie bestehen vorwiegend aus Heiligen-Darstellungen (Leonhard, Wolfgang, Magdalena nach Norden, Dionysius und Erasmus nach Süden). Auch hier fehlt unter den Freskenmotiven der hl. Christophorus nicht, der an der Nordwand riesengroß und ungemein lebendig abgebildet ist – verständlich bei einer Kapelle, die vor allem von Reisenden besucht wurde. An der Südwand (unter Erasmus und Dionysius) die Huldigung der Weisen vor Maria und dem Kind. Achten Sie auf den reitenden König, ein meisterliches Werk. Weitere Motive im Langhaus: die hl. Agnes (Laibung des nördlichen Fensters), eine Muttergottes mit einem Jesusknaben im Hemdchen (über dem Nordfenster), Maria Magdalena (rechts vom Nordfenster).

Neben den Fresken, auch wenn sie die Kapelle beherrschen, sollten Sie auch die für diese einsame kleine Kirche erstaunlichen Altäre beachten: außer dem gotischen Hochaltar (Farbt. 14), der zeitweise entfernt war, drei bedeutende Schreinaltäre, dazu an der nördlichen Chorbogenwand ein kleiner Kastenaltar von Anfang des 15. Jahrhunderts, ein Meisterwerk des ›weichen Stils‹, vermutlich Vorläufer des Hochaltars, mit dem Kirchenpatron von St. Servatius, einer Holzskulptur aus der Zeit um 1400. Übersehen Sie schließlich auch die beiden gotischen Glasfenster von 1440 und das spätgotische Gestühl nicht. Sollte die Kirche verschlossen sein, erhalten Sie den Schlüssel im unterhalb gelegenen freundlichen Wirtshaus.

Vom Rückweg über Marquartstein gelangen Sie nach **Grassau,** dessen *Pfarrkirche St. Mariae Himmelfahrt* von Ende des 15. Jahrhunderts gleichfalls einige spätgotische Fresken aus demselben Zeitraum aufweist, die Ende des 17. Jahrhunderts freigelegt wurden. Auch die Brüstung der Westempore trägt verblaßte Fresken. Der Freskenzyklus vom frühen 15. Jahrhundert ist ebenfalls ein Werk des ›weichen Stils‹, möglicherweise auf den Münchner Maler Meister Ott zurückgehend. Leider sind bei einer Restaurierung nur Teile dieses großen Zyklus, der sich wohl über Presbyterium, Ostwand des Langhauses und Nordwand

1 Ingolstadt, Bürgersaal Sta. Maria Victoria, Altar und Deckengemälde von Cosmas Damian Asam

2 Ingolstadt, Schloßhof mit Tor und Kanonen

3 Tolbath, Kirche St. Leonhard

4 Fürstenfeldbruck, Amper mit Kirche St. Leonhard

5 Blick über Münchens Dächer und Kirchen zu den Alpen

6 München, Isartor

7 München, Kirche St. Johann Nepomuk (Asamkirche), Fassade

8 Schloß Nymphenburg, Großer Saal, ›Verherrlichung der Flora‹, Deckengemälde von J. B. Zimmermann

9 Schloß Nymphenburg
10 München, Residenz, Wanddetails im Antiquarium
11 Schloß Herrenchiemsee, Türfüllungen aus Meißner Porzellan im Porzellan-Kabinett

12 Schleißheim, Neues Schloß, Ostfront
13 Ruhpolding, St. Georg, romanische Madonna, 12. Jh.
14 Streichenkirche St. Servatius, Hochaltar von 1524, Christi Geburt

16   Berchtesgaden mit Watzmann

◁ 15   Ramsau mit Pfarrkirche St. Fabian und Sebastian, 1512

17 Maria Gern, Wallfahrtskirche St. Maria (1709) mit Unterberg
19 Carl Rottmann (1797–1850), Chiemsee mit Prien (Gemälde) (Graphische Sammlung, München) ▷
18 Bad Tölz, Fassadenmalerei (›Lüftlmalerei‹), 18. Jh.

21 Kapelle bei Penzberg
◁ 20 Simon Warnberger, Neubeuern mit Schloß (Gemälde) (Graphische Sammlung, München)
22 Dietramszell, Klosterkirche (1729–41), Dekoration von J. B. Zimmermann

23 Wilparting, Kirche St. Marinus-Anianus mit Wendelstein
25 Bayrischzell mit Pfarrkirche St. Margareth ▷
24 Garmisch-Partenkirchen, Sonnenstraße mit neuer Pfarrkirche St. Martin (1730–34) gegen Wank

26 Im Wirtshaus

27 Marketenderin

28 Almabtrieb

29 ›Lüftlmalerei‹ an einem Bauernhaus

30 Geroldsee bei Garmisch-Partenkirchen mit Karwendel ▷

31 Prozessionsstangen, Pfarrkirche Grassau

32 Aufbruch zum St. Georgi-Ritt

33 Altötting, Umgang der Wallfahrtskapelle mit Votivbildern

34–37 Oberbayerische Impressionen

38 Gröbelalm bei Mittenwald ▷

39 Schloß Linderhof im Graswangtal
40 Blick auf Kloster Ettal
41 Kloster Ettal, Blick ins Kuppelinnere, Fresko von J. J. Zeiller, 1752 ▷

43 Blick zum Herzogstand bei Kochel

◁ 42 Voralpen bei Bad Kohlgrub

44 Steingaden, Kirche St. Johann Baptist, Stuck und Deckenfresko nach 1740 ▶

46 Landsberg am Lech, Blick auf die Altstadt
◁ 45 Schloß Neuschwanstein mit Tiroler und Allgäuer Bergen, Alpsee und Schwansee
47 Wies, Wallfahrtskirche (1745–54), erbaut von Dominikus Zimmermann

48 Wieskirche, Blick zum Chor (Stuck und Deckenmalerei von J. B. Zimmermann)

49 Andechs, Wallfahrtskirche Mariae Verkündigung, Fresken von J. B. Zimmermann

50 Vilgertshofen, Wallfahrtskirche mit Wessobrunner Stuck

51 Burghausen an der Salzach, vom österreichischen Ufer gesehen

52 Kloster Höglwörth bei Anger

53 Seeon, ehemalige Klosterkirche, 11./12. Jh.

erstreckte, bisher aufgedeckt worden. Er bestand aus lebensgroßen Figuren der Patrone und Szenen aus der Heils- und Heiligengeschichte. Im Chorschluß sind Einzelheiten zu sehen: eine kluge und zwei törichte Jungfrauen, darüber, neben dem Mittelfenster, eine hl. Elisabeth, links vom südöstlichen Fenster die hl. Agnes.

Die Barockisierung des Kircheninneren (1695/1707) erfolgte mit überreichem weißem Stuck auf farbigem Grund, der möglicherweise von Giulio Zuccalli stammt. Hinzu kamen Barock-Fresken (1766/67) von Johann Peter della Croce (1736–1819), der in Burghausen ansässig war. Originell ist die Darstellung eines Fronleichnamszugs über dem Eingang unter der Westempore, ein Werk des Priener Malers Jacob Carnutsch aus der Zeit um 1700.

Bernau liegt am **Chiemsee,** mit 80 qkm Bayerns größter See (Farbt. 19). Über ihm die durch eine Seilbahn aus der Umgebung von Bernau erreichbare Kampenwand (1669 m) mit dem 12 m hohen Chiemgaukreuz und den umrahmenden Bergen der Chiemgauer Alpen. Das Miteinander des majestätisch-lieblichen Sees mit den gezackten Bergwänden vermittelt immer wieder neue Eindrücke, wobei die jeweilige Beleuchtung erstaunliche Veränderungen bewirkt – am unheimlichsten bei Sturm und Gewitter. In den Orten rings um den See läßt sich trotz des saisonbedingten Touristenandrangs, auch von München aus, manche Bleibe finden, die noch den überlieferten Namen ›Sommerfrische‹ rechtfertigt.

Ihre Fahrt von Bernau nach Prien führt Sie kurz vor Prien an **Urschalling** mit seinem *Kirchlein St. Jakobus* vorbei. Diese Kirche gehört zu den größten Sehenswürdigkeiten des Chiemsee-Raumes. Der schlichte spätromanische Bau (1979 erneute Restaurierung begonnen) erwies sich seit 1930 als Schatzgrube einer einmaligen Folge mittelalterlicher Fresken aus den Jahren um 1200 und 1380, die immer wieder übertüncht worden waren. Noch vom Ende des 12. Jahrhunderts stammt etwa das Fresko im nördlichen Chorraum mit der Darstellung von Adam und Eva nach dem Sündenfall (Abb. 108). »Nichts deutet beim Urschallinger Bild auf die Fresken im nahen Frauenchiemsee, alles auf einen eigenständigen Meister aus Salzburg.« (Brugger)

Ursprung dieser Kirche war zwischen 1160 und 1200 eine Burganlage der Grafen von Falkenstein (die ihren Sitz bei Flintsbach unterhalb des Petersberges hatten), die damit ihren Besitz in dieser Gegend schützen wollten. Der Westteil der Kirche, ursprünglich ein Wehrturm, stand mit der Burg der im 13. Jahrhundert ausgestorbenen Falkensteiner in Verbindung. »Die Kirche selbst ist ein reichgegliederter Gewölbebau, bestehend aus einer halbrunden Apsis und aus zwei Jochen, durch Wandpfeiler und Gurtbögen als Chorjoch und Laienschiff voneinander getrennt.« (Brugger). Ursprünglich ging der Ausgang nach Norden. Er wurde zugemauert, als das Turmgeschoß nach Süden geöffnet wurde. Der heutige Turm über der Apsis mit Zwiebelhaube entstand 1711.

Aber sprechen wir von den Fresken! Ausgemalt wurde zweimal: Zum erstenmal noch zur Zeit der Falkensteiner im letzten Viertel des 12. Jahrhunderts. Aus dieser Ausmalung des Chorjochs stammt vor allem die Darstellung von Adam und Eva (Abb. 108). Der ursprüngliche Zyklus umfaßte wohl erheblich mehr. Die zweite reiche Ausschmückung erfolgte um 1390. Dieser Freskenzyklus ist einmalig in Oberbayern. Der unbekannte Meister der

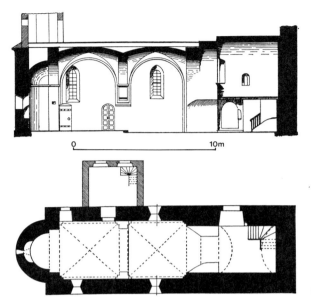

Urschalling, St. Jakobus, Grundriß und Längsschnitt

gotischen Fresken im (bereits ausgemalten!) Chorjoch übernahm in Thema und Komposition die vorhandenen Vorlagen, insbesondere in der Apsis. Das hat zu einem ungemein anregenden Stil-Nebeneinander geführt, wie es sich vom Gewölbe des Chorjochs her verfolgen läßt. »Herrscht hier noch die feierlich-romanische Unbewegtheit (Christus!), so bricht schon in der Darstellung der Verkündigung (Südwand) und besonders in der Huldigung der Weisen (Nordwand) gotische Formensprache und damit lebendig erzählende Darstellungsweise durch.« (Brugger)

Der gotische Zyklus umfaßt im einzelnen:
Apsisgewölbe: Christus als Weltenrichter mit zehn Aposteln (Abb. 107);
Gurtbogen: kluge und törichte Jungfrauen;
untere Pfeiler: Evangelisten, Maria Magdalena, Heilige und Apostel;
Altarraum: Meßgeräte, Antonius Eremita, hl. Nikolaus, Maria mit Katharina und Barbara, Verkündigung; unten: hl. Norbert und Paulus, Anbetung der Könige, hl. Laurentius und Stephanus, Schweißtuch der Veronika, thronende Muttergottes;
Gewölbe des 1. Joches: Moses vor Dornbusch mit Muttergottes und Kind, Engel, Abraham, David, Salomon, Propheten;
Triumphbogen: hl. Oswald, Christophorus, darüber Abel und Kain beim Opfer;
2. Joch: Passion, Vorhölle, Tod und Himmelfahrt Mariae;
Wandpfeiler: hl. Fürst, hl. Rupert, Veit, Valentin, acht Halbfiguren der hl. Frauen.

Der größte und wichtigste Chiemsee-Ort **Prien** (Farbt. 19) am Westufer ist nicht allein Ausgangspunkt zu den berühmten Inseln im See, sondern auch Sitz einer einst zum Kloster Herrenchiemsee gehörenden *Pfarrkirche Mariae Himmelfahrt*. Der Bau des 15./16. Jahrhunderts wurde 1735/40 verlängert und erweitert. Originellerweise wurde dabei auch ein neuer Westturm erbaut, auf den der frühere Helm von 1711 gesetzt wurde. Fresken und Stuck im Inneren (um 1738) stammen von Johann Baptist Zimmermann; er malte das prächtige Deckenfresko der ›Seeschlacht von Lepanto‹ und die Oberbilder der Seitenaltäre. Die Stuckmarmor-Kanzel von 1739 ist eine gemeinsame Arbeit von ihm und Johann Schwarzenberger. Sehenswert auch einige Grabmäler des 16. und 17. Jahrhunderts.

Wer nach Prien kommt, wird selbstverständlich auch die Inseln im Chiemsee besuchen: **Herrenchiemsee** und **Frauenchiemsee**. Beide Namen gehen auf die Klöster zurück, die von den Benediktinern errichtet wurden: schon früh (Weihe 782) das Nonnenkloster von Frauenchiemsee, ebenfalls noch im 8. Jahrhundert das Mönchskloster Herrenchiemsee, das die Ungarn im 10. Jahrhundert zerstörten, woraufhin im 12. Jahrhundert Augustiner folgten, deren Bauten großenteils der Säkularisation zum Opfer fielen, soweit sie nicht als ›altes Schloß‹ überlebten.

Von höherem historischem Rang ist ohne Zweifel die Fraueninsel. Hier stehen die Reste der im 11. Jahrhundert begonnenen *Klosterkirche St. Maria*, die mehrfach umgebaut wurde, und der Konventsbau von 1730, der heute noch von Benediktinerinnen bewohnt ist. Die nur neun Hektar große Insel mit ihrem Fischerdorf ist ungemein malerisch und nicht ganz so von Besucherschwärmen heimgesucht wie Herrenchiemsee. Der achteckige Zwiebelturm der Kirche beherrscht weithin den See.

Tassilo III. gründete um 772 das Frauenkloster. Berühmte Äbtissin war im 9. Jahrhundert Irmengard, eine Tochter von König Ludwig dem Deutschen. Trotz Zerstörungen durch die Hunnen (10. Jahrhundert) und anderen Heimsuchungen (Brände 1499, 1572) blieb Wertvolles erhalten. Das dreischiffige Münster wurde aus romanischen Anfängen spätgotisch (1472/76) umgebaut. Das nördliche Portal (für weltliche Kirchenbesucher) ist noch romanisch und wirkt etwas grob. Der Türklopfer trägt einen romanischen Löwenkopf. Die Anlage weist den ältesten ›Chorumgang‹ des süddeutschen Raums auf. Die Innenausstattung erfolgte im 17. Jahrhundert mit dem riesigen Hochaltar von 1694 in Schwarz und Gold, von einem Kistler (Tischler) aus Breitbrunn (Abb. 109). Die gotische Marienkapelle besitzt ein Deckenbild ›Mariae Tempelgang‹ von Balthasar Furtner (1761). Von den Grabsteinen gelten mehrere den Äbtissinnen. 1961 wurde auch das Hochgrab der seligen Irmengard im Westteil des Langhauses aufgefunden.

Im Kircheninneren und in der Michaelskapelle (Torkapelle), wohl aus karolingischer Zeit, 100 m von der Kirche entfernt, sind mehrfach alte Fresken entdeckt worden. Im Presbyterium 1911 solche aus der Zeit von 1496; 1929 in den Arkadenlaibungen des Presbyteriums spätromanische Wandmalereien von 1170/80: Christus, Maria, Martha, Engelsgestalten und Tauben. Besonders bedeutsam sind in der Michaelskapelle kürzlich entdeckte Wandmalereien mit Engeln, wohl aus dem 9. Jahrhundert; zwei fast vollständig, drei teilweise erhalten:

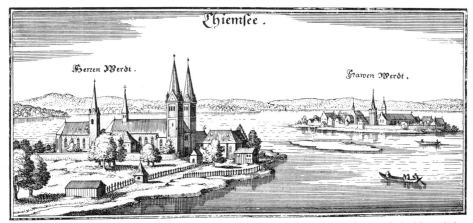

Chiemsee mit Herrenchiemsee und Frauenchiemsee. Herrenchiemsee besitzt hier noch die klösterlichen Kirchenbauten. Kupferstich von Matthäus Merian

eine einmalig frühe Darstellung auf deutschem Boden. Zum Münster gehört noch die *Maria-Mitleid-Kapelle* gotischen Ursprungs, im 17. Jahrhundert barockisiert. In ihr befindet sich die auf das frühe 17. Jahrhundert zurückgehende Krippe von Frauenwörth mit holzgeschnitzten und reichgekleideten Figuren.

Die Welt von *Herrenchiemsee* sieht völlig anders aus. Die mit 250 Hektar größte von insgesamt drei Chiemsee-Inseln besitzt aus ältester Vorzeit einen Ringwall. Von 1130 an ließen sich Augustiner-Chorherren hier nieder und machten die Insel zu einem kulturellen Mittelpunkt, bis mit der Säkularisation 1818 die Domkirche abgerissen wurde – ihr Langhaus wurde zum Bräuhaus, die Gruft zum Bierkeller. 1875 erfuhr König Ludwig II., daß die Besitzer der Insel (sie hieß noch Herrenwörth) sie abholzen lassen wollten, worauf er sie dankenswerterweise erwarb: beachtliche 350000 Gulden für den ›Umweltschutz‹, obwohl das gleiche Gelände im Zuge der Säkularisation für 40000 Gulden verkauft worden war. Noch teurer wurde freilich der Bau des Schloßes (1878/85), der ein Jahr vor Ludwigs Tod aus Geldmangel eingestellt werden mußte.

Daß Ludwig II. hier ein prachtvolles Gegenstück zu Versailles errichten wollte, hat von Hausenstein als »Unmaß falscher Produktivität« bezeichnet, deren Architekt Georg Dollmann war. Ursprünglich hatte Ludwigs ›Versailles‹ bei Linderhof stehen sollen. Die dem Schau- und Spekulationsbedürfnis mancher Besucher reichlich Stoff bietende Anlage ist, wie es Dehio ebenso dezent wie vielsagend ausdrückt, »nur aus der eigenartigen geistigen Haltung des Königs zu verstehen«. Gewohnt hat König Ludwig II. nie in diesem Schloß: Er zog das sogenannte *Alte Schloß*, das frühere Klostergebäude (1629/53), mit dem um 1700 prachtvoll dekorierten Kaisersaal vor. Die gewölbte Halle des klösterlichen Bibliotheksbaus erhielt ihre Rokoko-Dekoration durch Johann Baptist Zimmermann. Leider schenken die meisten Besucher von Herrenchiemsee diesen Bauten kaum einen Blick.

Zu Fuß oder mit dem Pferdewagen erreichen Sie durch schönen Wald das *Neue Schloß*, (Farbt. 11; Abb. 19, 20), wobei Sie zunächst die Parkanlagen von Karl Effner mit dem Latona-Brunnen und seinen Wasserspielen (seit 1972 wieder in Betrieb) passieren, die besonders bei Nacht, beleuchtet, einen zauberhaften Eindruck vermitteln. Johann Hauttman schuf 1883 die Marmorfigur, die das Versailler Vorbild nachahmte.

Kein Zweifel, daß das Schloß, wie immer man es beurteilen mag, sich harmonisch in die Landschaft einfügt. Auch stellt es keine getreue Kopie von Versailles dar. »Die Änderungen gegenüber dem französischen Vorbild zeigen, wie überlegt König Ludwig seinen Bau geplant hatte« (Nöhbauer). Die beim Pfauenmonument in emaillierter Bronze beginnende Führung vermittelt ein ausreichendes Bild von der hier unter Mitarbeit zahlreicher Künstler verwirklichten Prachtentfaltung. Der König selbst, in Versailles am stärksten von Spiegelgalerie und Schlafzimmer beeindruckt, schenkte diesen Räumen bereits bei der Planung größte Aufmerksamkeit. So übertraf Ludwigs (nie benutztes) Schlafzimmer das des Sonnenkönigs. Der Spiegelsaal enthält 1848 Kerzen, 33 Glaslüster und 44 Kandelaber. Julius Hofmann und vor allem Franz Widmann, vom Bildhauer Philipp Perron praktisch unterstützt, waren die wichtigsten Künstler der Innenausstattung. Daß Ludwig II. das Schloß im Grunde nicht für sich selbst, sondern für sein Idol Ludwig XIV. baute, beweist – neben Bildern des Sonnenkönigs – der Apoll des Deckenbildes im Paradeschlafraum, der die Züge des französischen Herrschers erhalten mußte, obwohl der Maler ihm ursprünglich die von Ludwig II. gegeben hatte. Wenn heute jährlich 650000 Besucher über die Insel Herrenchiemsee und durch das Schloß pilgern, was den König selbst mit Abscheu und Entsetzen erfüllt hätte, dann erweist sich, daß die gewaltigen Kosten letzten Endes doch wieder in die Staatskassen geflossen sind. Verlassen Sie das Schloß nicht, ohne einen Augenblick vor der Marmor-Statue des Königs im nördlichen Treppenhaus – 1870 von Elisabeth Ney geschaffen – zu verweilen. Sie steht vor rohem Mauerwerk des nicht vollendeten Baus. »In den ›Kulissen‹ von Herrenchiemsee, die fast alle zunächst auf der Bühne des Münchener Hoftheaters erprobt worden waren, sollte sich eine Art Wiedergeburt des absoluten Königtums vollziehen, das Ludwig II. versagt war, an das er sich aber in den von keiner Hofgesellschaft mehr erfüllten Räumen erinnern wollte, um fern der bürgerlichen Welt des 19. Jahrhunderts als echter König zu leben« (Detta Petzet).

Im Norden des Chiemsees, nahe bei Seebruck, ragt weit sichtbar der barocke Turm der *Wallfahrtskirche Ising* (14. Jahrhundert) auf einem Hügel empor. Ihr Gnadenbild ist eine spätgotische Madonna auf der Mondsichel. Als erstaunlich feinsinniger Stukkateur erwies sich 1751/52 Plazidus Nizinger, eigentlich ›nur‹ Maurermeister, aber mit viel Sinn für den Geist des Rokoko. Eine ›Schatzkammer‹ im *Alten Herrenhaus* neben der Kirche enthält rund hundert Mittel- und Kleinplastiken des 15.–20. Jahrhunderts (Sammlung Irmgard Weithase).

DEUTSCHE ALPENSTRASSE/ASCHAU, BAYRISCHZELL

Wenn Sie Prien auf dem Weg zu den Alpen verlassen, sollten Sie über **Frasdorf** fahren und hier den nördlichen Abstecher zu der ehemaligen *Wallfahrtskirche St. Florian* einschieben, die Sie mit dem Wagen erreichen können, wenn Sie dem Wegweiser nach Niesberg folgen und rechts abbiegen. Der um 1500 errichtete Granitbau des Kirchleins liegt abseits mitten im Wiesenhang, ein Stück davor die achtseitige Brunnenkapelle von 1659. Durch ein schützendes Gitter blicken Sie auf den bedeutenden Flügelaltar aus dem frühen 16. Jahrhundert mit St. Florian – die Flügel enthalten innen Hochreliefs mit Darstellungen aus dem Leben des hl. Florian, während sie außen mit Gemälden versehen sind. Landschaft und Kirche fließen zu einer stillen Harmonie zusammen.

Bei der Fahrt von Frasdorf aus prienaufwärts können Sie wenigstens einen Blick auf *Schloß Hohenaschau* (Abb. 111) werfen, falls Sie nicht das Glück haben, einen der Besichtigungstermine zu erwischen, die lediglich Dienstag und Freitag betreffen: im Hochsommer halbstündlich zwischen 9.30 und 11.30; im Mai und September nur 9.30, 10.30 und 11.30 Uhr. Die Burg stammt aus dem 12. Jahrhundert: Erhalten sind Bergfried, Mauerwerk der Kapelle und Teile der Mauern des Hauptgebäudes. Der heutige Hauptbau entstand 1561. 1680/86 wurde der Festsaal eingefügt, dessen aufwendige Stuckdekoration auf italienische Meister zurückgeht, die auch zwölf überlebensgroße Stuckstatuen an den Längswänden postierten. Auch die Bankettsäle sind reich an italienischem Stuck, wie er in dieser Qualität sonst in Bayern nicht zu finden ist, Entstehungszeit 1680/86. Die aufs Mittelalter zurückgehende Schloßkapelle wurde in der gleichen Zeit umgewandelt und 1908 nochmals umgebaut. Für die 1739 errichteten Seitenaltäre lieferte Johann Baptist Zimmermann die Gemälde. Auch zwei Lindenholzstatuetten von Ignaz Günther (1766; hl. Johann Nepomuk und Florian) sind zu sehen, die für die Silberstatuetten der Aschauer Pfarrkirche als Modelle dienten. In der Nähe ist zur Zeit ein *Priental-Museum* im Bau.

Achten Sie auch (und als Ersatz, falls Sie zur ›falschen Zeit‹ hier sind) unterhalb des Schlosses auf die alte *Rastkapelle,* gegenüber der burgähnlichen Brauerei, von 1648 mit Sonnenuhr und winzigen Fenstern und einem Barock-Altar im Inneren.

Aschaus *Pfarrkirche St. Maria* bietet vor dem Hintergrund der Berge einen prächtigen Anblick (Abb. 112). Einer der beiden zwiebelbehelmten Türme wurde als Kopie des anderen (Unterteil mittelalterlich, Oberteil 1767/69) erst 1904 hinzugefügt. Im Innenbau überziehen schwere Stuckdekorationen die Gewölbe und Bogenlaibungen. Das Deckengemälde – 1754 von Balthasar Mang gestaltet – dehnt sich mächtig aus.

Der Hochaltar ist neueren Datums, jedoch mit älteren Kunstwerken bereichert, so einer Dreifaltigkeitsgruppe des Rokoko von 1752. Gegenüber der reichvergoldeten Kanzel ein klassizistisches Marmordenkmal und davor eine Statue der Schutzmantelmadonna des Wasserburger Bildhauers Jacob Laub (1612–1662) mit den Vertretern der Stände in Rokoko-Tracht an der Mantelinnenseite. Kein Zweifel, daß die Kirche in ihrer Größe und Ausstattung keine der üblichen ländlichen Pfarrkirchen ist und zusammen mit dem Schloß weit ins Tal ausstrahlte. »Im Langhaus verbinden sich die schlichte Kraft altbayerischer Spätgotik im Raum mit der festlichen Üppigkeit italienischen Hochbarocks in der Stukkatur und der Farbenfreude bayerischen Rokokos in den ... Fresken« (von Bomhard).

Vielleicht schenken Sie dem dicht bei der Kirche gelegenen *Gasthaus ›zur Post‹* in einem Bau von Ende des 17. Jahrhunderts einen Blick, dessen erstes Obergeschoß vier sechseckige Erkerchen aufweist.

Mit Brannenburg und Degerndorf sind Sie auf dem Kurs der Deutschen Alpenstraße, die hier auf der Strecke nach Bayrischzell über Tatzelwurm (Wasserfälle) eines ihrer schönsten Bergpanoramen entfaltet. Die Steigung erreicht teilweise 18 Prozent. Almen, über denen der Klang der Kuhglocken schwingt, begleiten Ihren Weg ebenso wie alte Bauernhöfe und moderne Skilift-Anlagen. Es lohnt sich, langsam zu fahren und sich satt zu schauen. Über die 1097 m von Sudelfeld geht es abwärts nach **Bayrischzell** (Farbt. 25).

Falls Sie sonn- oder festtags hier sind, werden Sie es noch erleben, daß gar nicht so wenige Frauen – ältere wie jüngere – in Tracht zur Kirche gehen, was in Oberbayern erfreulicherweise hier und da durchaus gebräuchlich ist. Nur daß es im fotogenen Rahmen von Bayrischzell besonders anspricht.

Um 1075 war der Ort Sitz eines Klosters – wenn auch nur für wenige Jahre. Es brachte das ›Zell‹ in den Ortsnamen. Dann wurde es den Mönchen hier zu unwirtlich, und sie zogen weiter – zunächst nach Fischbachau. Die *Pfarrkirche St. Margaretha* bewahrte aus der mittelalterlichen Zeit ihren spätgotischen Turm, stilvoll mit vier Giebeln und hoch aufragendem Spitzhelm. Der Hauptbau stammt aus dem 18. Jahrhundert, ist zart stuckiert (1736 von Thomas Glasl) und mit Fresken ausgemalt, die u. a. die Gründung der ursprünglichen Klosterzelle durch die Gräfin Haziga, Gattin des Pfalzgrafen Otto von Wittelsbach, zeigen.

Ehe Sie bei der Weiterfahrt an den Schliersee kommen, suchen Sie rechts der Straße mit einem Abstecher **Fischbachau** auf. Hierher kamen die Benediktiner, nachdem es ihnen in Bayrischzell »wegen der Schlechtigkeit der Wege, der Unzugänglichkeit der Wälder und der Rauhigkeit des Klimas« (Kirchenführer Bayrischzell) nicht länger gefallen wollte, im Jahr 1085, worauf ihnen die Gräfin Haziga eine Kirche erbaute. Dennoch wanderten die Mönche bald weiter: 1104 auf den Petersberg bei Dachau, 1119 nach Scheyern, wo sie endlich zur Ruhe kamen und die Verhältnisse nach ihrem Wunsch waren. Immerhin wurde Fischbachau auf diese Weise Kirchort. Die *Münsterkirche St. Martin*, die in der Anlage (Weihe um 1110) ein romanischer Bau in der Hirsauer Art ist, wurde im 17. und noch mehr im 18. Jahrhundert erheblich umgebaut. Hirsauisch war, nach dem Vorbild des französischen Cluny, ein Kirchenbau, der den Pfeiler durch die Säule ersetzte, die Wölbung mit der Flachdecke ablöste, die Türme aus dem zentralen Baukörper entfernte und durch den Gegensatz von Chören im Osten und auf sie zueilenden Schiffen von Westen bestimmt war.

Im Inneren der Fischbacher Kirche wurde 1765 der Stuck von 1737/38 ergänzt (Abb. 110). Die Fresken im Langhaus, ebenfalls von 1737/38, erzählen in über 70 Bildern von den Heiligen Benedikt und Martin, von den Aposteln, dem Rosenkranzgeheimnis und den christlichen Tugenden. Der Hochaltar (um 1765) ist reich ausgestattet – über ihm ein Fresko vom Engelskonzert des Ingolstädters Melchior Buchner. Auch an der Kanzel ist mit Stuck nicht gespart. Von den Seitenaltären ist der Marienaltar mit einer Madonna von um 1740, dem überhaupt wertvollsten Stück der Kirche, am bedeutendsten. Fischbachaus heutige Pfarrkirche, die frühere Klosterkirche, ist aus zwei Gründen interessant: Sie ist die älteste, fast vollständig erhaltene romanische Basilika Oberbayerns und zugleich der erste Bau nach Hirsauer Art in Altbayern. Das Verhältnis von Breite und Höhe gleicht genau der Hirsauer Peterskirche (1082/91).

Wenige Jahre älter ist Fischbachaus zweite Kirche, die heutige *Friedhofskirche Mariae Schutz* oder ›alte‹ Pfarrkirche, denn sie entstand tatsächlich noch vor der Klosterkirche und wurde 1087 geweiht. Die Langhausmauern stammen noch aus dieser Zeit, während andere Kirchenteile im Lauf der Zeit verändert wurden. 1494 wurde die Ostapside abgetragen. 1695 wurde die Kirche nach Westen verlängert und der Turm angebaut. Im Hochaltar von 1634 eine Schutzmantelmadonna des frühen 16. Jahrhunderts, die möglicherweise aus der Werkstatt Hans von Pfaffenhofens stammt – wie auch das Relief vom Tod der Maria von 1504. An der Nordwand Fresken des 15. Jahrhunderts. Die sparsame Stuckdekoration von 1630 verleiht dieser Kirche eine im Gegensatz zur Pfarrkirche auffallende Schlichtheit. Lediglich in der Karwoche ist das 1786 konstruierte Heilige Grab, vom Aiblinger Johann Baptist Behaim bemalt, als folkloristisches Kulturzeugnis zu bestaunen.

Ihre Weiterfahrt auf der Deutschen Alpenstraße stellt Sie schon bald vor die Entscheidung, ob Sie den Abstecher zum **Spitzingsee** einbeziehen sollen. Noch vor wenigen Jahrzehnten lag der See, 1100 m hoch und von Bergen eingeschlossen, in idyllischer Ruhe und in großer landschaftlicher Schönheit. Skirummel und Hotelbauten haben aus dem stillen Platz einen Vorort von München gemacht, der sommers wie winters kaum freien Parkraum läßt.

Der **Schliersee** ist der kleinere, weniger besiedelte, idyllischere Bruder des Tegernsees: 3 km lang, nicht ganz 2 km breit. Mit Fischhausen-Neuhaus und Schliersee liegen nur zwei Orte an ihm, sein Westufer ist kaum bebaut. **Fischhausens** *Wallfahrtskirche St. Leonhard* ist ein Zentralbau von 1651/57. Die Kirche ist in der Art der Miesbacher Stukkatorenschule in etwas »schwerfälliger, aber ausdruckseigener« (Wiedholz-Schnell) geometrischer Ornamentik mit Stuck ausgestattet und birgt drei ländlich bunte Altäre von 1671.

Die schöne Fahrt am See entlang bringt Sie nach **Schliersee** selbst (Abb. 114). Seine *Pfarrkirche St. Sixtus*, die sich schon von weitem mit ihrem spitz aufragenden Turm zeigt, drückt dem See und den umrahmenden Bergen den Stempel auf. Ihr spätgotischer Turm mit dem Spitzhelm von 1873 scheint die Berghöhen anzupeilen. Der heutige Bau folgte 1712/14 früheren romanischen und spätgotischen Bauten und enthält nicht nur Stuck und Deckenbilder von Johann Baptist Zimmermann, sondern auch einige wertvolle ältere Stücke: über der Sakristei-Tür eine Schutzmantel-Maria von 1494 von Jan Polack oder seiner Werkstatt, unter dem Hochaltar einen Gnadenstuhl (um 1500), der von Erasmus Grasser sein könnte, was auch für den hl. Sixtus am Nordost-Eingang der Kirche gilt.

Auf dem Weinberg mit der 1606 erneuerten *St. Georgskapelle* sollten Sie nicht etwa vermuten, daß oberhalb des Schliersees einmal Weinreben reiften: Vielmehr sind es die Tränen eines (vermutlich) früheren Kalvarienbergs, die hier – wie anderswo – zu diesem

Namen führten. Der Hauptaltar der Kapelle enthält eine volkstümliche Holzgruppe mit dem Drachenkampf des hl. Georg vom Miesbacher Stephan Zwink.

Der alte Marktort **Miesbach** am Treffpunkt zweier alter Salzstraßen steht wohl zu Unrecht im zweifelhaften Ruf oberbayerischer ›Rückständigkeit‹. Aus dem Miesbacher Raum stammen die Trachten, die wir heute als typisch für Oberbayern ansehen. Die *Pfarrkirche Mariae Himmelfahrt* entstand in ihrer heutigen Form 1663/65 (Wiederaufbau nach einem Brand 1783). Der etwas nüchtern wirkende Kirchenraum enthält am neuen Hochaltar eine Kreuzigungsgruppe mit einer Schmerzensmutter (1665) Johann Millauers. Ältestes Haus des Orts ist am Marktplatz die 1623 erbaute heutige Weingaststätte Café Beer.

Wenn Sie weiter in Richtung auf die Autobahn (A 8/E 11), jedoch nicht über die B 472, fahren, stoßen Sie auf **Weyarns** ehemalige Augustiner-Chorherren-Stiftskirche, heutige *Pfarrkirche St. Peter und Paul* (Abb. 118), in der Sie ein wahres Festival von Schnitzwerken Ignaz Günthers erleben können. Die möglicherweise geschlossene Kirche wird bei Klingeln in der nahen Ignaz-Güntherstraße 7 bereitwillig geöffnet – ein lobenswerter Service. Wichtigster Baumeister war von 1687–1693 der Graubündener Lorenzo Sciasca aus Roveredo, nachdem die vorherige Kirche 1677 abgebrannt war. Markant der Kontrast zwischen dem unverputzten Turm von 1627 und dem Langhaus von Ende des 17. Jahrhunderts; der Turm erhielt erst 1713 seine heutige Höhe und die Haubenkuppel. Während die Klostergebäude großenteils der Säkularisation zum Opfer fielen, kündet die Kirche weiterhin vom Kunstsinn der Augustiner-Chorherren.

Maßgebender Gestalter des Kircheninneren war um 1729 Johann Baptist Zimmermann, der auch den Stuck und die Deckengemälde schuf, während das Bild des Petrus im mächtigen Hochaltar von Johann Baptist Untersteiner stammt. Aber es ist in erster Linie die Kirche Ignaz Günthers, dessen Putten und Engel den Innenraum förmlich schweben lassen. Er schuf 1763 das ausgewogene Tabernakel des Hochaltars, 1764/65 für den Chorbogen die berühmt gewordenen Gruppen Verkündigung und Pietà (Abb. 119) von großer Innigkeit, eine ›Maria vom Sieg‹ im Altarraum in bewegter Anmut und für die Sakristei eine Muttergottes (um 1763), die neben den leuchtend bemalten köstlichen Intarsienschränken einen zusätzlichen Blickpunkt bildet. Immer wieder schuf Ignaz Günther für diese Kirche Engel, ein besonders schöner auf dem von ihm entworfenen Schrein des hl. Valerius. Seine ›Mater dolorosa‹, begleitet von den Figuren des hl. Leonhard und hl. Sebastian (unglücklich gefaßt), können Sie in der *Jakobuskapelle* gegenüber der Kirche betrachten. Neben dieser Vielzahl Güntherscher Werke enthält die Kirche mit dem Altar der Rosenkranz-Bruderschaft und dem Altar der hl. Anna Werke des 17. Jahrhunderts. Die Kapellen gegenüber der Kirche, St. Jakobus und Maria-Hilf, wurden in den letzten Jahren erfreulich restauriert und runden den Eindruck ab.

An der nächsten Ausfahrt in Richtung Salzburg auf dem **Irschenberg** lockt Wilpartings Kirche *St. Marinus-Arianus* nach einem Brand 1724/53 erneuert (Farbt. 23). In ihr die Grabplatte der beiden Heiligen (um 1500) und außer kunstvollem Rokokostuck Deckengemälde von Johann Martin Heigl. Die nahe Kapelle St. Veit erinnert an den Platz, wo der hl. Marinus seine Zelle hatte.

DEUTSCHE ALPENSTRASSE/TEGERNSEE, GMUND

Mit dem **Tegernsee** und dem gleichnamigen Ort erreichen Sie einen der mittelalterlichen Brennpunkte oberbayerischer Kultur. Auf das Jahr 746 setzt man die Klostergründung durch die Benediktiner an, die deutsche Volkssprache und klassische Dichtung pflegten und mit der Gründung von St. Pölten das Christentum nach Osten ausbreiteten. Nach dem Einfall der Ungarn zog Herzog Arnulf 925 das Klostergut ein – es sollen mehr als 10 000 Höfe gewesen sein –, so daß das Kloster praktisch erlosch. Im Jahr 978 rief Kaiser Otto II. Mönche aus Trier in die verlassene Abtei, die sich mit Goldschmiedekunst, Erzguß, Glasmalerei und Buchmalerei rasch kulturelles Ansehen erwarben. Die ältesten deutschen Glasgemälde, fünf Fenster im Augsburger Dom, kamen von Tegernsee. Wenn in der mittelalterlichen Buchmalerei vom ›Ellinger-Stil‹ (farbenfrohe Ornamente mit Ranken und Tierköpfen) die Rede ist, dann wird damit der kunstverständige Abt des Tegernseer Klosters aus dem 11. Jahrhundert noch heute hervorgehoben. Der erste Ritterroman vom ›Ruodlieb‹, der gleichzeitig ein umfassendes Zeitbild gibt, war ums Jahr 1050 das Werk eines Tegernseer Mönchs. Noch einmal blühte das Kloster im 15. Jahrhundert mit der Reformbewegung der Benediktiner, bis schließlich die Säkularisation von 1803 zum Abbruch großer Klosterteile führte. Der verbliebene Rest wurde zum Sommerschloß umgebaut, wobei Leo von Klenze auch die Klosterkirche St. Quirin nicht ungeschmälert ließ. Daß heute der Raum ums Kloster in erster Linie Bräuhausfreunde lockt, steht auf einem anderen Blatt. Schon der Historiker Heinrich von Treitschke (1834–1896) sah in Tegernsee den Inbegriff des Bayerischen, weil hier »alles, was altbayrische Herzen liebten, unter einem Dach vereinigt lag: ein Königschloß, eine Kirche und ein Bräu«. Daß man es auch anders sehen kann, beweist die Mahnung des Tegernseer Stadtpfarrers aus dem Jahr 1976: »Hier möge der hastende Mensch von heute ein bißchen stille werden!« Hoffentlich beherzigen es die, die es angeht.

Sicher ist der Tegernsee Oberbayerns populärster See, was nicht heißt, daß er der meistbesuchte ist; das hat ihm der Königssee voraus. Aber am Tegernsee läßt sich wohnen, essen, trinken; er ist durch Ludwig Ganghofer, Ludwig Thoma, Olaf Gulbransson und andere (unter ihnen auch die hier ansässig gewesene Hedwig Courths-Mahler) vertraut geworden. An ihm liegen mehrere Orte unterschiedlichen Gesichts: das traditionelle Tegernsee, das Jodkurbad Wiessee, der Doppelort Rottach-Egern (Abb. 125), das stillere, dörfliche Gmund am bewaldeten Nordufer. Der See selbst ist 6,5 km lang und 2 km breit mit einer Tiefe bis zu 74 m. Und: Berge, Wälder, Wiesen rahmen ihn ein, so daß nicht einmal der starke Autoverkehr und die teilweise lückenlose Bebauung seiner Ufer imstande waren, seine Natur und damit seine Anziehungskraft zu schmälern.

Gmund, erster Ort an Ihrer Tegernsee-Strecke, wurde schon früh gegründet und war eng mit dem Kloster Tegernsee verbunden. Schon 1087 erhielt es die erste steinerne Kirche. Die heutige *Pfarrkirche St. Egidius* entstand nach dem Brand der Vorgängerin um 1690, von einem Baumeister aus Graubünden (Lorenzo Sciasca) errichtet, der auch die Stukkaturen schuf. Der Hochaltar stand ursprünglich in Tegernsees Klosterkirche, wurde dort 1692 erworben und mit einem Gemälde von Johann Georg Asam (1695/96) ergänzt. Beachtlich der St. Michael von Thomas Hürnle (1692) in der Vorhalle, dazu zahlreiche Grabdenkmäler.

Die Kirche gehört zu denen, die – wie die Münchner Theatinerkirche – die Formen des italienischen Barock in Oberbayern einführten. Aus diesem Blickpunkt heraus hat sie kunsthistorisches Gewicht.

Auf der Fahrt nach Tegernsee passieren Sie am Ostufer die linker Hand gelegene, ursprünglich hölzerne *Kapelle St. Quirin* – dort, wo der Leichnam des Heiligen auf dem Weg nach Tegernsee zum letzten Male ›rastete‹. Denn der Leichnam des um 270 enthaupteten Märtyrers und Heiligen wurde im Jahr 761 in das vor wenig mehr als einem Jahrzehnt gegründete Kloster Tegernsee überführt. Die heutige Kapelle stammt von 1450, in ihr ein Rotmarmor-Trog auf einem schmiedeeisernen Gestell mit der Figur des hl. Quirin.

Beinahe wäre **Tegernsees** *Klosterkirche St. Quirin* zu Beginn des 19. Jahrhunderts ebenso abgerissen worden wie das Schloß. Zum Glück erklärte man sie zur Pfarrkirche und gab dafür die bisherige Pfarrkirche St. Johann am Burgtor auf. Der Blick aufs Kirchenportal unter den beiden gedrungenen Türmen erfaßt die beiden Klostergründer des Jahres 746, die Brüder Adalbert und Otkar, die das Kirchenmodell gemeinsam halten. Ursprünglich war es eine Grabplatte, die der Münchner Steinmetz Hans Haldner 1445/57 geschaffen hatte. Die Vorhalle berichtet in den Fresken Johann Georg Asams (1693) von dem mit Wundern verbundenen Sterben des hl. Quirin. Die heutige Kirche entstand als gotische Basilika, die 1476 geweiht worden war. Sie wurde durch Enrico Zuccalli 1684/88 mit »einem barocken Mantel« (Strieder) versehen. Italienische und heimische Künstler schmückten sie gemeinsam aus: Von den Italienern kam der weiße Stuck, von den bayerischen Malern die leuchtenden Farben. Hier war abermals Johann Georg Asam am Werk. Vermutlich wird ein Gitter Ihnen – wie nicht selten – den Zutritt zum Kirchenschiff verwehren, so daß Sie die Einzelheiten der reichen Ausstattung nur ahnen können. Den schönsten Eindruck vermitteln Kirche und Schloß (mit den Klosterresten, heute Heimatmuseum und Schülerheim) vom See aus, wenn Lärm und Trubel nur aus der Ferne heranklingen (Abb. 115).

Bei der Neugestaltung der Kirche wurde das gotische Netzgewölbe durch ein Tonnengewölbe ersetzt. Johann Georg Asam begann seine Lebensdarstellung von Jesus (Abb. 117) über der Musikempore. Dann wechseln die Szenen von einem Seitenschiff zum anderen. So sehen wir im linken Arm des Querschiffes die Auferstehung, im rechten die Himmelfahrt. An den abschließenden Wänden des Querschiffs sind südlich die 14 Nothelfer, nördlich die Heilige Familie lebensgroß abgebildet. An den Abschlußwänden der Seitenschiffe erleben wir südlich die Klostergründung mit, während nördlich Kaiser Heinrich II. mit Gattin Kunigunde als Freund der Abtei dargestellt ist. Die Kuppel scheint mit Kirchenvätern, Engeln und Putten lichtvoll dem Himmel zuzustreben.

Von ursprünglich 24 spätgotischen Altären blieben nach dem barocken Umbau noch 14, bis heute nur der Hochaltar und zwei Seitenaltäre (verändert) erhalten. Typische Episode aus bewegter Kirchengeschichte: Die Deckplatten der gotischen Hochgräber für die Märtyrer Chrysogonus und Castorius waren zersägt und für die Altarstufen verwendet

Der Tegernsee mit Kloster Tegernsee. Kupferstich von Matthäus Merian ▷

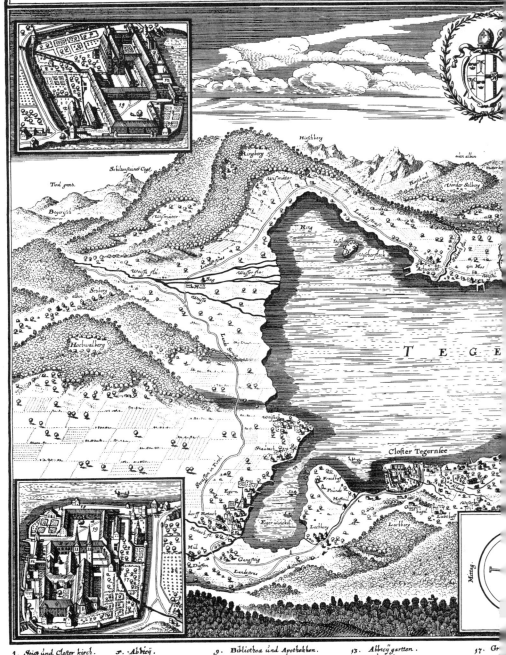

Geometrischer grundtriß vnd beschreibung, deß Loblichwirdigen Stifft Gebirg, gewälde vnd Wasserflüssen

1. Stifft vnd Closter kirch.
2. Pfarrkirchen.
3. Aller lieben Seel Cappel.
4. Sacristia Maior.
5. Abbtey.
6. Dormitorium.
7. Studier stuben.
8. Recreation stuben.
9. Bibliothea vnd Apotheken.
10. Saal vnd Fürsten zimmer.
11. Candley.
12. Alészner.
13. Abbtey gartten.
14. Lust vnd wasser grotten.
15. Abbtey Zwinger.
16. Creutzgarten.
17. Gr
18. K
19. Gr
20. E

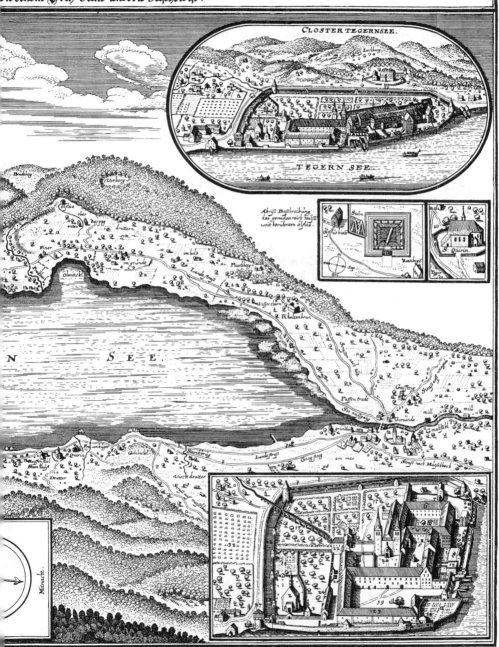

worden. Nachdem man sie 1962 auffand, wurden sie in die Wand der nordwestlichen Seitenkapelle übernommen. Soweit die Gebeine der Klosterstifter erhalten waren, wurden sie unter dem Altartisch beigesetzt.

Im nördlichen Seitenschiff befindet sich die 1748 erbaute Quirinus-Kapelle, ein zierlich ausgeschmückter Rokoko-Raum mit dem Haupt des Heiligen, umrahmt von Agatha und Florian aus Johann Baptist Straubs Schnitzerwerkstatt. Im südlichen Seitenschiff die Benediktus-Kapelle mit zwei Heiligenfiguren: Rochus (rechts) und Sebastian (links), ebenfalls von Straub.

Rottach-Egerns *Pfarrkirche St. Laurentius* (Abb. 125) besitzt einen eigenen Reiz. Der heutige Bau von 1466, noch gotisch, erhielt 1671/72 eine üppige barocke Stuckierung in der Art der Miesbacher Schule, durch einen Schlierseer Stukkateur ausgeführt. Von den beiden 1685 errichteten Seitenaltären (für Maria und Magdalena) trägt der Marienaltar das sogenannte Egerner Gnadenbild des 15. Jahrhunderts, bis 1804 Ziel von Wallfahrten, das durch seine rustikale Ausstrahlung anspricht.

Wenngleich die Hl. Kreuzkirche von **Bad Kreuth** und Kreuths Pfarrkirche St. Leonhard keine ungewöhnliche künstlerische Bedeutung haben, so erinnert Bad Kreuth doch daran, daß hier schon im späten Mittelalter die Schwefelquellen vom Kloster aus genutzt wurden. König Maximilian I. Joseph, der die Landschaft am und um den Tegernsee besonders liebte, erwarb auch 1818 Kreuth und den Kurort Wildbad Kreuth. Die beiden 1818/24 hier errichteten Häuser dienen neuerdings als Sitz der Hanns-Seidel-Stiftung auch politischer Arbeit.

Über **Reichersbeuern** mit seinem *Schloß Sigriz* (heute: Landerziehungsheim) im Schmuck dreier Rundtürme gelangen Sie nach **Bad Tölz** (Abb. 122), genauer gesagt nach Tölz, denn der Badeteil des Ortes befindet sich jenseits der Isar, nach Entdeckung der Jodquelle (1846) ausgebaut. Die Altstadt von Bad Tölz, beinahe identisch mit der Marktstraße, vermittelt eines der anziehendsten und geschlossensten Straßenbilder Oberbayerns. Zahlreiche Häuser sind durch ›Lüftlmalerei‹, meist aus dem 18. Jahrhundert, bunt und lebendig verziert (Farbt. 18). Auch abseits der Marktstraße gibt es noch ein paar reizvolle Beispiele – schauen Sie sich in den Nebenstraßen um!

Tölz verdankt seiner verkehrsgünstigen Lage eine frühe wirtschaftliche Blüte. Hier nämlich verläuft eine alte Salzstraße über die Isar, außerdem siedelt sich um 1180 ein Edelgeschlecht hier an. 1265 richten die bayerischen Herzöge ein Kastenamt ein. Im 14./15. Jahrhundert entwickelt sich die Kunsttischlerei, und von nun an gingen Tölzer Bauernschränke in weite Teile Bayerns und darüber hinaus. Ältere Modelle stellen heute eine antiquarische Kostbarkeit dar.

Die Stadt, obwohl 1453 durch einen schweren Brand heimgesucht, besitzt drei Kirchen. Die spätgotische *Stadtpfarrkirche Mariae Himmelfahrt* (Abb. 121) hat durch ihren Turm des 19. Jahrhunderts wenig gewonnen. Im Chorbogen hängt eine Glorien-Maria (Abb. 120) von 1611 des Weilheimers Bartholomäus Steinle. Im Inneren der an den Chor anschließenden Winzerer-Kapelle (Kaspar Winzerer, Rat und Pfleger, gestorben 1542; Abb. 123) Reste von Fresken und einige Glasmalereien des 16. Jahrhunderts. Das 1624 gegründete Franziskanerkloster baute 1733/35 eine Kirche. Diese *Franziskanerkirche* ist ein nüchterner Bau mit einem Gemälde von Franz Joseph Winter am Hochaltar (1737) und Holzreliefs (1738/40) an den vier Seitenaltären. Dritter Kirchenbau ist die *Wallfahrtskirche Mariahilf* auf dem Mühlfeld, deren Pläne Joseph Schmuzer entwarf und die 1735/37 an der Stelle einer älteren Kapelle gebaut wurde. Der Altarraum, umrahmt von Wessobrunner Stuck, weist ein Chorfresko (Gebet der Pestkranken zu Maria) von Matthäus Günther (1737) auf, das die Tölzer Pestprozession von 1634 verlebendigt.

Auf einer Anhöhe nördlich von Bad Tölz entstand in den ersten Jahrzehnten des 18. Jahrhunderts eine ungewöhnliche Anlage, der *Kalvarienberg* (Abb. 124). Urheber war der Salz- und Zollbeamte Friedrich Nockher. Schon vorher hatten Tölzer Zimmerleute auf Grund eines Gelöbnisses bei der Schlacht von Sendling (1705) eine Kapelle erbaut, ursprünglich zu Ehren der Schmerzhaften Muttergottes, später als Leonhardskapelle (1718/22) Ziel der alljährlich am 6. November erfolgenden Leonhardifahrt. Ein von 15 Kapellen begleiteter Weg (die ursprünglichen sieben des Kreuzwegs wurden 1874 durch Neubauten ersetzt und ergänzt), der mit einem Ölberghügel und einem Kolossal-Christus beginnt, führt auf die Höhe zu einer im Kern 1722 entstandenen Kreuzigungsgruppe. Auf der Höhe sind die Kreuzkirche und die Kapelle der Hl. Stiege zu einer Doppelkirche zusammengefaßt, zu denen die bereits erwähnte Leonhardskapelle tritt. Um sie wurde nach 1743 eine Eisenkette gelegt. Unter der Kapelle der Hl. Stiege ist der Initiator Nockher beigesetzt. Bauten und Werke des Kalvarienberges verdienen weniger künstlerisches als vor allem folkloristisches Interesse. Die ungewöhnliche Anlage wirkt jedoch durchaus nicht als Fremdkörper in der Landschaft.

Mit der Isar, die Tölz durchquert, öffnet sich (vor allem) nach Süden zu mit Lenggries und der Jachenau der **Isarwinkel**, während nach Norden zu das Isartal über Hechenberg, Ebenhausen und Schäftlarn nach München führt. Auch wenn Ihre Alpenstraße Sie eigentlich nach Süden weist, sollten Sie einen Abstecher einschieben, der zunächst einmal die Bekanntschaft mit Dietramszell vermittelt.

Sie verlassen Bad Tölz nach Norden (kürzester Weg über Kirchbichl) und stoßen nach etwa 10 km in **Dietramszell** auf das ehemalige *Augustiner-Chorherrenstift Mariae Himmelfahrt*. Es nahm 1102 seinen Anfang mit drei Einsiedlern, die erst den hl. Martin verehrten und sich dann den Regeln der Augustiner unterwarfen. Martinszell hieß also das Kloster, bis es 1147 nach einem Tegernseer Mönch in Dietramszell umbenannt wurde. Die 1156 geweihte romanische Basilika wurde 1636 von den Schweden zerstört, 1729/41 erfolgte ein neuer Kirchenbau. Es entstand ein großer, aber nicht unbedingt großartiger Bau, für den Johann Michael Fischer gelegentlich zu Unrecht angeführt wird. Johann Baptist Zimmermann löste die Aufgabe, den großen Raum brillant zu stuckieren und rhythmisch zu gestalten, mit Erfolg (Farbt. 22). Allein seine Leistung rechtfertigt schon den Besuch der Kirche. 1744 schuf er ein dreiteiliges Deckengemälde und das Hochaltarblatt mit der Himmelfahrt Mariae. Das Hauptbild stellt die Empfehlung des Klosters durch den hl.

DEUTSCHE ALPENSTRASSE/DIETRAMSZELL, BENEDIKTBEUERN

Augustin dar, im östlichen Joch Dietram vor dem hl. Augustin mit der Klosteransicht, im Altarraum die Hl. Dreifaltigkeit, während die Seitenkapellen Szenen des Marienlebens zeigen. »Große Barockkunst sind auch die Arbeiten Franz Xaver Schmädls: die Kanzel und die reich verzierten Altäre.« (Scheingraber) Auch in Dietramszell führte die Säkularisation zum Übergang von Klosterteilen in Privateigentum, aber seit 1958 verfügen die Salesianerinnen über den ganzen Besitz der ehemaligen Augustiner-Chorherren.

Zwei *Wallfahrtskirchen* liegen nahe: *St. Leonhard* im Norden, 1640 als Pestvotivkirche erbaut und 1769 von Leonhard Matthäus Gießl erneuert. Im Inneren ein Fresko von Christian Wink (1769) sowie drei Altäre und eine Kanzel, 1770 von Philipp Rempl aus Wolfratshausen geschaffen, die in ihrem Stil an Ignaz Günther erinnern. Wegen der Diebstahlsgefahr ist die Kirche Besuchern leider nicht zugänglich.

Am einsamen Waldwiesenrand, südlich vom Kloster, finden Sie die *Wallfahrtskirche Maria im Elend* von 1690, einen achteckigen Bau mit einer Zwiebelhaube über dem Ostturm. Sehenswert sind hier die bis aufs frühe 17. Jahrhundert zurückgehenden Votivtafeln und ein Deckengemälde von Sebastian Troger (1791) in volkstümlicher Manier mit hilfsbedürftigen Kranken und einer Bauernprozession, die sich dem Schmerzensmann und der Schmerzhaften Maria zuwenden.

Da von hier aus keine Brücke über die Isar führt, fahren Sie am besten nach Bad Tölz zurück, wenn Sie die ursprüngliche Mutterkirche des Isarwinkels in **Königsdorf** (nordwestlich von Bad Tölz) besuchen wollen, die *Pfarrkirche St. Laurentius* (sie hat elf Tochterkirchen, zu denen Tölz und Lenggries gehören). Hier waren seit 1312 Freisinger Domherren ansässig, bis Mitte des 16. Jahrhunderts der Pfarrsitz nach Tölz kam. Der heutige Bau ist ein spätgotischer Tuffsteinbau, der 1785 erheblich umgestaltet wurde und heiter getönten Rokoko-Stuck aufweist, den 1785 Franz Doll anbrachte. Dazu Fresken von Christian Wink, der 1787 auch den hl. Laurentius für den Hochaltar und weitere Bilder für die Seitenaltäre malte.

Sie kehren von hier nach Bad Tölz zurück und haben nun die Wahl zwischen zwei Wegstrecken. Wenn Sie vor allem die Landschaft vor den (in Österreich gelegenen) Höhen des Karwendel reizt, dann folgen Sie dem Lauf der Isar nach Süden – über **Lenggries** auf der Deutschen Alpenstraße zum Sylvenstein-Stausee und weiter nach Wallgau. Es ist die Landschaft von Ludwig Ganghofers ›Jäger von Fall‹. Lenggries besitzt mit seiner *Pfarrkirche St. Jakob* von 1721/22 (Abb. 127) und dem *Schloß Hohenburg*, dessen *Schloßkapelle* eine Nachbildung des Altöttinger Gnadenbildes beherbergt, auch seine kulturellen Anziehungspunkte. Hinzu kommt ein *Kalvarienberg*, der älter (1694) als der von Bad Tölz ist. In den Kapellen befinden sich beinahe lebensgroße, realistische Darstellungen der Leiden Christi. Auf der Höhe, nach Passieren der aufwärts führenden Treppe, stehen Sie einer überlebensgroßen Kreuzigungsgruppe gegenüber (Christus mit Maria und Johannes). Außerdem am Treppenende die Kreuzkapelle von 1726 und hinter der Kreuzigungsgruppe eine Heiligen-Grabkapelle von 1698 mit Votivbildern. Auch hier ist das folkloristische Motiv wichtiger als die künstlerische Leistung.

Jedenfalls bietet diese Strecke dem Kunstfreund weniger als der Weg über Bichl und Benediktbeuern. Auf einer Anhöhe steht die *Pfarrkirche St. Georg* von **Bichl**, Besitz des Klosters Benediktbeuern, ein Bau von Johann Michael Fischer (1751/53). Der Hochaltar trägt eine Schnitzguppe des hl. Georg im Kampf mit dem Drachen von Johann Baptist Straub (Abb. 21). Das Deckengemälde schuf Johann Jakob Zeiller 1752.

Die alte *Benediktinerabtei* **Benediktbeuern** wurde um die Mitte des 8. Jahrhunderts gegründet und nach der Zerstörung durch die Ungarn ab 1031 von Tegernseer Mönchen wieder besiedelt. Hier blühte im Mittelalter die Kultur in vielfältiger Weise, so mit den ›Carmina Burana‹ der fahrenden Scholaren des 12./13. Jahrhunderts, aber auch mit Wand-, Glas- und Tafelmalerei. Auch im 17. Jahrhundert standen Kunst und Wissenschaft hier hoch im Kurs. Die nach der Säkularisation zeitweise als Glashütte genutzte Abtei (in der auch Joseph von Fraunhofer seine optischen Experimente durchführte) ist seit 1930 Kloster und Hochschule der Salesianer, heutzutage finden dort überdies stimmungsvolle Konzerte statt. Hinter dem Kloster steigt bald die Benediktenwand empor.

Die regelmäßig angelegten umfangreichen Klosterbauten (1669/75) umschließen zwei Höfe. Mittelalterliche Bauteile wurden verwendet, später weitere Bauten hinzugefügt. Die spätgotischen Gewölbe des Kreuzgangs wurden nach 1669, die Innenräume um 1685 mit reichlich Stuck versehen. Bedeutendster Bau ist der Alte Festsaal vom Ende des 17. Jahrhunderts mit stuckgerahmten allegorischen Deckengemälden, in denen Gestalten des Christentums mit denen der griechischen Mythologie zusammengebracht sind: Christus wird von Apollo gekrönt, Christus besiegt Zeus, Venus und Mars. Eine für den Ort erstaunliche, von toleranter Geisteshaltung zeugende Motivwahl. Speise- und Festsaal des Prälatenbaus wurden um 1730 von Johann Baptist Zimmermann ausgestaltet. Der Bibliotheksbau enthält Deckenfresken von 1724, gleichfalls von Zimmermann. Der Kapitelsaal weist reiche Stuckdekoration italienischen Charakters von 1685 auf.

Die ehemalige *Klosterkirche St. Benedikt* (Abb. 128) stammt von 1681/86 und steht damit am Beginn der barocken Entwicklung, so daß der Weilheimer Baumeister Kaspar Feichtmayr kein ausgereiftes Barockwerk zuwege brachte. Vorbilder für diesen durchaus eigenwilligen Bau sind schwer zu finden. Seine Innenausstattung mit Stuck und Farbe ist ein erstes

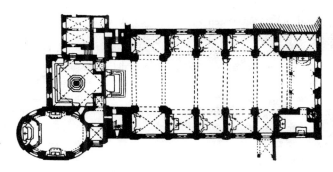

Benediktbeuern, Klosterkirche St. Benedikt, Grundriß

wichtiges Beispiel für die in den kommenden Jahrzehnten sich prächtig entfaltende Raumdekoration des Barock und Rokoko, wobei der Stuck starken italienischen Einfluß erkennen läßt. Die Fresken malte Hans Georg Asam, der Vater der Brüder Egid Quirin und Cosmas Damian – letzterer wurde hier geboren. »Im Ganzen dank der reichen Dekoration ein imposanter Raumeindruck, aber durch die ungelenke Art des Aufbaus und die dunkel lastende Gewölbezone mit ihrer gedrückten Bogenführung beeinträchtigt« (Dehio). Von den Künstlern der Altäre sind hervorzuheben: Martin Knoller, Johann Karl Loth, Franz Doll und Cosmas Damian Asam.

Nordöstlich hinter dem Chor der Kirche fügte Fischer 1750/58 die *Anastasiakapelle* hinzu, ein von Licht belebtes, lockeres Raumgebilde von meisterhafter Wirkung. Ignaz Günther war einer der beteiligten Künstler der Seitenaltäre, während am Hochaltar Jacopo Amigoni die Himmelfahrt Anastasias verlebendigte und Johann Jakob Zeiller im Deckengemälde (1752) die Heilige Dreifaltigkeit in Erwartung Anastasias darstellte.

Ursprünglich reichte der **Kochelsee** einmal bis nahe an Benediktbeuern heran – heute ist er so stark verlandet, daß Sie erst bei **Kochel** selbst auf ihn stoßen. Natürlich werden Sie dem Denkmal des Schmieds von Kochel in der Ortsmitte einen Blick schenken. Was er – angeblich – in der Sendlinger Bauernschlacht getan haben soll, ist weder in der Person noch in der Sache bezeugt. Die *Pfarrkirche St. Michael* geht in ihrer heutigen Gestalt auf den Klosterbaumeister von Benediktbeuern, Kaspar Feichtmayr, zurück, der 1670/72 den Turm mit der Zwiebelhaube errichtete und zwischen 1680/90 auch das Langhaus neu erbaute. 1730 erfolgten die reichhaltigen Stukkaturen. Seit 1986 gibt es in Kochel ein bedeutendes Museum für den Maler Franz Marc (1880–1917), der hier lebte und arbeitete.

Das wichtigste Bauwerk am Kochelsee finden Sie freilich erst ein paar Kilometer weiter, am nordwestlichen Ufer in **Schlehdorf**, wobei Ihr Blick nach links dem 1731 m hohen Herzogstand (Farbt. 43) gilt. Hier entstand bereits vor 740 ein Benediktinerkloster, das um 1140 durch den Freisinger Bischof Otto I. als Augustiner-Chorherrenstift erneuert wurde. Die Klosteranlagen aus dem 18. Jahrhundert bieten wenig. Die *Stiftskirche St. Tertulin* (Abb. 126) oberhalb des Dorfes auf dem Kirchenbüchl mit zwei gedrungenen Viereckstürmen entstand unter Beteiligung von Johann Michael Fischer als ›Parlier‹ (Polier) im Verlauf einer über 50jährigen Bauzeit (1727/80). So erklärt sich auch der bereits klassizistische Eindruck. Auch innen wirkt der Bau durch die nüchterne Dekoration eher würdig-streng. Zu dem marmornen Hochaltar treten großangelegte Nebenaltäre.

Als Kolumbus Amerika entdeckte, 1492 also, ließ Herzog Albrecht IV. die **Kesselbergstraße** vom Kochelsee (600 m) zum Walchensee (803 m) ausbauen. Anlaß war die Verlegung des Marktes der Venezianer von Bozen nach Mittenwald. Die Straße sollte die wirtschaftlichen Vorzüge dieses neuen Handelsschwerpunktes auch den anderen Teilen Bayerns leichter zugänglich machen. Die später auch weiterhin oft ausgebaute Straße besaß also weit größere Bedeutung, als ihre zeitweise Verwendung für Auto-Bergrennen oder ihr touristischer Reiz ahnen lassen. Das Walchensee-Kraftwerk nutzt das Gefälle zwischen beiden Seen umweltfreundlich für die Stromerzeugung. Während der Kochelsee ein lichter, nur im

Süden von Bergen begleiteter See ist, rahmen den beinahe 200 m tiefen **Walchensee** bewaldete Berge. Die landschaftlich eindrucksvolle Straße führt über Wallgau (wo die Deutsche Alpenstraße von Lenggries einmündet) und Krün nach Mittenwald und westlich weiter nach Garmisch-Partenkirchen. Wettersteingebirge und Karwendel (Farbt. 30) machen dieses Stück Oberbayerns zu einem Höhepunkt der Alpenlandschaft, die durch Seen, Isar und grüne Almhänge liebliche Akzente erhält.

Wallgau (Abb. 129) und **Krün** stimmen mit ihren bodenständigen Häusern, bemalten Fassaden und anmutigen Zwiebelturmkirchen bereits auf **Mittenwald** ein, das nach dem Verlust des Venezianischen Marktes durch den bei Amati ausgebildeten Matthias Klotz nach 1680 zum Ort der Geigenbauer wurde. Die einzige deutsche Geigenbauerschule und ein *Geigenbaumuseum* liefern dafür den sprechenden (oder besser: tönenden) Beweis.

Von Mittenwalds *Pfarrkirche St. Peter und Paul* ist nur der Altarraum der spätgotischen Anlage erhalten, während der Neubau 1738/40 durch Joseph Schmuzer erfolgte. Der Turm von 1746 erhielt mit den Gestalten von Petrus und Paulus nach dem Entwurf von Matthäus Günther durch seine Schüler eine eindrucksvolle Außendekoration. Im Kircheninneren wirken Schmuzers Stukkaturen und die Deckengemälde Günthers zusammen und lassen die Kirche zu einem der schönsten Barock-Bauten Oberbayerns werden. Zum stattlichen Hochaltar mit seinen Säulen (1742) treten bewegt geformte Seitenaltäre, deren nördlicher eine schöne Muttergottes von 1520 enthält. In der linken Kapelle (Kreuzkapelle) befindet sich ein altes Kreuz mit einer Krone, das wohl noch vor 1400 entstanden ist und als ›Herrgott unter dem Turm‹ bezeichnet wird, da hier der frühere Turm stand. Die Schmerzhafte Muttergottes darunter stammt von 1716.

›*Lüftlmalerei*‹ sowohl von Meister Franz Zwinck aus Oberammergau selbst als auch von anderen Malern prägt Mittenwalds Gesicht (Abb. 11, 135). »Ein lebendiges Bilderbuch« nannte Goethe 1786 den Ort. Achten Sie besonders auf die Häuser am Obermarkt. Die Bemalung des ›Neunerhauses‹ stammt vermutlich von denselben Künstlern, die den Kirchturm dekorierten. Franz Zwinck bemalte den Gasthof ›Zur Alpenrose‹, Franz Karner 1762 das ›Schlipferhaus‹ und 1779 das ›Höglhaus‹. Ein Denkmal erinnert an Matthias Klotz (1653–1743). Wenn Sie einen Blick hinter die Fassaden der alten Häuser werfen, werden Sie da und dort noch die mächtigen alten Gewölbe aus der Zeit sehen, in der hier Venedig seine Waren lagerte und vertrieb.

Die Fahrt nach **Garmisch-Partenkirchen** – leider auf einer meist allzu verkehrsreichen Straße – läßt alle liebenswerten Vorzüge der Landschaft deutlich werden. Erfreulicherweise wirkt das Werdenfelser Land hier noch mit einer Ursprünglichkeit, als ob sich Mittenwald und Garmisch-Partenkirchen noch in der Zeit der Jahrhundertwende befänden und sich nicht inzwischen zu turbulenten Kurorten entwickelt hätten.

Das **Werdenfelser Land** hat seinen Namen von der *Burg Werdenfels* (von: Wehr den Fels) im Loisachtal, nördlich von Garmisch-Partenkirchen, einst strategisch wichtig für den Handelsweg über den Brenner. Heute hat man Mühe, die Mauerreste der im 12. Jahrhundert

DEUTSCHE ALPENSTRASSE/GARMISCH-PARTENKIRCHEN

errichteten Burg zu entdecken, die im 17. Jahrhundert verfiel und aus deren Steinen im 18. Jahrhundert Garmischs Pfarrkirche erbaut wurde. Geographisch umfaßt das Werdenfelser Land den Raum unterhalb der Zugspitze (Abb. 130) mit Garmisch-Partenkirchen, Mittenwald, Oberammergau bis hin nach Murnau. Es ist ein Brennpunkt touristischer Aktivitäten, wie es kaum einen zweiten in der Bundesrepublik gibt. »Das Werdenfelser Land ist schön. So schön, daß es einem fast zuviel ist, ein Prachtstück aus deutschen Landen, ein Herrgottswinkel, so recht gemacht für den Fremdenverkehr, eine Landschaftskarikatur« – so sieht es, übersteigert, Ulrich Greiner, der freilich auch anmerkt, daß es »trotz seiner gewaltigen Gebirge, Karwendel und Wetterstein, die es im Süden begrenzen, ganz ungewaltig, nicht abschreckend großartig, sondern eher überschaubar-gemütlich wirkt«.

Wer Garmisch sagt, muß auch **Partenkirchen** sagen. Der 1935 aus beiden Dörfern gebildete Doppelort nimmt mit dem immer noch ein wenig geruhsamer und ursprünglicher gebliebenen Partenkirchen seinen Anfang, wo sich auch das *Werdenfelser Museum* im Joseph-Wackerle-Haus befindet. Die Ludwigstraße, Verlängerung der Mittenwalder Straße, beispielsweise müssen Sie entlangschlendern, um hier und im Dorf-Inneren aufzuspüren, was da noch an bildreicher Oberbayern-Romantik bewahrt blieb. Um nur eines zu nennen: das Haus ›zum Langerbeck‹ von 1466 mit Stuck und Bildern.

Statt der (nach einem Brand) in der zweiten Hälfte des vorigen Jahrhunderts neu erbauten Pfarrkirche Mariae Himmelfahrt, die wenig bietet, sollten Sie die *Votiv- und Wallfahrtskirche St. Anton* auf der Höhe eines Kreuzwegs aufsuchen. Sie entstand 1704 als kleiner achteckiger Zentralbau einer Antoniuskapelle. Durch ihre Erbauung brachten vier Bürger ihren Dank zum Ausdruck, daß der Ort von den Schrecken des Spanischen Erbfolgekriegs verschont geblieben war. Eine Erweiterung erfolgte ab 1736; als Baumeister ist der zuvor in Garmisch tätige Joseph Schmuzer anzunehmen. Als besonderer Glücksfall erwies es sich, daß der jung gestorbene Johannes Evangelista Holzer 1739 das Fresko für die Kirche malte und sie damit um ein ungewöhnliches Kunstwerk bereicherte, das allein schon den Kirchenbesuch rechtfertigt (Abb. 133). Die den Raum ausweitende Scheinarchitektur Holzers (Säulen und Obelisken) führt Leben und Wundertaten des hl. Antonius in packenden plastischen Bildern vor Augen: »Seit den Tagen des Matthias Günewald hat kein deutscher Maler so unerschrocken unheilbar Kranke in einem sakralen Raum darzustellen gewagt« (Lamb). In einem der Kranken vermutet man ein Selbstporträt des Malers. Von rührender Volkstümlichkeit sind die im Hallenumgang angesammelten Gedenk- und Votivtafeln, auch aus neuerer Nachkriegszeit. Das liebenswerte Rokoko-Kirchlein ist ein geschlossenes Kunstwerk, das wie selbstverständlich vor dem Hintergrund der Berge steht.

Wer in **Garmisch** nicht nur an Zugspitze und Eibsee denkt – was jedermanns Sache ist –, wird die beiden Martinskirchen besuchen. Die *Alte Pfarrkirche St. Martin* (Abb. 132) geht auf einen Bau von 1280 zurück, der im 15. Jahrhundert erweitert und um 1520 mit Netzgewölben versehen wurde. Mehrfach konnten inzwischen gotische Wandmalereien freigelegt werden, die den Besuch der Kirche recht reizvoll machen. Am ältesten ist die mächtige Figur eines Christophorus (1340) über die ganze Höhe der Kirchen-Nordwand.

Daneben entstanden an der Wende vom 14. zum 15. Jahrhundert die Passionsmalereien an der Nordwand. Die Chorwand des Langhauses wurde im 15. Jahrhundert mit einem St. Georg und einer ›Kümmernis‹ ausgemalt. An der rechten Seite des Chorbogens eine frühgotische Kreuzigung (um 1350), darüber ein spätromanischer hl. Martin. Darüber das ›Jüngste Gericht‹ und die ›Zwölf Apostel‹ sowie noch höher das ›Weltgericht‹. Auch der Chor ist ausgemalt mit Szenen aus dem Leben des hl. Martin. Die Glasgemälde von 1400 entstammen der Tegernseer Schule. Der barocke Hochaltar von Ende des 17. Jahrhunderts weist eine Pietà (Vesperbild) des 18. Jahrhunderts auf.

Als echter Rokoko-Bau präsentiert sich die *Neue Pfarrkirche St. Martin* (Farbt. 24), 1730/34 errichtet, die Joseph Schmuzer baute und mit Stukkaturen versah, von Wessobrunner Stuck-Künstlern unterstützt. Die Deckenfresken sind Frühwerke von Matthäus Günther, die Darstellungen der Martinslegende im Umkreis der Orgel gehen teilweise auf Günther, teilweise auf Franz Zwinck (1776) zurück. Den Hochaltar schmücken die Figuren (Petrus und Paulus) des Füsseners Anton Sturm (1734) und ein Bild von Martin Speer. In den reichdekorierten Seitenaltären stehen Figuren von Franz Xaver Schmädl (1750/52). Beachtung verdienen auch die zahlreichen originellen Zunftstangen.

Seinen Rang verdankt Garmisch-Partenkirchen im übrigen der nahen Zugspitze (Abb. 130), die durch mehrere Bergbahnen erreichbar ist, und den wintersportlichen Olympiabauten. Erfreulicherweise erreicht der Fußgänger, sobald er den Verkehr der inneren Stadt hinter sich läßt, schon rasch freie Natur, in der allerdings spektakuläre Schönheiten wie die Partnachklamm oder die umliegenden Seen auch nicht gerade einsam sind. Auf den Spuren König Ludwigs II. bleiben Sie dagegen vom sonst bei den königlichen Bauten üblichen Trubel verschont: der Zugang zum *Schloß Schachen* ist mit einem längeren Fußmarsch verbunden. Hier steht nun in 1866 m Höhe ein Schlößchen, das einem Schweizer Chalet gleicht, aber nach dem Bau im Jahr 1870 innen in orientalischem Stil ausgestattet wurde. »Hier saß in türkischer Tracht Ludwig II. lesend, während der Troß seiner Dienerschaft als Moslems gekleidet, auf Teppichen und Kissen herumlagerte, Tabak rauchend und Mokka schlürfend, wie der königliche Herr befohlen hatte ...« (Louise von Kobell). Mit Räucherpfannen und Pfauenfächern versuchte Ludwig II., die Atmosphäre der Schlösser von Beylerbey und Yeldiz in der Türkei mitten im Wettersteinmassiv hervorzurufen. Wer Schachen gesehen hat, kann Linderhof eher verstehen.

Wer auf den Spuren einer anderen Prominenz in Garmisch ist, wird in der Zöppritzstraße das Landhaus von Richard Strauß (hier starb der Komponist 1949) besuchen. Andere ältere Häuser des Ortes sind das 1611 erbaute ›Hotel Husar‹ (mit Biedermeier-Bemalung; Abb. 132, 136), die ›Alte Apotheke‹ in italienischem Empire von 1790 am Marktplatz und das ›Altwerdenfelser Bauernhaus‹ in der Bahnhofstraße.

Noch bevor nördlich von Garmisch die Autobahn (A 95 / E 6) beginnt, zweigt die Deutsche Alpenstraße, deren oberbayerischer Teil am Ammersattel endet, nach Westen ab: mit Ettal, Oberammergau und Schloß Linderhof erreicht sie in diesem Abschlußstück noch einmal sehr unterschiedliche Höhepunkte. Alle drei, das läßt sich nicht verhehlen – sind touristisch überlaufen und für einen aufmerksamen, kunstinteressierten Beschauer weit empfehlenswerter außerhalb der Sommersaison.

Aber vor dem Abbiegen könnten Sie an einen Abstecher längs der A 95 nach **Murnau** denken. Nach einem verheerenden Brand von 1774 (dem weitere, u. a. 1851, folgten) war der Ort außer Kirche und Schloß völlig zerstört. Das *Schloß*, heute als Schule genutzt, geht aufs 15. und 16. Jahrhundert zurück. Die *Pfarrkirche St. Nikolaus* entstand 1717/27, der Turm wenige Jahre später. Wer den Plan entwarf, bleibt ungewiß. Enrico Zuccalli ist vermutet worden, da er im zweiten Jahrzehnt des 18. Jahrhunderts den Ettaler Kirchenumbau leitete. Die Ausführung lag jedenfalls beim Murnauer Kaspar Bauhofer. Langhaus und achteckiger Zentralbau sind miteinander verbunden. Während die Gewölbefresken wenig älter als 100 Jahre sind, stammt der Hochaltar von 1730 und wurde von Bartholomäus Zwinck überarbeitet. Das Altarblatt schuf 1771 Johann Baptist Baader. Für den nördlichen Altar lieferte Franz Xaver Schmädl 1751 eine Anna selbdritt. Der Christus an der Geißelsäule ist ein früheres Werk von ihm (1734). Die schönen Schnitzereien an den Beichtstühlen lassen Entwürfe von Johann Baptist Straub vermuten, der wohl auch die Kanzel gestaltete.

Murnau hat Ende des vorigen, Anfang unseres Jahrhunderts als Wirkungsstätte progressiver Künstler, insbesondere der Gruppe des ›Blauen Reiter‹, Bedeutung erlangt. Künstler wie Kandinsky, Marc, Gabriele Münter, Jawlensky oder Macke entwickelten u. a. aus der oberbayerischen Hinterglasmalerei, aber auch aus russischer Volkskunst die neuen Formen der abstrakten Malerei, die also – was manchen Skeptiker überraschen wird – durchaus ›bodenständige‹ Wurzeln hat. Noch heute erinnert das ›Russenhaus‹ daran.

Der Urlauber sollte nicht vergessen, daß Murnau den Beinamen ›am Staffelsee‹ trägt und sogar von drei Seen umgeben ist: außer dem 7,6 qkm großen **Staffelsee** mit den hübschen Urlaubsorten Seehausen, Rieden und Uffing und der wärmsten Bademöglichkeit im Voralpengebiet sind es noch Riegsee und der kleine Froschhauser See. Sie kehren von hier am besten längs des Murnauer Moos' und der Loisach zur Deutschen Alpenstraße zurück.

Ettals *Benediktinerklosterkirche* geht auf Kaiser Ludwig IV. den Bayern zurück, der 1330 auf Grund eines Gelöbnisses in Italien den Grundstein legte. Der Name besagt vermutlich: E-Tal = Ehe- oder Gelöbnis-Tal. Der ursprüngliche Bau war gotisch mit einem zwölfeckigen, am Templerorden orientierten Grundriß, also ein dazumal ungewöhnlicher Zentralbau, dessen Umfassungsmauern erhalten blieben und Mitte des 18. Jahrhunderts durch den großartigen Kuppelbau und die zeitgemäßen Zutaten erweitert wurden. Durch einen Brand von 1744 zog sich der Bau über mehrere Jahrzehnte hin. Die Säkularisation führte zum Abbruch von Teilen der Klostergebäude und dreier Kapellen, bis 1900 die Benediktinerabtei von Scheyern aus wieder neu erstand. »Die im Kern erhaltene mittelalterliche Anlage wie der Umbau des 18. Jahrhunderts sind gleich ungewöhnlich.« (Dehio) Die Klostergebäude, die Sie heute sehen, stammen zu einem erheblichen Teil aus unserem Jahrhundert (Farbt. 40).

Die ins Auge fallende Kuppel der Benediktinerklosterkirche hat einen Durchmesser von über 25 m, eine innere Höhe von beinahe 60 m, bis zur Laterne 41 m (Farbt. 41; Abb. 141).

Kloster Ettal. 1370 wurden Kloster und Kirche geweiht; die Kirche ohne ihre heutige, um 1750 entstandene Kuppel. Kupferstich von Matthäus Merian

Der ursprüngliche Bau wurde um 1370 geweiht und in der zweiten Hälfte des 15. Jahrhunderts umgebaut. Ein weiterer Umbau, den 1700 Enrico Zuccalli entworfen hatte, brannte 1744 ab. So entstand der heutige Bau durch Joseph Schmuzer, der die 1710 von Zuccalli vorgesehene Kuppel verwirklichte. Hinzu kamen die Barock-Fassade mit ihren beiden Türmen und der Innenausbau mit reicher Stuckdekoration und einem gewaltigen Kuppelfresko. »Barock und Gotik verschmolzen zu einer Einheit.« (Gallas) Das Kuppelfresko von Johann Jakob Zeiller (1748/52) öffnet den Blick in den Himmel mit den Heiligen der Benediktiner. Damals wurde der Chor als eigenständiger Bauteil neu angebaut.

Auch wenn der Rokoko-Charakter die Kirche heute beherrscht, sollten Sie die älteren Bestandteile nicht außer acht lassen: das gotische Portal mit dem Tympanon (um 1350), den mit Satteldach (früher Kuppelhaube) versehenen Glockenturm von 1563, der freilich stark zurücktritt, den im Erdgeschoß noch mit Kreuzrippen versehenen, den Kuppelraum rahmenden Umgang als ›Kreuzgang‹. Im Hochaltar das Ettaler Gnadenbild aus Carrara-Marmor, eine Pisaner Arbeit von 1329, das den Anstoß für die Gründung gab, als Kaiser Ludwig im Graswangtal »got ze lob und unser frawen ze ern« das mitgebrachte Marmor-Standbild dem künftigen Kloster zugedachte. Wenn Sie gründlich vorgehen und die gegenwärtige Gestalt Ettals mit alten Stichen vor 1700 vergleichen, werden Sie die behutsame und künstlerisch gelungene barocke Umgestaltung würdigen können.

Der Gesamteindruck des Innenraums läßt eine große festliche Geschlossenheit erkennen, die keinen Besucher unberührt läßt. Zu dem Deckenfresko von Zeiller trat 1769 das Fresko der Chorkuppel von Martin Knoller, das Christus und die Heiligen des Alten Bundes zeigt. Die Stuckdekorationen stammen von Franz Xaver Schmuzer und Johann Georg Übelherr. Den Entwurf des Hochaltars lieferte Ignaz Günther 1772, ausgeführt 1780 durch Josef Lindner. Die Seitenaltäre des Hauptraums und die Kanzel – Meisterwerke des 18. Jahrhunderts – schuf 1757/62 Johann Baptist Straub.

Oberammergau bedeutet mehr als der Ort der ›*Passionsspiele*‹, die ohnehin nur alle zehn Jahre (1990) stattfinden. Ihr Ursprung liegt im Pestjahr 1633. Wenn sie in Zukunft von der Pest verschont blieben, so gelobten die ängstlich-frommen Einwohner, wollten sie fürderhin die Passion darstellen. Der Pest also verdanken wir die seitdem beinahe stets regelmäßigen Aufführungen mit einem leicht antiquierten (und neuerdings umstrittenen) Text, der die Spiel- und Schaufreude über sieben Stunden in Anspruch nimmt.

Aber das ist – mit einem eigenen, 1900 errichteten Passionstheater für 5 000 Menschen auf der Passionswiese – nur ein Teil der Wirklichkeit dieses Dorfes. Ein zweiter zeigt sich in der Holzschnitzerei, dokumentiert im *Heimatmuseum* und in einer Fachschule für diese traditionelle oberbayerische Kunstfertigkeit. Schon im 16. Jahrhundert – noch vor der Pest! – gab es die Kunst der ›*Herrgott-Schnitzer*‹, die ihren Ursprung vermutlich im Kloster Rottenbuch hatte, deren Blüte aber erst Anfang des 19. Jahrhunderts begann. Allerdings meinen die Oberammergauer Schnitzer selbst, daß schon im Jahr 911 die Schnitzkunst von Oberammergau nach Berchtesgaden gebracht worden sei, so daß die Fertigkeit im Ammergau möglicherweise weit über 1 000 Jahre alt ist. Übrigens sorgten die Oberammergauer in früheren Jahrhunderten selbst für den Vertrieb ihrer Erzeugnisse in ganz Mitteleuropa, indem sie mit der ›Kraxe‹ auf dem Rücken die Märkte aufsuchten. Im vorigen Jahrhundert entstand die Hauptsehenswürdigkeit des Museums: die Weihnachtskrippe (Abb. 138).

Schließlich war Oberammergau der Wohnsitz des ›*Lüftlmalers*‹ Franz Zwinck. Nirgends erblicken Sie so viele von ihm gemalte Fassaden wie hier. Sie wurden freilich inzwischen aufgefrischt und restauriert. Als bedeutendste Arbeiten gelten das ›Geroldhaus‹ (1778), das ›Pilatushaus‹ (1784) mit seiner originellen gemalten Scheinarchitektur und die Häuser Lüftlmalereck 1, Mühlgraben 5, Ettaler Str. 10, Kleppergasse 5 sowie im benachbarten **Unterammergau** das ›Schweigerhaus‹ = Schulmeisterhaus (1780/85), das ›Nußlerhaus‹ (1775), beide in der Dorfstraße (Abb. 140).

Einen Teil von Oberammergaus künstlerischer Geltung kann gewiß auch die *Pfarrkirche St. Peter und Paul* (Abb. 139) für sich in Anspruch nehmen, die auf die Jahre 1736/42

Lüftlmalerei in Unterammergau

DEUTSCHE ALPENSTRASSE/LINDERHOF, NEUSCHWANSTEIN, FÜSSEN

zurückgeht und ein Bau von Joseph Schmuzer ist, vielleicht sogar seine reifste Arbeit. Während Schmuzers Sohn Franz Xaver an der Stuckierung mitwirkte, malte Matthäus Günther (hier als M. Gündter, 1741, signiert) Kuppel und Raum über der Empore virtuos aus. Den Hochaltar und die Figuren der Seitenaltäre schuf der Weilheimer Franz Xaver Schmädl (Abb. 137). Ein Schutzengelbild im Auszug stammt von Johann Joseph Zwinck. Auch der ›Lüftlmaler‹ Franz war beteiligt mit Szenen aus dem Alten Testament an der Orgelempore.

Der Weg zum *Schloß Linderhof* (Farbt. 39; Abb. 23) ist zugleich der letzte Abschnitt der Deutschen Alpenstraße in Oberbayern. 1869 erwarb Ludwig II. das Gelände im Graswangtal. Dem Baubeginn 1874 durch Georg Dollmann gingen umfangreiche Planungen voraus. Nachdem der Steinbau 1878 beendet war, erweiterte Julius Hofmann 1884 das Schlafzimmer, weitere Entwürfe, die auch ein Theater vorsahen, kamen nicht zur Ausführung. Der 50 Hektar große Garten wurde von Karl Effner gestaltet und mit romantischen Bauten bereichert. Hier stehen der ›Maurische Kiosk‹ (von der Pariser Weltausstellung 1867) und die ›Venusgrotte‹, die Motive des ›Venusberges‹ mit Capris ›Blauer Grotte‹ verbindet. Die touristische Anziehungskraft des verspäteten Rokoko-Schlößchens bringt alle noch so berechtigten (oder unberechtigten) Einwände zum Schweigen. So hat Hausenstein von einer »Tragikomödie des Ungeschmacks, ... von diesem ohne Rettung desorientierten 'Kunstkönigtum'« gesprochen. Versöhnlicher hat es Roswin Finkenzeller gesehen: »Man besichtige die Massen, die Linderhof besichtigen, und man wird zugeben: Ludwig II. war mehr als nur ein Misanthrop und Märchenkönig. Er war, wiewohl unfreiwilligerweise, von sämtlichen Förderern des bayerischen Fremdenverkehrs der begabteste.«

Wie Sie zu der romantisch-verträumten Atmosphäre von Linderhof stehen, ist Ihre Privatsache. Beeindruckend ist das Schloß sicher. Wagner-Verehrung (›Venusgrotte‹) und technische Spielereien (der aus dem Boden auftauchende Eßtisch), Prunk und Kuriositäten begegnen sich hier. Ohne alle künstlerischen Gewissensbisse können Sie sich an Wasserbassin und Springbrunnen mit der 30 m hohen Fontäne erfreuen, die zwischen Schloß und Garten verbinden.

Falls Sie von Linderhof aus der Alpenstraße noch weiter folgen wollen, wobei es zeitweise durch Österreich geht, können Sie der Welt Ludwigs II. treu bleiben: in der Nähe von Füssen stehen mit den Königsschlössern Hohenschwangau und Neuschwanstein zwei spektakuläre Burgbauten des 19. Jahrhunderts. *Hohenschwangau* wurde auf den Fundamenten einer mittelalterlichen Burg 1837 als Sommerresidenz für Kronprinz Maximilian II. errichtet. Der Theatermaler Domenico Quaglio lieferte den Entwurf. Im Inneren Fresken aus deutscher Geschichte und Sagenwelt von Moritz von Schwind und Wilhelm Lindenschmitt.

In stolzer Höhe darüber aber ließ Ludwig II. 1868/86 in Anlehnung an die Wartburg sein Traumschloß *Neuschwanstein* aufwachsen (Farbt. 45). Auch hier war ein Theatermaler, Christian Jank, als Entwerfer, Eduard Riedel als Baumeister tätig. Sänger- und Thronsaal bilden die Mittelpunkte der gewaltigen Anlage, die nach dem Tod des Königs nicht mehr vollendet wurde: Bergfried und Kapelle fehlen.

Es wäre schade, wenn Sie bei dem Abstecher aus Oberbayern hierher nicht auch **Füssen** besuchten. Hier ist das, was in den beiden Königsschlössern nachempfundene Vergangenheit ist, noch Dokument mittelalterlicher Baukunst. Das gilt für das *Hohe Schloß* von der Wende vom 15. zum 16. Jahrhundert, von Teilen der alten *Ringmauer* mit Wehrgang und Wehrtürmen, von *Giebelhäusern* des 15. und 16. Jahrhunderts und vom Ursprung der ehemaligen *Benediktinerklosterkirche St. Mang*, die als romanischer Bau 1143 geweiht worden war. Aus ihr wurde durch Johann Jakob Herkomer (der auch die Abtei baute) ein Barock-Bau, in dem der Architekt selbst als Stukkateur und Freskenmaler tätig war. In der Krypta aus frühromanischer Zeit wurde 1950 ein Wandgemälde (hl. Magnus und Gallus) von 1000/30 freigelegt.

Von Landsberg in den Pfaffenwinkel

Vieles ist bekannt, aber es gibt auch Entdeckungen

Wenn von Oberbayerns malerischen Städten die Rede ist, wird **Landsberg** am Lech leicht übergangen. Das liegt einerseits daran, daß die nicht allzu große Stadt (19 000 Einwohner) wirklich am äußersten Rand von Oberbayern liegt, unmittelbar vor der schwäbischen Tür. Zum anderen wohl auch daran, daß der nach Süden zu anschließende Pfaffenwinkel, den Sie längs des Lech auf der Romantischen Straße (B 17) erreichen, mit seinem baulichen Reichtum Landsberg für eilige Touristen zu einer Durchfahrtsstadt werden läßt.

Natürlich tut man Landsberg damit unrecht! Das wissen auch die bayerischen Fremdenverkehrsmanager sehr gut, die in einer großzügigen Überschau ›Kunst in Bayern‹ Landsberg einen nicht unbedeutenden Platz einräumen, während sie – beispielsweise – so bekannte Orte wie Mittenwald, Oberammergau, Bad Tölz, Moosburg oder Prien gar nicht erwähnen. Immerhin ist ja Landsberg, hierin der Hauptstadt München ebenbürtig, eine Gründung Heinrichs des Löwen.

Schon das Stadtbild als Ganzes mit dem Marktplatz im Mittelpunkt und den von ihm ausgehenden Straßen beeindruckt den Besucher (Farbt. 46). Teile der Befestigungen der 1160 gegründeten ›Landespurc‹ zum Schutz einer Salzstraße sind noch in den ältesten Überresten von ›Bäckertor‹ und ›Schmalzturm‹ (Ende 13. Jahrhundert) sichtbar. Das sind durchaus nicht die einzigen Befestigungstürme, die erhalten blieben: ›Dachl‹- und ›Pulverturm‹ und weitere sechs Rundtürme stammen aus dem 15. Jahrhundert. Mit dem 1425 entstandenen *Bayertor* (Abb. 148) besitzt Landsberg – was kaum bekannt ist – eines der schönsten gotischen Tore ganz Deutschlands. So prägen Türme und Giebel das im ganzen barocke Stadtbild.

Am Hauptplatz stehen außer dem frühgotischen *Schmalzturm* (sein Name weist auf die Bauern hin, die hier ihr Schweinernes feilboten), den man poetischer auch den ›Schönen Turm‹ nennt, das Rathaus und der Brunnen mit der *Marien-Statue* von 1783, die der Tiroler Joseph Streiter, ein Gehilfe Straubs geschaffen hat (Abb. 149). Das in der Platzmitte befindliche *Rathaus* wurde 1698 abgebrochen und durch den westlichen Neubau um 1700 ersetzt. Den Stuck der Fassade und der Räume im zweiten Stockwerk gestaltete 1718/20 Dominikus Zimmermann, während in anderen Räumen Georg Zöpf, Stephan Finsterwalder und Michael Perz stuckierten. Von 1749 bis 1754 war Zimmermann ja sogar Landsbergs Bürgermeister – einer der seltenen Fälle, in denen ein Künstler ein Verwaltungsamt erhielt. Im Rathaus-Festsaal zeigen vier Fresken Szenen aus der Geschichte der Stadt, während sich

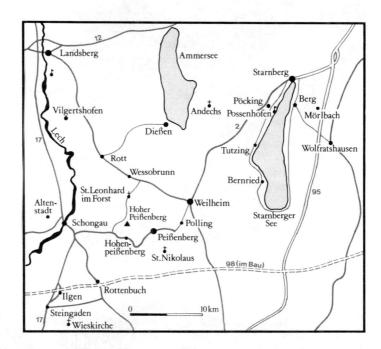

*Der Pfaffenwinkel –
Kunst zwischen Lech
und Starnberger See*

im großen Sitzungssaal stattliche Gemälde von Hubert von Herkomer befinden. Ebenfalls am Markt liegt mit dem ›Sternwirtshaus‹ die ehemalige herzogliche Residenz.

Noch einmal zu Dominikus Zimmermann, dem berühmtesten Bürger der Stadt: An vier bemerkenswerten Kirchen Landsbergs ist er mehr oder weniger maßgeblich beteiligt gewesen. Während die Pläne für die ehemalige Ursulinerinnen-Klosterkirche von 1720/25 und für die St. Johannes-Kirche von 1750/52 auf ihn zurückgehen, enthält die Pfarrkirche Mariae Himmelfahrt als sein Frühwerk einen Rosenkranz-Altar von 1721, in den eine lebensgroße Madonna (um 1450, ein Frühwerk Hans Multschers; Abb. 147) eingefügt wurde. Schließlich lieferte Zimmermann in der ehemaligen Jesuitenklosterkirche Hl. Kreuz um 1730 die Stukkatur der Sakristei. Als die Ursulinerinnen-Klosterkirche 1764/66 durch einen Neubau (Herkomerstraße) ersetzt wurde, hatte auch dafür Dominikus Zimmermann, als seine letzte Arbeit, die Pläne geliefert – sozusagen noch eine fünfte Kirche des Meisters, die 1845 in den Besitz von Dominikanerinnen überging.

Mariae Himmelfahrt (Georg-Hellmair-Platz) ist der einzige gotische Bau von Rang in diesem Gebiet, der freilich innen barockisiert wurde (Abb. 146). Der Bau entstand 1458/88 in oberschwäbischer Tradition als flachgedeckte Pfeiler-Basilika durch den Straßburger Valentin Kindlin und wurde von Ulrich Kiffhaber fortgesetzt. Die Umgestaltung des

Landsberg am Lech. Kupferstich von Matthäus Merian ▷

Lech thor. 11. Schieß hütten.
Schieß thörl. 12. Siechenhauß 14. S. Catharina.

PFAFFENWINKEL/LANDSBERG

Inneren setzte um 1700 ein. Allerdings stehen auch innen noch Bildwerke des 14. und 15. Jahrhunderts sowie Werke des Landsbergers Lorenz Luidl wie der ›Palmesel‹ von 1671 im nördlichen Seitenschiff. Luidl schuf auch die Figuren von Joseph, Joachim, den drei Erzengeln im Hochaltar von 1680 des Jörg Pfeiffer von Bernbeuren und Heiligenfiguren an der Mittelschiffswand. Sehenswert sind, soweit nicht verdeckt, die Glasbilder des frühen 16. Jahrhunderts in der Apsis in holbeinscher Manier und zahlreiche Grabsteine. Bei der Renovierung von 1699 bis 1981 wurden frühere Verfälschungen beseitigt; der romanische Taufbrunnen von 1300 wurde in die mittlere Achse des Langhauses gesetzt. Die Chorfenster gehören »nach Zeit und Größe zu den wichtigsten Denkmälern der Glasmalerei in Bayern« (Hager).

Die *Jesuitenklosterkirche* (auch Malteserkirche, Helfensteingasse) entstand Mitte des 18. Jahrhunderts und ist prunkvoll ausgestattet. Der Hochaltar umschließt ein Kreuzigungsbild von Johann Baptist Baader (Kopie nach Bergmüller) von 1758. Die beiden großen Deckengemälde stammen wie die Bilder oberhalb der Seitenkapellen von Christoph Thomas Scheffler (1753/55). Felix Anton Scheffler lieferte 1756 die Deckengemälde der Ignatiuskapelle. Beachtung verdienen auch die schön geschnitzten Beichtstühle!

Auch die *Johanneskirche* (Vorderanger) entstand um 1750. Ihre Altäre sind besonders originell gestaltet, wobei Rocaille-Ornamente mitwirken. Die Taufe Christi ist in plastischer, bühnenähnlicher Form dargestellt; der Künstler war Johann Luidl, auf den auch die Seitenaltäre (1760) zurückgehen. Das Kuppelfresko für die Laien schuf Karl Thalheimer aus Ottobeuren mit Motiven aus dem Leben von Johannes dem Täufer.

Eine Originalität Landsbergs ist der ›*Mutterturm*‹ in der Von-Kühlmann-Straße. Ihn ließ der deutsch-englische Maler Hubert von Herkomer 1884/88 zum Andenken an seine Mutter als Atelier einrichten. Werke und Zeugnisse des Künstlers sind ausgestellt.

Ein touristischer Tip: zwischen Ende Mai und Anfang September können Sie abends um 19.30 Uhr vom Georg-Hellmair-Platz aus eine Stadtführung mit historisch gekleideten Betreuern/-innen erleben.

Von Landsberg gelangen Sie nach Süden zu in den **Pfaffenwinkel**, den Raum zwischen Lech und Ammer mit Orten wie Weilheim, Steingaden, Schongau und Peißenberg.

Zuerst ein Hinweis, der für nicht-bayerische Reisende angebracht ist: Pfaffenwinkel bedeutet keine geringschätzige Abwertung des geistlichen Standes, sondern schließt in der leichten Ironie die Anerkennung dessen ein, was hier seit dem frühen Mittelalter von Mönchen und Klöstern der Benediktiner, Augustiner-Chorherren, Prämonstratenser, Franziskaner geleistet und geschaffen wurde. »Nachbarlich nah aneinandergereiht lebten in diesem Gebiet zwischen Isar und Lech die Klöster verschiedener Orden so dicht wie in keinem anderen Winkel Deutschlands.« (Schnell) Sie zogen zugleich Kunst und Künstler an und ließen hier vor der Kette der Alpen eine wahre Schatzkammer der Kultur entstehen. Das sollte man, auch wenn die Säkularisation von 1803 einen herben Einschnitt bedeutete und

99 Der Hintersee im Berchtesgadener Land ▷

100 BERCHTESGADEN Grabmal des Fürstpropstes Pinzenauer
101 BERCHTESGADEN Löwenskulptur im Kreuzgang
102 BERCHTESGADEN Schloßhalle
103 BAD REICHENHALL St. Zeno, Langhaus

104 BAD REICHENHALL   St. Zeno, Portal, erste Hälfte 13. Jh.
105 BAD REICHENHALL   St. Zeno, angebliche Darstellung Friedrich Barbarossas im Kreuzgang
106 STREICHENKAPELLE bei Schleching, um 1450

107, 108 URSCHALLING   St. Jakobus, Apostel (1380) und Adam und Eva (1200)
109 FRAUENCHIEMSEE   St. Maria, Altar   110 FISCHBACHAU   Pfarrkirche, geweiht 1110

111 SCHLOSS HOHENASCHAU
112 ASCHAU St. Maria
113 ›Jodlbauerhof‹ bei Fischbachau

114 Blick auf den Schliersee

115 TEGERNSEE Kloster und Klosterkirche St. Quirin

116, 117 TEGERNSEE Klosterkirche, Langhaus und ›Judaskuß‹, Fresko von J. G. Asam, 1687

118 WEYARN Stiftskirche, um 1729
119 WEYARN Stiftskirche, Pietà von Ignaz Günther, 1764
120 BAD TÖLZ Stadtpfarrkirche, ›Glorien-Maria‹ von Bartholomäus Steinle

122 Blick auf BAD TÖLZ mit Isar

◁ 121 BAD TÖLZ   Stadtpfarrkirche, 1453/66

123 BAD TÖLZ   Pfarrkirche, Winzererkapelle

124 BAD TÖLZ   Auf dem Kalvarienberg

125 ROTTACH-EGERN am Tegernsee

128 BENEDIKTBEUERN Klosterkirche, 1681/86 ▷

126 SCHLEHDORF am Kochelsee, Stiftskirche St. Tertulin, 1727–1780

127 LENGGRIES St. Jakob, 1721/22

130 Blick von der Zugspitze: Wetterstein, Karwendel, Hohe Tauern und Großglockner

129 WALLGAU mit Karwendel

131 OBERGRAINAU bei Garmisch

132 GARMISCH-PARTENKIRCHEN ›Hotel Husar‹ und Alte Pfarrkirche St. Martin

133 PARTENKIRCHEN St. Anton, Gemälde von J. E. Holzer, 1739

134 UNTERAMMERGAU Pfarrkirche, Fresko von Franz Zwinck, nach 1777

135, 136 Lüftlmalerei in Mittenwald und Garmisch

137 OBERAMMERGAU Pfarrkirche, Putten von F. X. Schmädl, um 1750

138 OBERAMMERGAU Krippe im Heimatmuseum

139 OBERAMMERGAU Pfarrkirche, 1736/42

140 UNTERAMMERGAU Dorfstraße

wenn heute kulturelle Initiative unter anderen Vorzeichen steht, erkennen, würdigen und als Besucher zu schätzen wissen.

Daß hier selbstverständlich auch weltliche Bauten ihren Platz haben, beweist bereits nahe bei Landsberg das spätgotische *Schloß Pöring*, dessen Kapelle von Dominikus Zimmermann 1739 für Wallfahrtszwecke erweitert und mit einem Deckengemälde versehen wurde, das die Grenzen seines Könnens als Maler verdeutlicht.

Vilgertshofen, ein wenig östlich der Romantischen Straße (B 17), besitzt mit der *Wallfahrtskirche zur schmerzhaften Maria* einen Ende des 17. Jahrhunderts von Johannes Schmuzer errichteten kreuzförmigen Zentralbau, an den 1732 der Turm (Zwiebelhaube 1860 verändert) angefügt wurde. Wenn Sie Stuck der Wessobrunner Schule aus erster Hand – die Kirche gehörte zum Kloster! – kennenlernen wollen, zeigt er sich hier in großartiger Blattwerkfülle, über italienische Anstöße hinausgehend (Farbt. 50). Den Hochaltar gestaltete Franz Xaver Schmuzer, darin ein Vesperbild vom späten 15. Jahrhundert, in einem Seitenaltar ein 1770 entstandenes gutes Gemälde von Johann Baptist Baader, der übrigens auch die Decken im Obergeschoß-Flur des nahen Wirtshauses ausmalte.

Verwechseln Sie den südöstlich auf der Fahrt zum Ammersee folgenden Ort **Rott** nicht mit dem bekannteren Rott am Inn. Schon kurz vor Rott entdecken Sie in der *Ottilienkapelle* von 1483, die 1775 ihren Rokoko-Stuck erhielt, ein Deckengemälde Matthäus Günthers. Die *Pfarrkirche St. Johannes* von Rott mit einem Deckengemälde von Johann Baptist Baader (1779) enthält Plastiken Franz Xaver Schmädls, so die Madonna über dem rechten Seitenaltar und den Gekreuzigten. Die Stuckarbeiten stammen von Johann Michael Merck, der hier eine Gastwirtschaft hatte und in Potsdam auch für Friedrich den Großen tätig war.

Der **Ammersee** ist mit 47,6 qkm und einer Uferlänge von 42 km der drittgrößte See Bayerns – ein See ohne den Rahmen naher Berge, aber mit anmutigen grünen, auch hügeligen Ufern. Er wird bis 83 m tief und hatte lange Zeit große Bedeutung für die Fischer an seinen Ufern. Auch heute sind Ammersee-Renken oder -Aale beliebt.

Dießen am südlichen Seeufer war zu Beginn unseres Jahrtausends Sitz eines Klosters der Augustiner-Chorherren, dessen ehemalige *Stiftskirche St. Maria* hoch über Seeufer und Ort in den 20er und 30er Jahren des 18. Jahrhunderts entstand (Abb. 143). Ihr Beiname ›Dießener Himmel‹ rührt daher, daß bei der Einweihung der Prediger sagte: »Ich sehe einen neuen Himmel offen.« Um den kühnen Bauplänen des damaligen Stiftspropstes gerecht zu werden, holte man, nachdem 1720/28 bereits emsig gebaut worden war, Johann Michael Fischer aus München. Auf Befehl des Propstes wurde der Rohbau abgerissen, und Fischer konnte dieses Meisterwerk des frühen Rokoko schaffen. Das Langhaus wirkt licht und atmet Weite, so daß sich der gewaltige prachtvolle Hochaltar und die Seitenaltäre feierlich zur Geltung bringen können (Abb. 142), »eine funkelnde Prozessionsstraße« (Schatzkammer Deutschland). François Cuvilliés d. Ä. hat den fast bühnenähnlichen Hochaltar entworfen. Die reich mit Stuck verzierten Deckengemälde (1736) sind Werke von Johann Georg

◁ 141 KLOSTER ETTAL

Bergmüller (Abb. 144). Kanzel und Orgelprospekt gehen auf einen Entwurf von Johann Baptist Straub zurück. In der Sakristei entdecken Sie einen Petrus von Erasmus Grasser, ein Kruzifix von Straub und hübsche Krippenfiguren von Franz Xaver Schmädl. Auch Ignaz Günther ist mit einem schwebenden Engel im Vorraum des Altars, oberhalb des Taufsteins von Schmädl, vertreten. Offensichtlich engagierten die Chorherren auf Initiative ihres Propstes die besten Künstler, die sich damals finden ließen. Dafür spricht auch das Werk Tiepolos, ein Sebastian, in einem der Seitenaltäre. Ihm gegenüber ein Altarblatt des hl. Michael, ein frühes Werk von Johannes Evangelista Holzer von 1736/37.

Gehen wir die Namen der Künstler der Seitenaltäre durch: linker Hand Holzers hl. Michael, dann Giovanni Battista Pittonis Stephan, Johann Andreas Wolffs Magdalena und Franz Georg Hermanns Dominikus beim Erhalten des Rosenkranzes. Zur Rechten Balthasar August Albrechts St. Josef, Tiepolos Sebastian, Bergmüllers St. Augustin und ein Kreuzigungsbild von Georges Desmarées.

Einen Besuch lohnt auch Dießens Kirche *St. Stephan*, die, als Marstall der Dießener Augustiner-Chorherren (um 1630) und später als Kuhstall genutzt, ab 1975 zu einem besinnlichen Kirchlein restauriert wurde und acht ottonische, romanische und gotische Plastiken beherbergt.

Im Bannkreis des Ammersees jedoch, sozusagen ›schräg gegenüber‹ von Dießen, erwartet Sie **Andechs** (Abb. 151), *Benediktinerkloster* und *Wallfahrtskirche*, oberhalb des östlichen Ammerseeufers in 711 m Höhe und 177 m über dem Ammersee. »Die Wallfahrtskirche liegt wie eine graue Arche auf dem Berg, ferne Erinnerung an ein mächtiges Herrschergeschlecht, seine Heiligen und Seligen in sich bergend, kostbare Reliquien des frühen Mittelalters und eine pralle Fülle barocker Devotion behütend« (Schindler). Frommes Wallfahrtsziel, Brauerei, Gasthof und Verkaufsladen liegen in unbekümmerter Eintracht, gleichermaßen beliebt, dicht beieinander. Hostienwallfahrt schließt Hunger und Durst nicht aus, so daß alle Bedürfnisse am besten in unmittelbarer Nähe befriedigt werden. Auch das ein Stück oberbayerischen Selbstverständnisses, das manchen spröder gesinnten Protestanten aus dem Norden überraschen mag – auch in Altötting werden wir dieser Mentalität noch begegnen.

Der achteckige Turm der Kirche mit Zwiebel und Helmspitze ragt froh in den Himmel, von den anderen Gebäuden dicht umdrängt. Ursprünglich stand hier oben eine Burg der einflußreichen Grafen von Dießen-Andechs, die jedoch 1248 ausstarben. Sie hatten drei geweihte Hostien mit hierhergebracht, die sie bei Kreuzzügen erworben hatten. Ihre Ausstellung in der Burgkapelle führte zur ersten Pilgerfahrt – vermutlich war Andechs der älteste Wallfahrtsort Deutschlands. Als jedoch im 13. Jahrhundert die Burg im Kampf mit den Wittelsbachern zerstört wurde, schienen auch die Hostien verloren. Nachdem dann 1388 ein Teil des ›Andechser Heiligtums‹ wiedergefunden wurde, gründete Herzog Ernst 1438 (drei Jahre, nachdem er die Ermordung von Agnes Bernauer veranlaßt hatte) auf dem ›Heiligen Berg‹ ein Kanonikerstift, aus dem sein Sohn Albrecht III. 1455 ein Benediktinerkloster machte. »Seit dem 15. Jahrhundert genoß Andechs ohne Unterbrechung die Huld der Münchner Wittelsbacher« (Norbert Lieb im offiziellen Kirchenführer).

Kleines Wallfahrtsbild, Andechs. J. A. Zimmermann

Kloster Andechs. Kupferstich von Matthäus Merian

1669 wurde die Wallfahrtskirche durch einen Blitzschlag völlig zerstört und in den folgenden sechs Jahren durch Dominikus Schinnagl und Gasparo Zuccalli neu erbaut. Danach folgten noch mehrere Umbauten, bis die Säkularisation 1803 zu einer Versteigerung der Klosterbauten (außer Kirche und Apotheke als Staatsbesitz) führte. 1846 erwarb sie König Ludwig I. und übergab sie 1850 der Benediktinerabtei St. Bonifaz in München. In der Kirche sind Herzog Albrecht III. und seine Söhne Johann und Wolfgang beigesetzt, ebenso Wittelsbacher aus jüngerer Zeit, während heute ein Friedhof zwischen Andechs und Herrsching zur Wittelsbachischen Grablegung geworden ist.

Für das heutige Gesicht des Kircheninnern (Abb. 152) ist die Umgestaltung des Jahres 1750 bestimmend geworden. Sie hat sich jedoch »mit einer zeitgemäßen höchst prächtigen Dekoration begnügt« (Dehio), deren Künstler Johann Baptist Zimmermann war (Farbt. 49). Er fertigte Stuck, Deckenmalerei und Wandgemälde, beim Stuckieren stand ihm der Wessobrunner Joseph Marian zur Seite. Die Altäre entstanden Mitte des 18. Jahrhunderts; der Hochaltar geht auf einen Entwurf Zimmermanns zurück. 1756 fertigte der Münchner Goldschmied Johann Michael Roth nach Modellen von Johann Baptist Straub die kupfervergoldete Verkleidung mit silbernem Laubwerk an. Über dem Tabernakel in einer Nische das hölzerne Gnadenbild der thronenden Muttergottes mit Kind auf der Mondsichel, wohl von

Ende des 15. Jahrhunderts (Abb. 150). Die Figuren des hl. Nikolaus und der hl. Elisabeth sind wieder Werke von Straub. Norbert Lieb nennt im Kirchenführer auch Franz Xaver Schmädl als einen am Hochaltar beteiligten Künstler und schreibt die bildhauerischen Arbeiten aller Altäre Johann Baptist Straub zu. Mit Malereien waren im Benediktus- und Rasso-Altar Johann Andreas Wolff (1703), an weiteren Altären Elias Greither d. J. beteiligt. Die Immaculata ist ein 1608/09 entstandenes Werk Hans Deglers, der – wie der für zahlreiche Altarfiguren verantwortliche Franz Xaver Schmädl – gebürtiger Weilheimer war.

Die Heilige Kapelle birgt die spätgotische Monstranz mit den drei Hostien sowie die nach der Säkularisation verbliebenen Reste des einst bedeutenden Andechser Schatzes: ›Siegeskreuz Karls des Großen‹, Kreuz der hl. Elisabeth und die ›Goldene Rose‹ von Herzog Albrecht III. von 1450. Sie erreichen die Kapelle von der Galerie aus. Zu ihrer wertvollen Ausstattung gehören auch spätgotische Tafelbilder von 1500, darunter die ›Gregorsmesse‹ mit der Konsekration der Hostien (nach Buchner, von Michael Wohlgemuth), die ursprünglich den Altarflügel zierten.

An die Kirche schließen noch weitere Kapellen an. Besonderes Interesse findet unterhalb der Musikempore das Wachsgewölbe mit 250 gestifteten alten Wachskerzen, deren älteste von 1594 stammt. In der Antonius-Kapelle südlich vom Altarraum ein Deckengemälde von Johann Baptist Zimmermann, in der Josephs- (später Sakraments-) Kapelle zwei Votivtafeln. Auch die anderen sechs Kapellen enthalten beachtliche Kunstwerke. Norbert Lieb hat den Gesamteindruck der Kirche in wenigen Sätzen zusammengefaßt: »Durch die Beseitigung aller Gurtbogenteilungen, die Ausmodellierung der gotischen Spitzbogen, die Pilasterbeziehung der Pfeiler hat der Raum an Einheit, Durchsichtigkeit und Weite gewonnen. Die Stukkatur setzt, im Stil des späten höfischen Münchner Rokokos, zarte Akzente. Durch die weiten Fenster fließt volles, ausgeglichenes Licht. Darin lebt die für das ganze Raumbild entscheidende Kunst der Gewölbefresken.«

»Öffentliche Konzerte und Tagungen in Andechs lassen erkennen, daß es auch heute noch ein lebendiger kultureller Mittelpunkt geblieben ist. Die seit der Klostergründung bestehende Brauerei erfreut sich eines guten Rufes. Im Bräustüberl kommt das geschätzte Klosterbier zum Ausschank« (aus: ›Unsere bayerische Heimat‹ – ein Kulturführer von Siegmar Gerndt).

Im östlichen Teil des Pfaffenwinkels liegt der zweite große See dieses Gebiets und zugleich der zweitgrößte Bayerns, der 57,2 qkm umfassende **Starnberger See** oder (nach dem Zufluß) **Würmsee**. **Starnberg**, beinahe schon ein Vorort von München geworden, kann zwar ein Schloß in eindrucksvoller Lage aufweisen, das aber seinen Glanz verloren hat und heute als Behördensitz dient. Dagegen kann die *Alte Pfarrkirche St. Joseph* (Abb. 145) sich sehen lassen: »Ländliche Schlichtheit im Äußeren verbindet sich mit einem fein differenzierten Raumbild und einer von namhaften Künstlern der Zeit geleisteten Ausstattung« (Dehio). Der nach einem Entwurf des Münchner Stadtmaurermeisters Leonhard Matthäus Gießl 1764/70 errichtete Bau enthält Stukkaturen von einem sonst unbekannten Künstler: Ernst Mayr. Für die Fresken holte sich Gießl (wie auch bei anderen Bauten) Christian Wink. Der

Hochaltar (1764/65) ist abermals ein meisterliches Werk von Ignaz Günther, der vermutlich auch die Kanzel schuf.

Am Ostufer des Sees befindet sich das 1640 erbaute *Schloß Berg*, ursprünglich ein Herrenhaus, aber 1676 von Kurfürst Ferdinand Maria erworben und mit einem Park versehen, den sein Sohn Kurfürst Max Emanuel zu einem Tiergarten umgestaltete. 1849/51 ließ König Maximilian II. das Schloß in englischer Neugotik umbauen. Ludwig II. fügte 1876 die gleichfalls neugotische Kapelle hinzu. Er hielt sich gern hier auf. »Nach seiner Verhaftung in Neuschwanstein wurde der König nach Berg überführt, wo er kurze Zeit später, am 13. Juni 1886, unter nie geklärten Umständen im Starnberger See starb« (Nöhbauer). Ein Kreuz erinnert im Wasser an die Stelle, wo seine und seines Arztes Leiche gefunden wurden.

Zwischen See und Isar überrascht die schlichte *Stephanskirche* (ursprünglich spätgotisch, aber im 17. Jahrhundert verändert) von **Mörlbach** durch ihre Einrichtung. 1955 wurden im Altarraum Fresken freigelegt. An der nördlichen Langhauswand ein großartiger Verkündigungsaltar (um 1489; Umschlaginnenklappe vorn), dazu ein Hochaltar von 1510 sowie spätgotische Chorstühle.

Falls Sie **Wolfratshausen**, wenige Kilometer östlich des Starnberger Sees, nicht bereits von München aus (südlich von Schäftlarn) besucht haben, ist jetzt Gelegenheit dazu. Sie nehmen von Berg die Straße nach Südosten und kreuzen die Autobahn (A 95/E 6). Wolfratshausen ist ein alter Burgplatz und mittelalterlicher Markt. Die noch vorhandenen Bürgerhäuser sind wohl Weiterentwicklungen des Isarwinkler Bauernhauses. Die *Pfarrkirche St. Andreas* geht auf 1484 zurück, wurde zuletzt nach Zerstörungen durch die Schweden 1650 neu gestaltet. Bemerkenswert ist ihr schlanker Südturm mit der Zwiebelhaube. Den Hochaltar schuf 1659/61 der einheimische Kistler Lukas Herle unter Mitarbeit von Kaspar Niederreiter (Plastik) und Adam Griesmann (Malerei).

Von Starnberg aus, am Westufer des Sees entlang, gelangen Sie über **Pöcking** (Pfarrkirche St. Ulrich, 1696/1702) nach **Possenhofen** mit seinem 1536 erbauten *Schloß*, das im 19. Jahrhundert durch Herzog Maximilian von Bayern erneuert und mit einem größeren Park versehen wurde. Hier verbrachte die aus zahlreichen Filmen wohlvertraute Sissy, spätere Gattin Kaiser Franz Josephs von Österreich, ihre Kindheit.

Über **Tutzing**, in dessen Schloß (mit Park) sich heute die ›Evangelische Akademie‹ befindet, erreichen Sie **Bernried**, das über viele Jahrhunderte Sitz eines Augustiner-Chorherrenstifts war, 1120 von Graf Otto von Valley gestiftet. Die doppelbalkigen Turmkreuze umliegender Kirchen (Tutzing, Uffing) künden von ihrer einstigen Zugehörigkeit zu diesem Stift. Die Überlieferung erzählt, daß im Österreichischen Erbfolgekrieg (1741/48) Panduren vom jenseitigen Seeufer (Ambach) über den zugefrorenen See nach Bernried reiten wollten, um das Kloster zu brandschatzen. Ein Fischersohn sollte sie führen. Er leitete sie auf eine brüchige Stelle im Eis, wo die Truppe ertrank – der edle Retter mit ihnen. Die Säkularisation beendete 1803 das bewegte Dasein des Stifts. Aus dem Kloster wurde 1852 durch Umbau ein ›Schloß‹, das 1949 in den Besitz der Missions-Benediktinerinnen überging, die hier ein Bildungshaus betreiben.

Die *St.-Martinskirche* auf Fundamenten der einstigen romanischen Klosterkirche erhielt ihren Turm durch Caspar Feichtmayr. Die Umwandlung der alten in eine frühbarocke Kirche war 1663 beendet. Zweite Kirche isr die *Pfarrkirche St. Maria* von 1382 mit einer für Wallfahrtszwecke umgebauten Gruftkapelle, in der sich das Bernrieder Gnadenbild, eine gotische Pietà aus dem späten 14. Jahrhundert, befindet. Aus dem Bernrieder Seegelände ist ein Nationalpark geworden, der malerische alte Baumgruppen enthält.

Ihr Weg führt Sie nach **Weilheim**, in eine der wichtigsten Städte des Pfaffenwinkels, die insbesondere im 17. Jahrhundert aus den Bedürfnissen der wohlhabenden Klöster im Umland ihren Nutzen zog. Daher wirkte sich die Säkularisation auf die Stadt sehr ungünstig aus. Erstaunlich ist die Zahl der Künstler, die hier lebten; es war, wie es in einer alten lateinischen Schrift hieß, eine glückliche Heimat großer Geister. Die Stadt selbst ist beinahe quadratisch angelegt, leider ihrer vier richtungsweisenden Tore im 19. Jahrhundert beraubt. Die *Pfarrkirche St. Mariae Himmelfahrt* (Abb. 155) spiegelt als reizvoller frühbarocker Bau etwas von der einstigen künstlerischen Blüte. Weilheimer wie Bartholomäus Steinle (Entwurf des Kirchenneubaus 1624/31), Elias und Johann Greither (Deckenfresken mit dem Drachenkampf Michaels), Franz Xaver Schmädl (Entwurf für den Unterbau des Hochaltars sowie Altarbilder), Othmar und Franz-Joseph Kipfinger (Kelche der Sakristei) sowie Adam Krumper, Vater des Bildhauers und Baumeisters Hans Krumper, (Schöpfer eines älteren Renaissance-Grabmals) und andere haben ›ihrer‹ Kirche das Gesicht gegeben. Dennoch stammt das kostbarste Gemälde der Kirche, ›Beweinung Christi‹ (1790), von Martin Knoller. In dieser Zeit erhielt auch der Hochaltar ein neues Gesicht. Die vier Gemälde von Johann Baptist Baader in den vier westlichen Seitenkapellen entstanden um 1770 und gehörten ursprünglich in den Kapitelsaal des Klosters Polling (Weilheim).

Pollings ehemalige *Stiftskirche* (Abb. 153) soll auf eine Klostergründung von Herzog Tassilo III. um das Jahr 750 zurückgehen, ist jedoch erst nach 1010 als Augustiner-Chorherrenstift aktenkundig geworden. Der heutige Bau – unter der Gottesackerkapelle ist eine romanische Krypta des Ursprungbaus erhalten – wurde nach einem Plan des Weilhei-

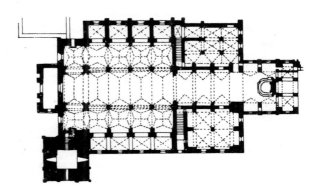

Polling, Stiftskirche, Grundriß

PFAFFENWINKEL/POLLING, WESSOBRUNN

mers Hans Krumper 1416/20 errichtet und erhielt 1605 seinen Renaissance-Turm, der erst 1822 achteckig abgeschlossen wurde. Ein schützendes Gitter verhindert zumeist eine nähere Besichtigung der Kirche, aber vielleicht hat die Kirchendienerin Verständnis für Ihr Kunstinteresse. Sonst bleibt als Eindruck von dem stattlichen Bau, den Georg Schmuzer errichtete und stuckierte, die Großzügigkeit der Anlage, bei der es gelang, gotischen Kern und Rokoko-Dekoration zu einem neuen Ganzen zu verschmelzen, ohne daß ein fremder Ton auftaucht. Den frühbarocken Hochaltar (1623) von Bartholomäus Steinle vollendete 1628/29 Hans Degler. Johann Baptist Straub schuf 1763 die überlebensgroßen Holzgestalten der Stifter Heinrich und Kunigunde. Im Hochaltar befindet sich das legendäre ›Tassilo-Kreuz‹ (um 1230), dessen Vorderseite auf Pferdeleder ein Bild des Gekreuzigten zeigt. Die thronende Muttergottes gegenüber der Kanzel ist allein den Kirchenbesuch wert: ein Meisterwerk Hans Leinbergers (um 1525; Abb. 154).

Hören Sie zum Thema Polling noch Hugo Schnell: »Erstaunlich ist die Ehrfurcht, die Krumper, der der berühmte Meister der raumgefestigten Kaisertreppe der Münchner Residenz ist und von dem Pläne für den Umbau des Freisinger Doms stammen, dem gotischen Raum zollte. Doch auch der Wessobrunner Stukkator Jörg Schmuzer tastete die sich wie Blumen öffnenden Raumschalen nicht an. Streng geometrischer Stuck umzieht die Gewölbeflächen, der uns in seiner Herbheit aus der Zeit von 1623 stark anspricht. Eigenwillig gestaltet sind die Kapitäle; in wallendem feierlichen Rhythmus sind in den Spitzbögen abwechselnd Rosetten eingesetzt. Hier ist der Stuck Raumplastik geworden mit echtem Ausdruck.«

Wessobrunn und Hohenpeißenberg liegen gleich weit von Polling entfernt – hier reichen sich die kirchlichen Kunstwerke von Rang förmlich die Hand. **Wessobrunn** ist längst mehr als eine *Abtei* (ehemals der Benediktiner), nämlich ein Begriff für eine künstlerische Welt, für ein großes Team von Stukkateuren, den ›Wessobrunnern‹, zu denen die überragenden Künstlerfamilien Schmuzer, Zimmermann und Feichtmayr zählen. Sie wirkten nicht nur im oberbayerischen Raum, sondern weit darüber hinaus. Wessobrunn war Keimzelle einer ganzen Stilrichtung, einer ganzen Epoche des künstlerisch gestalteten Stucks. Unabhängig davon aber ist Wessobrunn der Ort, an dem eines der ältesten deutschen Sprachdenkmäler entstand: das *›Wessobrunner Gebet‹*, dessen Handschrift sich in der Bayerischen Staatsbibliothek, München, befindet und das wahrscheinlich Anfang einer längeren Dichtung des frühen 9. Jahrhunderts ist.

> »*Das erfuhr ich unter den Menschen als die größte aller Erkenntnisse, Daß die Erde nicht war noch der Himmel, / Noch Baum, noch Berg /, Noch irgend ein (Stern), noch schien die Sonne, / Noch leuchtete der Mond, noch war das herrliche Meer. Als da nichts war von Enden und Grenzen, / Da war der eine allmächtige Gott...*«

An Tassilo III., der mit seinen drei Brüdern um 753 das Kloster gründete und wohl zunächst mit Mönchen aus Benediktbeuern besetzte, erinnert hinter der östlichen Klostermauer die auf 700 Jahre geschätzte Tassilo-Linde mit einem Umfang von 13,17 m. Ältester Bauteil des

Abteigeländes – Führungen um 10, 15 und 16 Uhr, an Sonntagen 15 und 16 Uhr – ist der Glocken- und Wehrturm mit seinem Satteldach aus der Zeit nach 1250. Ursprünglich sollte er beim Neubau des Klosters (1673/1726), der sich als Folge immer neuer Aktivitäten hinzog, abgerissen werden. Als aber die vorgesehenen Westtürme der neuen Kirche aus Geldmangel nicht gebaut werden konnten, ließ man ihn stehen. Der umfangreiche Klosterkomplex wurde durch die Säkularisation schwer getroffen: Was Sie heute sehen, ist nicht mehr als ein knappes Viertel der vorherigen Anlage. Konventbau und Klosterkirche (1810) wurden niedergerissen. Dennoch sind die glücklicherweise erhaltenen Bestände des Klosterbaus von Johannes Schmuzer noch beachtlich. Es handelt sich um den 1680 begonnenen Gäste- bzw. Fürstenbau. Treppenhaus und vor allem Korridore bezaubern mit ihren Türen und den Stuckdekorationen, ergänzt durch originelle, ovalförmige Fresken mit bayerischen Fürsten (Abb.156). An der Decke ein Freskenprogramm mit dem Lob der unbefleckten Empfängnis. Das schlichte Äußere des Baukomplexes wird in den nächsten Jahren allmählich restauriert. Am bedeutendsten der Tassilo-Saal im Prälaten- bzw. Pfarrhoftrakt mit Stuck von Johannes Schmuzer unter Mitarbeit seiner Söhne Joseph und Franz Xaver sowie von Simon Höpf. Um das zu bewundern – das Wort hat seine Berechtigung! – ist die Teilnahme an einer Führung unvermeidlich.

Der heutige Baubestand läßt kaum ahnen, wie großartig der Bau sich im 18. Jahrhundert zeigte. Michael Wening hat 1701 den Plan Schmuzers in einem Stich festgehalten. »Dieser imponierende Plan, der einer der frühesten und größten Anlagen eines barocken Klosterbaues zeigt, sah drei große rechteckige Höfe vor, die in ansteigender Monumentalität von West nach Ost verliefen. ... Erbaut wurde von diesem Idealplan nur Gäste, Theater- und Abteiflügel und ... der Konventbau, der den Mönchen diente. Die mittelalterliche Kirche wurde nur umgebaut (von Joseph Schmuzer, Chor 1721/24) und öfters modernisiert. Sakristei 1725. 1723/25 zwei neue Seitenkapellen. Auf der Barockorgel spielte u. a. auch W. A. Mozarts Vater (Leopold Mozart).« (Hugo Schnell)

An der Nordseite des Klosterhofes steht heute Wessobrunns *Pfarrkirche St. Johannes*, also nicht etwa die Klosterkirche. Sie wurde von Wessobrunner Künstlern 1757/58 errichtet. Ihr Baumeister ist unbekannt, auch wenn der Geist Joseph Schmuzers (der 1752 gestorben war) spürbar ist. Gleich gegenüber dem Eingang stoßen Sie auf den (wohl vom Kloster stammenden) spätromanischen Gekreuzigten (nach 1250) an einem baumartigen Kreuz – eine ergreifende Darstellung. Am linken Seitenaltar das Gnadenbild der ›Mutter der Schönen Liebe‹ (nach 1706) des Benediktinerbruders Innozenz. Der Hochaltar enthält ein Kreuzigungsbild von Johann Georg Baader, seitlich die Patrone in Figuren von Franz Xaver Schmädl. Die lebendig gemalten Fresken mit Szenen aus dem Leben von Johannes dem Täufer schuf der ›Lechmaler‹ Johann Baptist Baader (1758).

Wenn Sie von Wessobrunn die Straße nach Rott einschlagen, passieren Sie dabei die *Kreuzigungskapelle* – 1595 zum Gedächtnis der im Jahr 955 hier von den Ungarn erschlagenen Mönche errichtet. Sie zeichnet sich vor allem durch das Deckenfresko von Matthäus Günther von 1771 aus, das die Ereignisse optisch vermittelt.

PFAFFENWINKEL/HOHENPEISSENBERG

»Wer den Pfaffenwinkel in Augenschein nehmen will«, hat Roswin Finkenzeller geraten, »braucht nur auf den Hohenpeißenberg zu fahren und sich dort oben einmal um die eigene Achse zu drehen«. Dann nämlich sieht er vom »bayrischsten aller Berge« (Schindler) die Kirchen und Klöster wie Inseln im »Meer der Rustikalität« liegen. »Auch die kleinen Buchen-Fichten-Wälder stellen Inseln inmitten einer hügeligen, der Rinderhaltung dienenden Weidelandschaft dar. Und wie Inseln in der Natur nehmen sich neben den Ortschaften die vielen Einödgehöfte und Weiler aus...« (Finkenzeller). Das ist treffend gesehen und charakterisiert die Landschaft des Pfaffenwinkels – sie gewinnt durch das, was in der Ferne als Alpenkette sichtbar wird – wenn das Wetter mitspielt oder gar Föhn herrscht – gegenüber der anspruchslosen Nähe (Abb. 160).

Welcher Nicht-Bayer kennt ihn schon oder weiß überhaupt, wo er ihn suchen soll, den **Hohenpeißenberg**, von dem sich die Aussicht auf die Alpenkette und insgesamt elf Seen prächtiger ausnimmt als irgendwo?! Nicht einmal 1000 m erreicht er, lediglich 988 m, und ragt damit nur 400 m über den Ort Peißenberg hinaus. Aber wenn es einen Geheimtip gibt, um Alpen und Pfaffenwinkel in einem zu erfassen, dann ist es der von Finkenzeller, sich hier oben, angesichts der Wallfahrtskirchen, der Observatorien, der UKW-Sender und des Gasthauses, einmal um sich selbst zu drehen – es macht viele Worte überflüssig. Sie finden diesen ›Zauberberg‹ ziemlich genau auf halber Strecke zwischen Weilheim und Schongau.

Wenn Sie die Bergstraße zum Gipfel des Hohenpeißenbergs nehmen, so steht hier weithin sichtbar auf dem Kegel die *Pfarr-*, ehemalige *Wallfahrtskirche Mariae Himmelfahrt* von 1619. In ihr ein mächtiger Hochaltar mit Säulen, der viele Figuren trägt. Das Hochaltarblatt schuf Matthias Pusinger 1717, die Engel beiderseits des Tabernakels 1750/55 Franz Xaver Schmädl. An den Chorseitenwänden Holzreliefs, Moses (Abb. 157) und David, von Bartholomäus Steinle.

Dicht dabei die *Gnadenkapelle* mit dem Altarraum (Abb. 159) von 1514 und dem 1747/48 hinzugefügten Langhaus, in anmutigem Rokoko gestaltet. Joseph Schmuzer und Matthäus Günther, die häufig gemeinsam arbeiteten, waren auch hier vereint: Schmuzer als Baumeister, Günther 1748 als Künstler zweier großer Deckengemälde. Dritter im Bunde war Franz Xaver Schmädl, der den Hochaltar von Mitte des 17. Jahrhunderts 1748/58 durch Gold und Putten für das Rokoko gewann und damit den von ihm neu gefertigten Seitenaltären anpaßte. Beachten Sie auch die thronende Muttergottes aus dem späten 15. Jahrhundert.

Der nahe Ort **Peißenberg** entzückt besonders durch zwei Kirchlein, während die Pfarrkirche als dritte nur am Rande von Interesse ist. Joseph Schmuzer und Matthäus Günther haben auch die *Wallfahrtskirche Maria Aich* entstehen lassen, in der Deckengemälde, Stuckornamente und der Hochaltar aus rotem Stuckmarmor harmonisch aufeinander abgestimmt sind. Der Altar birgt das Gnadenbild der Madonna auf der Mondsichel vom Beginn des 16. Jahrhunderts.

Die naive Gläubigkeit und Wundererwartung vergangener Zeiten, die immer wieder – nicht nur im Pfaffenwinkel! – zu Kapellen- und Kirchenbauten führten, bezeugt ein Chronistenbericht von 1631 über die Absicht einer Bauernfamilie, um eine spätgotische geschnitzte Strahlenmadonna eine Kapelle zu bauen. »Alsbald man auf so ausgezeigtem Ort das Kirchlein zu bauen anfing, gab der Himmel alsogleich durch untrügliche Wunder an Tag, wie lieb solches Vorhaben Gott und seiner jungfräulichen Mutter sein müsse, angesichts der Hennen dieser gottseligen Bauersleute, die von derselben Zeit an und so lang sie an dem Kirchl bauten, lauter Eier legten, welche mit schönen Sonnenstrahlen gezeichnet waren, fast in der Weise und Form, wie das Bildnis selbst mit Glanz und Strahlen umgeben war. Da nun solche bestrahlte Eier ganz frisch von den Hennen her von geistlichen und weltlichen Standespersonen in Augenschein genommen wurden, erschallt sogleich von allen Orten der Ruf dieses Wunders...« Maria Aich wurde also dank Hühnereiern für aufbauwürdig befunden, was die Spendenfreudigkeit für den Bau erheblich belebte.

Sie erreichen die *Kapelle St. Georg* am waldigen Südhang des Hohenpeißenbergs über die aus Peißenberg nach Schongau führende Straße (B 472), indem Sie hinter dem Siemens-Gebäude vor dem letzten Wohnhaus rechts abzweigen und 2 km bergauf fahren. Durch den Bauernhof und am Misthaufen vorbei erblicken Sie die Kapelle und erhalten im nahegelegenen Bauernhaus den Schlüssel. In dem schlichten, ursprünglich romanischen Bau, der 1497 den doppelten Umfang erhielt, entdeckte man Freskenreste aus der Zeit um 1400 – ursprünglich wohl 50 Motive in dem Fries, von denen 18 Bilder aus dem Leben des St. Georg erhalten blieben (1981 restauriert). Geschaffen hat die Fresken ein süddeutscher, vermutlich Münchner Meister in den ersten zehn Jahren des 15. Jahrhunderts. »In seiner reichhaltigen Abfolge von eindrucksvoll dramatisierten Geschehnissen ist er [der Zyklus] mit seinen zahlreichen Standbildern mit Lichtbildervorträgen von heute zu vergleichen.« (Mauthe) Der barocke Hochaltar (1675) der Kapelle enthält zwei spätgotische Arbeiten des Meisters der Untermenzinger Altarfiguren, je zwei wertvolle Figuren.

Der Pfaffenwinkel erschöpft sich für allzu viele Besucher in einer Handvoll rühmlichst bekannter Kirchen, im Mittelpunkt die allerberühmteste, die Wieskirche. Sie täten gut daran, wenn Sie – vor allem in der belebten Saison – den unbekannteren, den versteckten Pfaffenwinkel aufsuchten, wo es ruhig und beschaulich zugeht und Kunst auch nicht gerade klein geschrieben wird. Das gilt schon für die kleine *Kirche St. Nikolaus im Walde* im Peißenberger Raum, die wohl aufs 13. Jahrhundert zurückgeht. Ausgestattet Mitte des 18. Jahrhunderts besitzt sie zehn Deckenbilder des Oberammergauers Johann Zwinck von 1753 zum Thema des Nikolaus-Lebens. Ebenso lohnt sich ein Besuch der *Wallfahrtskirche* von **St. Leonhard im Forst,** die auf dem Weg von Wessobrunn zum Hohenpeißenberg steht. Erbaut wurde sie 1724/35, aber die Ausstattung zog sich noch 30 Jahre hin. Natürlich waren auch hier die Wessobrunner am Werk und stuckierten elegant. Die Altäre schuf Tassilo Zöpf. Im Hochaltar befindet sich eine Leonhardsfigur (um 1500). Das Langhaus besitzt ein in schöner Farbigkeit angelegtes Deckenfresko Matthäus Günthers von 1761, der Altarraum Fresken von Martin Heigl, einem Schüler von Johann Baptist Zimmermann.

Schongau geht auf zwei Wurzeln zurück: Wo es einst lag, befindet sich heute das unscheinbare Dorf Altenstadt (alias Alt-Schongau), so seit 1433 benannt, dessen einstige

PFAFFENWINKEL/SCHONGAU, ALTENSTADT

Bedeutung jedoch unübersehbar aus seiner romanischen Kirche spricht. Nahe der Stelle, an der im Mittelalter (bereits im 11. Jahrhundert) die Herren von Schongau ihre Burg errichtet hatten, hat sich auf dem Bergkegel, nördlich der Lechschleife, das neue Schongau entwickelt, schon 1240 eine befestigte Stadt im Bereich lebhafter Handelswege. Ihr Wehrgang mit den nicht allzu hohen Toren und Türmen blieb teilweise so erhalten, wie er sich zwischen dem 15. und 17. Jahrhundert gezeigt hatte. Feuer, Pest, Hexenverfolgung, Hochwasser und die unumgänglichen Kriege ließen vom 16. Jahrhundert an die Schongauer ihres Lebens nicht recht froh werden. Heute bringt die ›Romantische Straße‹ manchen Gast hierher. Der heutige Erholungsort lockt vor allem mit dem Schongauer See, der sich – einem Fjord ähnlich – 8 km lang hinzieht.

Inmitten der Hauptstraße stoßen Sie auf das 1515 beendete, mittelalterliche *Rathaus* (Abb. 158) mit Treppengiebeln, das 1857 erheblich verkürzt und restauriert wurde. Sein alter Name ›Ballenhaus‹ verweist auf seine ursprüngliche Benutzung als Stapelplatz der Handelswaren. Im Rathaussaal eine geschnitzte Balkendecke. Eine gotische Holzdecke schmückt auch das ehemalige *Steingadener Richterhaus* aus dem Jahr 1493, gegenüber der Spitalkirche gelegen.

Bedeutendster Kirchenbau Schongaus ist die *Stadtpfarrkirche Mariae Himmelfahrt*, deren Chor noch gotisch ist, während das Langhaus nach Zerstörungen und Turmeinsturz im 17. und 18. Jahrhundert als Neubau 1750/53 nach einem Entwurf von Dominikus Zimmermann entstand, den Franz Schmuzer noch ein wenig abänderte. Dieses Langhaus ist bedeutend höher als der Chor. Die Anlage einer Fassade erwies sich aus Platzgründen als unmöglich. Die von pastellfarbenem Stuck gerahmten Deckenfresken in Chor und Langhaus stammen von Matthäus Günther. Im Chor Marias Aufnahme in den Himmel, im Langhaus die Krönung Marias im Himmel. »Alles Schwere ist dem Architektonischen genommen; der Raum öffnet sich in himmlische Fernen. So versteht es der Rokoko-Maler, dem Volk das Heilige verständlich zu machen« (Sigfrid Hofmann im Kirchenführer). In drei Feldern der nördlichen Chorwand weitere Fresken des Schongauers Franz Anton Wassermann, der auch die Altarblätter malte. Der mächtige Hochaltar wurde kurz vor 1760 in Anlehnung an einen etwas aufwendigen Entwurf von Ignaz Günther durch Franz Xaver Schmädl gefertigt. Er zeigt eine Engelsgruppe, aus der eine Madonnenstatue (um 1650) in Begleitung zweier Engel zum Himmel aufsteigt, wo sie von der Heiligen Dreifaltigkeit erwartet wird. Zu beiden Seiten überlebensgroße Gestalten des hl. Martin und des hl. Mauritius. Die äußere Sonnenuhr-Madonna stammt von Matthäus Günther.

In **Altenstadt** sind Sie abermals in einem Ort des Pfaffenwinkels, den Sie nicht mit Bus-Ausflüglern teilen müssen und der doch zu den ungewöhnlichsten Erlebnissen Oberbayerns gehört. Die *Pfarrkirche St. Michael* stellt nämlich die einzige so gut wie völlig ursprünglich erhaltene romanische Gewölbebasilika Oberbayerns dar (Abb. 161). Die Bauzeit lag noch vor 1200. Das Münster in herber staufischer Romanik »hat in ländlicher Verborgenheit die Zeiten überdauert, es ist wie eine Urkunde, wie ein steingewordenes Stück Mittelalter« (Schindler). Zwei wuchtige Türme ragen doppelt so hoch wie das Mittelschiff über das

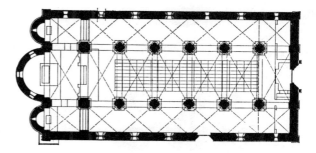

Altenstadt, Pfarrkirche St. Michael, Grundriß

Satteldach hinaus, als ob sie das Land beherrschen wollten. Fast werden die niedrigen ländlichen Häuser ringsum von dieser ernsten, kubischen Kirche erdrückt. Hier gibt es keinen verspielten Liebreiz, keine anheimelnde Zwiebel als Helm. Auch wenn die Ahnung der Lombardei in dieser Kirche verborgen ist, so scheint sie durch ihre wuchtige Strenge den Rahmen Oberbayerns zu sprengen.

Zwei Portale weisen den Weg nach innen – das westliche mit dem Relief eines Drachenkampfes im Tympanon (Abb. 162). Der herbe Geist des Außenbaus bleibt auch im Inneren der schlichten Kirche erhalten. Hier fand kein Stuck Eingang! Dafür zeigen gotische Wandgemälde im Altarraum von Anfang des 14. Jahrhunderts, daß die künstlerische Ausstattung fortgesetzt wurde – bis ins frühe 15. Jahrhundert reichen die Fresken im Seitenschiff. Wuchtig stehen die von ihren Kapitellen gedrückten Rundsäulen. Im südlichen Seitenschiff beherrscht der ›Große Gott von Altenstadt‹ (Abb. 16, 163) mahnend den Kirchenraum – ein romanisches Holzkruzifix von 3,21 m Höhe und 3,20 m Breite aus der Zeit um 1200. Der Christus strahlt archaischen Ernst aus und bildet den Gegenpol zur Madonna mit dem Jesuskind von 1330 in der nördlichen Apsis, die, bereits an der Grenze von später Romanik zu früher Gotik, eher heitere Geborgenheit vermittelt. Romanisch ist ein Sandstein-Taufbecken, wie es nur noch wenige in Deutschland gibt, mit reichen Darstellungen.

Ermessen Sie die Spannweite an Ausdruckskraft und künstlerischen Möglichkeiten, die von dieser ergreifenden Kirche des frühen Mittelalters zu dem lichtvollen Jubel der Rokoko-Kirche in der Wies reichen – zwei diametral entgegengesetzte Formen göttlicher Verehrung, beide aus dem gleichen Boden wachsend, kaum 20 Kilometer voneinander entfernt, aber durch mehr als 550 Jahre und dem, was in ihnen geschehen ist, getrennt. Menschen und Künstler haben sich geändert. Ein neues Lebensgefühl ist entstanden. Auch wenn Ilgen und Steingaden noch am Weg liegen, so sollte die **Wieskirche** doch Ihr nächstes Ziel sein!

Über die ›Wies‹, wie man sie in liebevoller Zuneigung und Vertraulichkeit genannt hat, ist viel geschrieben, viel veröffentlicht worden. Die Vorgeschichte dieser Kirche wirkt beinahe simpel. 1730 stellten zwei Mönche des Prämonstratenserklosters Steingaden für die Karfreitagsprozession aus Holzteilen einen ›Gegeißelten Heiland‹ her, den sie mit Leinwand überzogen und bemalten. Das Äußere wirkte so realistisch, daß man das Bildnis seit 1734

Wieskirche, Gnadenbild ›Gegeißelter Heiland‹, um 1745

lieber auf dem Dachboden eines Gasthauses stehen ließ. Hier entdeckte es die Bäuerin Maria Lory und nahm es auf ihren Wieshof mit, um hier das Abbild zu verehren. Als am 14. Juni 1738 das Gesicht des Gegeißelten Tränen zeigte, war das Wunder geschehen, das die Wallfahrt einleitete (Abb. 164).

So baute man zunächst eine kleine Kapelle, dann ein Langhaus aus Holz, aber alles reichte für den rasch zunehmenden Strom der Wallfahrer nicht aus. Das veranlaßte den Abt von Steingaden, hier eine große Wallfahrtskirche zu bauen. Ihr Grundstein wurde 1746 gelegt. Dominikus Zimmermann war der Baumeister. Nur scheinbar bilden der lichtreiche, heitere Bau und der geschlagene Gottessohn einen Gegensatz. »Die Wies«, schreibt ihr Kustos, Prälat Satzger, »ist zu allererst eine Stätte des Gebets, ein Ort der Gnade, wohin der Mensch in seiner Not und Ausweglosigkeit immer wieder kommen soll, und wo seine Seele wieder weit und stark werden kann für all die Aufgaben und Opfer, die das tägliche Leben mit sich bringt«. So sieht es der Priester.

Der Besucher empfindet auch heute noch die Wiesenlage vor den fernen Bergen als beglückend, auch wenn die anrollenden und parkenden Autos, die Touristenströme das stille Bild von einst erheblich gefährden (Farbt. 47). Wo die Wiese zum Parkplatz wird, gerät die Kirche in eine Isolierung. Man kann nur hoffen, daß der ›Betrieb‹ nicht weiter um sich greift und Königssee-Ausmaße erreicht. Was den Königsschlössern in Oberbayern und im Allgäu keinen Abbruch tut, könnte die Wieskirche im Kern treffen.

»Ein schlichtes Portal tut sich auf, und dann steht der Besucher in einem Festsaal, den strahlender Farbenjubel erfüllt, der so von Licht durchglänzt ist, daß er nicht aus fester

Substanz aufgebaut erscheint, sondern aus dem Stoff der Wiesenblumen draußen, der Wolken über den Trauchbergen« (Schatzkammer Deutschland). Das ist eine der hymnischen Schilderungen, die der Wieskirche zuteil wurden. Sicher ist, daß es Zimmermann hier gelang, den Raum aufzulösen, dekorative Formen vorherrschen zu lassen, die nicht mehr ›organisch‹ wirken, und Himmel und Licht in den Kirchenraum zu bringen – beinahe ein Motiv der Naturreligion. Der Festcharakter der mittlerweile restaurierten Kirche wird dadurch ebenso betont wie durch das Deckengemälde von Bruder Johann Baptist Zimmermann, der zugleich auch große Teile der Stukkaturen schuf und hier wohl den Höhepunkt seines Schaffens erreichte (Farbt. 48).

Das Deckenfresko, das sich über das Kirchengewölbe zieht, weist nur noch zwei architektonische Beigaben auf: einen gemalten Baldachin über einem Thron im Osten, ein geschlossenes Tor im Westen. »Über die Mitte der Wölbung spannt sich ein Regenbogen mit der darauf erscheinenden Gestalt des Schmerzensmannes. Das sind die drei Hauptmotive des Freskos, alles übrige ist gemalter Himmel, adorierende Heiligenwelt, fliegende und posaunende Engelsglorie« (Schindler). Anders als in vielen Rokoko-Deckenfresken wird hier nicht mehr fabuliert, erzählt, sondern der Himmel selbst ist in die Kirche gekommen, was die Umwohner in die Worte vom ›Himmel in der Wies‹ gefaßt haben. Mehr, als es hier geschehen ist, kann das Rokoko der Kirche nicht mehr bieten. Denken Sie zurück an die lebhaft-phantasiereiche Erzählfreude von Cosmas Damian Asam in Ingolstadts Bürgersaal Sta. Maria Victoria von 1734 (Farbt. 1) und ziehen Sie die Linie zu Johann Baptist Zimmermanns Himmelsgemälde von 1753/54 – knapp zwanzig Jahre später. Zwei geniale Künstler, die aus ihrer Zeit und ihrer Auffassung zu völlig gegensätzlichen Lösungen kommen.

Man muß ehrlicherweise einräumen, daß demgegenüber Hochaltar, Plastiken und Gemälde zurücktreten. Registrieren wir das Altarblatt für den Hochaltar von Balthasar Albrecht, die Figuren der zwei Propheten und vier Evangelisten am Hochaltar von Egid Verhelst, die vier Kirchenväter im Schiff vom Füssener Anton Sturm, die Blätter der Seitenaltäre von Josef Mages und Johann Georg Bergmüller aus dem Jahr 1756. Es spielt auch keine Rolle für die Wirkung der Kirche, daß ihr äußerer Anlaß – das Gnadenbild des

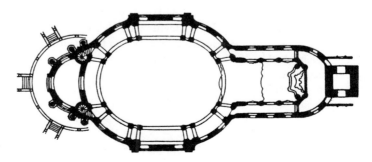

Wieskirche, Grundriß

Gegeißelten Heilands – jede künstlerische Aussage vermissen läßt. In der Wieskirche ist – beinahe – alles Gefühl, das aus dem Zusammenspiel der belebten Architektur, den Farben und dem eindringenden Licht wächst. Auch die Orgelempore ist eingegliedert in die Gesamtheit eines jubelnden, schwingenden Raums, dessen Zauber sich auch ein nüchterner Betrachter nicht entziehen kann.

Steingaden ist Sitz des ehemaligen Klosters, von dem der Bau der Wieskirche ausging. Die ehemalige *Klosterkirche St. Johann Baptist* von 1176 ist der zweite bedeutende romanische Bau in diesem Raum (Abb. 171). Doch ist das Innere hier Mitte des 18. Jahrhunderts dem Zeitgeist angepaßt worden, so daß sich ein spannungsvoller Gegensatz zwischen dem romanischen Äußeren und dem Rokoko-Inneren ergibt (Farbt. 44). »Das Mittelschiff gehört zu den schönsten kirchlichen Rokoko-Räumen Süddeutschlands.« (Pörnbacher)

Der aus Quadern wachsende Sandsteinbau, der nur wenige Simsbänder aufweist, ist einfach. Die beiden Türme des 12. Jahrhunderts überragen das Schiff nur gering und schließen mit Satteldächern ab. Das Westportal aus romanischer Zeit umschließt eine moderne Bronze-Glasgußtür von 1972, die durchaus nicht als Fremdkörper wirkt. Der westliche Flügel des Kreuzgangs aus dem frühen 13. Jahrhundert blieb erhalten, sein Netzgewölbe erhielt er im 15. Jahrhundert (Abb. 169). Bei ihm die Brunnenkapelle, im 15. Jahrhundert umgestaltet, mit spätgotischen Fresken und Gewölben. Am Torwärterhaus schließt sich eine romanische Rundkapelle an, die einen Tympanon des späten 12. Jahrhunderts und Löwenreliefs neben dem Portal besitzt. Vor die Westfront wurde 1491 eine gotische Vorhalle gebaut. In ihr überrascht ein weltliches Motiv, das in einer im späten 16. Jahrhundert geschaffenen Welfengenealogie besteht – hier herrscht bereits die Denkweise der Renaissance.

Auch das Kircheninnere ist – freilich rund 150 Jahre später – ausgemalt worden. Zu sparsam verwendetem Stuck in Wessobrunner Art (wie der Umbau wohl durch Franz Xaver Schmuzer) traten Deckengemälde von Johann Georg Bergmüller (1741/42 bzw. 1751), die die Gründungsgeschichte von Steingaden in Verbindung mit dem Ordensstifter St. Norbert erzählen. An den Arkaden werden die Gestalten vorgestellt, die das norbertinische Ordensideal vollkommen erfüllt haben. Achten Sie beim Fresko unterhalb der Empore, das die Enthauptung des hl. Norbert darstellt (1751), auf ein Selbstbildnis Bergmüllers, der mit der Hand auf seine Signatur weist. Die Brücke zur Vorhalle hat Bergmüller mit den überlebensgroßen Fresken der Welfenherzöge Welf VI. und Welf VII. zu beiden Seiten des Eingangs geschlagen. Der Hochaltar wurde vom Bernbeurer Schreiner Jörg Pfeiffer (1663) geschaffen, das Altarblatt malte Johann Christoph Storer. Das Chorgestühl ist eine feine Schnitzarbeit der frühen Renaissance (1534), wobei man auf Grund der Initialen H. S. im Memminger Heinrich Stark den Künstler erblickt. Kanzel und Gnadenstuhl in elegantem Rokoko sind Werke von Anton Sturm aus Füssen.

142   DIESSEN   Stiftskirche St. Maria, J. M. Fischer, 1732/39, Vierung und Chor   ▷

143 DIESSEN Stiftskirche St. Maria, 1722/39, Fassade

144 DIESSEN St. Maria, Langhausfresko von J. G. Bergmüller, 1736

145 STARNBERG St. Joseph, 1764/70, L. M. Gießl

146 LANDSBERG Pfarrkirche Mariae Himmelfahrt

147 LANDSBERG Mariae Himmelfahrt, Madonna von Hans Multscher, um 1450

148 LANDSBERG Gotisches ›Bayertor‹, 1425

149 LANDSBERG Markt mit Marien-Statue

150 KLOSTER ANDECHS Gnadenbild vom Hochaltar

152 ANDECHS Klosterkirche, Hochaltar, 1756 ▷

151 KLOSTER ANDECHS

154 POLLING Madonna von Leinberger, 1526   155 WEILHEIM Mariensäule und Pfarrkirche
153 POLLING Augustinerchorherren-Stiftskirche, Langhaus und Chor
156 WESSOBRUNN Gewölbestukkaturen, Johannes Schmuzer

157 HOHENPEISSENBERG Pfarrkirche, 1619, ›Moses‹ von Bartholomäus Steinle

158 SCHONGAU Marienplatz mit Rathaus (›Ballenhaus‹), 1515

159 HOHENPEISSENBERG Gnadenkapelle, Altarraum

161 ALTENSTADT Pfarrkirche St. Michael, vor 1200

◁ 160 Blick vom Hohen Peißenberg

162 ALTENSTADT St. Michael, Westportal

163 ALTENSTADT St. Michael, ›Großer Gott von Altenstadt‹

164 WIESKIRCHE Gnadenbild

165 WIESKIRCHE St. Hieronymus

166 WIESKIRCHE Putte

167 ROTTENBUCH Madonna mit Kind, 1483

168 ROTTENBUCH Stiftskirche Mariae Geburt, 15. Jh.

169 STEINGADEN St. Johann-Baptist, Kreuzgang, frühes 13. Jh.

170 ROTTENBUCH Stiftskirche Mariae Geburt, Langhaus

171 STEINGADEN Klosterkirche St. Johann Baptist, 1176

172, 173 REISACH Klosterkirche, Hochaltar und ›Elias' Himmelfahrt‹

174 BAD AIBLING Stadtpfarrkirche Mariae Himmelfahrt

175 WEIHENLINDEN Wallfahrtskirche, Madonna mit Kind

Im nahen **Ilgen** begegnen Sie der *Wallfahrtskirche Mariae Heimsuchung*, äußerlich ein schlichter weißgeputzter Bau von Johannes Schmuzer, der im Inneren eine frühe Wessobrunner Stuckdekoration von 1670 aufweist, wohl auch von Schmuzer, die »Behäbigkeit und Ruhe ausstrahlt« (Schindler). »Sie bewahrt in reiner Form den Charakter der Zeit vor der Stilwandlung durch die in der Theatinerkirche in München tätigen italienischen Künstler.« (Dehio). Sehr ansprechend wirkt die ganz naiv empfundene Muttergottes mit Kind am Hochaltar von 1430, die Ilgens frühbarockem Grundstil noch eine eigene Note hinzufügt.

Die malerische Lage auf einem Hügel oberhalb des Ammertals macht es begreiflich, daß in **Rottenbuch** im Jahr 1073 durch Herzog Welf I. ein Kloster gegründet wurde. Von ihm ist im wesentlichen nur noch die *Kirche Mariae Geburt* (Abb. 168) des Augustiner-Chorherrenstifts erhalten. Der freistehende Glockenturm stammt aus der ersten Hälfte des 15. Jahrhunderts, wurde aber erst Ende des 18. Jahrhunderts bekrönt. Die Kirche entstand

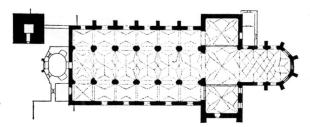

Rottenbuch, Kirche Mariae Geburt, Grundriß

im Laufe des 15. Jahrhunderts. Ungewöhnlich ist die Trennung von Langhaus und Altarraum durch ein Querschiff, was sich wohl durch den vorhergehenden romanischen Bau ergab. Die Umgestaltung des Inneren erfolgte um 1738, wobei Joseph Schmuzer mit seinem Sohn Franz Xaver und dem Maler Matthäus Günther am Werk war (Abb. 170). Schmuzer verzichtete respektvoll auf Änderungen des Raumcharakters und legte das Schwergewicht aufs Dekorative. Den Hochaltar gestaltete Franz Xaver Schmädl. Einer der Seitenaltäre besitzt ein Marien-Schnitzbild (1483), das von Erasmus Grasser oder von dem Meister stammt, der in Schloß Blutenburg die Zwölf Apostel, Christus und Maria schuf – ein ebenso inniges wie ausdrucksvolles Werk (Abb. 167). Auch die Kanzel mit ihren Evangelistenfiguren schuf Schmädl. »Das unerwartet reiche Spiel von Stuck und Farben überrascht selbst den Kenner des süddeutschen Rokoko« (Schnell). Daß es beim Zusammenwirken eigenwilliger Künstler nicht immer ganz friedlich zuging, erwies sich hier. Es gab zwischen den Stukkateuren und dem Maler Günther Meinungsverschiedenheiten über den Umfang der jeweiligen Arbeiten: Jeder beanspruchte für sich immer mehr Raum. Das Ergebnis kann

◁ 176 WEIHENLINDEN Wallfahrtskirche Hl. Dreifaltigkeit, 1653/57

sich, so Schindlers Urteil, wahrhaft sehen lassen: »Reicheres und Reiferes hat die bayrische 'Rokokogotik' nicht hervorgebracht – selbst nicht in Ettal und Andechs – und wohl selten ist einer schlichten Basilika ein solcher später Triumph widerfahren.«

Wenn Sie nun genau hinschauen, dann reicht der Pfaffenwinkel noch weiter. Um ihn bis in seine äußersten Punkte zu erfassen, müßten Sie auf der Deutschen Alpenstraße ins Werdenfelser Land vorstoßen und zum Isarwinkel und – überdies auch ins bayerische Schwaben, etwa nach Füssen. Vieles davon kennen Sie schon, wenn Sie der im vorhergehenden Kapitel geschilderten Route auf der Deutschen Alpenstraße gefolgt sind.

Vergessen Sie bei einer Würdigung von Pracht und Leistung der hier wirkenden ›Pfaffen‹ eines nicht: Fast überall hatten die neugegründeten Klöster vom 8. Jahrhundert an nicht nur geistlich-kulturelle Aufgaben, sondern auch den sehr weltlich-materiellen Auftrag, das Land zu ›roden‹ (wie es die Namen von Rottenbuch oder Rott ja noch besagen), es urbar und begehbar zu machen. Urwald und Sumpf fanden sie vielerorts vor. Um Ettal, wiewohl erst 1330 gegründet, dehnte sich damals, wie es hieß, »aine wiltnuß und ain wieste und ganz dicker wald«. Es war also kein ›Zuckerlecken‹, kein bequemes Leben mit musischer Freizeit und Zerstreuung, das den Mönchen auferlegt war: Die Gestalt vieler erst im 18. Jahrhundert entstandener (oder doch entscheidend veränderter) Kirchen könnte einen irrigen Eindruck vermitteln. Von Altenstadt können Sie am ehesten noch etwas von der rauhen Strenge des mittelalterlichen Alltags hierzulande ablesen. Dennoch zeugen nicht zuletzt ›Wessobrunner Gebet‹, ›Carmina Burana‹ und die romanischen Kirchenbauten davon, daß die Mönche beides zugleich pflegten: die Erschließung des Landes und die Entwicklung der Kultur. So erscheint also auch in weitgespannter historischer Sicht der Abbruch und die Zerschlagung der Klöster und ihrer Einrichtungen mit der Säkularisation als Werk blindwütiger Unvernunft, deren Schaden die Generationen danach bis in unsere Tage und darüber hinaus zu tragen haben. Kultur ist – das gilt nicht nur für den Pfaffenwinkel – rascher beseitigt, als sie entstehen kann.

Mit dem Lauf des Inn durch Oberbayern

Am Anfang und am Ende liegt Österreich

Aus der Schweiz und aus Österreich fließt der Inn nach Oberbayern. Auch wenn die Isar mit München und der Lech mit Landsberg große Teile Oberbayerns durchziehen, so ist dennoch der Inn der oberbayerischste dieser Flüsse. Er durchmißt das Land in seiner Vielfalt – stürmisch in den Alpenregionen, in gemächlichen Windungen zwischen Wasserburg und Mühldorf und stößt schließlich, lange bevor er bei Passau in die Donau mündet, mit dem endenden Oberbayern wieder auf das ihm bereits vertraute Österreich. Der Inn hat Landschaft und Besiedlung geprägt, hat Kultur wachsen und – wie die vielen Burgen an seinen Ufern – wieder vergehen sehen. Oberbayern aus dem Blickwinkel des Inn zu erleben, wäre gewiß keine schlechte Idee.

Mit der stattlichen Erscheinung Kufsteins jenseits der Grenze in Österreich, mit der vom ›Zahmen Kaiser‹ überragten Festung, kann das oberbayerische **Kiefersfelden** nicht mithalten und allenfalls in Erinnerung rufen, daß Kufstein im Mittelalter bis 1504 (als es der Habsburger Maximilian I. übernahm) herzoglich-bayerisch war. Immerhin finden in Kiefersfeldens ältestem deutschen Dorftheater seit 1618 jedes Jahr im Juli und August volkstümliche Ritterspiele statt. Die Barockbühne stammt aus dem Jahr 1833. Noch eine Kuriosität: Kiefersfelden errichtete 1834 eine neugotische Kirche, da hier 1832 Otto als König von Griechenland bayerischen Boden verließ, um nach Griechenland zu reisen.

Reisach, das 1732 gegründete *Karmeliterkloster,* ist der erste Höhepunkt auf dem Weg durch das Inntal. Das Datum beweist: Dieses Kloster gehört nicht zu denen mit einer ins Mittelalter zurückreichenden Geschichte, sondern ist die private Stiftung eines kurfürstlich-bayerischen Hofkammerrats, nach Entwürfen Ignaz Anton Gunetzrhainers von Abraham Millauer und seinem Sohn Philipp erbaut. Die Lage, im Tal vor den Bergen, ist gewinnend. Von den ursprünglich geplanten zwei Türmen wurde nur einer mit nach oben sich verjüngender doppelter Zwiebel gebaut. Das Innere – soweit das den Zugang verhindernde Gitter erkennen läßt – ist überraschend schlicht für die Zeit und wird ganz von dem stattlichen Hochaltar (Abb. 172) beherrscht, der zwischen gedrehten Säulen in marmoriertem Holz ein Gemälde von dem Münchner Hofmaler Balthasar August Albrecht (1687–1765) zeigt: Christus neigt sich vom Kreuz zu den Karmelheiligen Theresia und Johannes herab. Der gleiche Meister malte auch die Bilder der beiden Nebenaltäre. In den Seitenaltären finden sich mächtige Holzreliefs aus der Werkstatt von Johann Baptist Straub, wobei eine Mitarbeit von Ignaz Günther, der dazumal (um 1748) Geselle bei Straub war, am

DER LAUF DES INN/REISACH, WESTERNDORF

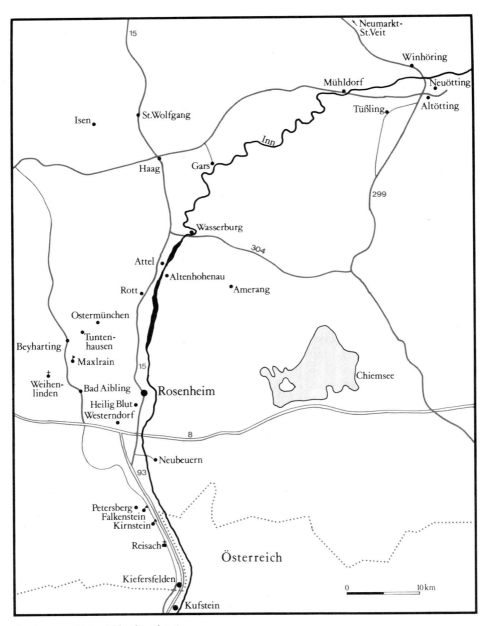

Der Inn von Kiefersfelden bis Altötting

Simon-Stock-Altar denkbar wäre (Abb. 173). Der Tabernakelbau enthält in seitlichen Nischen die Büsten der vier Kirchenväter (1776). Die Kanzel eines unbekannten Meisters entstand 1747, ihr gegenüber ein Kreuz von Straub.

Vorüber an den Burgruinen von *Kirnstein* und *Falkenstein* zweigt hinter Fischbach der Weg nach **Petersberg** auf dem kleinen Madron (847 m hoch) ab, eine Klostergründung der Herren von Falkenstein von 1135. Die *Wallfahrtskirche St. Peter* ist eine der wenigen romanischen Kirchen in diesem Raum mit einem Portal um 1200 und einem Turm mit Satteldach des 13. Jahrhunderts an der nördlichen Langhausseite. Die von Hans Krumper entworfene Kassettendecke und die angebaute Sebastianskapelle stammen vom Anfang des 17. Jahrhunderts. Die Kirche selbst wirkt sehr schlicht. In ihrem Inneren befinden sich jedoch einige beachtliche Kunstwerke: ein romanisches Kruzifix (2. Hälfte des 13. Jahrhunderts), an der Westfassade ein Flachrelief mit einem sitzenden Petrus von 1200 aus dem Salzburgischen und ein weiterer Petrus von 1400 an der Nordwand des Langhauses. Der Hochaltar von 1676 besitzt eine weitere beachtenswerte hölzerne Petrusfigur von 1525, während die Seitenfiguren des Johannes Baptist und Paulus 1676 von Thormann Eder stammen. Im Altar der Sebastianskapelle (Ende des 17. Jahrhunderts) die Pestheiligen Sebastian, Rochus und Benno.

Die vor der Bergkulisse im Inntal liegende *Kirche* von **Flintsbach,** ursprünglich ein gotischer Bau des 15. Jahrhunderts, wurde um 1730 tiefgreifend barock umgestaltet. Damals erhielt auch der Turm seine ungewöhnlich schlanke Form. Im linken Seitenaltar das von Frank Stitz aus Kufstein 1770 geschaffene lebensnahe Gnadenbild. Der bis 1824 genutzte Friedhof bei der Kirche fällt – wie der von Rabenden (Seite 353) – durch seine schmiedeeisernen Grabkreuze aus dem 18./19. Jahrhundert auf, eines der besten altbayerischen Beispiele seiner Art.

Neubeuern, östlich des Inns, besitzt drei Anziehungspunkte: das nach Bränden Ende des letzten Jahrhunderts durch Gabriel von Seidl romantisch gestaltete Ortsbild, das eindrucksvoll oberhalb des Inntals liegende *Schloß* (Farbt. 20) mit Bergfried und Kapelle aus dem Mittelalter und die *Pfarrkirche Mariae Empfängnis,* mittelalterlicher Herkunft und 1672 durch Jörg Zwerger umgebaut. In ihr ein beachtlicher Hochaltar von Joseph Götsch (1776) mit einer Muttergottes von 1460/70.

Bei Brannenburg kreuzen Sie die Deutsche Alpenstraße und ein Stück weiter nach Norden die Autobahn München-Salzburg (A 8 / E 11). Biegen Sie von der Straße nach Rosenheim in Richtung Pang ab und hier in Richtung **Westerndorf am Wasen** zur *Kirche Heilig Kreuz,* die als ungewöhnlicher Zentralbau mit einem runden Schiff von 20 m Durchmesser und einer dicken Zwiebelhaube (ein hochragender Zwiebelturm schließt sich seitlich an) um 1670 entstand (Abb. 1). Vermutlich hat der Münchner Bildhauer und Baumeister Konstantin Pader, eine durchaus eigenwillige Künstlerpersönlichkeit, den Entwurf geliefert – die Familie Dientzenhofer, an die man auch dachte, hat wohl nichts damit zu tun. Trotz des gleichmäßig runden Äußeren ist das Innere (Schlüssel beim Messner in der nahen Miesbacherstraße 73) reich gegliedert: Auch hier kommt die hohe Zwiebelkuppel großartig zur Geltung. Farbiger Stuck nach Art der Miesbacher Meister überzieht die Decke. Über dem Sakristei-Portal ein spätgotisches Vesperbild (um 1520), dazu einige beachtliche Altäre.

DER LAUF DES INN/HEILIG BLUT, ROSENHEIM

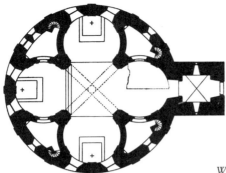

Westerndorf am Wasen, Kirche Heilig Kreuz, Grundriß

Kein Zweifel, daß »das Gotteshaus in seiner Gesamtheit zu den eindrucksvollsten und künstlerisch geschlossensten Kirchenbauten des 17. Jahrhunderts in Oberbayern« (Peter von Bomhard) gehört.

Auf der Fahrt nach Rosenheim liegt die *Wallfahrtskirche Heilig Blut* links am Weg. Künstlerischer Höhepunkt dieser Kirche des späten 17. Jahrhunderts ist das Gnadenbild, eine fast lebensgroße Schnitzgruppe der Heiligen Dreifaltigkeit am Hochaltar, ein Werk des Meisters von Rabenden (1510/15). Seitlich vom Altar stehen lebensgroße Gestalten von Maria und Johannes, Arbeiten des Rosenheimers Blasius Maß (1687/90). Künstlerisch bedeutender als die Seitenaltäre ist der Sebastiansaltar an der Nordwand des Langhauses, der auf ein 1624 von einem Rosenheimer Handelsherrn und Bürgermeister gestiftetes riesiges Epitaph aus Holz mit sieben Gemälden zurückgeht, das nach und nach angereichert wurde. Die sieben Bilder schuf 1624 der Rosenheimer Maler Hanns Oberhofer. »Nach Ausdruckskraft, Komposition und Farbgebung gehören sie nicht nur zu den stilgeschichtlich bezeichnendsten, sondern auch zu den künstlerisch qualitätsvollsten Werken der Malerei des frühen 17. Jahrhunderts im Inngebiet« (vom Bomhard).

Erhöht wird der Reiz der Kirche durch die fast ganz von der Kirche verdeckte holzgeschindelte achteckige Brunnenkapelle der einstigen Wallfahrt. Sie entstand Ende des 17. Jahrhunderts. Große Portale nach Westen und Osten ermöglichten den zügigen Durchgang der Wallfahrer, die aus dem in der Kapellenmitte gelegenen Brunnenschacht Wasser schöpfen konnten. An der Südwand der Kapelle steht eine lebensgroße Schnitzfigur Christi, eine Arbeit von Blasius Maß (1690). Früher einmal floß aus den Wundmalen Wasser in ein darunter befindliches Marmor-Becken. Heute kann man sich angesichts dieser stillen, nahe einem Bauernhaus gelegenen Kirche kaum mehr vorstellen, welcher Umtrieb hier einst geherrscht haben muß.

Rosenheim hat von seiner bedeutenden mittelalterlichen Vergangenheit als Marktsiedlung am Innufer leider nur wenig bewahrt. Brände in den Jahren 1542 und 1641, aber auch später noch, haben viel vernichtet. So bleibt als Schaustück der *Max-Joseph-Platz* mit seinen Laubengängen und den interessanten und malerischen Häusern Nr. 13, 15 und 20 (mit innerem Laubenhof). Das Haus Nr. 22 war das ehemalige Rathaus von 1444.

Kennzeichen der Innstädte ist eine Art rustikale Monumentalität. Sie sind breit angelegt, dem Handel weit geöffnet, den Märkten viel Raum lassend. Die Häuser »stehen wie große steinerne Kästen da, fast gleichartig in den Formen, aber doch nicht monoton, sondern ins Individuelle abgewandelt durch das farbige Putzgewand, durch vorgebaute Erker, dekorativ gerahmte Fenster und Portale ... Nicht selten freilich sind mehrere Häuser zusammengefaßt und mit einer gemeinsamen, aufwendigen Fassade verblendet. Und gelegentlich steht dann auch ein Adelshaus mit italienischer Grandezza in der Reihe.« So zeichnet Herbert Schindler ein treffendes Bild. Ein Hauch des Südens liegt über diesen Städten, wie Sie ihn später auch noch in Mühldorf oder Wasserburg erleben werden, eine geheime Verbindung nach Kufstein oder Innsbruck oder gar noch weiter nach Südtirol. In Rosenheim können Sie's gerade noch ahnen, deutlicher wird es andernorts werden.

Auch mit seinen Kirchen bewahrte Rosenheim nicht unbedingt Meisterwerke. Die *Pfarrkirche St. Nikolaus* entstand erst 1881/83 durch Umbau eines spätgotischen Baus, dessen Gewölbejoche sowie der 1655/56 erhöhte Westturm erhalten blieben. Die Innenausstattung wurde nach dem Umbau erneuert. Allenfalls die Holztafel mit der Schutzmantelmadonna (1514), wohl ein Stück des früheren gotischen Hochaltars, im nördlichen Seitenschiff, das Altarblatt von 1667 des früheren barocken Hochaltars und einige Grabsteine verdienen Beachtung. Von den alten Toren (Rosenheim erhielt als Markt erst 1864 Stadtrecht) ist lediglich das ›Mittertor‹, eine Art schiefer Turm, des 14. Jahrhunderts erhalten geblieben, das heute das Heimatmuseum beherbergt. Es erhielt seinen Namen aufgrund seiner Lage mitten zwischen zwei Stadtteilen.

Als Stiftung eines Rosenheimer Bürgers entstand 1635/36 die *Loretokapelle*, deren Quelle in einen Brunnen gefaßt war und deren Gnadenbild auf dem Hochaltar von 1636, eine bekleidete Schnitzfigur, zeitweise Anlaß für Wallfahrten bot. Früher stand an der Rosenheimer Innbrücke eine Kapelle für den hl. Johann Nepomuk – eine Nepomuk-Figur beschützt heute ein Haus am Inn, und an der ehemaligen Schranne gilt ein *Nepomuk-Brunnen* (Figur aus weißem Marmor von Franz de Paula Hitzl, 1773) dem Schutzpatron der Schiffsleute.

Schlagen Sie von Rosenheim, den Inn nach Westen zu verlassend, zunächst die Richtung **Bad Aibling** ein. Auch hier verursachten Brände schwere Zerstörungen, und erst mit dem 1844 eröffneten Moorbad ging es mit der Siedlung wieder aufwärts. Hier lebte der Maler Wilhelm Leibl (1844–1900) zwischen 1882 und 1892. Im nahegelegenen Berbling, wo er von 1878 bis 1892 wohnte (Leibl-Haus, Wilhelm-Leibl-Str. 5), entstand mit den ›Drei Frauen in der Kirche‹ sein berühmtestes Bild, das heute in der Hamburger Kunsthalle hängt. In Bad Aibling malte er – in beinahe vierjähriger Arbeit – seine ›Wildschützen‹, die er später zerstückelte. »Bei der Schwierigkeit das fast lebensgroße Gemälde in einem kleinen Raum zu malen, schlichen sich proportionale Mißverhältnisse in den großen Vorwurf ein, die Leibl zu spät erkannte.« (Erika Lechner)

DER LAUF DES INN/BAD AIBLING, WEIHENLINDEN, BEYHARTING

Von den beiden Kirchen Bad Aiblings wurde *St. Sebastian* 1765 neu erbaut und enthält einen Hochaltar mit Plastiken von Joseph Götsch. Bedeutender ist aber die oberhalb des Ortes auf dem Hofberg gelegene *Pfarrkirche Mariae Himmelfahrt* (Abb. 174), ein im Kern noch spätgotischer Bau, der 1755/56 nach dem Entwurf von Johann Michael Fischer durch Abraham Millauer erheblich umgestaltet und erweitert wurde. Dabei erhielt auch der Turm statt des Satteldachs aus der mittelalterlichen Bauzeit eine Zwiebelhaube. Zugleich entfernte man im Inneren die gotischen Gewölberippen und versah die Kirche mit Rokoko-Stukkatur vom Aiblinger Thomas Schwarzenberger und Erdinger Fink. Die Deckengemälde stammen von Johann Martin Heigl (1756) und Joseph Anton Wunderer, der die Marienverherrlichung malte. Über dem Schrein mit den Reliquien des hl. Honoratus links vom Hauptaltar eine Kreuzigungsgruppe von Joseph Götsch, Mitarbeiter Ignaz Günthers. Er schuf auch – gegenüber – den hl. Nepomuk. Werfen Sie von hier aus einen Blick nach oben: Das Rocaille-Medaillon enthält ein liebevoll gemaltes Bild des alten Aibling, wie es kein besseres gibt. Der 1856 angelegte Hochaltar birgt eine thronende Muttergottes aus dem frühen 16. Jahrhundert.

Zu den denkwürdigen Ereignissen Bad Aiblings gehört der Abschied, den hier der neugewählte König Otto von Griechenland von seiner Mutter, der Königin Therese, am 6. Dezember 1832 nahm. Betrachten Sie am Marienplatz das Fassadenbild des Gasthauses und einstiger Poststation ›Duschlbräu‹, wie es 1910 der Aiblinger Josef Hochwind festhielt. Überdies wurde 1835 hier ein Denkmal, das ›Theresienmonument‹, aufgestellt, bei dessen Einweihung ein Festschießen stattfand. Aus diesem Anlaß reimte der Lebzelter und Bürgermeister Siertl: »Wir können heute fröhlich schießen, weil wir gesund in Hellas Otto wissen«. Übrigens besitzt Bad Aibling in der Kirchzeile an dem Gasthof ›zum Bauernwirt‹ (früher Marktschreiberhaus) eine ›Lüftlmalerei‹ von 1770 von Johann Georg Gaill, deren Niveau weit über Hochwinds Gedenkbild liegt.

Ein Stück weiter westlich erblicken Sie schon von weitem die beiden achteckigen Türme mit Zwiebelhelmen, die zur *Wallfahrtskirche Hl. Dreifaltigkeit* in **Weihenlinden** gehören (Abb. 176). Sie wurde 1653/57 erbaut und gehörte zum Kloster Weyarn. Sechs alte Linden vor der Kirche rechtfertigen den Namen. Einbezogen in den Bau wurde die schon 1643/45 entstandene Gnadenkapelle. In ihr das Gnadenbild in Gestalt einer Muttergottes, die im früheren 17. Jahrhundert durch ein Versehen von ihrem Postament stürzte. Obwohl sie dabei auf das Kirchenpflaster aufprallte, blieb sie gegen alle Erwartung völlig unbeschädigt; daraufhin wurde sie zum Gegenstand der Verehrung gemacht (Abb. 175).

1736 ließ der Propst das Kircheninnere »auf das schönste mit subtiler Stockador-Arbeit und zu Ehren der Allerheiligsten Dreifaltigkeit, der Allerseligsten Mutter Gottes und ihres jungfräulichen Gespons Josephie gemahlten Sinnbildern zu jedermanns Verwunderung ausschmücken und ziehren ...«. 1761 wurde dann auch die Gnadenkapelle mit prächtigem Stuck versehen; Künstler war Johann Martin Pichler aus Erding, ein Schüler des Johann Baptist Zimmermann. Der zweistöckige Hochaltar (1698) ist im oberen Teil einer Dreifaltigkeitsgruppe gewidmet, die vermutlich der Münchner Bildhauer Matthias Schütz geschaffen hat. Die 1736 entstandenen Stukkaturen sind wohl Arbeiten des Johann Schwarzenberger aus Aibling. Der nördliche Seitenaltar besitzt Figuren, die auf Joseph Götsch schließen lassen. Leider hat die Säkularisation Unterlagen über die Künstler der Kirche teilweise vernichtet. Am dicht benachbarten Pfarrhaus steht eine überlebensgroße Tuffsteinfigur der Muttergottes mit Kind aus dem Anfang des 18. Jahrhunderts.

Von Weihenlinden aus halten Sie sich nordostwärts, um an dem mit vier Ecktürmen gezierten Schloß Maxlrain (1582/85; Abb. 179) vorbei nach **Beyharting** zu gelangen. Vom frühen 12. Jahrhundert bis 1803 war der Ort Sitz eines Augustiner-Chorherrenstifts, dessen erster Bau 1132 geweiht wurde. Die romanische *Stiftskirche* (Abb. 178) mit ihrem Kreuzgang wurde im 15. Jahrhundert gotisiert und erhielt ihren Turm. Das Langhaus wurde 1668/70 durch Konstantin Pader umgebaut. Die Barockisierung begann um 1670 und erlebte ihren Höhepunkt mit der 1752 aufgesetzten achteckigen Turmkuppel. 1730, zum 600jährigen Klosterjubiläum, schuf Johann Baptist Zimmermann die zierliche Stuckdekoration der Kirche, »ein festlich heiterer Schmuck ohne Überladung« (Dehio). Die Deckengemälde lieferte der Münchner Jakob Werschig mit seinen Gesellen Joseph Schilling und Johann Lisenz. Die Gemälde des Hochaltars und der Nebenaltäre entstanden um 1670 durch Antonio Triva. Dem Kloster wurde 1730 der Prälatenstock zugefügt. 1770 brannte der größte Teil des Klosters außer Kirche und Prälatenstock ab. Mit der Säkularisation von 1803 fand die Entwicklung des Klosters ein Ende.

Für die künstlerische Wirkung der Kirche ist der von Zimmermann »bewußt sparsam und wohlüberlegt angebrachte Stuck« (Oswald) maßgebend. Dennoch beeindruckt mich der restaurierte Kreuzgang mit seinen erst in den letzten Jahren freigelegten Fresken am stärksten. Sie waren – wohl im 18. Jahrhundert – übertüncht worden. Der Kreuzgang, wie er sich jetzt zeigt, entstand Mitte des 15. Jahrhunderts, die Fenster zum Hof wurden nach 1565 als Renaissance-Zutat eingebaut. Die Fresken stammen, soweit nicht noch ältere gotische Dekorationen darunter liegen, meist aus der Renaissance-Zeit, etwa 1565/69. Um den Kreuzgang zu erreichen, müssen Sie um die Kirche zur rechten Seite gehen.

Tuntenhausens *Pfarr- und Wallfahrtskirche Mariae Himmelfahrt* mit ihrem weithin sichtbaren Doppelturm spricht auch den weniger kunsthistorisch interessierten Besucher an (Abb. 177). Er kann nämlich an den inneren und äußeren Kirchenmauern mit Genuß, Vergnügen und vielleicht auch Erstaunen eine Reihe von Votivbildern betrachten, die der Kirche ein folkloristisches Kolorit verleihen. Immerhin gehört die Tuntenhauser Wallfahrt, die 1441 begann, zu den ältesten Oberbayerns. Die heutige Kirche stammt aus der Zeit um 1630 – vom vorherigen spätgotischen Bau waren nur Türme (die Spitzhelme kamen erst um 1890 hinzu) und Altarraum erhalten geblieben. Sie »gehört zu den großen Bauten des frühen 17. Jahrhunderts, in denen eine im Grunde noch gotische Baugesinnung sich in eine prunkende Renaissancegewandung hüllt« (Dehio). Die beachtliche, in zarten Pastelltönen gehaltene Stuckdecke von 1629/30 erinnert an ähnliche Arbeiten in der Münchner Residenz und im Alten Schloß von Schleißheim. Über dem Triumphbogen das Gnadenbild in Gestalt

DER LAUF DES INN/TUNTENHAUSEN, ROTT AM INN

einer sitzenden Muttergottes, der ›Virgo Potens‹ (mächtige Jungfrau), zugleich Brennpunkt der Wallfahrt, eine Stiftung Kurfürst Maximilians I. »Die Figur«, räumt auch der Kirchenführer ein, »ist eine mäßige Arbeit aus der Zeit nach 1548, bayerische Frührenaissance«. Seit mehr als 500 Jahren beten hier bayerische Landsleute, wie vier silberne Schilde verraten, zum ›Heil der Kranken‹, zur ›Zuflucht der Sünder‹, zur ›Hilfe der Christen‹ und ›Trösterin der Betrübten‹. Von symbolischer Strenge ist der ›Tuntenhausener Tod‹, ein Holztafelgemälde des 17. Jahrhunderts.

Ihr Weg an den Inn zurück führt Sie noch über **Ostermünchen**, dessen *Pfarrkirche St. Laurentius und Stefan* von 1504 von außen eine stärkere Wirkung ausstrahlt als von innen. Der achteckige Turm ist mit einem spitzen Helm gekrönt. Die beiden Figuren am spätgotischen Südportal stellen Abraham und Moses dar. Der Hochaltar des späten 17. Jahrhunderts besitzt in einer Nische eine hölzerne Muttergottes mit Kind aus dem späten 18. Jahrhundert, flankiert von den hl. Stefan und Laurentius. Die sechs Gemälde an der Westempore gehörten vermutlich früher an den spätgotischen Hochaltar.

Rott am Inn wurde zwischen 1081 und 1085 Sitz von Benediktinermönchen; von ihrer Kirche aus dem 12. Jahrhundert sind die Untergeschosse der beiden Türme erhalten geblieben. Bei diesem Bau hatten Hirsau und Salzburg Pate gestanden. Jedoch fielen die alten Klosterbauten – mit Ausnahme des bedeutungslosen, heute als Brauerei dienenden, Westtrakts – der Säkularisation zum Opfer.

Die ehemalige *Klosterkirche St. Marinus und Anianus,* wie sie sich heute zeigt, ist 1759/63 nach einem Entwurf Johann Michael Fischers erbaut worden (Abb. 180, 181). Sie läßt den allmählichen Übergang vom späten Rokoko zum Klassizismus gut erkennen. »In dem gewaltigen Kuppelfresko mit dem Triumph des Benediktinerordens wird durch die aufwärts kreisende Bewegung das bewirkt, was die Architektur nur andeutet, die inbrünstige Verschmelzung des Gläubigen mit dem Jenseits«. (›Schatzkammer Deutschland‹)

An der vollständig erhaltenen Innenausstattung wirkten die führenden Künstler der Zeit mit. Um 1763 malte Matthäus Günther in markanter Farbgebung die Decken der drei Haupträume aus. Über Westteil und Presbyterium sehen wir Themen aus der Geschichte der hl. Marinus und Anianus. Die mittlere Kuppel kündet von der himmlischen Glorie des Benediktinerordens. »Die Gruppen der Dreifaltigkeit, Mariens, des Erzengels Michael und der Heiligen verbinden Strahlengänge, in deren geometrisch-physikalischer Gesetzmäßigkeit mystische Beziehungen veranschaulicht werden« (Lieb). Anregungen dazu erhielt Günther durch das von Johannes Evangelista Holzer geschaffene Kuppelbild von Münsterschwarzach. Im Bayerischen Nationalmuseum, München, befindet sich ein Ölbild mit der gleichen Komposition von Günther. Hauptmeister der Stukkaturen im Sinne der Wessobrunner Schule war Jakob Rauch, Spezialist für figürlichen Stuck, im ornamentalen Bereich durch Franz Xaver Feichtmayr unterstützt. Achten Sie auf das Relief in der Mitte der Orgelbrüstung mit musizierenden Engeln!

◁ *Andachtsbild von der Wallfahrt zu Tuntenhausen. Johann Franck*

DER LAUF DES INN/ROTT, ALTENHOHENAU/ATTEL

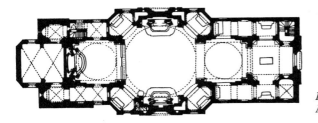

Rott am Inn, Klosterkirche St. Marinus und Anianus, Grundriß

Mit den Entwürfen für diese einzigartigen Altäre des deutschen Barock leistete Ignaz Günther einige seiner reifsten Arbeiten. Allerdings führte er nicht alle Einzelheiten selbst aus, sondern übertrug sie seiner Werkstatt. 1760/62 entwarf Günther den Hochaltar, die beiden großen Seitenaltäre und möglicherweise auch die Kanzel. Ebenso stammen von ihm die Entwürfe zu den kleinen Nebenaltären. Werkstattarbeiten sind die Bekrönungsgruppen des Hochaltars, der großen Seitenaltäre, der Kanzel und die Engelchen an den Umrahmungen der Nebenaltäre. Günther selbst schuf die Figuren St. Korbinian und Benno, im Hochaltar Heinrich IV. (Abb. 182) und Kunigunde, Gregor und Petrus Damianius, Notburga und Isidor (Abb. 184), handwerkliche Meisterstücke von großer Intensität des Ausdrucks. Nach Skizzen Günthers führte Joseph Götsch die hl. Sebastian, Katharina, Elisabeth (Abb. 183) an der linken Vorhallenabseite aus – sie alle wirken naiver als Günthers Gestalten. Das gilt auch für weitere Arbeiten Götschs wie Johannes der Täufer, St. Georg und Florian, die Evangelisten-Sinnbilder der Kanzel, die Figuren der rechten Vorhallenabseite und der nordwestlichen Diagonalkapelle.

Daß die Kirche im Zusammenwirken und im edlen Wettbewerb so erlesener Künstler der Zeit überhaupt Wirklichkeit werden konnte, scheint – wie man nachgerechnet hat – nicht zuletzt daran gelegen zu haben, daß die Freude an der Gestaltung dieses Baus den Künstlern wichtiger war als die Höhe des Honorars. Man meint in dieser Kirche heute noch zu spüren, daß jeder von ihnen um des Werkes willen begeistert an seiner Arbeit war. So ist der Weg nach Rott mehr als ein Ausflug in die oberbayerische ›Provinz‹, sondern eigentlich ein notwendiger Weg, um eines der ganz wesentlichen Werke des späten Barock mit einem »Einschlag aus der Seite des weltlichen höfischen Rokokos« (Lieb) kennenzulernen und in ihm einige der wahrhaft großen Künstler dieser Epoche.

Wenn es Rott nicht gäbe, wären wohl Altenhohenau und Attel, beide am Inn auf dem Weg nach Wasserburg, noch faszinierender, als sie es ohnehin schon sind. So aber geraten sie, ob man es eingesteht oder nicht, in den Schatten einer noch gewichtigeren Leistung.

In **Altenhohenau** hatten ab 1235 Dominikanerinnen ihren Sitz. Die 1239 geweihte Kirche brannte mehrfach aus, zuletzt 1379 mit dem Kloster. Nach der Erneuerung im 17. Jahrhundert erlebte das Kloster mit den Mystikerinnen Kolumba Weigl und Paula Grasl im 18. Jahrhundert eine neue Blüte. Die heutige *Klosterkirche St. Peter und Paul* wurde 1765/74 durch ihre Rokoko-Ausstattung und den schlanken Turm mit seiner Zwiebel geprägt. Der eigentlich durchschnittliche Kirchenbau erhält seinen eigenen Reiz durch Fresken von Matthäus Günther im Altarraum und von Johann Michael Hartwagner im Langhaus, durch den Hochaltar und Seitenaltäre von Ignaz Günther und einige Plastiken (Abb. 185, 186). Der rechte Seitenaltar trägt das barock gewandete ›Altenhohenauer Jesulein‹, eine stoffgekleidete Schnitzfigur im Glasschrein (18. Jahrhundert), früher als Gnadenbild verehrt. Nach der Säkularisation erfuhr das 52 cm große ›Kolumba-Jesulein‹ im Klostergang, möglicherweise vom Seeoner Meister, stärkere Verehrung.

Ein ungewöhnliches und wertvolles Werk ist an der Nordwand der Kruzifixus am Astkreuz aus der zweiten Hälfte des 14. Jahrhunderts. Das frühgotische Werk ist innen hohl und enthielt, wie sich bei einer Restaurierung herausstellte, Votivzettel, die in die Seitenwunde des Gekreuzigten geschoben wurden.

Die *Pfarrkirche St. Michael* von **Attel,** die man von Hohenau aus auf dem gegenüberliegenden Hochufer des Inn erblickt, geht auf eine Michaelszelle von 807 zurück und ist damit die älteste Kultstätte in dieser Gegend. Das Untergeschoß des mit der ersten Kirche (vermutlich 1137) errichteten Turms steht heute noch. Die Kirche wurde 1713/15 erbaut. Wie es damals nicht selten war, betätigte sich der Abt selbst als Architekt, und Klosterbrüder wirkten bei der Ausgestaltung mit: So gehen einige Altarblätter auf Leander Laubacher und Sebastian Zobl, einen Schüler Martin Knollers, zurück. Von den großen Meistern sind Wolfgang Leb, Ignaz Günther, Johannes Degler und Tobias Baader beteiligt gewesen.

Das Tonnengewölbe überspannt ein ausgedehntes Kirchenschiff, das lediglich mit Stuck – ohne Gemälde – nach Wessobrunner Art verziert ist und auf einen gewaltigen Hochaltar aus Marmor von 1731 zustrebt. Hier stehen die überlebensgroßen Gestalten des Ordensgründers Benedikt und seiner Schwester Scholastika. Darüber eine Plastik volkstümlichen Charakters vom Erzengel im Kampf mit dem Teufel. Die früher auf dem Altar einer nördlichen Seitenkapelle befindliche berühmte ›Immaculata‹ (1760/62) von Ignaz Günther ist jetzt im Pfarrhof in Obhut genommen. In der letzten südlichen Seitenkapelle bewahrt die Kirche die Stiftertumba von 1509, ein »Hauptstück der Bildhauerkunst des Inntals zu Beginn des 16. Jahrhunderts« (Dehio). Der Künstler war Wolfgang Leb aus Wasserburg. Er selbst führte allerdings nur die Deckplatte und die Schmalwand der Kopfseite mit dem knienden Abt Leonhard vor seinem Schutzpatron aus. Auch sonst gibt es noch einige hervorragende Grabsteine in Rotmarmor im Altarraum und in den Seitenkapellen. In der Kirche verbinden sich ländlich-bayerische Volkstümlichkeit mit den künstlerischen Leistungen von Leb und Günther.

Der Inn, dem Ihr Weg jetzt folgt, schwingt zu einer Schlinge nach Osten aus, und in ihrer Mitte ist seit dem Mittelalter die Stadt **Wasserburg** gewachsen. Bei der Anfahrt über die Innbrücke offenbart sich bereits die großartige Kulisse einer Stadt, in der beinahe jede Straße

Wasserburg, eine der interessantesten mittelalterlichen Stadtanlagen des süddeutschen Raumes: Die Altstadt liegt gedrängt auf einer Halbinsel, die von einer Innschleife umzogen ist. Kupferstich von Matthäus Merian

A. S. Iacobs Pfarckirch.   E. S. Egidÿ Schloßkirch.   I. H. Geist Spital.   N.
B. Das Fürstl. Schloß.   F. Vnser Frawen kirch.   K. Aller Seelen kirch.   O.
C. Schloß Garten.   G. Blaßthurn.   L. Gotts Acker.   P.
D. Fürstl. Traitkasten.   H. Rahthauße.   M. Fürstl. Saltz Stadel. Q.

burg.

genandt.	R. Rattenthor.	X. Die eußere Veste.
Thorlein.	S. Schmidtthor.	Y. Die Schantzen auf der höhe.
hor.	T. Capuciner Closter.	z. S. Maria Magdalena.
Statt thor.	V. Der hals und enge paß in die Statt.	☩. Schloß Hochenburg. G. P. F. inv.

ihren eigenen Reiz besitzt. »Ist eine schöne lustige wolerbaute reiche und nehrhaffte Statt, die der Fluß Inn fast gantz biß an einen engen Paß vnnd Halls vmgiebet«, so schilderte es Merian vor 350 Jahren. Kann man sich vorstellen, daß zur Zeit des blühenden Salzhandels und der Innschiffahrt Wasserburg der Hafen von München war? Aber es sind nicht einmal ganz 50 Kilometer, die beide Städte trennen. So hat auch das *Brucktor* (von 1470; 1568 erneuert) als Brückenabschluß und Fortführung der Häuserfront längs des Inn seine Bedeutung. Über diese Brücke führte durch Jahrhunderte die Salzstraße von Reichenhall nach München (Abb. 190). Natürlich ließen sich die Wasserburger ›ihre‹ Brücke bezahlen. Pferde zogen die Kähne auf dem Inn vom Ufer aus. Unterhalb des Brucktors können Sie die Notzeiten der Stadt ablesen: Die Wasserstände der Hochwasser aus den letzten Jahrhunderten sind hier verzeichnet. Die Ausdehnungsmöglichkeiten der Stadt waren durch ihre halbinselähnliche Lage eingeschränkt, so daß sich ein konzentriertes Stadtbild mit dichter Besiedlung ergab.

Die Lage bot sich für einen Burgbau schon im frühen Mittelalter an. 1137 verließ Hallgraf Engelbert die flußaufwärts gelegene ›Limburg‹, um sich in der ›Wasserburg‹ mit einer flußnah gelegenen Fischersiedlung Hohenau niederzulassen. Als die Wasserburger Grafen ausstarben, wurden sie von den Wittelsbachern beerbt. Bei der Landesteilung von 1392 fiel Wasserburg an die Ingolstädter Linie, ging jedoch nach dem Landshuter Erbfolgekrieg 1505 an die Münchner Wittelsbacher. Herzog Wilhelm IV. baute das Schloß zwischen 1530 und 1540 um – heute dient es als Altersheim.

Das erste Haus linker Hand hinter dem Brucktor ist das *Heilig-Geist-Spital* (1341 gegründet) mit einer spätgotischen Kapelle. Gegenüber das Haus, in dem die Brüder Megerle geboren wurden: Einer von ihnen war der Vater des Predigers Abraham a Sancta Clara (1644–1709). Vorbei am ›*Alten Mauthaus*‹ (Bruckgasse/Ecke Markt) aus dem 14. Jahrhundert, das als ältestes Haus der Stadt gilt und sein heutiges Gesicht mit den drei Erkern 1531 erhielt, stoßen Sie auf den langgestreckten Marktplatz (auch Marienplatz). An ihm liegen die beiden Gebäude des *Rathauses* mit ihren Stufengiebeln. Während der südwestliche untere Teil aufs 14. Jahrhundert zurückgeht, kamen die oberen Geschosse Mitte des 15. Jahrhunderts hinzu. Das Rathaus vereinigte im Mittelalter Ratsstube, Kornspeicher, Brothaus und – Tanzhaus. Im Obergeschoß besitzt die Ratsstube noch ihre geschnitzte Balkendecke von 1564 und Wandgemälde von Wolfgang Wagner aus der gleichen Zeit. Das Tanzhaus wurde 1902/05 neu eingerichtet und ausgemalt.

Gegenüber dem Rathaus erblicken Sie das ›*Haus Kern*‹ aus dem 15. Jahrhundert mit seiner von Johann Baptist Zimmermann um 1738/40 kunstvoll stuckierten Fassade mit vier Erkern über sechs Arkaden (Abb. 189). Am Marktplatz ragt auch die *Frauenkirche* auf, ein Bau des 14. Jahrhunderts, der 1753 seine barocke Innenausstattung erhielt. Dem gotischen Backsteinbau neben dem Rathaus gehört einer der Türme, die das Stadtbild bestimmen. Sein spitz aufragender Turmhelm wurde 1501/02 aufgesetzt. Auf dem Hochaltar eine Muttergottes (frühes 15. Jahrhundert) und ein Gemälde, das Wasserburg im 18. Jahrhundert zeigt.

Wichtigste Kirche der Stadt ist jedoch die *Stadtpfarrkirche St. Jakob* (Abb. 188, 191–193), die in der ersten Hälfte des 15. Jahrhunderts erbaut wurde und zwischen Marktplatz und

177 TUNTENHAUSEN Pfarr- und Wallfahrtskirche Mariae Himmelfahrt, um 1630

178 BEYHARTING Ehemalige Augustinerchorherren-Stiftskirche

181 ROTT Klosterkirche, Langhaus, Deckengemälde von Matthäus Günther ▷

179 SCHLOSS MAXLRAIN 1582/85   180 ROTT Klosterkirche, Fassade, 1759/63

182–184　ROTT　Klosterkirche: Heinrich II.; Hl. Elisabeth; Hl. Isidor, J. Günther, 1760/62

185　ALTENHOHENAU　Klosterkirche, 1765/74

186 ALTENHOHENAU ›Paulus‹ (1761) von Ignaz Günther

187 ATTEL Ehemalige Benediktinerkirche, Teil des Hochaltars

188 WASSERBURG Stadtpfarrkirche St. Jakob

189 WASSERBURG ›Haus Kern‹, um 1738/40

190 WASSERBURG Innbrücke

193 WASSERBURG St. Jakob ▷

191 WASSERBURG St. Jakob, Madonna der Brüder Zürn

192 WASSERBURG St. Jakob, ›Evangelist Markus‹ an der Kanzel

194 MÜHLDORF Pfarrkirche St. Nikolaus, Turmzwiebel von 1764
195 ALTÖTTING Kapellplatz, Gnadenkapelle und Jesuitenkirche St. Magdalena
196 SCHLOSS AMERANG Innenhof, 16. Jh.
197 ISEN St. Zeno, romanisches Westportal

198 NEUÖTTING   Laubengang am Stadtplatz   199   ST. WOLFGANG bei Haag, Pfarrkirche
200 BURGHAUSEN   Burg, Zehrgaden im Palas, Erdgeschoß

201 BURGHAUSEN Hauptburg

202 BURGHAUSEN Burghof

203 BURGHAUSEN Blick von der Burg, Turm von St. Jakob

204 MARIENBERG Wallfahrtskirche St. Maria von F. A. Mayr, 1760/64

205 RAITENHASLACH Pfarrkirche St. Georg

206 BURG TITTMONING

207 TITTMONING Ansicht
208 TITTMONING Rathaus, Fassade von 1751
209 BAUMBURG Pfarrkirche St. Margaretha, 1754/57

210 BAUMBURG St. Margaretha, Deckengemälde von F. A. Scheffler
212 LAUFEN Pfarrkirche, Madonna, um 1470

211 LAUFEN Pfarrkirche Mariae Himmelfahrt
213 HÖGLWÖRTH ›St. Paulus‹ vom Hochaltar

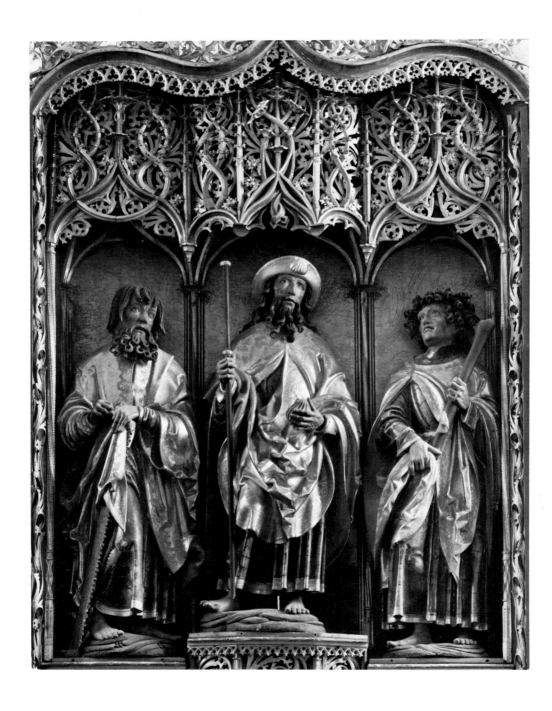

214 RABENDEN St. Jakob, Schrein des Hochaltars, um 1510, Meister von Rabenden

215 SEEON Ehemalige Klosterkirche, Langhaus und Chor

216 SEEON Klosterkirche, Madonna, um 1380

217 TRAUNSTEIN Brothausturm und Turm von St. Oswald

218 TRAUNSTEIN Salinenkapelle St. Rupert, 1630

Burg liegt. Den Langhausbau führte Hans von Burghausen (auch: Stethaimer) ab 1410 aus, während 1445 Stephan Krummenauer Chor und Turm in Angriff nahm. Der Turm wurde schließlich 1478 durch den Wasserburger Wolfgang Wieser beendet. Die ab 1635 erfolgte barocke Ausstattung ist im Zuge einer Restaurierung vor hundert Jahren wieder beseitigt worden. Hauptwerk im Inneren ist die Eichenholzkanzel von 1638/39 (Abb. 192, 193) der Brüder Martin und Michael Zürn, die 1636 ihre Arbeit in Wasserburg aufnahmen. Andere ihrer Werke sind abgebrochen worden. Reich ist der Bestand an alten Grabsteinen, darunter das Mal für Hans Baumgartner, das seine Entstehung Wolfgang Leb, dem Künstler der Stiftertumba von Attel, verdankt.

Die einstige *Burg* von 1531, nur noch teilweise erhalten, bietet mit ihren Stufengiebeln einen malerischen Anblick. Heute dient sie als Erziehungsheim. Von den bestehenden Bauten aus der Zeit Wilhelms IV. ist der Zehentkasten von 1526 (der den abgelieferten Zehnten speicherte) interessant. Die *Burgkapelle St. Ägidien* ist ein Werk des Wasserburgers Jörg Tünzel aus der Zeit um 1465, zehn Jahre später kam der spitze Turm hinzu. Im Inneren Holzfiguren von Maria und Johannes von Ende des 15. Jahrhunderts. Die Nordseite des Turms zeigt ein (1780 erneuertes) Fresko der 14 Nothelfer.

Wasserburg gehört zu den Städten, die man nicht allein wegen ihrer einzelnen Sehenswürdigkeiten durchstreifen sollte, sondern für die der Gesamteindruck entscheidend ist. Wenige Städte Oberbayerns können sich an Kolorit mit Wasserburg messen. Zahlreiche Häuser erinnern an seine Vergangenheit, so auch das ›*Herrenhaus*‹ (Herrengassse 15), ehemaliges Stadthaus der Äbte von Attel, in dem sich nach Umbau von 1937 das *Heimatmuseum* mit einer der größten Sammlungen bayerischer Bauernmöbel befindet. Besuchen Sie Wasserburgs Laubengänge, Schmiedzeile, Lederergasse, Nagelschmiedgasse, betrachten Sie den spätmittelalterlichen Hof der Marienapotheke, wie Sie auch sonst (vielleicht am Marienplatz 11) einen Blick in die Höfe werfen sollten.

Vielleicht verbinden Sie ihn sogar mit einem kleinen Abstecher nach **Amerang!** Fahren Sie die Straße zum *Schloß* hinauf, das auf Besichtigung (sogar mit Gaststätte) eingerichtet ist und die älteste Anlage eines Loggienhofes in Oberbayern darstellt (Abb. 196). Das Schloß selbst, ursprünglich gotisch, erhielt seine Gestalt im 16. Jahrhundert. Die Schloßkapelle besitzt spätgotische Rippengewölbe von 1513.

Auf der Strecke zwischen Wasserburg und Amerang passieren Sie das *Bauernhausmuseum* des Bezirkes Oberbayern, das typische ländliche Bauten originalgetreu vorführt. Selbst die Webstube fehlt nicht. Auch hier ist Gelegenheit für eine Brotzeit.

Die *Kirche* im nahen **Halfing** war seit dem 16. Jahrhundert Ziel von Wallfahrten zum Gnadenbild einer geschnitzten Madonna von 1420. Der ursprünglich gotische Bau mit dem mächtigen Turm aus dem 15. Jahrhundert wurde um 1730 barockisiert. Der Hochaltar, den Jörg Pfeiffer 1697 schuf, kam von Traunstein hierher; er beherbergt inzwischen das Gnadenbild, das dem des Seeoner Meisters ähnelt. Ein kleiner Abstecher zum hochgelegenen

Guntersberg (mit weitem Rundblick) führt zu einer *spätgotischen Landkirche* mit Fresken aus dem späten 15. Jahrhundert, die 1952 bei einer Restaurierung zutage traten. Für Ihre Weiterfahrt von Wasserburg haben Sie zwei Möglichkeiten. Wenn Sie am Inn bleiben möchten, sollte Gars Ihr nächstes Ziel sein. Aber im Bereich der B 12, die München und Mühldorf verbindet und auf die Sie nördlich von Wasserburg stoßen, liegen mit dem alten Burgsitz **Haag** (mit Schloßrest und 40 m hohem Bergfried), mit Isen und St. Wolfgang bei Dorfen drei ganz wichtige Anlaufpunkte. **Isens** *Pfarrkirche St. Zeno* geht auf ein 748 gegründetes Benediktinerkloster zurück, das seit etwa 1100 ein mit Freising verbundenes Chorherrenstift war. Um 1200 wurde die ehemalige Kollegiats-Stiftskirche als spätromanische Pfeilerbasilika erbaut, 1699 stuckiert und im 19. Jahrhundert durch Fresken verziert. In der Vorhalle erblicken Sie – neben alten Grabsteinen – freigelegte spätgotische Fresken. Sie ziehen sich auch über das romanische Portal, dessen abgestufte Anlage ebenso reizvoll ist wie die stilisierten Pflanzenformen und Köpfe der Kapitelle. Im Tympanon ein Christus auf einem Sessel mit Löwenfüßen (Abb. 197). Die spätgotischen Wandmalereien, 1897 aufgedeckt, zeigen St. Georg, Kreuztragung, Jüngstes Gericht und einen Marienaltar sowie St. Michael. Das Innere »verbindet ... die gedrungene Kraft der romanischen Anlage wirkungsvoll mit der barocken Ausstattung« (Hoffmann). Der Künstler des Stucks, der sowohl Wessobrunner als auch italienischen Einfluß erkennen läßt, ist unbekannt. Über dem nördlichen Seitenportal eine Kopie des Rubens-Bildes im Freisinger Dom von Johann Ulrich Loth. Zur Altarausstattung gehört das Bild ›Flucht nach Ägypten‹ von Johannes Degler (1666–1729). In der Krypta (um 1200) begegnen Sie spätgotischen bemalten Sandsteinplastiken, Christus und drei Apostel einer Ölberggruppe, die wohl früher einmal im Freien standen. Falls Sie Freisings Dom besucht haben (oder noch besuchen werden), möchte ich Sie auf die Ähnlichkeiten beider Kirchen aufmerksam machen: Beide öffnen sich durch gotische Vorhallen von Westen, ein romanisches Portal leitet ins tiefer gelegene Mittelschiff, Stufen führen zum Hochaltar, unter dem sich eine Krypta befindet.

Die spätgotische, weitgehend ursprünglich erhaltene *Pfarrkirche St. Wolfgang* (Abb. 199), gleichfalls eine ehemalige Kollegiats-Stiftskirche, ist noch unbekannter und nicht ganz leicht zu finden: an der B 15, nördlich von Haag und östlich von Isen. Sie soll vom hl. Wolfgang gegründet worden sein. Die 1430 von den Haagern Sigmund und Johann Georg Frauenberger erbaute Backsteinkirche beweist, daß auch die späte Backsteingotik in Oberbayern vortrefflich vertreten ist, obwohl man ihren Schwerpunkt im norddeutschen Raum findet. Die ursprüngliche Wolfgangskapelle von Anfang des 15. Jahrhunderts wurde – links vom Eingang – in die Kirche mit einbezogen. Der Innenraum wird vom mächtigen Hochaltar von 1679 beherrscht, in dem sich drei spätgotische Schnitzfiguren, der hl. Georg, Wolfgang und Sigmund, von 1485 befinden, Überreste eines älteren Altars. Die Altarflügel sind mit Holzreliefs der Wolfgangslegende und auf der Rückseite mit Darstellungen des Marienlebens geschmückt, ebenfalls älterer Herkunft.

Am Inn bedeutet **Gars** die Begegnung mit einem bereits im 8. Jahrhundert gegründeten Kloster, das nach zeitweisem Verfall Anfang des 12. Jahrhunderts zu einem Augustiner-Chorherrenstift wurde. Die ehemalige *Augustiner-Chorherren-Stiftskirche St. Maria* besitzt

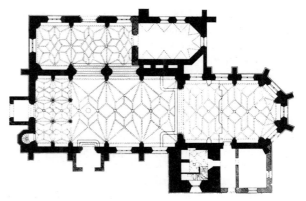

St. Wolfgang bei Haag, Grundriß

im südlichen Turm noch drei Untergeschosse aus der ersten Hälfte des 12. Jahrhunderts. Der heute sichtbare Bau entstand 1661/90 durch die Brüder Gasparo und Domenico Zuccalli – als Graubündner aus dem Ursprungsgebiet des Inns kommend! Der Hochaltar von 1693 zeigt ein Bild der Himmelfahrt Mariae eines Münchner Hofmalers von 1663. Die sparsam stuckierte Kirche ist reich an Bilderschmuck. Die Altarnische der dritten Seitenkapelle bewahrt ein bemaltes Vesperbild aus Kalkstein (um 1425) nach Art dessen aus Seeon, das sich im Bayerischen Nationalmuseum, München, befindet. Es gehörte bis 1600 zum Hochaltar, als Gnadenbild bereits Mitte des 15. Jahrhunderts weithin bekannt. Besonders schön ist das Chorgestühl, das um 1500 entstand. Die Kreuzigungsgruppe im Mittelschiff gehört zu den frühen Werken von Christian Jorhan (1762) und wurde aus der ehemaligen Pfarrkirche von Gars übernommen. Auch die einfach angelegten Klostergebäude, die sich um einen rechteckigen Hof gruppieren, gehen auf die Brüder Zuccalli (1657/65) zurück.

Ein Stück nördlich des Inn, zwischen Erding und Mühldorf, begegnen Sie der *Wasserburg Schwindegg* von 1594 mit vier zwiebelgeschmückten Ecktürmen und einem mit Galerien umzogenen Innenhof – ein gutes Beispiel herrschaftlicher Renaissancebauten in Oberbayern.

Mühldorf ist gewiß keine der geringsten unter den Innstädten, auch wenn sein Name außerhalb Bayerns weniger bekannt ist als etwa Rosenheim, Wasserburg, Alt- und Neuötting. Die Stadt liegt dort, wo der Inn seinen Lauf von der nordöstlichen in die südöstliche Richtung verändert. Ein Merianstich von 1643 zeigt ein Bild der Stadt, das – bis auf einen Turm außerhalb der Mauern – im Kern auch heute bewahrt blieb. Noch immer führt der *Münchner Torturm*, 29 m hoch, in die Stadt und auf die platzartig erweiterte Hauptstraße. *Inntorturm* und *Pfarrhofturm* sind weitere markante Punkte der einstigen Befestigung: 1808 wurde vieles von ihr abgetragen, und auch der ehemalige Wassergraben wurde eingeebnet (s. Frontispiz S. 2/3).

Typisch für die Stadt ist ihr langgezogener Stadtplatz, an dem zu beiden Seiten farbig verputzte Häuserfronten mit ihren Laubengängen stehen, während die Mitte von vier

DER LAUF DES INN/MÜHLDORF, NEUMARKT-ST. VEIT, ALTÖTTING

Brunnen des 17. und 18. Jahrhunderts anmutig belebt ist. Viele der Häuser stammen noch aus dem 15. und 16. Jahrhundert. Am Stadtplatz auch das spätgotische *Rathaus*, das ebenfalls Laubengänge aufweist. Seine Innenausstattung geht aufs 17. Jahrhundert zurück. Das Haus Nr. 46, einst ›Gasthaus zum Schwan‹ (heute Geschäft und Ratsstuben), beherbergte seit dem Dreißigjährigen Krieg bedeutende Heerführer, unter ihnen 1805 und 1809 auch Napoleon.

Sie tun Mühldorf gewiß nicht Unrecht, wenn Sie – angesichts so vieler bedeutender Kirchen am Inn und des ohnehin ansprechenden Stadtbildes – die Mühldorfer Kirchen nur beiläufig beachten. Die Stadt selbst mit ihrem Markt, ihren Gassen und Häusern ist einen Spaziergang wert. Obwohl die *Stadtpfarrkirche St. Nikolaus* einen romanisch-frühgotischen Westturm bewahrt hat (Zwiebelhaube von 1764; Abb. 194), stürzte das Langhaus 1768 ein und wurde ab 1769 neu erbaut. Durch den unteren Turm gelangen Sie in die Bäckerkapelle mit Deckenfresken von Martin Heigl (1771/72). Hochaltar (1774) und Nebenaltäre (1762) sind Salzburger Meistern zuzurechnen. Der Chor ist noch spätgotisch, ebenso das außen befindliche Ölbergrelief.

Noch einmal möchte ich Ihnen raten, den Inn nach Norden hin zu verlassen: nach **Neumarkt-St. Veit** an der Rott. Das ist abermals eine der typischen ›Innstädte‹ mit einem breiten und langgestreckten Markt, wie Sie ihn von Wasserburg und Mühldorf kennen, der zu beiden Seiten von Toren – backsteinernes Untertor von 1541 und barock verändertes Obertor der gleichen Zeit – begrenzt ist. Manche Wohnbauten sind von den charakteristischen Laubengängen und den geraden Stirnwänden geprägt. Der Doppelname des Ortes geht auf das ehemalige Benediktinerkloster St. Veit zurück, das seit 1171 hier bestand und mit der gotischen *Kirche St. Veit* von beachtlicher Größe den Ort bestimmt. Für den Westturm entwarf Johann Michael Fischer 1765 eine Zwiebelhaube, die mehrfach abgesetzt ist. Der Hochaltar (1783) enthält ein Gemälde von Johann Nepomuk della Croce. Am Triumphbogen die spätgotische Holzfigur eines hl. Florian, dazu ein sitzender hl. Wolfgang in beginnender Renaissance, ein hl. Sigismund und im ersten südlichen Seitenaltar eine Gruppe mit der Anbetung der drei Könige. Die Klostergebäude entstanden nach einem Brand (1639) im wesentlichen ab 1688 durch Domenico Zuccalli, jedoch blieben nur der spätromanische Kreuzgang und der Keller erhalten. Die *Pfarrkirche St. Johannes Baptist* aus

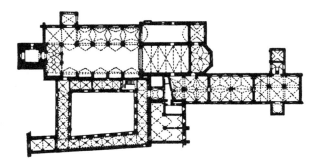

Neumarkt-St. Veit, Klosterkirche St. Veit, Grundriß

der zweiten Hälfte des 15. Jahrhunderts enthält in neuen Altären spätgotische Bildwerke und Reliefs aus dem 15. und 16. Jahrhundert. Über dem südlichen Portal finden Sie innen ein Holzrelief der Kreuzabnahme (um 1525). Beachten Sie auch im Fenster der vierten östlichen Kapelle das kleine Glasgemälde des hl. Martin (um 1508).

Das Herz Bayerns hat man **Altötting** genannt, das Herz Oberbayerns ist es ohnehin. Herz nicht nur deshalb, weil hier in der Gnadenkapelle die Herzen vieler Wittelsbacher ruhen, sondern auch weil in Altötting der religiöse Puls- und Herzschlag der Menschen dieser Landschaft am vernehmlichsten und – sichtbarsten spürbar ist: ältester und bedeutendster Wallfahrtsort Bayerns, den die Großen der Welt, wie Kaiserin Maria Theresia, aufsuchten und der auch heute noch Jahr für Jahr Ziel von rund einer halben Million Pilger ist – über tausend also im Tagesdurchschnitt. Es ist keine Blasphemie, wenn der nüchterne Besucher dabei an ein Epigramm von Goethe denkt:

> *»Seh ich den Pilgrim,*
> *so kann ich mich nie der Tränen enthalten.*
> *O wie beseliget uns Menschen*
> *ein falscher Begriff.«*

Um Altötting recht einzuschätzen, um damit auch Oberbayern besser zu verstehen und die Einbeziehung der Vielzahl seiner Klöster und Kirchen in den lebendigen Alltag richtig zu würdigen, muß man einmal erlebt haben, wie die Züge der Pilger, betend und singend, sich dem Kapellplatz nähern, wie der Ort von ihnen in Besitz genommen wird, wie sie mit dem Rosenkranz ergriffen in der dicht gefüllten Gnadenkapelle sich drängen oder in einer der anderen Kirchen stehen, wie dieses Erlebnis sie wahrhaft erfüllt und erhebt.

Demgegenüber wird die merkantile Seite dieser Pilgerzüge mit den vielerlei Souvenir- und vor allem Devotionaliengeschäften rings um den Kapellplatz und in den Seitenstraßen ebenso verständlich wie – nebensächlich. Es liegt nahe, das französische Lourdes mit dem oberbayerischen Altötting zu vergleichen. Ein Grundunterschied: Lourdes ist eine Wallfahrt, die erst vor wenig mehr als hundert Jahren begann. Altöttings Wurzeln reichen 500 Jahre zurück, was die Wallfahrt betrifft. Zwar gab es den Ort Ötting schon im 8. Jahrhundert, aber die Wallfahrt setzte erst ein, als 1489 das erste der ›Wunder‹ bezeugt wurde. Schon im Jahr 877 war erstmals die achteckige Pfalzkapelle erwähnt worden (mit 9,40 m Durchmesser), die dann zur Wallfahrtskapelle wurde.

Lourdes ist ein moderner internationaler Wallfahrtsort, Altötting ein traditionsreiches, urbayerisches Pilgerziel. Ich gestehe offen, daß die organisierte Betriebsamkeit von Lourdes mich kühl bis ablehnend gelassen hat. »Man darf nicht verweilen. Man sieht zu viel... Tagaus, tagein Prozessionen, Menschenversammlungen, Fackelzüge ... nach dem achten Mal spürt man die treibende Macht und die Räder« (Tucholsky). Altöttings naiv-rustikale, innig-gläubige Pilgerscharen berühren, auch wenn man nicht unbedingt Gleiches empfinden muß, das Herz. Ich kann das bestätigen, denn ich habe an Ort und Stelle Hunderte von Pilgerzügen Altöttings erlebt. Hier wird nicht auf Wunder gewartet, hier wird für sie oder die Erfüllung

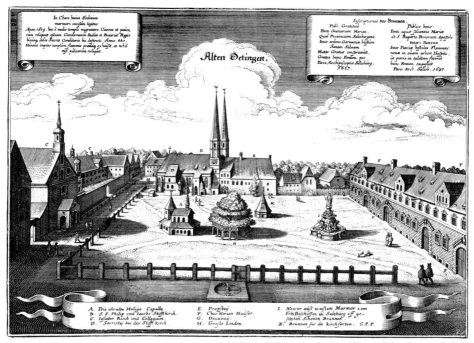

Altötting, Kapellplatz mit Jesuitenkirche St. Magdalena (links), Gnadenkapelle, Stiftskirche St. Philipp und Jakob (Hintergrund Mitte) und Marienbrunnen (rechts). Kupferstich von Matthäus Merian

eines Gebets gedankt oder in der Hoffung darauf zum Himmel gefleht. Um das richtig zu erkennen, muß man die schier unübersehbare Reihe der Votivtafeln aller Art aus Vergangenheit und Gegenwart im Kapellenrundgang beschauen und lesen (Farbt. 33; Abb. 10).

Altötting ist es auch gelungen, der ›Schwarzen Muttergottes‹, dem 64 cm hohen Gnadenbild, um 1300 von einem unbekannten Meister geschaffen und um 1360 hierhergekommen, als Ziel der Verehrung eine neue Heiligengestalt hinzuzufügen: den hl. Bruder Konrad von Parzham. Außerhalb Bayerns kaum bekannt, in Oberbayern aber der Heilige, dem sich jeder nahe fühlt und der in kaum einer oberbayerischen Bauernstube fehlt. Er war in der zweiten Hälfte des vorigen Jahrhunderts Bruder an der Pforte des Altöttinger Klosters und damit dem Alltag außerhalb des Klosters hilfreich verbunden. Nach seinem Tod 1894 wurde er hier beigesetzt und 1934 heiliggesprochen. Altötting – das ist die Gnadenkapelle mit der Madonna, und das ist der hl. Bruder Konrad, dessen Namen das Kloster, eine Kirche und ein Brunnen tragen. – Der Kunstfreund hat in Altötting vor allem zwei Ziele: die Gnadenkapelle inmitten des weit ausladenden Mittelpunkt-Platzes und die an den gleichen Platz, den Kapellplatz, grenzende Stiftskirche St. Philipp und Jakob. Von den anderen Kirchen ist allenfalls noch die ehemalige Jesuitenkirche St. Magdalena erwähnenswert.

Nicht nur für den Pilger hat die *Gnadenkapelle* Bedeutung (Abb. 195). Sie ist auch einer der ältesten deutschen Zentralbauten, als Taufkapelle im 8. Jahrhundert begonnen. Ein Neuöttinger Stadtsiegel von 1321 zeigt sie zum erstenmal im Bild. Nachdem 1489 die Wallfahrt eingesetzt hatte (»Item es was ein grosze kirchfahrt auferstanden gen Unser Frauen capellen zu Altenötting«, wie 1491 ein Chronist vermerkte), wurden 1494 das spätgotische Langhaus mit dem achteckigen Spitzturm angebaut und der Arkadenumgang hinzugefügt. Nach dem Dreißigjährigen Krieg, als auch die Wittelsbacher sich aufgrund des wachsenden Marienkults Altötting stärker zuwandten (Maximilian I. pilgerte hierher aus Anlaß seines Regierungsantritts, und Ferdinand Maria stiftete das Franziskanerkloster), dachte man an eine erhebliche Vergrößerung der bescheidenen Hl. Kapelle. Der Baumeister Enrico Zuccalli sollte das Kapellengelände barock aus- und die Gnadenkapelle überbauen. Aus Geldmangel konnte der Plan – zum Glück – nicht verwirklicht werden.

Die Kapelle ist, einschließlich des Umgangs, 26 m lang, ihre größte Breite beträgt 15 m. Der Turm, 1958 erneuert, erreicht 26,5 m Höhe. Ein kleiner Bau also von großer Bedeutung! Die ursprünglich schwarz angestrichenen Innenwände bestehen jetzt aus schwarzem Stuckmarmor. Man empfindet den Raum zuerst als überladen: zu viel Schau auf so begrenztem Raum. Auf dem Gnadenaltar das bemalte Schnitzwerk der Madonna aus Lindenholz, erst seit dem 17. Jahrhundert in reichem Brokat bekleidet und mit Zepter versehen. In den Wandnischen zahlreiche Urnen mit den Herzen bayerischer Herrscher (21 Wittelsbacher). Künstlerisch am bedeutendsten die Herzurne Karl Albrechts, 1745 von Johann Baptist Straub geschaffen. Im Langhaus zwei marmorne Seitenaltäre von 1668. Links vom Gnadenaltar wurde 1931 eine Statue des hl. Bruder Konrad hinzugefügt, um so ganz augenfällig die beiden Verehrungsgestalten miteinander zu verbinden. Rechts steht eine Rokoko-Figur des zehnjährigen Kurprinzen Maximilian Joseph von 1737. Im Langhaus, in spätgotischer Holzschnitzerei, der hl. Rupert.

In ihrem Ursprung ist die *Stiftskirche St. Philipp und Jakob,* zugleich Pfarr- und Wallfahrtskirche, ein romanischer Bau von 1228/44. 1499 wurde der größte Teil abgebrochen. Bis 1511 errichtete danach der Burghauser Jörg Perger die neue Kirche. Sie hat

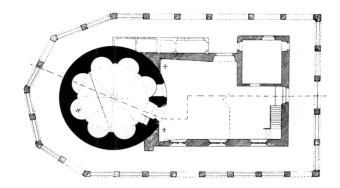

Altötting, Gnadenkapelle: karolingisches Oktogon, spätgotischer Anbau und Bogenumgang

annähernd die doppelte Länge der Gnadenkapelle. Südlich schließt sich an die Kirche ein Kreuzgang, der im 15. Jahrhundert entstand und romanische Teilstücke aufweist. Mehrere Kapellenanbauten ergänzen ihn, darunter die um 1425 entstandene Peters-, heute Tillykapelle (mit Familiengruft des Generals Tilly, der als treuer Diener der Wittelsbacher 1631 gefallen war) mit einem Altarbild des Feldherrn (dessen Denkmal in Münchens Feldherrnhalle steht) und die von Domenico Zuccalli um 1680 erbaute Sebastianskapelle. Nördlich vom Chor die Schatzkammer von 1503, in der Weihegaben für die Madonna gesammelt sind. Die berühmtesten sind das 1392 in Paris entstandene ›Goldene Rößl‹, das durch den Ingolstädter Herzog Ludwig den Gebarteten 1413 hierherkam, und ein Großes Altarkreuz (um 1600) aus Ebenholz, Elfenbein, Gold und Edelsteinen, das sogenannte Füllkreuz, außerdem im Canisius-Altärchen aus Nußbaum (um 1600) eine Marien-Statuette, vermutlich 1510 vom jungen Hans Leinberger angefertigt.

Das heute durch einen Vorbau ins Innere gerückte romanische Westportal von 1245 bildet gemeinsam mit den Untergeschossen der beiden (57 m hohen) Türme den ältesten Bauabschnitt. Im Kircheninneren befindet sich außer zwei Taufsteinen und einem Kruzifix von 1510 über dem Choreingang kaum ein mittelalterliches Stück mehr. Ein berühmtes Werk ist, rechts vom Eingang, der ›Tod von Eding‹ (Eding = Ötting) von 1675, vermutlich eine düstere Erinnerung an die Pestzeit von 1634. Ein Tod mit Sense über einer Schrankuhr schwingt jede Sekunde sein tödliches Gerät. Wertvoll sind die in Eiche geschnitzten doppelflügligen Türen der Kirche aus der Zeit von 1513/19, deren Meister wohl Hans Leinberger nahestand, eine Vorwegnahme barocker Gestaltungsweise in spätgotischer Zeit, insofern echt bayerisch.

Der Hochaltar ist ein klassizistisches Werk von Joseph Doppler aus Salzburg, Michael Mathaeo aus München und Anton Aigenherr (1797/1802). Das Altarbild malte 1796 Johann Jakob Dorner mit dem Thema ›Maria als Helfer der Christenheit‹. Die überlebensgroßen Holzfiguren der hl. Benno und Sebastian stammen von Roman Anton Boss (um 1797).

Die *Jesuitenkirche St. Magdalena* (auf Abb. 195) wurde 1697 errichtet und besitzt einen Hochaltar klassizistischen Stils von Joseph Doppler, einem Altarkünstler der Stiftskirche. Der leicht getönte Stuck ist wohl italienischen Ursprungs.

Den *Marienbrunnen* auf dem Kapellplatz hat 1637 vermutlich Santino Solari aus Salzburg geschaffen. In seiner Mitte trägt er eine Immaculata. Seine Errichtung verdankt er der Tatsache, daß das Altöttinger Gnadenbild im Dreißigjährigen Krieg vor den anrückenden Schweden zweimal (über ein halbes Jahr) im Salzburger Dom geborgen wurde.

Neuötting ist verständlicherweise in den Schatten Altöttings gerückt. Dabei präsentiert sich die Stadt im typischen Charakter der Inn-Salzach-Städte mit Laubengängen (Abb. 198) an der platzartigen Hauptachse und den beiden, die Innenstadt abgrenzenden Toren, die als *Landshuter* und *Burghauser Tor* aus dem 15. Jahrhundert erhalten blieben. Die Marktstraße mit ihren Nebengassen, durch Schwibbögen überwölbt, gehört zu den malerischsten Ortsbildern überhaupt. Die *Stadtpfarrkirche St. Nikolaus*, weithin oberhalb des Inn sichtbar, wurde 1410 von Hans von Burghausen (auch: Stethaimer) begonnen und zählt zu

Die Lage Neuöttings mit Stadtpfarrkirche St. Nikolaus oberhalb des Inns mit seiner Brücke ist eindrucksvoll. Kupferstich von Matthäus Merian

den schönsten und beispielhaften Bauten der oberbayerischen Backsteingotik. Der Turm erreicht die stattliche Höhe von 78 m. Allerdings zog sich die Fertigstellung bis 1623 hin. Erst dann wurden die Langhausgewölbe (bis dahin provisorische flache Holzdecke) durch den Münchner Veit Schmidt geschlossen. In den neugotischen Altären finden sich noch spätgotische Holzfiguren und Tafelgemälde, ebenso ein Kanzelpfeiler von 1484. Die übrige Ausstattung ist jüngeren Datums, so das Altarblatt ›Martyrium des hl. Sebastian‹ von Johann Nepomuk della Croce (1797) und die Rokoko-Kirchenstühle.

Künstlerisches Interesse können auch zwei andere Kirchen Neuöttings beanspruchen: die *Spitalkirche* mit Glasgemälden (um 1515) und einem reichen Rokoko-Altar mit einem Marienbild aus Lindenholz aus dem 15. Jahrhundert. Die Kirche entstand um 1500 in Verbindung mit einer Kapelle von 1423. Außerdem die *Kirche St. Anna*, ein spätgotischer Bau, der 1511 geweiht wurde und ebenfalls beachtliche Glasgemälde von 1510/20 besitzt.

Der Inn, dem Sie hier in Neuötting wieder begegnen, wendet sich nahe Marktl nach Südosten und erreicht hinter Haiming die Grenze nach Österreich, worauf er seinen Weg über Braunau nach Passau zur Donau fortsetzt.

Falls Sie von Neuötting noch einen Abstecher unternehmen wollen, könnte er nach **Winhöring** führen: Sie überqueren den breit dahinfließenden Inn und gelangen nordwestlich zur nahen *Pfarrkirche St. Peter und Paul,* einem weiteren Backsteinbau romanischen Ursprungs, um 1450 beendet, der im Inneren einige gotische Freskenreste bewahrt hat. Der nahe Pfarrhof von 1728 wirkt geradezu schloßartig. Winhörings ›richtiges‹ *Schloß* aber folgt erst nördlich des Dorfs, ein stattlicher Barockbau aus der ersten Hälfte des 17. Jahrhunderts, weiß-gelb bemalt mit drei Sonnenuhren. Als Privatbesitz nur von weitem zu besichtigen.

Das zweite *Schloß* im Umkreis, südlich des Inn gelegen, ist **Tüßling,** früher ein Wasserschloß, mit gefälligen Zwiebeltürmen. Allerdings wirkt die Anlage wenig gepflegt, auch wenn der verwilderte Garten hinter dem Schloß ein knappes Dutzend Putten in früherer Pracht – der Bau entstand 1583 – bewahrt. Im Inneren der 1725 stuckierte Festsaal und im Ost-Flügel die Schloßkapelle St. Veit, deren ursprünglicher Bau von 1611 nach einem Brand 1712 wiederhergestellt wurde.

Die beschauliche Welt des Rupertiwinkels
Zwischen Inn, Salzach und Chiemsee

Der Rupertiwinkel gehört zu jenen deutschen Landschaftsgebieten, deren Namen man zwar kennt, über deren Lage man jedoch nur sehr unbestimmt Bescheid weiß. Am ehesten neigen viele dazu, den Rupertiwinkel um Berchtesgaden zu suchen. Das ist nicht so ganz richtig. Denn er beginnt in Wahrheit erst nördlich von Berchtesgaden – für Autofahrer: nördlich der Autobahn A 8 / E 11 von München nach Salzburg – und umfaßt, historisch gesehen, einen Teil des Erzstifts Salzburg, wie es ab 1220 bestand, und teilte 600 Jahre dessen Geschichte. Tatsächlich wurde der Rupertiwinkel erst 1816 – nach dem Wiener Kongreß! – bayerisch. Freilassing, Laufen, Tittmoning, Waging und Teisendorf bilden den Rahmen für diesen ›Winkel‹, wobei wir es mit der Abgrenzung so genau gewiß nicht nehmen wollen, auch wenn ihn nach Osten zu die Salzach unwiderruflich von seiner österreichischen Fortsetzung abschließt.

Als im Jahr 699 der missionierende Rupertus von Worms nach Regensburg kam, taufte er zunächst den bajuwarischen Agilolfinger-Herzog und erhielt von ihm die Erlaubnis, sich irgendwo im bayerischen Raum niederzulassen. Dieses ›Irgendwo‹ wurde das heutige Salzburg, in dem Rupertus seinen Bischofssitz errichtete – damals ein ödes Gebiet. Die Reichenhaller Salzquellen waren schon vorher bekannt gewesen, aber Attilas Hunnen hatten alles zerstört. Rupertus brachte die Salzgewinnung wieder in Gang, was ihm ein Drittel der Ausrüstung und des Gewinns eintrug. Der Bevölkerung galt er so bald als Patron des Salzwesens. Sie werden ihn daher häufig in den nach ihm benannten Kirchen und Kapellen nicht nur mit dem bischöflichen Krummstab, sondern auch mit einem Salzfäßchen in der Hand erblicken können. So erhielt also dieser Teil des Erzstifts Salzburg den Namen Rupertiwinkel, freilich niemals ein offizieller, sondern lediglich ein im Volk gebräuchlicher Name.

Salzburgisch freilich wirkt vieles im Rupertiwinkel, und sei es die Wiederholung der doppelten Zwiebel von Salzburgs Kirche St. Peter. Die kleinen Städte längs der Salzach scheinen sich ganz salzburgisch gebärden zu wollen. Die Fassadenarchitektur zeigt sich hier beschwingter als etwa am Inn, wie denn auch der Rupertiwinkel eine durchweg heitere, freundliche Landschaft umschließt. Überdies eine, in der man – anders als im sonstigen Oberbayern – vom touristischen Trubel noch nicht allzu viel spürt, ein paar ganz wenige Glanzpunkte ausgenommen. Aber Laufen oder Tittmoning und selbst Burghausens Altstadt sind friedlich-beschaulich, beinahe verwunschen geblieben. Die Berge, auf die man vom

RUPERTIWINKEL/MARGARETHENBERG, BURGHAUSEN

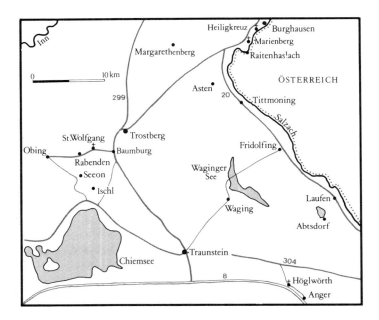

Rupertiwinkel: Zwischen Inn, Salzach und Chiemsee

Rupertiwinkel blicken kann, scheinen den übermäßigen Verkehr abzuziehen, was dem Rupertiwinkel nur gut tut, auch wenn manche Fremdenverkehrsgemeinde es sicher lieber anders sähe.

Wenn Sie von Altötting aus in Richtung Burghausen fahren, könnten Sie in Burgkirchen an der Alz einen Abstecher nach **Margarethenberg** vorsehen – weit ist es nicht –, wobei Sie am Alz-Kanal entlangfahren. Verwechseln Sie dieses Burgkirchen nicht mit dem südwestlich von Altötting gelegenen Burgkirchen am Wald (mit einer hochgelegenen, recht hübschen Pfarrkirche St. Rupertus aus der zweiten Hälfte des 15. Jahrhunderts, nach dem Vorbild von Braunaus Spitalkirche, die oberhalb des Ortes abseits liegt)!

Auch die *Pfarrkirche* von Margarethenberg liegt auf einer Anhöhe, 14 Prozent Steigung weist ein Teil der Anfahrtsstrecke auf. Einst war die 1403/06 errichtete Kirche eine Wallfahrtskirche zu den 14 Nothelfern. Beim Umbau (1734 und 1752/53) blieben nur Turm und Langhausmauern stehen. Auch die Kuppel des spätgotischen Turms ist barock. Die Nothelfer-Wallfahrt kam von Vierzehnheiligen im 15. Jahrhundert auch hierher, jedoch nahm sie im 18. Jahrhundert wieder ab und endete mit der Säkularisation. Am Kirchenumbau war (wie in Baumburg) Johann Baptist Zimmermann beteiligt, der wahrscheinlich die Fresken malte, das Hochaltarbild schuf und die Stuckierung entwarf, die ein anderer ausführte. Mit Zimmermann arbeitete der bedeutende Rokoko-Baumeister Franz Alois Mayr aus Tegernsee zusammen, dazumal Maurermeister in Trostberg, dem Sie in diesem Raum bald noch öfter begegnen werden. So entstand ein Bau, der nicht nur durch einen schmucken Kirchturm auffällt, sondern auch durch seine qualitätvolle Rokoko-Innenausstattung bemerkenswert ist. »Margarethenberg ist auch ein Zeugnis für den Kunstsinn der Zisterzienser von Raitenhaslach, die in dieser Wallfahrtskirche zu den 14 Nothelfern ihr 'Vierzehnheiligen' schaffen wollten.« (Kreilinger)

Mit **Burghausen** (Farbt. 51) erreichen Sie die Salzach, die hier die Grenze nach Österreich bildet und vom Burghausener Markt kaum 100 m entfernt liegt – die Brücke über die Salzach ist diesseits oberbayerisch, jenseits österreichisch. Auf dem Bergrücken, der sich oberhalb Burghausens zwischen Salzach und dem Wöhrsee (ursprünglich ein Nebenarm der Salzach) erhebt, hat sicher schon in früher Zeit eine Siedlung gelegen. Im 13. Jahrhundert entstand aus einem befestigten Königshof eine *Burg* (Abb. 201, 202). Den Anfang mit dem Ausbau der Festungsanlagen machte der Landshuter Herzog Heinrich XIII. an der Südspitze des Burgbergs, wo heute Palas, Dürnitz und Kapelle als älteste Teile der Burg, von Mauern umgeben, stehen. 1479 machte Herzog Georg der Reiche angesichts der vorrückenden Türken die Burg zu einer echten Festung, einer Verteidigungsanlage des gotischen Stils. An ihn erinnert heute das Georgstor zwischen dem zweiten und dritten Hof mit seinen wuchtigen Rundtürmen. Das hier sichtbare polnische Wappen kündet davon, daß Herzog Georg 1475 die polnische Königstochter Hedwig heiratete. Im vierten Hof, von der Stadt abgewandt, das ›Aventinhaus‹ mit Treppengiebel. Im fünften Hof entstand 1479/89 die gotische Rupertuskapelle als äußere Kapelle der Burg, jedoch mit dem Chor Teil der Befestigung. »In Burghausen haben die Wittelsbacher ihre Feinde und viel Geld aufbewahrt.« (Nöhbauer) So wurde Ludwig der Gebartete von Ingolstadt hier verwahrt, bis er 1447 starb. 1484 entstand im innersten Hofraum, nahe der Herzogswohnung, die Schatzkammer mit dicken Mauern. Deutschlands ausgedehnteste (also größte) Burganlage ist neben der Trausnitz oberhalb Landshut zugleich die bedeutendste Burg der Wittelsbacher gewesen. Ihre Länge beträgt rund 1 100 m, sie umfaßt sechs Höfe.

Im Anschluß an die Burg hat sich inzwischen auch die Stadt Burghausen mit ihren modernen Wohnvierteln ausgedehnt, während die ursprüngliche Altstadt sich längs der Salzach unterhalb der Burg hinzieht – heute wirkt sie beinahe ein wenig verödet. Trotzdem sollte sie zusammen mit der Burg ein wesentlicher Teil Ihrer Besichtigung sein.

Die Straße zwischen Altstadt und Burg läuft mit einer zwölfprozentigen Steigung aufwärts. Zu Fuß durchschreiten Sie dann die langgezogene Burganlage. »Sechs Burgen sind es eigentlich, die zu gewaltiger Wehr aneinander gestellt sind, immer wieder durch Graben und Tor getrennt und durch die Brücke wieder verbunden« (Miesgang). Höhepunkt der insgesamt überwältigenden Anlage ist der Innere Burghof mit Palas, Kemenate, Innerer Burgkapelle St. Elisabeth und Schatzkammer. Hier finden Sie auch das bereits erwähnte ›Aventinhaus‹, wo 1509/10 der bayerische Geschichtsschreiber Johannes Thurmair, genannt Aventinus, als Prinzenerzieher gewohnt haben soll. Im letzten, dem Inneren Burghof, führt eine Hochtreppe zur Kemenate hinauf, eine andere zur ›Dürnitz‹ mit dem schönsten und umfangreichsten Innenraum der Burg, damals Versammlungs- und Eßraum für Ritter und Mannen. Im Winter brannte der Kamin. 38 Tische standen hier. Die Chorknaben erhielten

RUPERTIWINKEL/BURGHAUSEN

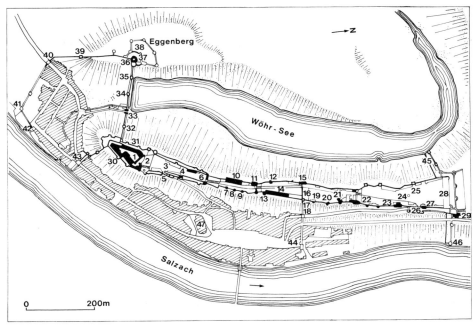

Burghausen 1 Hauptburg Vorhöfe 2 Abschnittsgraben vor der Hauptburg 3 Ehemaliger Marstall 4 Ehemaliges Brauhaus und Pfisterei 5 Torturm am Burgsteig 6 Georgstor 7–9 Torwächter-Türme (sog. Pfefferbüchsen) 10 Getreidekasten bzw. Zeughaus 11 Zeugwärtl- oder Büchsenmeisterturm 12 Sog. Aventinhaus 13 Kornmesserturm 14 Ehem. Haberkasten (neu erbaut als Jugendherberge) 15 Schergenturm 16 Ehem. Fronfeste 17 Hexenturm 18 Ehem. Sporerturm, vom Hexenturm zugänglich 19 Spinnhäusl 20 Gärtnerturm, heute Aussichtsturm 21 Äußere Burgkapelle oder Hedwigskapelle 22 Röhrenkehrerturm 23 Rentschreiberei 24 Uhrturm und Brunnenhaus 25 Turm der ehemaligen Forstmeisterei 26 Christophstor 27 Rentmeisterei 28 Ehemalige Schütte mit Rentmeister- u. Pesnitzer-Turm 29 Turmgruppe des ehemaligen Öttinger Tores (Cura-Turm) Außen- und Stadtbefestigungen 30 Oberer Zwinger der Hauptburg 31 Unterer Zwinger der Hauptburg 32 Verdeckter Gang 33 Mühl- oder Wöhrturm 34 Changier-Turm 35 Verdeckter Gang 36 Eggenbergturm 37 Innerer Zwinger beim Eggenbergturm 38 Äußerer Zwinger beim Eggenbergturm 39 Sog. Haidlturm 40 Ehem. Johannestor 41 Ehem. Schaurertor 42 Ehem. Gries- oder Sandtor 43 Ehem. Spital- und Mautturm 44 Ehem. Zaglautor 45 Ehem. Sauzwinger 46 Ehem. Teufelsturm 47 Stadtpfarrkirche St. Jakob

Singunterricht. Auch heute finden hier wieder Musikveranstaltungen, etwa von den Salzburger Mozartspielern, statt. Die gotischen Gewölbe sind dann von Kerzen erhellt. Oberhalb der ›Dürnitz‹ lag der Pfeifersaal, auch Fest- oder Tanzsaal. Im Süden des Inneren Burghofs steht der Palas oder Fürstenbau. Hier wohnte im ersten Stock der Herzog, während zweiter und dritter Stock für Gäste bestimmt waren. Heute enthalten die Räume eine Gemäldegalerie (und Wandteppiche) der Bayerischen Staatsgemäldesammlungen,

*Burghausen,
Hauptburg,
erstes Obergeschoß*

1 Palas
2 Innere Burgkapelle
3 Schatzkammer
4 Dürnitz
5 Kemenate
   (Heimatmuseum)
6 Bergfried
7 Schildmauer
8 Torbau
9 Oberer Zwinger
10 Unterer Zwinger

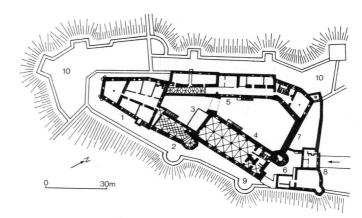

München. Hier waren während des letzten Krieges wesentliche Teile der Bestände der Münchner Alten Pinakothek in Sicherheit. Im Erdgeschoß der Kemenate lagen Dienstbotenräume, Bad und Kapellenstube, in den Obergeschossen die Gemächer der Herzogin und ihres Personals sowie die Silberkammer. Im Kemenatenbau befindet sich heute das *Heimatmuseum* der Stadt Burghausen. Übrigens lohnt auch die Aussicht von diesen Räumen zum Wöhrsee hin den Besuch.

Die *Innere Schloßkapelle*, der hl. Elisabeth und den elftausend Jungfrauen geweiht, stellt die älteste gotische Kirche im süddeutschen Raum dar: Chor und Türmchen gehen aufs Jahr 1255, Schiffe und Empore auf 1475 zurück. Der gotische Altar entstand 1524 und kam aus Surheim bei Laufen hierher, in ihm Figuren der Salzburger Schule. Bei der Restaurierung von 1915 kamen Fresken zum Vorschein, die von 1400 und 1570 stammen. Sie zeigen eine Kreuzigung Christi mit Maria und Johannes und eine Kreuzigung Petri an den Chorfenstern. Der Triumphbogen zeigt die klugen und die törichten Jungfrauen, zwischen den Fenstern Papageien als mittelalterliche Symbole der Unbefleckten Empfängnis.

Allzu oft wird nur die Burg beachtet, aber Sie sollten sich auch fürs alte Burghausen etwas Muße lassen. Der langgestreckte *Marktplatz* mit bunten, teilweise stuckverzierten Fassaden wird im Süden von den überdachten *Grüben* fortgesetzt, einem schmalen mittelalterlich wirkenden Sträßchen, über dem der die Bauten beider Straßenseiten verbindende Komplex des *Stadttors* eine mit einem Pferdefuhrwerk illustrierte Mahnung enthält: »Gib acht auf die Straß'en – kunnst leicht dein Leben laß'n!« – heute wohl aktueller als in der Zeit seiner Entstehung (wohl Mitte 17. Jahrhundert).

Wo Sie sich am Stadtplatz auch umschauen, ob an den Fassaden des Churbayerischen Regierungsgebäudes von 1750 (1979 restauriert), ob am ›Tauffkirchenpalais‹ mit seiner Rokoko-Fassade von Mitte des 18. Jahrhunderts (an der Einmündung der Kanzelmüllerstraße), ob bei der Apotheke mit ihrem Barock-Giebel und dem reichen Stuck des 18. Jahrhunderts, neben der sich übrigens eine alte ›Lebzelterei und Kerzenzieherei‹ befindet – überall bestätigt sich, was Adalbert Stifter bei seinem ersten Burghausen-Besuch seiner

Frau schrieb: »Diese Stadt sieht nicht anders aus, als wäre sie aus einem altdeutschen Gemälde herausgeschnitten und hierher gestellt worden«. Auch für Rainer Maria Rilke (der während des Ersten Weltkriegs im ›Prechtlturm‹ des alten Hofbergs nahe dem Burgeingang wohnte) ist Burghausen »zu einem bedeutenden und gefühlten Gegenstand geworden«.

Zum Glück ist die zeitweilige Vernachlässigung, um nicht zu sagen Verwahrlosung dieser Altstadt heute einer zielbewußten Pflege und umsichtigen Restaurierung gewichen, wie es der Stadt unterhalb der bedeutendsten Burg der Wittelsbacher sicher geziemt. So entstand denn auch die zwar nicht ursprüngliche, aber für den Besucher (und die Bewohner) reizvolle Uferstraße mit der Ufermauer unmittelbar an der Salzach, zugleich durch den 1971 fertiggestellten Hochwasserschutzdamm eine früher nie vorhandene Sicherheit vor Überschwemmungen, die bis in die Grüben reichten. Damit kam auch wieder Leben in Burghausens Altstadt.

Auch wenn die Burg nun einmal die Hauptattraktion bleibt, haben doch die Kirchen der Stadt ihre Bedeutung. Die jüngst restaurierte *Pfarrkirche St. Jakob* wurde ab Mitte des 14. Jahrhunderts neu erbaut und erhielt ihr Turmachteck und die Zwiebelhaube im 18. Jahrhundert (Abb. 203). Modern an der Architektur des Kirchenbaus sind die geschlossenen Chorwölbungen, wie sie sich auch in der Salzburger Franziskanerkirche finden. Beide Kirchen hatten den gleichen Baumeister, den größten dieser Stadt: den 1350 geborenen Hans von Burghausen (auch: Stethaimer). Am Kirchenbau arbeitete eine Bauhütte, deren Leistungen die Baugeschichte Bayerns mitgeprägt haben. Im Inneren finden Sie außer vielen Grabsteinen in der nördlichen Seitenkapelle im Sebastiansaltar eine Rokoko-Figur des hl. Sebastian von Johannes Georg Lindt. Achten Sie unter den Grabsteinen auf das Epitaph des Sigismund von Tumbperg (Abbild von ihm und seiner Familie vor dem Kruzifix). Es ist aller Wahrscheinlichkeit nach ein Werk von Martin Zürn, der auch das Sandstein-Epitaph für Pittersberger (an der Kirchen-Außenwand) schuf.

In der Nähe der ehemaligen Flußlände an der Salzach steht die *Heilig-Geist-Spitalkirche*, eine ursprünglich gotische Kirche mit einem frühgotischen Chor und einem (durch Brand zerstörten) spätgotischen Langhaus, das 1512 neu erbaut wurde. Der Bau wurde im 18. Jahrhundert barockisiert. Der Altar ist Barock, die Kanzel Rokoko. Das ›Pfingstwunder‹ am Hochaltar malte 1792 der hier ansässige Johann Nepomuk della Croce. Am Stadtplatz steht die *Kirche der Englischen Fräulein* (Schutzengelkirche), die 1731 vom Trostberger Martin Pöllner errichtet wurde. Hier wirken die Schwestern noch heute mit mehreren Schulen.

Von Burghausen nur ein kurzes Stück die Salzach aufwärts in Richtung Tittmoning, früher beliebtes Burghausener Ausflugsziel, finden Sie die *Kirche Heiligkreuz*, die 1477 vom Burghausener Hans Wechselberger erbaut wurde. Über dem Hochaltar erblicken Sie – wie auf der Burg – das polnisch-bayerische Ehewappen von Herzog Georg dem Reichen. Der Hochaltar stammt von 1656. Links an der Altarraumwand eine monumentale Darstellung des Christophorus von 1500. An der Emporenbrüstung finden sich Fresken der Passion von 1610. An der südlichen Langhauswand drei spätgotische Holzfiguren – Madonna im

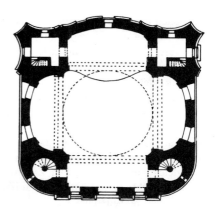

Wallfahrtskirche Marienberg, Grundriß

Strahlenkranz, hl. Alban, hl. Katharina –, die wohl zum gotischen Hochaltar gehörten. Da die Kirche versteckt liegt: Achten Sie auf die Omnibushaltestelle, von der Sie den Pfad finden.

Eine erste Steigerung bedeutet die *Wallfahrtskirche* von **Marienberg**, einst Pfarrkirche des Klosters Raitenhaslach, oberhalb des Salzachufers 1760/64 von Franz Alois Mayr erbaut (Abb. 204). Eine Freitreppe mit 53 Stufen führt, teilweise zweiläufig, zur Kirche hinauf. Sie soll König Ludwig I. die Anregung zur Anlage der Treppen der Regensburger Walhalla gegeben haben. Wie denn auch die Anekdote wissen will, daß ein zuständiger gräflicher Beamter die Kirche nach der Säkularisation abreißen lassen wollte unter dem Vorwand, sie sei baufällig geworden. Es wurde lange für und wider argumentiert, bis es 1812 zu einer Kirchenbesichtigung durch den damaligen Kronprinzen Ludwig kam. Er musterte den Bau außen und innen, um dann dem bestürzten Grafen zu erklären, nicht die Kirche, aber im gräflichen Kopfe müsse etwas baufällig sein. So jedenfalls blieb die Kirche erhalten.

Der Bau gilt als beste Leistung von Franz Alois Mayr. Die Innenausstattung erfolgte durch den Bildhauer Johann Georg Lindt aus Burghausen und Johann Georg Kapfer aus Trostberg. Der Hochaltar ist ein Meisterwerk des reifen bayerischen Rokoko. In ihm befindet sich das nicht allzu große Gnadenbild der Muttergottes aus dem 17. Jahrhundert, von Englein umschwebt. Zwischen den Säulen finden Sie die Bischöfe Rupertus von Salzburg (mit dem Salzfaß!) und Benno von Meißen (Fisch und Domschlüssel). Die Kuppel und die Seiten sind in farbenfrohen Fresken vom Münchner Martin Heigl ausgemalt. Achten Sie auf eine hübsche Einzelheit links unterhalb der Empore, wo ein Bienenstock mit Bienen die Inschrift trägt: »Deo templisque laborant« = Sie arbeiten für Gott und seine Kirchen. Sie soll darauf aufmerksam machen, daß das Bienenwachs die für die Kirchen unentbehrlichen Kerzen ergibt.

Höhepunkt dieses Salzach-Abschnitts wird jedoch **Raitenhaslach,** das ehemalige *Zisterzienserkloster* von 1146, dessen Kirche, die heutige *Pfarrkirche St. Georg* (Abb. 205), die Säkularisierung überstand, während die weit ausladenden Gebäude des reichen Klosters erheblich dezimiert wurden. Der Umbau der Kirche zu Ende des 17. Jahrhunderts durch Josef Vilzkotter und seinen Sohn Thomas hat zwar nur Teile des mittelalterlichen Baus bewahrt, aber »gerade die in Raitenhaslach noch klar zutage tretenden zisterziensischen Bauformen machen in Verbindung mit den malerischen Wirkungen des altbayerischen Barocks den besonderen Reiz dieser Kirche aus« (Krausen). Die Westfassade erhielt ihr heutiges Aussehen nach 1751 durch den Trostberger Franz Alois Mayr (den Sie bereits von Marienberg kennen), der auch im Prälatenhaus des Klosters 1764 den prachtvollen Festsaal ausgestaltete, der mit Fresken von Johann Martin Heigl geschmückt ist. Die Stuckarbeiten stammen wohl von Johann Baptist Zimmermann. Nach ihrer Vollendung arbeitete der Ottobeurener Johann Zick an den Deckengemälden. Die »vergoldete Stukkatur..läßt Vergleiche mit den Reichen Zimmern der Münchner Residenz und der Amalienburg anstellen« (Miesgang). Dieses Gold fügte der Münchner Maler Frühholz dem Stuck hinzu. Hochaltar und Seitenaltäre sind aus verschiedenfarbigem Marmor und wirken monumental, wobei der Altarraum durch einen blauen Vorhang abgeteilt ist. »Das Prunkhafte wird noch betont durch Vasen auf Säulen und Pfeilern« (Miesgang). Johann Zick, der im Deckenfresko Szenen aus dem Leben des Bernhard von Clairvaux schilderte, malte für das Hochaltarblatt ›Mariae Himmelfahrt‹. Die im Wechsel von Malerei und Plastik aufeinander abgestimmten Seitenaltäre gehen in ihrem malerischen Teil überwiegend auf Johann Michael Rottmayr, den bedeutendsten Barock-Maler Oberösterreichs, zurück. Die westliche Vorhalle beherbergt ein wertvolles ›Heiliges Grab‹ (Mitte des 18. Jahrhunderts). Sehenswert ist auch die hinter der Kirche anschließende Abteikapelle mit einem Fresko von Martin Heigl und zierlichem Rokoko-Altar. Von dem Kreuzgang der zweiten Hälfte des 18. Jahrhunderts sind drei Flügel erhalten – in ihnen sind Grabsteine eingelassen.

Vorüber an der stattlichen *Dorfkirche St. Maria* von **Asten** aus dem 15. Jahrhundert, die mit ihrem mächtigen Turm das Landschaftsbild beherrscht, gelangen Sie längs der ›Straße der Residenzen‹ nach **Tittmoning**. Über dem Ort, in dem Sie wieder die zum Markt ausgeweitete breite Hauptstraße der Salzach- und Inn-Städte antreffen, thront die alte Befestigungsanlage des 1234 erstmals urkundlich erwähnten *Schlosses* (Abb. 206), die sich amüsanterweise gegen Bayern, also insbesondere Burghausen richtete. Die Anfahrt zur Höhe führt durch den Wald und das 1614 errichtete Torhaus in den Schloßhof. In der Südost-Ecke ragt der stattliche Getreidespeicher von 1515 empor, ›Treidkasten‹ benannt. Der alte Wehrgang ist weitgehend erhalten.

Nach einem Umbau der Festung im 15. Jahrhundert wurde sie 1611 infolge einer bayerischen Belagerung schwer beschädigt und zum Jagdschloß durch den Erzbischof Marcus Sitticus ab 1614 ausgebaut. Dabei entstand auch der im Norden gelegene Prälatenstock durch den Salzburger Santino Solari, in dessen 25 Räumen sich heute ein gutes *Heimatmuseum* mit Sammlungen aus dem bürgerlichen und bäuerlichen Leben des Rupertiwinkels befindet (Führungen jeweils um 14 Uhr). Prälatenstock sowie der nur teilweise erhaltene Kavaliersstock wurden 1805 unter französischer Besetzung durch einen Brand beschädigt, wobei der Bergfried ganz verloren ging. In der Schloßkapelle St. Michael

Tittmoning an der Salzach, Stadtgrundriß einer gegründeten Stadt (altbayerischer Innstadttyp)

von 1693 finden Sie auf dem Marmoraltar ein Gemälde des ›Satanbezwingers Michael‹ von Johann Michael Rottmayr, beachtenswert auch die beiden Holzfiguren der hl. Donatus und Johann Nepomuk von Mitte des 17. Jahrhunderts. Reizvoll ist der Blick von der Höhe auf das Stadtbild Tittmonings (Abb. 207).

In die Stadt gelangen Sie durch das *Burghausener Tor*, während Sie sie am anderen Ende des Marktplatzes durch das *Salzburger Tor* verlassen. Beide Tore gehören zur Mitte des 13. Jahrhunderts begonnenen und ab 1420 verstärkten Stadtmauer, die in erheblichen Teilen (wenn auch ohne Zinnenbekrönung und Wehrgang) noch erhalten ist. Die Tore wurden im 19. Jahrhundert verändert. Inmitten des langgestreckten Marktplatzes stehen eine *Marienstatue* (1758), der *Floriansbrunnen* (um 1660) vor dem Rathaus, eine *Nepomukstatue* (1717) und weitere Brunnen. Das *Rathaus* (Abb. 208) mit einem kleinen Turm auf dem Dach ist ein viergeschossiger Kastenbau, seine Rokoko-Fassade erhielt er 1751. Über den Fenstern stehen vergoldete Büsten römischer Imperatoren. Besonders ungewöhnlich sind die Fensterläden in zwei Stockwerken: Sie galten früher als Luxus, da sie aus klimatischen Gründen – anders als in Italien – nicht notwendig waren. Sie wurden erst im 19. Jahrhundert hinzugefügt. Mit den Kaiserbüsten wollten die Tittmoninger an den Ursprung ihrer Stadt im Römischen Reich erinnern. Dieser Nordteil des Stadtplatzes hieß wegen der hier vorherrschenden Patrizierhäuser früher ›Herrenmarkt‹. Die meisten Häuser der Innenstadt weisen hier das Salzburger Grabendach auf. Sehen Sie sich insbesondere die Fassade von Nr. 40, des ›Khuenburghauses‹ von Anfang des 16. Jahrhunderts, an. 1770 erhielt die Fassade ihre Stuckornamente. Am ›Wagner'schen Haus‹, in der Mitte der Westseite des Stadtplatzes, finden Sie außer den stuckierten Fensterumrahmungen aus den ersten Jahrzehnten des

RUPERTIWINKEL/TITTMONING, FRIDOLFING, LAUFEN

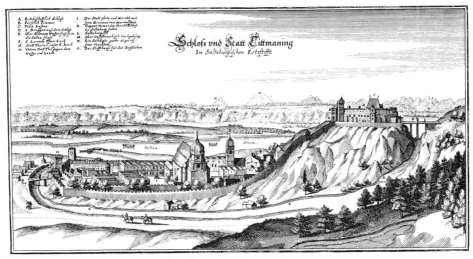

Stadt und Schloß Tittmoning. Kupferstich von Matthäus Merian

18. Jahrhunderts den Spruch: »Gloria in Excelsis deo atque in terra pax« (»Ruhm dem Herrn im Himmel und Friede auf Erden!«).

Tittmonings *Pfarrkirche St. Laurentius*, frühere (von 1633 bis zur Säkularisation) Kollegiat-Stiftskirche, ist ein 1410 begonnener gotischer Bau, der mit dem Ausbau des Westturmes 1672 durch Giovanni Antonio Dario und die auf einen Brand von 1815 folgende Wiederherstellung erheblich verändert wurde. So stammen auch der Hochaltar und die übrigen Altäre durchweg aus dem frühen oder etwas späteren 19. Jahrhundert. Älter ist das Schutzengelbild an der Nordwand des Altarraums. In der Kreuzkapelle an der Nordseite ein Altar von Matthias Herzog (1699) und vier Evangelistenfiguren sowie Engel von Johann Meinrad Guggenbichler. Zu den sehenswerten Stücken der Kirche gehören die zahlreichen Grabsteine an der Außenfront.

Westlich vom Stadtplatz liegt die *Allerheiligenkirche*, die ehemalige Klosterkirche der Augustiner-Eremiten, von 1681/83. Die stattliche Saalkirche mit Tonnengewölben enthält einen mächtigen Hochaltar mit laubumkränzten Säulen, von den hl. Augustin und Monika flankiert, das 1686 geschaffene Altargemälde von Christoph Lederwasch, die sehr salzburgische Kanzel von 1756.

Wenn Sie von Tittmoning nach Süden fahren, stoßen Sie auf halber Strecke nach Laufen in **Fridolfing** auf drei recht typische Häuser des Rupertiwinkels: den Holzbau des ›Hauses zum Danzl‹, den aus Holz und Stein angelegten Mischbau des ›Hauses beim Wimmer‹ und den 1841 errichteten Massivbau des ›Hauses beim Grundbauern‹. Sie finden die Häuser, die

die Bauweise vom 17. bis zum 19. Jahrhundert markant verdeutlichen, wenn Sie von der Bundesstraße 20 rechts ins Dorf abzweigen. Größere Höfe, meist in Hufeisenform angelegt, finden sich übrigens vor allem im Norden des Rupertiwinkels, wo Getreide- und Obstanbau vorherrschen, während der südliche Rupertiwinkel überwiegend auf Viehzucht auf den grünen Buckelwiesen eingestellt ist.

Fridolfing hat gleich drei bemerkenswerte Kirchen: Die größte *Dorfkirche* Deutschlands, ein Backsteinbau von 1893 mit dreizehn Holzreliefs der Passion an den Seitenwänden im Inneren; die 1980 würdig renovierte gotische Kirche *St. Koloman* von 1518 und, hoch über der Salzachebene, die spätgotische Kirche *St. Johannes* aus Tuffquadern. Seit ihrer Errichtung um 1500 präsentiert sie sich nahezu unverändert; eine Restaurierung von 1978 brachte Fresken – vier Rundmedaillons – ans Licht. Salzburger Kunstfertigkeit spiegelt sich in der Emporenbrüstung mit ornamentaler Schnitzerei. Der ursprüngliche gotische Flügelaltar wurde auf die Kirchenwände verteilt.

Laufen schmiegt sich in eine Schlinge der Salzach und ähnelt darin Wasserburg in der Inn-Schleife. Schon zur Römerzeit war die Stadt Stapelplatz für das Salz, über viele Jahrhunderte blieb sie Zentrum der Salzverschiffung auf der Salzach. Salzburgische Grabendächer und Laubengänge verleihen der ausgesprochen lieblichen Kleinstadt einen dezent südlichen Charakter. Besonders reizvoll am Stadtplatz das ›Paulihaus‹, dessen Tonnengewölbe im Keller bis aufs Jahr 1000 zurückreichen. Sie erkennen das Haus mit der Jahreszahl 1651 am oberen Abschluß, das beim großen Stadtbrand 1663 »auf wunderbare Weise« (Inschrift auf einem alten Bild) verschont blieb, an der Muttergottes in der Fassadennische, die zum Dank angebracht wurde: ein Werk des Salzburger Bildhauers Jakob Gerold. Die barocke Fassade erhielt durch Fensterumrahmungen Ende des 18. Jahrhunderts frühklassizistische Zusätze, noch später die Läden – denken Sie an Tittmoning –, wohl ein Statussymbol. Zwar weist Laufen kaum noch Reste seiner Stadtmauern auf, aber das *Obere Tor* (Mitte 17. Jahrhundert) und das *Untere Tor* (Anfang 16. Jahrhundert) blieben von der einstigen Befestigung als malerische Relikte erhalten.

Man kann sich gut vorstellen, wie stark es die Laufener Bürger traf, als 1816 der Ort aus dem Salzburgischen gelöst und Oberbayern angegliedert wurde, womit die Salzach plötzlich ein Grenzfluß war. Denn ›drüben‹ bestand ja mit den Schiffervorstädten Altach und Oberdorf auch noch ein Teil von Laufen. War jenseits der Salzach damit auch die Schifferkirche St. Nikola zum ›Ausland‹ geworden, so gab es doch Trost: 1818 nämlich erklang dort drüben zum erstenmal das Lied von der ›Stillen Nacht‹, das Weihnachtslied, das heute der ganzen Welt gehört.

Auch wenn Laufen seine Altstadt nicht besäße, die es fürsorglich restauriert hat, so glänzte die Stadt doch mit ihrer *Pfarrkirche Mariae Himmelfahrt* (Abb. 17, 211), Süddeutschlands ältester gotischer Hallenkirche, seit 1621 auch Stiftskirche. In ihr werden drei, nahezu gleich breite Schiffe durch zwei markante Reihen von Säulen getrennt. Romanisch ist noch der Unterbau des Westturms, der später ins hochragende gotische Schiff einbezogen wurde. Dieser Neubau begann 1330 und war schon 1338 abgeschlossen. Keine andere Kirche Oberbayerns ist in einem so reinen gotischen Stil erhalten geblieben. Allerdings mußte im Inneren – nach der Umwandlung in den Zeitstil von 1770–1834 eine Rückbildung ins Gotische erfolgen. Von der alten Ausstattung ist dabei leider manches verlorengegangen. Als Reste der romanischen Kirche stehen zwei Portal-Löwen aus Marmor an beiden Kirchenpforten unterhalb des kreuzgangähnlichen Umgangs, die an die Löwen von Berchtesgaden erinnern; ihre eigentliche Heimat ist Oberitalien.

Vom Kirchenportal wenden wir uns dem bereits erwähnten Bogengang zu, der zwei Seiten der Kirche umzieht – er diente seit dem 14. Jahrhundert als Begräbnisplatz für reiche Familien: Sie können weit über 200 Steine studieren. Die Netzgewölbe sind teilweise mit Fresken des 16. Jahrhunderts ausgemalt. Von diesem Bogengang blickt man in die angrenzenden Gärten, die einen gewinnenden Frieden ausstrahlen.

Die Kirche weist nach Norden ein romanisches, nach Süden ein gotisches Portal des 15. Jahrhunderts auf. Im Inneren bewirken »der architektonische Gleichklang der Schiffe, die gleichmäßige Durchleuchtung und die schmalen und hohen Fenster sowie der rechtwinklige Chorabschluß eine feine Gleichgewichtigkeit des Raumes, der ungewöhnlich und von hohem ästhetischen Reiz ist« (Schamberger). Der Baumeister blieb unbekannt, obwohl schon seine Zeitgenossen eine hohe Meinung von diesem Bau hatten, der stilistisch jedoch ohne Nachfolge blieb.

Den Hochaltar schuf 1654/58 der Tischler Hans Feigl. Früher schmückte ihn die Holzfigur der Maria von Jakob Gerold (1654), sie steht nun in der Fensternische über dem Südportal. Zu den bedeutendsten älteren Figuren der Kirche gehört eine sitzende Muttergottes aus Holz (um 1470) im nördlichen Seitenschiff (Abb. 212). Unter der Orgelempore ein Holzgemälde des aus Laufen stammenden Johann Michael Rottmayr: Die hl. Cäcilie spielt Orgel, während der hl. Lukas die Madonna malt, ein Epitaph für die Eltern des Künstlers, auf deren Beruf damit zugleich hingewiesen wird.

An den Bogengang schließt im Süden als ehemaliges Beinhaus die Michaelskapelle (später Mariahilf) an, die 1967 restauriert wurde. Ihr Untergeschoß stammt noch aus dem 14. Jahrhundert, ihr achteckiger Oberbau mußte nach dem Stadtbrand 1633 erneuert werden. In die flache Holzdecke sind Brustbilder von Heiligen aus dem 17. Jahrhundert eingelassen. Der Michaelsaltar ist eine Arbeit von 1660, der Mariahilfaltar von Beginn des 18. Jahrhunderts.

Auch eine – vermutlich aus der Pfarrkirche stammende – geschnitzte thronende Muttergottes (um 1450) in der 1655/59 erbauten *Kapuziner-Klosterkirche* ist sehenswert; die Kirche wurde im 19. Jahrhundert umgebaut.

Verlassen Sie nun in Laufen die Salzach – was die nach Freilassing führende Bundesstraße 20 übrigens auch tut – und wenden Sie sich nach Südwesten, wobei Sie schon kurz hinter Laufen – im Blickfeld die immer näherrückenden Berge – auf den Abtsdorfer See und den Ort **Abtsdorf** stoßen. Mitten zwischen urigen Bauernhöfen liegt ein wenig erhöht eine kleine Kirche. Abtsdorf gehört in der Tat zu den ältesten Siedlungen im Salzach-Raum, schon um 980 erwähnt. Die spätgotische *Dorfkirche St. Jakobus major*, wohl in der zweiten Hälfte des 15. Jahrhunderts erbaut, verbarg lange Zeit ihr Geheimnis, das erst bei einer

Entfernung des Hochaltars und einer damit verbundenen Renovierung ans Licht kam: spätgotische Fresken in reicher Motivfülle, darunter einmal wieder ein hl. Christophorus, dessen Verehrung hier besonders nahe lag, da er auch der Patron der Fischer ist. Der Fischfang im nahen See war einst von großer Bedeutung. Überraschenderweise findet sich unter den Heiligen an den Wänden auch St. Urban, Patron der Winzer: Das milde Seeklima soll einst auch Weinbau möglich gemacht haben. Ebenfalls abgebildet sind die Heiligen Laurentius, Florian, Sebastian, Georg, Dionysius, Rochus, Valentin, Martin und Leonhard. Oberhalb der Fresken, gütig lächelnd, die Madonna mit dem Jesuskind. Abtsdorfs Kirche ist wirklich eine kleine Entdeckung, und Sie sollten sich im nahen Bauernhaus den riesigen Kirchenschlüssel anvertrauen lassen und in dieser volkstümlichen ›Bilderbibel‹ der Kirchenwände blättern. In Kirchennähe liegt ein anderes Bauernhaus, dessen unterer Teil 400 Jahre alt ist, während der obere um 1750 erneuert werden mußte, weil – der Kirchturm darauf gefallen war. Abtsdorf hat seine Geschichte und seine Geschichten...

Freilassing, für viele nur Durchgangsort auf dem Weg nach Berchtesgaden oder Salzburg, besitzt zwei beachtenswerte Kirchen im alten Ortsteil Salzburghofen an der Laufener Straße: die kleine *Kirche St. Peter* von 1475 mit spätgotischen Gewölbefresken und *Mariae Himmelfahrt,* ursprünglich gotisch und um 1740 barock neugestaltet. Unter den schönen Plastiken ist die spätgotische Madonna des Hochaltars hervorzuheben. Links des Altars ein achteckiger Taufstein aus dem 15. Jahrhundert.

Wenden Sie sich noch einmal vom Gebirge ab, das lockend vor Ihnen liegt, und fahren Sie auf **Waging** und den Waginger See zu – ein immer lebhafter besuchtes Urlaubsgebiet um den wärmsten See Oberbayerns, 10–11 km lang, 2 km breit und damit der viertgrößte Oberbayerns. Seine Ufer sind gut zugänglich, landschaftlich abwechslungsreich, und über den See wandert der Blick bis weit zu den Alpengipfeln hin. Der Ort selbst, seit dem 8. Jahrhundert Salzburger Besitz, wurde 1611 von einem großen Brand heimgesucht. Die heutige *Pfarrkirche St. Martin* wurde danach neu erbaut und 1687/99 gewölbt, aber auch später noch mehrfach umgebaut. Der Stuck im Langhaus geht auf die Wessobrunner Schule zurück. 1688 erhielt der noch gotische Turm seine hochragende Zwiebelhaube. Der Hochaltar dürfte von Wolfgang Hagenauer (Ende des 18. Jahrhunderts) stammen.

Über Waging hinaus, weiter nordwestlich, erreichen Sie den Marktort **Trostberg,** an der Alz gelegen, dessen einzige Straße von Bedeutung zwischen Hang und Fluß verläuft. Die Erkerhäuser mit Grabendach des 16. und 17. Jahrhunderts entsprechen abermals der charakteristischen Bauweise des Rupertiwinkels. Das Ortsbild wird beherrscht von der spätgotischen *Pfarrkirche St. Andreas,* einem stattlichen Bau, dessen 1420 geweihter Altarraum gemeinsam mit der nördlichen Seitenkapelle (Frauenkapelle) erhalten blieb. Das Langhaus wurde 1498/1504 neu errichtet. Nachdem der Altarraum barockisiert worden war, gab man ihm 1860 wieder sein ursprüngliches gotisches Gesicht. Älteren Ursprungs sind die drei kleineren Glasmalereien im letzten östlichen Fenster des südlichen Seitenschiffs (Ende

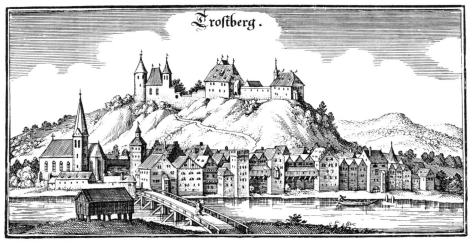

Trostberg an der Alz. Kupferstich von Matthäus Merian

15. Jahrhundert), einige Holzfiguren an der Westempore (16./17. Jahrhundert) und ein Taufstein. Reich ist der Bestand an Grabsteinen und Epitaphen, meist aus Rotmarmor. Am bedeutendsten der im südlichen Seitenschiff für Johann III. Hertzhaimer von 1497.

Verlassen Sie Trostberg nicht, ohne den *Gasthof ›zum Pfau‹* besucht zu haben. Die Gaststube im Erdgeschoß besitzt noch die Kreuzrippengewölbe aus dem 15. Jahrhundert. Der hier ansässige Maler F. Josef Soll malte Mitte des 18. Jahrhunderts die Decken des Obergeschosses aus. Auch sein einstiges Wohnhaus, heute Sozialwohnung, enthält noch Wandmalereien von ihm.

Nach Süden führt Ihr Weg Sie über Altenmarkt zum hoch vor dem Zusammenfluß von Alz und Traun gelegenen ehemaligen *Augustiner-Chorherrenstift* von **Baumburg.** Hier auf der Höhe können Sie den bedeutendsten Rokoko-Bau des Chiemgaus bewundern. Von der einstigen romanischen Basilika, 1156 geweiht, sind nur noch die beiden Türme aus dem 11. Jahrhundert erhalten, oben kuppelförmig abgerundet und mit gestreckten Zwiebelhelmen versehen (Abb. 209). Das Kloster hatte eine bewegte Geschichte; Brände (dreimal brannte es zwischen 1530 und 1540 ab), Reformation, Pest suchten es heim. Die Säkularisation vertrieb 40 Chorherren, die 8000 Bände der Bibliothek wurden zerstreut oder vernichtet, die Klostergebäude wurden verkauft oder niedergerissen. Zum Glück blieb die Kirche erhalten.

Baumeister der heutigen *Pfarrkirche St. Margaretha* (1754/57) war Franz Alois Mayr aus dem nahen Trostberg, der einen lichtvollen, froh stimmenden Bau schuf. In seiner Mitte ein mächtiges Deckenfresko von 20 m Länge und 12 m Breite mit Bildern aus dem Leben des hl. Augustinus und seines Ordens, das Felix Anton Scheffler aus Prag, ein Schüler des Cosmas Damian Asam, schuf (Abb. 210). Im Presbyterium steht das Renaissance-Chorgestühl von 1602 mit wertvollen Intarsien. »Wie ein zarter Spitzenschleier, der über das Chorgestühl herabfällt, nehmen sich die geschickt aufgesetzten Verzierungen des Rokoko aus« (Fassnauer). Mächtig ragt der Hochaltar empor, dessen Gemälde (mit dem Abbild von Louis XIV.) der Augsburger Josef Hartmann schuf, vermutlich ein Votivbild des Kurfürsten Maximilian III. Joseph, der 1756 das Kloster besucht hatte. Vor ihm vier überlebensgroße Figuren der Heiligen, die an Baumburgs Gründung Anteil hatten: Barbara, Katharina, Augustinus und Rupertus. Das ruft die Geschichte in Erinnerung: Als Graf Marquard von Marquartstein nach kurzer Ehe auf der Jagd den Tod fand, bemühte sich seine Frau, nach dem Wunsch des Verstorbenen Kloster und Kirche von Baumburg zu errichten. Aber erst ihr dritter Mann ging auf diesen Wunsch ein und versprach – bei ihrem Tod! – nunmehr ihr Gelübde zu erfüllen. Ihren Grabstein finden Sie an der Westwand (gestorben 1153). Überhaupt ist die Kirche (mit Kapellen, Kapitelsaal und Kreuzgang) reich an sehenswerten Grabsteinen.

Sehr behaglich wirkt ihre Umgebung mit dem Weiher in der Nähe, den klösterlichen Seitengebäuden mit dem Bräustübl und dem Gutshof von 1699 sowie, an der Nordseite, dem Sommerschlößchen des Abtes (um 1550), ein quadratischer, inzwischen modernisierter Bau. Hier in dieser grünen Abgeschiedenheit ließ es sich auch damals gewiß angenehm leben.

Zu der Klosteranlage Baumburgs gehörte die kleine, betagte Landkirche *St. Wolfgang* an der B 304 (nicht zu verwechseln mit dem gleichnamigen Kirchort an der B 15, siehe Seite 330). Man erreicht sie, indem man sich vom Altenmarkt aus westlich hält. Das Kirchlein ist einer der seltenen Sakralbauten aus dem 14. Jahrhundert (geweiht 1400; die Sakristei wurde 1430 angefügt). Hier soll der heilige Wolfgang kurz vor seinem Tod gepredigt haben. Bilder in der Kirche erzählen von ihm, ebenso wird ein ›Fußabdruck‹ gezeigt, der von ihm stammen soll. Wichtigste Sehenswürdigkeit ist der Rokokoschrein über der südlichen Seitentür im Inneren mit der Muttergottes und einem sie verehrenden fürstlichen Paar aus der Mitte des 18. Jahrhunderts.

Kurz darauf sind Sie in **Rabenden**. Sie erinnern sich vielleicht an den ›Meister von Rabenden‹, jenen anonym gebliebenen Schnitzmeister aus dem frühen 16. Jahrhundert, durch Werke aus der Zeit zwischen 1510 und 1530 nachgewiesen. Hier in Rabendens *Kirche St. Jakobus major*, 1453 geweiht, stehen jene Schnitzfiguren am spätgotischen Hochaltar, die zu der Namensgebung geführt haben. Mit diesem großartigen Flügelaltar hat er sich als einer der bedeutendsten Schnitzkünstler der ausklingenden Spätgotik dargestellt. Der Rabendener Hochaltar – 3,30 m breit, über 7 m vom Kirchenboden aufsteigend – enthält drei hervorragend charakterisierte Figuren des Meisters: in der Mitte St. Jakob, links St. Simon (mit Säge) und rechts Judas Thaddäus. Durch ihn ist die sonst nicht bedeutende Kirche berühmt geworden (Abb. 214). Auch der Friedhof mit seinen kunstgeschmiedeten Kreuzen lohnt einen Blick.

Insgesamt sind bisher 25 eigenhändige Werke des Meisters von Rabenden nachgewiesen, weitere 75 kamen aus seiner Werkstatt, 35 entsprechen seiner Schule. Und viele Altarwerke, an denen er sicher beteiligt war, sind gar nicht erhalten geblieben. »Das Revier des Meisters umreißt im wesentlichen Rabenden im Osten, der Alpennordrand im Süden, Kempfenhausen am Starnberger See im Westen, München im Nordwesten« (Schamberger). Man nimmt an, daß Rosenheim der Sitz der Werkstatt des Meisters war, von dem vier Altäre erhalten sind: der Hochaltar in Mörlbach, südlich von Schäftlarn, der im Bayerischen Nationalmuseum, München, befindliche Altar aus Unterelkhofen, südlich von Ebersberg, Hochaltar und südlicher Seitenaltar in Rabenden.

Schauen Sie sich auch – wenn Rabenden Sie angesprochen hat – die drei Schreinfiguren im Hochaltar der *Pfarrkirche St. Lorenz* von **Obing** an: Muttergottes, Laurentius und Jakobus, 1520/25 entstanden. Sie erreichen Obing, nicht mehr als 5 km von Rabenden entfernt, an der Bundesstraße 304, die von Altenmarkt nach Wasserburg führt. Mit dem Meister von Rabenden wird durch einen typischen Bayern die Kunst Hans Leinbergers kongenial fortgeführt.

Schon mehrfach habe ich Ihnen zeigen können, wie in Oberbayern religiöse Bauten sich mit der Landschaft zu einer Einheit zusammengefügt haben und zwar in einem Maße, daß das Fehlen des Architekturwerks eine Lücke verursachen würde. Das gilt für zwei der folgenden Stationen unserer Fahrt ganz besonders, nämlich für Seeon und Höglwörth.

Das **Kloster Seeon** mit der ehemaligen *Benediktinerklosterkirche St. Lambert* liegt auf einer Insel im *Klostersee*, nördlich des Chiemsees und einige Kilometer vom Ort Seeon entfernt (Umschlagvorderseite). Über einen Zeitraum von annähernd tausend Jahren sind hier verschiedene Stilrichtungen harmonisch ineinandergeflossen. »Romanische Strenge beherrscht die Anlage, Formen- und Farbenreichtum der Renaissance blüht an gotischen Gewölben, Barock und Rokoko haben zur Innenausstattung Gutes gefügt« (Stadler).

Die Baugeschichte ist abwechslungsreich. Das Kloster entsteht aus einer Zelle für St. Lambert im Jahr 994. Benediktiner aus Regensburg kommen her. Aus älteren Bauteilen entsteht – um 1200 geweiht – eine romanische Säulenbasilika. Sie wird 1428/33 im Sinn der späten Gotik gewölbt und erhält einen neuen Chor (Abb. 215). Hier ist der Burghausener Konrad Pürkhel der Baumeister. Ende des 16. Jahrhunderts wurden nach einem Brand im Jahre 1561 die heute wieder sichtbaren Fresken der Kirche gemalt: Szenen aus dem Leben Christi und Marias, Darstellungen der Engel, Propheten, Evangelisten, Heiligen sowie der Schutzpatrone Benedikt und Lambert und der Klostergründer Aribo und Adala.

Sieht man heute die Doppeltürme Seeons über dem Wasser, dann überrascht es, daß zunächst nur der Nordturm – als Wehr- und Kirchturm zugleich – erbaut worden war, für den wohl Frauenchiemsee als Vorbild gedient hatte. Auch an Freisings Dom hat man gedacht. Der zweite Turm kam im letzten Drittel des 12. Jahrhunderts hinzu. Beide erhielten ihre geschweiften Kuppeldächer, ›welsche Hauben‹ analog zu Münchens Frauenkirche, ebenfalls erst nach dem Brand des Jahres 1561.

Nochmals zur Baugeschichte: Neue Klosterbauten wurden 1657/70 angelegt, die Kirche wurde um die Sakristei in der Marienkapelle, den Betchor und die Gruft unter der

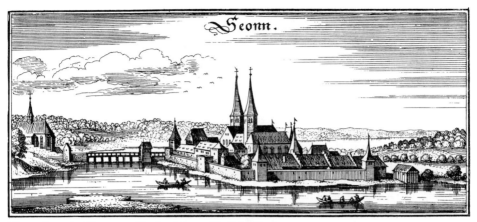

Kloster Seeon im Klostersee. Kupferstich von Matthäus Merian

Barbarakapelle erweitert. 1677 entstanden die großen Rosenkranzbilder. Im 18. Jahrhundert galt Seeon als eines der reichsten Klöster Oberbayerns.

An die kulturelle Blüte des Klosters, das Mozart und Haydn als Gäste sah, erinnert ein Hinweis nahe dem Kircheneingang: »In der Klosterkirche Seeon erklangen am 21. März 1767 und 24. Juni 1771 erstmals zum Feste des Ordenspatrons St. Benedictus und des Festes St. Johannis des Täufers die Offertorien ›Scande coeli lumina‹ und ›Internatos mulierum‹ von Wolfgang Amadeus Mozart – in seiner Knabenzeit ein häufiger Gast...«

Die noch vorhandenen Klosterbauten schließen südlich und westlich an die Kirche an. Um den Kreuzgang mit seinen gotischen Gewölben zieht sich der Konventsbau, die romanische Vorhalle und ein einfaches romanisches Portal führen ins Kircheninnere.

Das berühmteste Werk der Kirche – die ›Seeoner Muttergottes‹ von 1433 – ist inzwischen ins Bayerische Nationalmuseum, München, gewandert. Seeon zeigt in seinem Hochaltar nur eine Nachschöpfung. Auch eine Pietà von 1405/10 wanderte nach München. Diese Madonna, mit dem namenlosen ›Meister von Seeon‹ verbunden, gehörte zu den Meisterwerken der Schönen Madonnen des ›weichen Stils‹. Die Sakristei der Seeoner Kirche bewahrt sogar eine noch ältere Madonna, von 1380, die sozusagen den Anfangspunkt dieser Entwicklung markiert und die Sie bei Ihrem Kirchenbesuch keinesfalls versäumen dürfen (Abb. 216). »Das elegante Faltenspiel der Gewandung und das feine Ausschwingen der Gestalt machen diese Figur zu einem bedeutenden Werk der Zeit um 1400.« (Brugger) Eine weitere Madonna mit Kind steht heute im Kapitelsaal: sie entstand 1525/30 und gehört wohl in den Kreis um Hans Leinberger. »Gemessen am Reichtum der Kunstschätze des alten Klosters sind dies nur kärgliche Reste einer großen Vergangenheit« (Brugger).

Sie finden in Seeon immerhin das früheste künstlerisch bedeutsame Grabdenkmal Oberbayerns mit der Tumba des Pfalzgrafen Aribo in der Barbarakapelle, die um 1395/1400 von Hans Heider geschaffen wurde. Dieser – möglicherweise salzburgische – Meister schuf auch noch die Grabsteine für Simon Facher und Erasmus Laiming in Seeon, für Oswald Toerring in Baumberg. Typisch für ihn ist eine »minutiöse Behandlung der Details« (V. Mayr), wie sich am Aribo-Grabmal nachweisen läßt.

Vielleicht ist Ihnen aufgefallen, daß Seeon in einer Zeit, als in ganz Oberbayern gebaut und gemalt wurde, abseits stand. »Dem Baueifer der Barockzeit hat sich Seeon wie kaum ein anderes der größeren Stifte Bayerns verschlossen.« (von Bomhard) Auch werden Sie vergeblich nach üppigem Stuck und überquellender Farbigkeit Ausschau halten. Beachtenswerte Ausnahme ist die um 1755 entstandene Nikolauskapelle, in der die Äbte vor ihrer Beisetzung aufgebahrt wurden. Die Fresken für diesen Raum (wie auch das Altarblatt) schuf 1757 der Augsburger Joseph Hartmann, den Stuck Johann Michael Feichtmayr.

Wenn Ihnen Seeon einige Zeit wert ist, so können Sie hier vier weitere Kirchen eigener Prägung betrachten. Ein Holzsteg führt vom Kloster zur *Wallfahrtskirche St. Maria Bräuhausen*, ein spätgotischer, 1523 geweihter Bau mit drei Barock-Altären und gotischer Deckenmalerei von 1523. Im eigentlichen Dorf, **Dorfseeon** oder Niederseeon, steht die um 1430 entstandene *Kirche St. Ägidius* mit einem gewaltigen Christophorus aus gotischer Zeit an der Nordseite und zwei Relieffiguren des ehemaligen Hochaltars, die aus der Werkstatt des Meisters von Rabenden stammen.

In **Ischls** *Kirche St. Martin*, einem spätgotischen Bau von Konrad Pürkhel, 1451 geweiht, befindet sich im Hochaltar eine stehende Madonna mit Kind, die der Meister von Rabenden selbst zwischen 1520 und 1525 schuf, freilich nicht ebenso gelungen wie die Madonna von Obing – es ist dies das letzte erhaltene Werk des Künstlers mit »einer nicht vorteilhaften Weiterführung des Obinger Stils zum Gekünstelten, Wirren, fast Verwilderten« (Weiermann). Die Zufahrt neben Haus 16 über einen Schotterweg ist etwas unbequem. Den Kirchenschlüssel bewahrt ein Bauernhaus, aus dem ein Junge zum ›Erklären‹ Sie begleitet.

Um die vierte Seeoner Kirche außerhalb des Klosters rankt sich eine amüsante Geschichte. Dem Abt Sigismund Dullinger (1609–1634) mißfielen die hohen Kosten für den Antransport von Butter und Käse aus Tirol, so daß er schon 1613 die Alm ›Vorderegg‹ und 1624 ›Hinteregg‹ ankaufte. Schon die erste Alm lieferte bald jährlich sechs Zentner Butter in die Klosterküche. Den geistlichen Mittelpunkt der Milchwirtschaft sollte die 1626 errichtete Kapelle, 1635 erweitert, bilden. Trotz oder wegen des Dreißigjährigen Krieges entwickelte sich rasch eine betriebsame Wallfahrt, die den nächsten Abt zur Erweiterung veranlaßte. **Mariaecks** *Wallfahrtskirche* geht als Dreikonchenanlage im Osten und Westbau mit Turm auf Wolf König aus Traunstein zurück.

Von Seeon gelangen Sie auf südöstlicher Fahrt nach **Traunstein**, zum Mittelpunkt des Chiemgaus. Die Bedeutung der alten Siedlung wuchs, als 1617 von Reichenhall eine Soleleitung hierher gelegt wurde, mit deren Hilfe man bis 1910 ein Sudwerk betrieb. Wie Reichenhall erlebte auch Traunstein große Brände, so daß ihm das Kolorit anderer Städte dieses Raums ein wenig fehlt. Auf dem Stadtplatz mit seinen Ausmaßen von 250 × 85 m steht der hübsche *Liendlbrunnen* von 1525, der mehrfach restauriert wurde. Künstler war der

Meister Stephan von Traunstein. Mit dem Platz ist die *Pfarrkirche St. Oswald* (Abb. 217) verbunden, die nach älteren Bauten erst ab 1675 nach Plänen von Gasparo Zuccalli entstand. Auch der Hochaltar von 1731/34 mußte nach dem Brand von 1851, der den Altarraum betroffen hatte, erneuert werden. Die *Salinenkapelle St. Rupert* (Abb. 218) entstand 1630 in der Au, nahe beim ehemaligen Sudwerk, als frühbarocker Zentralbau, in dem 1928 Fresken aus der Frühzeit des Baus freigelegt wurden.

Traditioneller Höhepunkt für Traunstein ist der Ostermontag. Seit 1526 findet an diesem Tag der St. Georgi-Ritt (Farbt. 32) statt, verbunden mit einem Schwertertanz am Nachmittag auf dem Stadtplatz. Der Ritt verläuft vom Traunsteiner Stadtplatz über die Traun zur Kirche von Ettendorf, wo die Pferde gesegnet werden.

Auf der Bundesstraße 204 in östlicher Richtung, mit Blick auf das herrliche Panorama der deutsch-österreichischen Alpenkette, erreichen Sie zunächst Teisendorf und von hier aus den doppelten Genuß von Höglwörth und Anger, der wie ein letzter Akkord Oberbayerns noch einmal die Harmonie von Landschaft und Kunst unterstreicht. Freilich: Was hier mehr beeindruckt, die Bauten oder die Natur, das muß jeder für sich selbst entscheiden.

Höglwörth – das ist keine der glanzvollen, prunkenden Abteien, aber eine, der man anmerkt, daß vor 850 Jahren die Mönche mit Umsicht nach dem schönsten Fleck gesucht haben. Sie haben ihn gefunden, und er ist bis heute reizvoll geblieben. Die Lage des ehemaligen *Augustiner-Chorherrenstifts* im See, die Kulisse des Waldes, der Hochstaufengruppe und des Untersberges und die friedliche, bäuerliche Nachbarschaft machen Höglwörth zum romantischsten der vielen Klöster, die Sie auf Ihrer Fahrt durch Oberbayern erleben konnten (Farbt. 52; Abb. 18). Die Mönche hatten im 17. Jahrhundert kühne Pläne, das Kloster umzubauen und den Naturpark durch eine französische Parkanlage abzulösen –

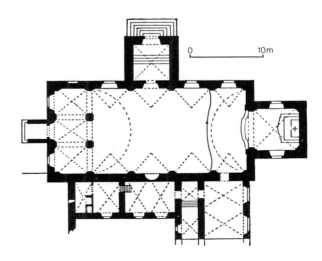

Stiftskirche Höglwörth, Grundriß

es gibt dafür eine Skizze, die – zum Glück – Skizze blieb. Wenn auch die bayerische Säkularisation Höglwörth verschont hatte, so bedeutete das Jahr 1816 mit der Abtrennung von Österreich doch noch sein Ende.

Die Kirche, die Sie heute sehen, ist ein Bau aus der zweiten Hälfte des 17. Jahrhunderts, bei dem ältere Teile, insbesondere des Altarraums, aus dem Mittelalter mit verwendet wurden. Hinzu trat um 1765 durch Benedikt Zöpf eine elegante Stuckdekoration, die »in ihrer feinen und durchsichtigen Klarheit, grün auf hellem Grund, zu den erfreulichsten Leistungen dieser Epoche« (Dehio) gehört. Die Deckengemälde schuf zur gleichen Zeit Franz Nikolaus Streicher. Beide hatten gemeinsam auch schon in Salzburgs St. Peter gearbeitet. Auch die drei Hauptaltäre mit den Plastiken (Abb. 213) gehen auf Salzburg zurück. So ist also die Verknüpfung des Rupertiwinkels mit Salzburg hier noch einmal ganz deutlich zum Ausdruck gekommen. Besondere Beachtung verdient die ›Verklärung Christi‹ im Hochaltar. Sie ist, wie sich in den letzten Jahren ergeben hat, ein Werk von Francesco Vanni aus Siena (um 1600), der auch der Künstler einer ›Anbetung der Hirten‹ in Salzburgs Franziskanerkirche ist. Den Beweis dafür liefern Stilanalysen, vor allem aber drei in Siena und Florenz erhalten gebliebene Skizzen. »Es steht fest, daß Francesco Vannis Altarbild von Siena über Salzburg nach Höglwörth gekommen ist ... Das Höglwörther Altarbild besticht durch formale Klarheit und koloristische Kraft.« (Hunklinger)

Der heute in Privatbesitz befindliche Konventbau wirkt burgähnlich. Zu dem 25 m langen Gewölbetunnel, den man bereits bei der Anfahrt passiert, treten hier noch einmal zwei massive Tortürme. Ursprünglich war das Torhaus sogar nur über eine Zugbrücke erreichbar, so daß die Mönche hier unbesorgt leben konnten. Im Innenhof ein Brunnen von 1669 mit einer Nepomuk-Statue (um 1740), außerdem in einem Lichthof weitere Grabplatten des 16. bis 18. Jahrhunderts.

Unweit von Höglwörth liegt auf der Höhe das Dorf **Anger**, dessen Name von dem Wiesenanger herrührt, um den sich als Dorfmitte die bäuerlichen Häuser, meist aus dem 18. Jahrhundert, gruppieren. Über die Häuser ragt die *Pfarrkirche St. Peter und Paul* (Abb. 219) von Mitte des 15. Jahrhunderts, die im 17. Jahrhundert verändert wurde und nicht nur die älteste, sondern auch die originellste der spätgotischen Landkirchen des Rupertiwinkels ist. Nach Entfernung des Mittelpfeilers bildet das Netzgewölbe in der Raummitte der Kirche einen sechseckigen Stern, was dem Raum den Charakter eines Zentralbaus verleiht. Allerdings gehört die Ausstattung überwiegend dem 19. Jahrhundert an. Das gilt auch für die beiden Gestalten über den Seiteneingängen: St. Rupertus, der das Salz von Reichenhall trägt und uns hier abermals begegnet, und St. Korbinian mit dem Bären. Im Hochaltar befindet sich ein hölzernes Vesperbild aus dem 16. Jahrhundert mit einer barocken Marienkrönung. Die Tür zur Vorhalle im Süden aus Eiche mit Kassetten (um 1540/50) ist ein reich geschnitztes Renaissance-Werk.

Anger kann sich rühmen, von König Ludwig I. als das »schönste Dorf Bayerns« bezeichnet worden zu sein. Auch wenn Tourismus und Verkehr inzwischen zugenommen haben, hat Anger, das nicht von Durchgangsstraßen berührt wird, viel von seinem

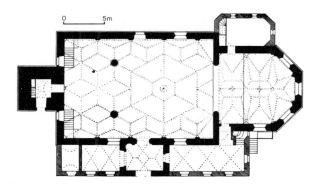

Anger, Pfarrkirche St. Peter und Paul, Grundriß

ursprünglichen Charakter bewahrt. Es ist in der Tat ein schönes Dorf. Aber ich meine, daß es noch andere Dörfer in Oberbayern gibt, die auf diesen Superlativ kaum weniger Anspruch hätten. Vergessen wir nicht, daß der König Anger just zu der Zeit pries, als Lola Montez hier weilte. Welcher Mann, auch wenn er ein König ist, würde nicht den Ort, der seine Geliebte beherbergt, als schönsten der Welt ansehen?! In Oberbayern ist das nicht anders.

Literaturhinweise

Benckiser, Nikolaus (Hrsg.): Deutsche Landschaften. 2 Bände. Frankfurt/Main 1972 und 1974
Bosl, Karl: Bayerische Geschichte. München 1971
Dehio, Georg: Handbuch der deutschen Kunstdenkmäler, neu bearbeitet von Ernst Gall, Band Oberbayern. München/Berlin 1960
Gallas, Klaus: München. Von der welfischen Gründung Heinrichs des Löwen bis zur Gegenwart: Kunst, Kultur, Geschichte. Köln 1979
Gerndt, Siegmar: Unsere bayerische Heimat (Kulturführer). München, 9. Aufl. 1978
– Unsere bayerische Landschaft. München
Hager, Luisa: Schloß Schleißheim. Königstein 1974
– Schloß Nymphenburg. Königstein 1964
Hausenstein, Wilhelm: Liebe zu München. München 1958
Kalckreuth, Jo von: Die Isar. München
Lengenbauer, Franz: Chiemgau. Frankfurt/Main
Nöhbauer, Hans F.: Wittelsbach und Bayern. München 1980
Reitzenstein, Alexander Frhr. von: Altbaierische Städte. München 1963
Reitzenstein, Alexander Frhr. von/Brunner, Herbert: Reclams Kunstführer Deutschland, Band 1, Bayern. Stuttgart 1970
Sayn-Wittgenstein, Franz Prinz zu: Der Inn. München
Schatzkammer Deutschland. Stuttgart/Zürich/Wien 1978
Schindler, Herbert: Barockreisen in Schwaben und Altbayern. München 1970
Schnell, Hugo: Der Pfaffenwinkel. München 1977
Widmann, Werner A.: Zwischen Isar und Lech. München

Handliche, bebilderte Bändchen in der Kleinen Pannonia-Reihe, Freilassing:

Bösl, Hanna: Museum für bäuerliche und sakrale Kunst Ruhpolding

Brugger, Walter: Urschalling, 1977
– Streichenkirche, 1976
– Altötting und Neuötting, 1978
– Seeon, 1977
Ernst, Willi: Wasserburg, 1979
Goldner, Johannes: Die Familie Zürn, 1979
– Erasmus Grasser, 1978
– Oberammergau
Gollwitzer, Hans: Mühldorf
Hofmanm, Siegfried: Die Brüder Zimmermann
Hunklinger, Georg: Höglwörth, 1978
Lechner, Erika: Bad Aibling, 1980
Mayer, Paul: Chiemgau, 1977
Miesgang, Georg: Burghausen, 1979
Rosenegger, Joseph: Das Inntal von Kufstein bis Rosenheim, 1976
– Burgen und Schlösser zwischen Inn und Salzach, 1970
– Verfallene Burgen zwischen Inn und Salzach
– Klöster und Stifte zwischen Inn und Salzach, 1979
– Meister im Inntal, 1974
Sattler, Bernhard: Das Bürgerhaus zwischen Inn und Salzach, 1979
Schamberger, Siegfried: Rupertiwinkel, 1976
– Romanik zwischen Inn und Salzach, 1969
– Gotik zwischen Inn und Salzach, 1974
– Renaissance zwischen Inn und Salzach, 1971
– Barock zwischen Inn und Salzach
Scheingraber, Wernher: Tegernseer Tal, 1978
– Isarwinkel und Isartal, 1979
Schwarz, Erica: Bad Reichenhall, 1976
– Berchtesgaden, 1976
Steinitz, Wolfgang: Ignaz Günther, 1979
Valentin, Hans E.: Klöster und Stifte im Bayerischen Oberland, 1978
Weber, Ernst: Land am Inn, 1980
Weichslgartner, A. J.: St. Christophorus in Oberbayern, 1974
– Herrenchiemsee, 1970
– Die Familie Asam, 1978
– Lüftlmalerei, 1977
Weigl, Eugen: Rosenheim, 1976
Werner, Paul: Das Bauernhaus zwischen Inn und Salzach, 1979

Praktische Reisehinweise

Verkehrstechnisch und von der Planung her stellt eine Reise nach Oberbayern kein Problem dar. Auch hier sind die Zeiten, in denen ›Preußen‹ in Oberbayern gelegentlich auf Ablehnung bis hin zu offener Feindseligkeit stießen (das ominöse ›Saupreißen‹ bietet sich an), Vergangenheit, wobei freilich auch ›preußisch-schneidiges‹ Auftreten seinerzeit zu der gegenseitigen Animosität beigetragen hat.

Dennoch sind die Bayern und ganz besonders die Oberbayern (von dem ›internationalen‹ München abgesehen) derjenige Teil der deutschen Bevölkerung, der seine Eigenart in Dialekt, Kleidung, Einstellungen, Eß- und Trinkgepflogenheiten und – Selbstbewußtsein am deutlichsten zum Ausdruck bringt. Daran kann man sich durchaus reiben, aber man kann es auch als eine farbige Bereicherung der landschaftlichen Vorzüge des Landes zusätzlich genießen. Sicher ist, daß ohne die Pflege einer eigenen Lebensform, die sich beispielsweise gerade nach 1945 mit dem Zustrom anderer Landsleute bewährt hat, Oberbayern durchaus nicht so anziehend wirkte, wie das nun einmal der Fall ist.

Anreise

Viele Wege führen nach Oberbayern, wobei folgende Autobahnen sich für eine rasche Anfahrt anbieten: die A8/E11 aus dem Raum Karlsruhe–Stuttgart und damit insbesondere vom Westen der Bundesrepublik her und die A3/E5 und A9/E6 aus dem Raum Würzburg–Nürnberg, für Reisende aus dem Norden besonders geeignet.

Ihre Entscheidung für eine bestimmte Strecke hängt auch davon ab, welchen Teil Oberbayerns Sie anlaufen wollen. Beide Autobahnen (A8 und A9) begegnen sich in *München*. Von hier aus führt dann die A8/E11 in Richtung *Rosenheim/Freilassing/Salzburg* zur östlichen Landesgrenze nach Österreich. Zur südlichen Landesgrenze (*Kiefersfelden/Kufstein*) gelangen Sie, wenn Sie die A8/E11 auf der Höhe von Rosenheim (Autobahndreieck Inntal) verlassen und auf der A93/E86 weiterfahren. Die A95/E6 führt von München bis kurz vor *Garmisch-Partenkirchen*. Autobahnen erschließen Ihnen also große Teile Oberbayerns unmittelbar.

Hinzu kommen nun die Möglichkeiten, von den Autobahnen aus über Bundes- und Landstraßen bestimmte Teile Oberbayerns zu erreichen. Das hat den Vorzug, daß diese Straßen einen engeren Kontakt mit Landschaft und Ortschaften, auch mit der Bevölkerung ermöglichen, auch wenn die Reisegeschwindigkeit dabei abnimmt. Das sind die wichtigsten Abzweigungen:

Von der A9/E6 nördlich von München:
– Abfahrt Langenbruck:
über die B300 in Richtung *Schrobenhausen*.
– Abfahrt Allershausen:

PRAKTISCHE REISEHINWEISE

östlich nach *Freising*, und von hier auf der B 11 nach *Moosburg* oder südöstlich nach *Erding* und zum *Inn*.
– Abfahrt Schleißheim:
auf der B 471 nach *Schleißheim* und *Dachau*.

Von der A 8 / E 11 nordwestlich von München:
– Abfahrt Augsburg West oder Ost:
auf der B 17 südlich nach *Landsberg* und in den *Pfaffenwinkel (Steingaden, Wieskirche)*.
– Abfahrt Dachau-Fürstenfeldbruck:
nach *Dachau* auf der B 471 und südwestlich nach *Fürstenfeldbruck*, zum *Ammersee*, evtl. auch nach *Landsberg* (über B 12).
– Abfahrt Dasing:
auf der B 300 nach *Schrobenhausen* und in den Raum *Ingolstadt*.

Von der A 8 / E 11 südöstlich von München:
– Abfahrt Holzkirchen:
auf der B 318 Richtung *Tegernsee* und Deutsche Alpenstraße; auf der B 13 nach *Tölz*.
– Abfahrt Irschenberg:
auf der B 472 und B 307 zum *Schliersee*.
– Abfahrt Bad Aibling:
nach *Bad Aibling* und Richtung *Rosenheim*.
– Abfahrt Rosenheim:
auf der B 15 nach *Rosenheim* und parallel zum Inn nach *Wasserburg*.
– Abfahrt Rohrdorf:
am östlichen Inn-Ufer entlang nach *Rosenheim* und *Wasserburg*.
– Abfahrten *Frasdorf* und *Bernau*:
zum *Chiemsee* und nördlich weiter auf der B 299 nach *Mühldorf* und *Altötting*.
– Abfahrt Siegsdorf/Traunstein:
über *Traunstein* nördlich auf der B 304 und B 299 nach *Altötting*; oder auf der B 306 südöstlich nach *Bad Reichenhall* und *Berchtesgaden*; oder südlich nach *Ruhpolding*.

– Abfahrt Bad Reichenhall:
auf der B 20 nördlich über *Freilassing* nach *Laufen, Burghausen*; auf der B 21 südlich nach *Bad Reichenhall* und *Berchtesgaden*.

Von der A 93 / E 86 (Abzweig von der A 8 / E 11 am Autobahndreieck Inntal):
– Abfahrt Brannenburg–Degerndorf:
über Tatzelwurm auf der B 307 nach *Bayrischzell* und zum *Schliersee*.

Von der A 95 / E 6 südlich von München:
– Vom Autobahndreieck Starnberg:
zum *Starnberger See* (auch Abfahrten Wolfratshausen oder Seeshaupt möglich).
– Abfahrt Penzberg/Iffeldorf:
östlich nach *Bad Tölz*, *Tegernsee* und *Schliersee*, westlich nach *Weilheim* und *Schongau*.

Mit der **Eisenbahn** reist man fast stets über München an, wo zahlreiche internationale und Intercity-Züge Station machen. Vom Münchner Hauptbahnhof erfolgt die Weiterfahrt in alle Gebiete Oberbayerns, vom angeschlossenen Starnberger Bahnhof fahren Züge in Richtung Starnberger See und Ammersee.

Die Anreise mit dem **Flugzeug** führt zum internationalen Flughafen von München-Riem, 10 km von Münchens Zentrum entfernt; Autobusverbindung von und zum Starnberger Bahnhof.

Touristische Auskunftsstellen

Zentrale Informationsstelle für Urlauber ist der Fremdenverkehrsverband München-Oberbayern e. V., Sonnenstr. 10/III, 8000 München 2, ⌀ 089 / 59 73 47. Sie erhalten hier Prospekte und Auskunft, jedoch erfolgt keine Zimmervermittlung. Außerdem haben alle wichtigen Fremdenverkehrsorte – je nach Größe – Verkehrsämter, Kurverwaltungen, Kurämter oder Touristen-Informationen. Hier erhalten Sie örtliche Prospekte und können auch Quartierwünsche äußern, die an geeignete Vermieter vermittelt werden. Alpine Auskünfte erteilt in München der Deutsche Alpenverein, Praterinsel 5, 8000 München, ⌀ 089/294940. Darüber hinaus werden einzelne Teile Oberbayerns von regionalen Touristikorganisationen betreut. Das sind:

Fremdenverkehrsverband **Ammersee-Lech,** Von-Kühlmann-Straße 15, 8910 Landsberg/Lech, ⌀ 08191/47177

Touristen-Information Naturpark **Altmühltal,** 8078 Eichstätt, ⌀ 08421/70237

Kur- und Verkehrsverein **Bad Reichenhall,** 8230 Bad Reichenhall, ⌀ 08651/1467

Kurdirektion **Berchtesgadener Land,** Postfach 2240, 8240 Berchtesgaden, ⌀ 08652/5011

Verkehrsverband **Chiemgau,** Ludwig-Thoma-Straße 2, 8220 Traunstein, ⌀ 0861/58223

Verkehrsverband **Chiemsee,** Alte Rathausstraße 11, 8210 Prien am Chiemsee, ⌀ 08051/2280, 3031

Interessengemeinschaft **Deutsche Alpenstraße,** Jörg-Lederer-Straße 4, 8973 Hindelang, ⌀ 08324/474

Fremdenverkehrsgemeinschaft **Isar-Loisachtal/Tölzer Land,** Landratsamt, Postfach 1360, 8170 Bad Tölz, ⌀ 08041/5051

Fremdenverkehrsamt der Landeshauptstadt **München,** Postfach, 8000 München 1, ⌀ 089/23911

Verkehrsamt **Murnau-Staffelseegebiet,** Kohlgruber Straße 1, 8110 Murnau, ⌀ 08841/2074

Fremdenverkehrsverband **Pfaffenwinkel,** Postfach 40, 8920 Schongau, ⌀ 08861/7773, 211117

Zweckverband zur Förderung des Fremdenverkehrs im Landkreis **Rottal-Inn,** 8340 Pfarrkirchen, ⌀ 08561/20266

Fremdenverkehrsverband **Rupertiwinkel,** Postfach 2119, 8228 Freilassing, ⌀ 08654/2312, 2084

Fremdenverkehrsverband **Starnberger Fünf-Seen-Land,** Postfach 1607, 8130 Starnberg, ⌀ 08151/15911, 13274

Fremdenverkehrsgemeinschaft **Tegernseer Tal,** Haus des Gastes, 8180 Tegernsee, ⌀ 08022/3985

Fremdenverkehrsverband **Wendelstein,** Landratsamt, Wittelsbacherstraße 53, 8200 Rosenheim, ⌀ 08031/392379, 392324

Oberbayerisches Urlaubstrio am **Wendelstein** (Bayrischzell, Fischbachau, Schliersee), Kuramt, 8162 Schliersee, ⌀ 08026/4069

ARGE Fremdenverkehr **Werdenfelser Land,** Kurverwaltung, Postfach 1562, 8100 Garmisch-Partenkirchen, ⌀ 08821/53093

PRAKTISCHE REISEHINWEISE

Verkehrsauskünfte in München
ADAC-Gau Südbayern, Sendlinger-Tor-Platz 9, ∅ 5 17 11
DTC – Deutscher Touring Automobil-Club, Amalienburgstraße 23, ∅ 8 11 10 48
MVV – Münchner Verkehrs- und Tarifverbund GmbH, Thierschstraße 2, ∅ 2 38 03–1 (Auskunft über öffentlichen Personen-Nahverkehr in München und Umgebung)
Bundesbahn
Zugauskunft: ∅ 59 29 91–95 und 59 33 21–23
Gebührenauskunft: ∅ 55 41 41
Platzkartenbestellung: ∅ 1 28 59 94
Auto im Reisezug: ∅ 59 04/290 und 291
Flughafen
Montag bis Samstag 9–22 Uhr, Sonntag 11–19 Uhr, ∅ 90 72 56 und 2 39 12 66

Bergbahnen

Bergbahnen sind – insbesondere von Menschen mit Herz- oder Kreislaufbeschwerden – mit Vorsicht zu genießen, da die Höhenunterschiede, die rasch überwunden werden, sich nachteilig auf den Organismus auswirken können. Die Bahnen sind hier in alphabetischer Reihenfolge angeführt und kurz erläutert. Die Zahlen verweisen auf die überbrückte Höhe von Tal- zu Bergstation. Der Bahnverkehr beginnt gewöhnlich kurz vor oder um 9 Uhr und endet gegen 17 Uhr. Die Übersicht erfaßt ausschließlich geschlossene Bergbahnen und keine Sessellifte.

Aschau
Kampenwandbahn, 662–1464 m, viersitzige Kleinkabinenbahn von Schloß Hohenaschau bis zum Bergweg aufs Gipfelkreuz der Kampenwand (120 m höher!).

Bad Reichenhall
Predigtstuhlbahn, 476–1614 m, zur schönen Aussicht vom Predigtstuhl.

Bayrischzell
Wendelsteinbahn, 793–1724 m, Großkabinenbahn modernster Art zur Bergstation, von der aus der Wendelsteingipfel (Sonnen-Observatorium, Wetterwarte, Gipfelkapelle) bequem erreichbar ist. Sicherer Abstieg zu Fuß möglich.

Berchtesgaden
Jennerbahn, 630–1800 m, mit Gondeln und Doppelsesseln bis dicht unter den Jennergipfel (75 m höher). Aussichtskanzel mit Blick auf 1200 m tieferen Königssee. Abstieg möglich.
Obersalzbergbahn, 530–1020 m, Kleinkabinen zur Bergstation, von hier Spezialbusse zum 1885 m hohen Kehlstein. Schöne Rückwege; Wanderung zum Toten Mann.

Bergen
Hochfelln-Seilbahn, 580–1650 m, Großkabinenbahn für je 70 Passagiere zur Bründlingalm (1650 m). Weitere Seilbahn mit Kabinen für 45 Personen vom Bründling zum Hochfelln. Leichte Wanderwege abwärts.

Brannenburg-Degerndorf
Wendelstein-Zahnradbahn, 508–1723 m, 7,7 km lange Hochgebirgsbahn bis 100 m unter den Wendelsteingipfel.

Garmisch-Partenkirchen
Bayerische Zugspitzbahnen:
Zahnradbahn, 720–2650 m
Großkabinenbahn, 1000–2966 m
Gipfelbahn, 2650–2966 m
Gletscherbahn, 2580–2650 m

Zahnradbahn vom Bahnhof Garmisch über Grainau, Eibsee zum Schneefernerhaus. Vom Eibsee mit Kabinenbahn zum Gipfel. Gipfelseilbahn vom Schneefernerhaus zum Gipfel. Gletscherbahn vom

Schneefernerhaus zum Zugspitzplatt. Rundfahrt mit allen vier Bahnen.
Alpspitzbahnen:
Osterfelder Seilbahn, 730–2050 m
Hochalmseilbahn, 1700–2050 m
Kreuzeckbahn, 767–1641 m

Die Osterfelder Großkabinenbahn führt zum Ausgangspunkt von Alpspitz-Touren. Auch die Hochalmseilbahn führt zum Osterfelderkopf. Kreuzeckbahn war die erste Bergbahn Garmischs, sie führt zum Kreuzeckhaus und ist Ausgangspunkt von Höhenwegen, Aufstieg zur Alpspitze (2628 m): 3 Stunden.
Hausbergbahn, 746–1347 m, Großkabinenbahn zu schönen Wander- und Spazierwegen.
Graseckbahn, 756–903 m, vom Eingang der Partnachklamm zum Ausgangspunkt von Wanderungen und Spaziergängen.
Eckbauerbahn, 733–1226 m, Kleinkabinenbahn (zweisitzig) vom Olympia-Skistadion zum Ausgangspunkt von schönen Spaziergängen und Wanderungen.
Kreuzwanklbahn, 1390–1700 m
Wankbahn, 740–1765 m, vom Partenkirchener Ortszentrum auf den sonnigen Wank mit Rundsicht auf mehr als 400 Alpengipfel; Restaurant und Liegewiesen. Ausgangspunkt für Bergwanderungen.

Grainau
Zugang zur Zugspitz-Großkabinenbahn, zur Osterfelder Seilbahn, zur Hochalmseilbahn, s. unter Garmisch-Partenkirchen.

Lenggries
Brauneckbahn, 700–1530 m, führt zu beinahe ebenen Spazierwegen im Gebirge.

Mittenwald
Karwendelbahn, 933–2244 m, Großkabinenbahn bis unter die westliche Karwendelspitze mit großartiger Aussicht.
Kranzberggipfelbahn, 1240–1400 m, Kleinkabinenbahn von St. Anton (bis hierher Sessellift) zum Kranzberg mit herrlicher Aussicht.

Oberammergau
Laberbergbahn, 920–1680 m, Kabinenbahn zum Bergrestaurant auf dem Laberjoch, schöne Ausblicke.

Rottach-Egern
Wallbergbahn, 793–1620 m, zum Wallberg mit Restaurant und Wallbergkircherl (weiterführende Lifte).

Ruhpolding
Rauschbergbahn, 700–1634 m, schnelle Großkabinenbahn zu einem Panorama, das 500 Gipfel umfaßt.
Rauschberg-Südhang-Bahn, 1409–1630 m, nur im Winter in Betrieb
Unternbergbahn, 900–1450 m

Samerberg (Grainbach)
Hochrieseilbahn, 950–1555 m, Großkabinenbahn von der Ebenwaldalm (Lift) zum Hochries-Gipfel mit weitem Rundblick.

Schliersee
Taubensteinbahn, 1090–1611 m, führt im Rotwandgebiet, östlich des Spitzingsees, zu Wanderwegen.
Schliersbergbahn, 801–1061 m, Kleinkabinenbahn zu den Spazierwegen im Bereich der Schliersbergalm.

Schiffsverkehr

besteht ganzjährig auf dem Ammersee, Chiemsee, Königssee, Starnberger See und Tegernsee. Im Winter sind die Fahrpläne erheblich reduziert. Motorbootrundfahrten auf Schlier- und Staffelsee nur vom 1. Juni bis 15. September.

PRAKTISCHE REISEHINWEISE

Kleine Klimakunde

Oberbayern hat nicht das, was man ein sonniges Klima nennt. Aber wenn die Sonne scheint, wirkt sie hier besonders schön. Immerhin fallen – in München als geographischem Mittelpunkt – rund 900 mm Regen im Jahr, also etwa 30 % mehr als im deutschen Durchschnitt. In der Nähe der Berge nimmt diese Zahl noch zu. In den regenreichsten Monaten – Mai bis September – ist jedoch auch die Sonnenscheindauer am längsten.

Auch besonders warm ist es in Oberbayern nicht, so daß die Seen in Bergnähe im Sommer manchmal ganz schön frisch und zum Baden fast zu kühl sind. Als wärmste Badeseen sind der Staffelsee bei Murnau und der Waginger See bekannt und beliebt.

Berühmteste und berüchtigtste Klimaerscheinung Oberbayerns ist der Föhn, den jedoch Besucher von auswärts nicht zu fürchten brauchen – im Gegenteil. Unter Föhn leiden die Bewohner Oberbayerns gewöhnlich erst nach mehrjähriger Anwesenheit. Der Tourist genießt nur die Vorzüge des Föhns: strahlend blauen Himmel, hervorragende Fernsicht, so daß von München und dem ganzen Voralpengebiet aus die Berge greifbar nahe erscheinen. Im Alpengebiet gibt es etwa 40 bis 50 Tage, an denen Föhn herrscht.

Reisezeit

Für eine Reise nach Oberbayern kommt – beinahe – das ganze Jahr in Frage. In den wärmsten Sommermonaten sind allerdings – bedingt durch die Schulferien (in Bayern oder anderen Bundesländern) – Orte und Hotels überfüllt, und es gelten die überall höheren Hochsaison-Preise. Auch der Straßenverkehr ist dann sehr lebhaft.

Eine günstige Reisezeit ist – wie stets im Gebirge – der frühe Herbst, weil das Wetter relativ beständig und die Sicht von den Bergen und auf die Berge gut ist. Auch die Monate Mai/Juni eignen sich gut für eine Besichtigungsreise.

Der Spätherbst, also zweite Oktoberhälfte, November und Dezemberbeginn, kann Wetter-Probleme aufwerfen: Regen und Kälte. Wer das nicht scheut, findet freilich in dieser Zeit leere Hotels und Restaurants und somit guten Service, und auch die Sehenswürdigkeiten, z. B. Museen und Kirchen, sind ohne eine Vielzahl anderer Besucher zu genießen. Das gilt sogar für landschaftliche Höhepunkte (wie Königssee, Berchtesgaden, Herrenchiemsee, Deutsche Alpenstraße), die man in dieser als unwirtlich verschrienen Zeit ohne den sonst üblichen Besucherstrom erleben kann. Reizvoll sind in der Vorwinterzeit – wie auch im Frühjahr – die bereits oder noch schneebedeckten Berge, die optisch (Fotografen!) noch schöner wirken, als wenn im Sommer der Schnee weithin abgeschmolzen ist.

Eine Winterreise nach Oberbayern ist nicht allein für Wintersportler attraktiv. Auch Spaziergänger kommen im Schnee auf ihre Kosten. Museen, Kirchen, Schlösser kann man ungestörter besichtigen. Allerdings sind die Tage kurz, und nicht immer können Sie in den relativ niedrig gelegenen Talorten mit Schnee rechnen. Das gilt besonders für die alpenfernen Teile Oberbayerns zwischen München und Ingolstadt, in die man am besten im Frühling reist, wenn die alpinen Orte durch die Schneeschmelze weniger attraktiv sind.

Zusammengefaßt: der Kunst- und Kulturfreund sollte sich nicht allzu stark von Wetter und Jahreszeiten abhängig machen, sondern seine Erlebnisse zu jeder Zeit genießen.

Reiseplanung

Wer ganz bestimmte Ziele Oberbayerns besuchen will, tut gut daran, sich einen ungefähren Reiseplan zu machen. Grundsätzlich gibt es zwei Möglichkeiten:
1. ohne festes Quartier unterwegs zu sein und Ablauf und Aufenthalt nach den Gegebenheiten zu bestimmen,
2. sich einen festen Stützpunkt zu wählen und von ihm aus mehr oder minder weite Ausflüge zu unternehmen.

Beide Methoden haben ihre Vorzüge und Nachteile. In der Hochsaison kann es trotz umfangreichen Quartierangebotes manchmal mühsam sein, die passende Unterkunft zu finden, insbesondere wenn man sich erst gegen Abend entscheidet, wo man bleiben will. Das gilt in bekannten Wintersportorten auch für die Skisaison.

Der feste Stützpunkt (möglichst nicht mit Vollpension buchen, sondern Halbpension oder – noch günstiger – ein Hotel garni oder Zimmer mit Frühstück) hat wiederum den Nachteil, daß man von ihm aus nur einen begrenzten Raum erfassen kann und auf der Rückfahrt in den Unterkunftsort häufiger die gleichen Straßen befahren muß.

Wer mit System vorgeht, könnte für eine dreiwöchige Reise drei verschiedene Stützpunkte – vielleicht am Schliersee, im Pfaffenwinkel und am Inn zwischen Wasserburg und Burghausen – vorsehen. Auf diese Weise ließen sich landschaftlicher und künstlerischer Reichtum Oberbayerns optimal erschließen.

Auch wenn dieses Buch dazu verleiten mag: Hüten Sie sich vor ›Überfütterung‹. Wer aus der Vielzahl der bewundernswert schönen Kirchen Oberbayerns, der Klöster oder Museen nur ein halbes Dutzend oder auch nur drei aussucht und sich ihnen ausführlich und liebevoll widmet, der gewinnt wohl mehr als der ›rasende Kunstfreund‹, der im Urlaub ein paar Dutzend Zielpunkte ›schafft‹, aber am Ende Freising und Moosburg, Ammersee und Starnberger See, Mühldorf und Laufen durcheinander wirft.

Kleidungsvorschläge

Verfallen Sie nicht in den Fehler unserer Großeltern, sich zu einem Besuch Oberbayerns in Dirndl, Krachlederne, Stutzen oder Trachtenanzug zu werfen und einen Hut mit Gamsbart zu tragen. Außer dem vielzitierten ›Salontiroler‹ gibt es auch den ›Salonbayern‹, und er ist nichts als lächerlich.

In Oberbayern gibt man – mit Ausnahme einiger weniger Spitzenhotels in großen Touristen- oder Badeorten und natürlich in München – der praktischen Kleidung den Vorzug vor der supermodischen mit allerlei Extravaganzen.

Ihr Reisegepäck sollte solide Schuhe für Wanderungen, nicht unbedingt Bergschuhe, enthalten. Wer Bergtouren machen will, muß ohnehin erfahren sein. Um den Wetterschwankungen gewachsen zu sein, sind ein guter Regenmantel (das könnte auch Loden sein)

PRAKTISCHE REISEHINWEISE

und/oder ein Schirm unentbehrlich. Stellen Sie sich auch auf kältere Tage ein: Der wollene Pullover sollte ebensowenig fehlen wie die wind- und wetterfeste Kopfbedeckung. Rüsten Sie sich im Sommer auch für heiße Tage und Badefreuden. Sollte der See in ihrer Nähe zu kühl sein, gibt es zahlreiche temperierte Schwimmbecken und Hallenbäder.

Unterkunft

Oberbayern ist ein gastliches Land, das viele Quartiere für jeden Geschmack und Geldbeutel bereithält. Außer den Hotels, wie es sie ähnlich überall gibt, verfügt es über eine beträchtliche Anzahl bodenständiger Gasthöfe, manchmal mit Metzgerei verbunden. In den voralpinen Orten sind viele dieser Häuser im traditionellen, landestypischen Stil gebaut und wirken besonders einladend. Wenn auch in kleinen Orten manchmal das Zimmer mit Bad oder Dusche und WC noch fehlen wird, so haben sich doch im letzten Jahrzehnt sehr viele Gasthöfe den Ansprüchen ihrer Gäste in bezug auf Komfort angepaßt.

Das Bettenangebot ist insgesamt reichlich, die Zimmer sind weithin komfortabel und sauber und trotz des lebhaften Tourismus verhältnismäßig preiswert. Daß Spitzenhotels auch außerhalb Münchens sich dem internationalen Preisstandard angleichen, ist selbstverständlich. Viele Orte stellen außer Hotels, Gasthäusern und Pensionen auch ein Hotel garni (Übernachtung mit Frühstück) zur Verfügung. Private Zimmervermieter gibt es in allen Urlaubsorten, auch auf Bauernhöfen wird Unterkunft angeboten. Wer in der Hochsaison in einem attraktiven Urlaubsort unterkommen will, sollte rechtzeitig vorbestellen. Das gilt ganz besonders für Ferienwohnungen bzw. Appartements, die vielfach Mangelware sind.

Nachstehend ein Überblick über das Angebot an Gästebetten in ausgewählten oberbayerischen Fremdenverkehrsorten:

Altötting 2 000	Farchant 1 300	Mittenwald 6 800
Aschau/Chiemgau 3 500	Freilassing 1 400	München 26 000
Bad Aibling 2 000	Freising 208	Murnau 1 200
Bad Feilnbach 2 400	Garmisch-Partenkirchen 9 100	Oberammergau 2 700
Bad Heilbrunn 1 200	Grainau 3 900	Prien 2 300
Bad Kohlgrub 2 300	Grassau 2 200	Reit im Winkl 4 300
Bad Reichenhall 9 000	Herrsching 490	Rosenheim 490
Bad Tölz 3 700	Ingolstadt 1 780	Rottach-Egern 3 500
Bad Wiessee 6 000	Inzell 3 480	Ruhpolding 6 700
Bayrischzell 2 200	Kiefersfelden 1 550	Schliersee 4 000
Berchtesgadener Land 22 000	Kochel 1 000	Starnberg 500
Bernau am Chiemsee 1 650	Kreuth 1 480	Tegernsee 2 000
Burghausen/Salzach 450	Landsberg/Lech 300	Traunstein 1 250
Chieming 2 000	Laufen/Salzach 800	Waging am See 2 500
Endorf 1 400	Lenggries 1 700	Walchensee 475
Ettal 280	Marquartstein 1 200	Wasserburg/Inn 360

Mehr als 20 Hotels (und ähnlich viele Gasthöfe) haben außer den Städten München und Ingolstadt die Orte Bad Reichenhall, Bad Wiessee, Rottach-Egern, Schönau am Königssee, Garmisch-Partenkirchen, Mittenwald, Reit im Winkl und Ruhpolding.

Als Kuriosum sei erwähnt, daß einige Fremdenverkehrsorte mehr Gästebetten als Einwohner zählen, und zwar: Bad Kohlgrub, Bad Wiessee, Bayrischzell, Grainau, Inzell, Jachenau, Reit im Winkl. Bei Ruhpolding halten sich 6700 Einwohner mit 6700 Gästebetten genau die Waage.

Campingplätze (insgesamt weit über 80) stehen u. a. in folgenden Orten zur Verfügung:

Ainring, Aschau, Bad Feilnbach, Bad Reichenhall, Bayrischzell, Berchtesgadener Land, Bergen, Bernau, Chieming, Endorf, Garmisch-Partenkirchen, Grainau, Ingolstadt, Kochel, Kreuth, Laufen, Lenggries, Mittenwald, München, Murnau, Oberammergau, Oberaudorf/Niederaudorf, Piding, Prien, Reit im Winkl, Rosenheim, Ruhpolding, Schliersee, Seebruck/Chiemsee, Siegsdorf, Traunstein, Übersee-Feldwies, Unterwössen, Utting/Ammersee, Waging am See, Walchensee, Wasserburg/Inn. Die größten Campingplätze mit mehr als 500 Stellplätzen befinden sich in Bad Feilnbach, Ingolstadt, Königsdorf, Seefeld am Pilsensee und Waging. Auskünfte erteilt in München der Deutsche Camping-Club e. V., Mandlstr. 28, ⌀ 089/334021. Siehe auch den ADAC-Campingführer, Band 2, alljährlich neu.

Jugendherbergen befinden sich u. a. in folgenden Orten: Benediktbeuern, Berchtesgadener Land, Burghausen, Garmisch-Partenkirchen, Josefsthal bei Schliersee, Kochel, Lenggries, Mittenwald, Mühldorf, München, Reit im Winkl (Nattersberg-Alm), Oberammergau, Oberaudorf, Prien, Traunstein, Uffing am Staffelsee, Urfeld am Walchensee.

Zur Kur nach Oberbayern

Oberbayern besitzt 17 Heilbäder bzw. Kneippkurorte oder heilklimatische Kurorte. Es sind – in Klammern jeweils das Bettenangebot – Bad Aibling (2300), Bayersoien (700), Bayrischzell (2200), Berchtesgadener Land (26000), Endorf (1890), Bad Feilnbach (2400), Garmisch-Partenkirchen (10000), Bad Heilbrunn (900), Bad Kohlgrub (2850), Kreuth (1500), Murnau (1600), Prien (4500), Bad Reichenhall (9500), Rottach-Egern (3500), Tegernsee (3500), Bad Tölz (3750), Bad Wiessee (6000).

Speisen und Getränke

In Oberbayern wird die ›typisch‹ bayerische Küche besonders gepflegt. Ihre ›*Schmankerln*‹, die man außerhalb Bayerns kaum findet, werden in fast allen Restaurants angeboten, ganz besonders natürlich in den ländlichen Gasthöfen, wo man nach althergebrachter Weise kocht.

Mühelos klären läßt sich die Frage nach dem typischen Getränk. Das ist ohne alle Abstriche das Bier, wobei freilich der Einheimische sehr genau nach der jeweiligen Brauerei unterscheidet und auf sein ›Löwenbräu‹, ›Augustiner‹, ›Pschorr‹ oder ›Hacker‹, um nur einige zu nennen, schwört. Hinzu kommen einige weniger verbreitete Biermarken aus ländlich-regionalen Brauereien, die so mancher Bierliebhaber bevorzugt.

Berühmte Eßspezialitäten sind die *Weißwürste* (aus Kalbfleisch, Speck, Zwiebeln und Gewürzen), die ganz frisch gegessen werden müssen und manchem Nicht-Bayern nur mit Senf gut schmecken, und der *Leberkäs* (aus Rind- und Schweinefleisch, Zwiebeln und Gewürzen), der mit Vorliebe auch warm gegessen wird. Andere herzhafte Wurstsorten Oberbayerns sind die ›*Gschwollenen*‹, der *Pressack* (Schwartenmagen), die *Milzwurst*, der *Kalbskäs*, die frischen *Blut- und Leberwürste*.

Die oberbayerische Küche ist handfest und schmackhaft. Statt Kartoffeln werden häufig *Knödel* als Beilage gegeben. Schweinernes *(Schweinsbraten, Schweinshaxn, Geselchtes, Schweinszüngerl)* ist besonders beliebt, aber auch Rind *(Tellerfleisch, Kronfleisch)* und Kalb *(Kalbshaxn, Lüngerl, Schnitzel)* werden häufig angeboten. Übrigens ißt man in Oberbayern allgemein billiger als in anderen Teilen der Bundesrepublik.

Gut versteht man sich auch auf süße Sachen wie *Reiberdatschi* (Kartoffelpuffer), *Rohrnudeln, Schmarren, Krapfen, Auszogne, Apfelküchel (›Kiacherl‹), Zwetschgendatschi* und *Prinzregententorte*.

An den oberbayerischen Seen gibt es ausgezeichnete Fischgerichte, so insbesondere die *Renken* u. a. aus dem Starnberger See, und *Forellen*. Auch Wildgerichte sind nicht selten.

Was anderswo Imbiß oder Vesper heißt, nennt man in Oberbayern ›*Brotzeit*‹. Dazu gibt es außer dem unverwüstlichen ›*Radi*‹ (Rettich), den man in einem typischen Bräuhaus (wie dem am Tegernsee) probieren sollte, natürlich auch Käse, der mit Vorliebe als ›*Obatzta*‹ (angemacht mit Zwiebel und Gewürzen) gegessen wird.

Bleibt – entgegen der beim Essen üblichen Reihenfolge – der Hinweis auf die Suppen. Am berühmtesten und wahrhaft köstlich die *Leberknödelsuppe*, aber auch die *Backerbsensuppe* (mit gebackenen Teigtropfen) oder *Pfannkuchensuppe* (Brühe mit feinen Pfannkuchenstreifen) ist nicht zu verachten. Typisch: der darüber gestreute Schnittlauch.

Sicher sind damit die nahrhaften Besonderheiten Oberbayerns nicht erschöpfend behandelt, und Sie werden auf Ihrer Reise vermutlich noch manches andere entdecken und dabei bestätigt finden, daß Eigenart und Wohlgeschmack der Mahlzeiten den landschaftlichen und künstlerischen Vorzügen Oberbayerns durchaus nicht nachstehen.

Die besten Küchen

Oberbayern ist reich an Wirtshäusern, die bodenständige Kost vorzüglich zubereiten. Selbst kleinere Orte weisen solche empfehlenswerten Küchen auf, die vielfach durch Tradition und Mundpropaganda ›ihr‹ Publikum haben. Weniger bekannt ist die Tatsache, daß es in Oberbayern auch zahlreiche Orte mit Gourmet-Lokalen gibt. Auf sie wird hier auf Grund der Angaben des VARTA-Führers hingewiesen. Alle gastronomisch solchermaßen hervorgehobenen Küchen finden Sie in untenstehender Aufstellung. Allerdings können sich die Bewertungen von Jahr zu Jahr ändern, ebenso die Öffnungszeiten und Ruhetage. Ein Anruf vorab hilft Ärger vermeiden. Wichtiger Hinweis: häufig ist Tischbestellung ratsam.

München
Aubergine (Maximiliansplatz 5, Eingang Max-Joseph-Str., ∅ 598171).
12–15 und 19–24 Uhr, sonn- und feiertags geschlossen, ebenso Montag und Samstag am Mittag. Betriebsferien: erste drei Augustwochen und über Weihnachten bis Dreikönigstag.
Boettner (Theatinerstr. 8, Ecke Perusastr., ∅ 221210).
11–23 Uhr; geschlossen an Sonn- und Feiertagen sowie Samstag abends.
Bouillabaisse (Falkenturmstr. 10, Abzweig der Maximilianstr., ∅ 297909).
12–14.30 und 18.30–23.30 Uhr, geschlossen an Sonn- und Feiertagen sowie Montag mittags. Betriebsferien: August.
Chesa Rüegg (Wurzerstr. 18, ∅ 297114). Schweizer Küche.
12–14.30 und 18.30–23.30 Uhr; samstags, sonntags und an Feiertagen geschlossen.
El Toula (Sparkassenstr. 5, ∅ 292869).
12–14.15 und 19–23.15 Uhr; sonntags mittags, montags geschlossen; Betriebsferien im August.
Gasthaus Glockenbach (Kapuzinerstr. 27, ∅ 534043).
12–14 und 19–21.30 Uhr, geschlossen am Samstag und Sonntagmittag.
Le Gourmet (Ligsalzstr. 46, ∅ 503597).
18–24 Uhr, geschlossen Sonntag. Betriebsferien: drei Wochen über Pfingsten.
Halali (Schönfeldstr. 22, ∅ 285909).
12–14 und 18–23 Uhr, geschlossen Samstagmittag und Sonntag.
Käferschenke (Schumannstr. 1, ∅ 41681).
12–23.30 Uhr, geschlossen: sonn- und feiertags.
Königshof (Karlsplatz 25, ∅ 558412).
12–14.30 und 18.45–23.30 Uhr.
Maximilian-Stuben (Maximilianstr. 27, ∅ 229044).
12–14.30 und 18–23.30 Uhr; sonntags geschlossen.
La Mer (Schraudolphstr. 24, ∅ 2724 39).
Ab 19 Uhr; montags geschlossen. Betriebsferien: August.
Weinhaus Neuner (Herzogspitalstr. 8, ∅ 2603954).
18–24 Uhr, geschlossen an Sonn- und Feiertagen. Betriebsferien: zwei Wochen im August und eine Woche Dezember/Januar.
Sabitzer (Reitmorstr. 21, ∅ 298584).
19–22.30 Uhr; sonntags und im Sommer auch samstags geschlossen.
Preysing-Keller (Innere Wiener Str. 6, ∅ 481015).
18–24 Uhr, geschlossen an Sonn- u. Feiertagen. Betriebsferien: 23. Dezember bis 6. Januar.
Savarin (Schellingstr. 122, ∅ 525311).
12–15 und 18.30–1 Uhr, sonntags geschlossen. Betriebsferien: drei Wochen Ende Juli.
Tantris (Johann-Fichte-Str. 7, ∅ 362061). Französische Küche.
12–15 und 18.30–22.30 Uhr, geschlossen an Sonn- und Feiertagen sowie Montag und Samstag mittags. Betriebsferien: zwei Wochen nach Pfingsten und eine Woche im Januar.
Walterspiel (im Hotel ›Vier Jahreszeiten Kempinski‹, Maximilianstr. 17, ∅ 230390).
12–15 und 18–24 Uhr, geschlossen samstags mittags, montags mittags.

Aying
Brauerei-Gasthof Aying (Hornedinger Str. 2, ∅ 08095/705).
11.30–14.30 und 18–21.45 Uhr; Mitte Januar bis Anfang Februar geschlossen.

PRAKTISCHE REISEHINWEISE

Bad Reichenhall
Parkrestaurant von Steigenberger Hotel Axelmannstein (Salzburger Str. 4, ∅ 08651/4001). 12–14 und 18.30–21 Uhr; auch Übernachtung.

Schweizer Stuben (Nonner Str. 8, ∅ 08651/2760). 11–14.30 und 17.30–24 Uhr; freitags und im August geschlossen.

Bayrischzell
Romantik-Hotel Die Meindelei (Michael-Meindlstr. 15, ∅ 08023/318). Nur Abendessen.

Brannenburg
Weinstube Dapfer (Sudelfeldstr. 17, ∅ 08034/2765).
18–23 Uhr, Sonntag auch 12–15 Uhr. Betriebsferien: Ende August bis Mitte September.

Breitbrunn am Chiemsee
Wastlhuber Hof (∅ 08054/482).
12–14 und 18–22 Uhr, dienstags und mittwochs mittags geschlossen. Betriebsferien: Ende Oktober bis Mitte November.

Eschenlohe
Tonihof (Walchenseestr. 42, ∅ 08824/1021).
11.30–14 und 17.30–21 Uhr, mittwochs und donnerstags bis 16 Uhr geschlossen.

Frasdorf
Landgasthof Karner (Nußbaumstr. 6, ∅ 08052/1467).
12–14.30 und 18–22 Uhr. Zwischen Mitte Oktober und Mitte April nur ab Freitagabend bis Sonntagabend geöffnet.

Garmisch-Partenkirchen
Grand-Hotel Sonnenbichl (Garmisch, Burgstr. 97, ∅ 08821/7020).
18.30–22 Uhr (Blauer Salon).
Reindl Grill im *Partenkirchner Hof* (Partenkirchen, Bahnhofstr. 15, ∅ 08821/58025).
12–14.30 und 18–22.30 Uhr.

Gerolsbach
Zur Post (St. Andreas-Str. 3, ∅ 08445/502).
18.30–22 Uhr, Sonntag auch 12–14 Uhr, Montag und Dienstag geschlossen.

Glonn
Zur Lanz (Prof.-Lebsche-Str. 24, ∅ 08093/676). 11.30–14 und 18–22 Uhr, geschlossen montags und dienstags sowie drei Augustwochen (Betriebsferien).

Murnau
Alpenhof (Ramsachstr. 8, ∅ 08841/1045).
12–14 und 18–23 Uhr.

Reit im Winkl
Klausers Weinstube (Birnbacher Str. 8, ∅ 08640/8424).
17–22 Uhr, auch Café ab 14 Uhr; montags und vom 1. 11.–15. 12. geschlossen.

Rottach-Egern
Seehotel Überfahrt (Überfahrtstr. 7, ∅ 08022/26001). Ganghofer Restaurant 12–14.30 und 18.30–23 Uhr.

Waging
Kurhaus-Stüberl (∅ 08681/666).
18–22 Uhr, zwischen Oktober und Mai an Sonn- und Feiertagen auch 11.30–14 Uhr, Montag und Dienstag geschl. Betriebsferien: Mitte Januar bis erste Februarhälfte.

Das kulturelle Angebot in den Urlaubsorten

Theaterveranstaltungen in:
Ainring, Altötting, Aschau, Bad Aibling, Bad Feilnbach, Bad Heilbrunn, Bad Kohlgrub, Bad Reichenhall, Bad Tölz, Bad Wiessee, Bayrischzell, Berchtesgaden, Bernau, Burghausen, Chieming, Endorf, Freising, Garmisch-Partenkirchen, Herrsching, Ingolstadt, Inzell, Jachenau, Kiefersfelden, Kochel, Kreuth, Landsberg/Lech, Lenggries, Marquartstein, Mittenwald, München, Murnau, Oberammergau, Oberaudorf/Niederaudorf, Prien, Reit im Winkl, Rottach-Egern, Ruhpolding, Schliersee, Schongau, Tegernsee, Traunstein, Übersee-Feldwies, Unterwössen, Waging am See, Wasserburg/Inn.

Konzerte finden statt in:
Altötting, Aschau, Bad Aibling, Bad Feilnbach, Bad Heilbrunn, Bad Kohlgrub, Bad Reichenhall, Bad Tölz, Bad Wiessee, Bayrischzell, Berchtesgaden, Bergen, Bernau, Burghausen, Chieming, Endorf, Ettal, Farchant, Freising, Garmisch-Partenkirchen, Grainau, Herrsching, Ingolstadt, Inzell, Jachenau, Kiefersfelden, Kochel, Kreuth, Landsberg/Lech, Lenggries, Mittenwald, München, Murnau, Oberammergau, Oberaudorf/Niederaudorf, Prien, Reit im Winkl, Rosenheim, Rottach-Egern, Ruhpolding, Schliersee, Schondorf/Ammersee, Schongau, Siegsdorf, Starnberg, Tegernsee, Traunstein, Übersee-Feldwies, Unterwössen, Waging am See, Wasserburg/Inn.

Festspiele werden veranstaltet in:
Kiefersfelden, München, Oberammergau.

Folklore wird geboten in:
Ainring, Aschau, Bad Aibling, Bad Feilnbach, Bad Heilbrunn, Bad Kohlgrub, Bad Reichenhall, Bad Tölz, Bad Wiessee, Bayerssoien, Bayrischzell, Berchtesgaden, Bergen, Bernau, Brannenburg-Degerndorf, Burghausen, Chieming, Endorf, Ettal, Farchant, Freilassing, Freising, Garmisch-Partenkirchen, Grainau, Grassau, Herrsching, Ingolstadt, Inzell, Jachenau, Kiefersfelden, Kochel, Kreuth, Landsberg/Lech, Laufen/Salzach, Lenggries, Marquartstein, Mittenwald, München, Murnau, Oberammergau, Oberaudorf/Niederaudorf, Piding, Prien, Reit im Winkl, Rimsting/Chiemsee, Rosenheim, Rottach-Egern, Ruhpolding, Schliersee, Schongau, Seebruck/Chiemsee, Siegsdorf, Starnberg, Tegernsee, Traunstein, Tutzing, Übersee-Feldwies, Unterwössen, Waging am See, Walchensee, Wasserburg.

Museen befinden sich u. a. in:
Altötting, Bad Aibling, Bad Reichenhall, Bad Tölz, Berchtesgaden, Burghausen, Freising, Garmisch-Partenkirchen, Ingolstadt, Kochel, Landsberg/Lech, Lenggries, Mittenwald, München, Murnau, Oberammergau, Prien, Rosenheim, Ruhpolding, Schliersee, Seebruck/Chiemsee, Starnberg, Tegernsee, Tittmoning, Traunstein, Waging am See, Wasserburg/Inn. (Siehe auch die ausführlichen Hinweise auf die wichtigsten Museen Seite 374 ff.)

Besondere Veranstaltungen
Altötting: Fronleichnamsprozession Ende Mai
Amerang: Schloßkonzerte im Juli und August, jeweils freitags und samstags
Andechs (bei Herrsching): Andechser Konzerte im Juni/Juli

PRAKTISCHE REISEHINWEISE

Bad Tölz: Leonhardifahrt am 6. November
Benediktbeuern: Benediktbeurer Konzerte im Kloster und in der Basilika von Mai bis September
Leonhardifahrt Anfang November
Berchtesgaden: Bergknappenfest mit Umzug in historischen Uniformen am Pfingstmontag
Almabtrieb im September/Oktober
Garmisch-Partenkirchen: Garmischer Heimatwoche Ende Juli/Anfang August
Partenkirchener Festwoche im August
Almabtrieb Anfang Oktober
Herrenchiemsee: Schloßbeleuchtung und Kammermusik Ende Mai bis Ende September
Ingolstadt: Septemberdult (1 Woche)
Kiefersfelden: ›Kiefersfeldener Ritterspiele‹, ältestes Volkstheater Deutschlands, im Juli/August samstagabends und sonntagmittags
Kreuth: Leonhardifahrt am 6. November
Landsberg/Lech: Historisches Ruethenfest alle vier Jahre im Juli, das nächste Mal 1991, Orgelsommer Juli/August; Christkindlmarkt im Dezember
Rathaus- und Kirchenkonzerte, Serenadenabende
München: Frühlingsfest mit Auer Mai-Dult im Mai
Nymphenburger Sommerspiele im Juni/Juli
Münchner Opernfestspiele (auch Konzerte) im Juli/August
Oktoberfest Ende September/Anfang Oktober; Christkindlmarkt im Dezember
Neuburg a. D.: Fischergasslerfest und Fischerstechen im Mai
Oberammergau: Passionsspiele alle zehn Jahre (das nächste Mal 1990)
König-Ludwig-Feier mit Bergfeuern, Feuerwerk und Fackelzug am 24. August
Sternsingen am 31. Dezember

Ruhpolding: St. Georgi-Ritt an jedem 1. Sonntag im September
Schäftlarn: Schäftlarner Konzerte von Juni bis September
Schleißheim: Schleißheimer Schloßkonzerte von Juni bis August
Schliersee: Leonhardifahrt zur St. Leonhards-Kirche in Fischhausen (6. November)
Schongau: ›Festlicher Sommer in der Wies‹ von Juli bis August
Steingaden: St. Ulrichs-Ritt auf den Kreuzberg am Sonntag nach dem Ulrichstag (4. Juli)
Tegernsee: Tegernseer Woche für Kultur und Brauchtum im Tegernseer Tal und Schloßkonzerte im September
Tegernseer Weihnacht
Traunstein: St. Georgi-Ritt in historischen Rüstungen und Trachten zum Ettendorfer Kirchlein, Pferdesegen, am Ostermontag, am Nachmittag Schwertertanz auf dem Stadtplatz
Wasserburg: Weinfest im Juli

Museen

Außer in München, das reich an Museen mit vielfältiger Thematik ist, finden sich überall in Oberbayern Heimat- und Spezialmuseen. Hinzu kommen zahlreiche Schlösser, in denen man sich häufig einer Führung anschließen muß. Neueren Datums sind die Freilicht- bzw. Bauernhausmuseen. Die Ruhetage sind unterschiedlich; häufig fallen sie auf den Montag. Durchweg erschwinglich sind die Eintrittspreise; Ermäßigungen für Kinder und bestimmte Grupppen (Studenten, Senioren, Körperbehinderte usw.). Beachten Sie, daß die angegebenen Öffnungszeiten sich ändern können.

Bad Aibling
Heimatmuseum (seit 1908). Wilhelm-Leibl-Platz 2. Geöffnet sonntags 10–12 Uhr und montags 15–17 Uhr. Erwachsene DM 2,–, Kinder DM 0,50, Ermäßigung für Kurgäste und Körperbehinderte. 18 Räume. Am wichtigsten: Wilhelm-Leibl-Stube. Im Gebäude aus dem Jahr 1564 außerdem Objekte des Gebiets aus Vor- und Frühgeschichte, Handwerk, Landwirtschaft und lokale Kunst in der Kapelle.

Aichach
Heimatmuseum (seit 1972). Geöffnet am ersten Sonntag des Monats 14–16 Uhr, sonst nach Vereinbarung, stets Führung. Erwachsene DM 2,–, Kinder DM 0,50. Ermäßigung für Gruppen. 20 Räume. Im Gebäude aus dem Jahr 1864 Objekte der kulturellen Geschichte des Landkreises, der bäuerlichen und Handwerkskultur, Geschichte der Wittelsbacher, des Birgittenklosters Altomünster, der Volksfrömmigkeit und religiösen Kunst.

Altötting
Schatzkammer der Stiftskirche am Kapellplatz. Geöffnet mit Führung Ostern bis November tägl. 10, 14, 15, 15.30 Uhr. So 10–12, 13–16 Uhr. Eingang neben dem Hauptportal der Stiftskirche. 1510 erbaute ehemalige Sakristei mit den über die Säkularisation erhaltenen Weihgaben für die Gnadenkapelle. Am wichtigsten: gotisches ›Goldenes Rößl‹, Altarkreuz mit elfenbeinernem Christus von 1580, Marienstatuette von Hans Leinberger von 1510. Außerdem verschiedene Votivgaben, darunter eine Rosenkranzsammlung.

Wallfahrts- und Heimatmuseum. Geöffnet von Dienstag bis Freitag 14–16 Uhr, samstags 10–12 Uhr und 14–16 Uhr, sonntags 10–12 Uhr und 13–15 Uhr. Am wichtigsten: altes Stadtmodell nach Stich von Michael Wening. Außerdem Objekte zur Geschichte der Stadt und der Wallfahrt.

Amerang
Bauernhausmuseum des Bezirkes Oberbayern (seit 1977). Geöffnet von Mitte März bis Mitte November 10–18 Uhr, außer Montag. Erwachsene DM 2,–, Kinder (und andere) DM 1,–. Am wichtigsten: Haus aus Gessenhausen aus dem 16. Jahrhundert. Außerdem ca. zehn Bauernhäuser und andere landestypische Objekte wie Maibaum.

Schloß (seit den 60er Jahren). Geöffnet mit Führungen Pfingsten bis Ende September 9–12, 13–17 Uhr, evtl. auch an Wochenenden. Malerischer Schloßbau von 1570 im Besitz der Freiherrn von Crailsheim. Am wichtigsten: 1976 freigelegte Fresken von um 1580 im Rittersaal. Außerdem Mobiliar und Interieur mehrerer Jahrhunderte. Dazu Schloßkonzerte und Kunstausstellungen.

Aschau
Schloß Hohenaschau, Burg aus dem 12. Jh. Zu besichtigen: Schloßkapelle (1637/39), Bergfried, Preysing-Saal (restauriert 1976). Raumentwürfe Enrico Zuccalli. Geöffnet dienstags und freitags; im Hochsommer Führungen halbstündlich zwischen 9.30 Uhr und 11.30 Uhr, im Mai und September lediglich 9.30, 10.30 und 11.30 Uhr.

Berchtesgaden
Schloß der Wittelsbacher aus dem 12. Jahrhundert, seit 1949 Museum, 30 Räume. Geöffnet im Sommer (nur mit Führung, jede volle Stunde) 10–12, 14–16 Uhr; im Winter 10, 15 Uhr. Sa./So. geschlossen, jedoch Juni bis August bei Regen auch Sa. geöffnet. Erwachsene DM 3,50, Kinder DM 1,50, Ermäßigungen auf Kurkarte und für verschiedene Sonderfälle. Am wichtigsten: wertvolle Kunstwerke (u. a. von Grasser, Rie-

PRAKTISCHE REISEHINWEISE

menschneider), die nicht im typischen Museums-, sondern im Wohnstil präsentiert werden. Außerdem Waffenkammern, Renaissance-Portale, Mobiliar aus Renaissance und Barock, Sammlungen von Teppichen, Porzellan, Gläsern, Trinkgefäßen, Glasscheiben, Jagdtrophäen.
Heimatmuseum (seit 1968) im Gebäude von 1614 (Schloß Adelsheim). Besichtigung Montag bis Freitag 10 Uhr und 15 Uhr, Juli und August bei Regenwetter auch samstags. Gruppen auch nach Voranmeldung. Auch Einkaufsmöglichkeit. Am wichtigsten: gedrechselte Filigrandosen des 18./19. Jahrhunderts. Außerdem Volkskunst aus verschiedenen Zeiten und verschiedenen Materialien, u. a. Spanschachteln, alte Schloßräume (Küche, Waffenkammer).

Burghausen
Stadtmuseum (seit 1899) in Kemenate der Burg aus dem 13./16. Jahrhundert. 30 Räume mit 1500 qm. Geöffnet 15. März bis 15. November täglich und zwar: von April bis September 9–17 Uhr, im März, Oktober und November 9–16.30 Uhr. Erwachsene DM 1,50, Kinder DM 0,50, Ermäßigung für Gruppen. Am wichtigsten: Burgmodell 16. Jahrhundert (Kopie), Ritterrüstungen und -waffen sowie hl. Jakobus von M. Zürn. Außerdem Handwerkliches, Mobiliar von Bauern und Bürgern, Vögel, Malerei und Plastik, u. a. lokale Barockmaler.
Burg mit Gemäldegalerie. Geöffnet im Sommer täglich 9–12 Uhr und 13–17 Uhr; im Winter 9–12 Uhr und 13–16 Uhr, im Winter am Montag geschlossen. Erwachsene DM 1,50, Kinder DM 0,50. Am wichtigsten: ausgedehnte Anlage der größten deutschen Burg mit zwei mittelalterlichen Burgkapellen und Staatlicher Gemäldegalerie. 1974 in den Obergeschossen neu eingerichtet. U. a. Tafelbilder bayerischer und österreichischer Meister der Spätgotik.

Eichstätt
Diözesanmuseum am Residenzplatz. Geöffnet vom 1. April bis 31. Oktober werktags 9.30–13 und 14–17 Uhr, montags geschlossen. Geistliche Kunst und Schatzkammer des Hochstifts.
Außerdem *Historisches Museum, Jura-Museum* und *C.O.-Müller-Galerie* für den Altmühlmaler (1901–1970).

Erding
Heimatmuseum im Rathaus (seit 1856). Geöffnet jeden zweiten Sonntag im Monat 10–12 Uhr und 14–16 Uhr. Eintritt frei, Spende erbeten. Zehn Räume. Am wichtigsten: hölzerner Palmesel des 14. Jahrhunderts, Werke von Christian Jorhan d. Ä., Passionstafeln von 1480. Außerdem Objekte der Vor- und Frühgeschichte, der Stadt, des Handwerks, der Volkskunst, Mobiliar. Gelegentlich Sonderausstellungen.

Frauenchiemsee
Museum in der Torhalle von 860, vier Räume (ein Raum Museum, drei Räume Gemäldeausstellung). Geöffnet Pfingsten bis September täglich 11–18 Uhr. Erwachsene DM 2,–, Kinder DM 0,50, Ermäßigung für Gruppen. Byzantinische Funde der Agilolfinger und Karolinger Zeit. Gemäldeausstellung ›Ein Jahrhundert Chiemseemaler‹.

Freising
Diözesanmuseum (seit 1974) im 1868 erbauten Knabenseminar. Geöffnet dienstags bis donnerstags 13–18 Uhr, von freitags bis sonntags 10–18 Uhr, montags geschlossen,

376

ebenso am Dienstag nach Ostern und Pfingsten. Eintritt DM 1,–, ermäßigt DM 0,50. Elf Räume, auch Café. Am wichtigsten: Freisinger Saal mit Geschichte des Bistums, Münchener Saal mit Teilen gotischer Flügelaltäre und Münchener Domsäle mit Kunstwerken aus dem Münchener Dom. Wichtigstes oberbayerisches Museum religiöser Kunst. Barockgalerie mit Kunst des 16. – 18. Jahrhunderts, folkloristischer Wallfahrtssaal und Dombibliothek.

Fürstenfeldbruck

Bauernhausmuseum ›Jexhof‹, nahe der Straße Schöngeising–Mauern. Geöffnet Dienstag, Mittwoch, Samstag und Sonntag 14–17 Uhr.

Garmisch-Partenkirchen

Werdenfelser Heimatmuseum (seit 1925) Ludwigstraße 47, in 22 Räumen. Geöffnet dienstags bis freitags 10–13 Uhr und 15–18 Uhr, samstags, sonntags nachmittags 10–13 Uhr; montags geschlossen. Religiöse und profane Volkskunst, Bauernstuben, Weihnachtskrippen, Mobiliar, Trachten, Schmuck, Fayencen, meist 17.–19. Jahrhundert.

Glentleiten (A 95 / E 6, Ausfahrt Murnau, Kochel, Großweil)

Freilichtmuseum des Bezirks (seit 1977). Geöffnet im Sommer: Dienstag bis Sonntag 10–18 Uhr, montags geschlossen; im Winter: 10–16 Uhr, außer bei extremen Wetterverhältnissen. Telefonische Auskunft: 08851 / 205 und 08841 / 8869. Erwachsene DM 3.–, Kinder (und andere) DM 1,50, Ermäßigung für Gruppen. Schau der bäuerlichen Bau- und Wohnkultur Oberbayerns aus fünf Jahrhunderten, größtes bayerisches Freilichtmuseum in 700 m Höhe über dem Kochelsee (s. auch S. 15 ff.)

Herrenchiemsee

Neues Schloß und König Ludwig II.-Museum. Geöffnet im Sommer (April bis September): täglich 9–17 Uhr, mit Führungen; im Winter: Schloß 10–16 Uhr, Museum geschlossen; an Samstagen zwischen 19. Mai und Ende September letzte Führung 16.30 Uhr. Erwachsene DM 3,– im Schloß (Zuschlag DM 1,– für Wasserspiele), DM 1,– im Museum, Kinder DM 1,50 im Schloß, DM 0,50 im Museum. Verschiedene Ermäßigungen. Am wichtigsten: das nach dem Vorbild von Versailles von König Ludwig II. errichtete Schloß mit seiner prunkvollen Einrichtung. An allen Samstagabenden von Mitte Mai bis Ende September: Schloßbeleuchtung und Kammermusik.

Ingolstadt

Bayerisches Armeemuseum im Neuen Schloß. Geöffnet Dienstag bis Sonntag 9.30–16 Uhr, montags geschlossen. Erwachsene DM 1,50, Schüler DM 0,20, Ermäßigung für Rentner, So. freier Eintritt.
Deutsches Medizinhistorisches Museum, Anatomiestraße 20. Geöffnet April bis Oktober: Dienstag bis Sonntag 10–12 Uhr und 14–17 Uhr; Nov. bis März: Dienstag bis Sonntag 10–12 Uhr, am Mittwoch, Samstag und Sonntag auch 14–17 Uhr. Erwachsene DM 1,–, Kinder DM 0,25, Schüler DM 0,50.

Ising

Schatzkammer der *Wallfahrtskirche Ising*, geöffnet jeweils Samstag 10–12 und 14–16 Uhr. Führung sonntags 10.30 Uhr. Sammlung Weithase mit religiösen Plastiken aus fünf Jahrhunderten.

PRAKTISCHE REISEHINWEISE

Kochel
Franz-Marc-Museum, Herzogstandweg 43. Geöffnet 1.4.–31.10., 20.12–15.1. tägl. außer Mo. 14–18 Uhr, DM 3,– (Ermäßigung).

Landsberg
Stadtmuseum. Geöffnet am Dienstag und Mittwoch 10–12 Uhr, donnerstags 10–12 Uhr und 16–18 Uhr, freitags 14–16 Uhr, samstags 10–12 Uhr und 14–16 Uhr, sonntags 10–12 Uhr. Darstellung der Stadtentwicklung an Hand alter Bilder, Waffen, Handwerksarbeiten und vorgeschichtlicher Funde.
Herkomer-Gedächtnisstätte im Mutterturm. Geöffnet wie Stadtmuseum. Der 1884/88 errichtete Turm diente dem deutsch-englischen Maler Hubert von Herkomer als Atelier und beherbergt heute eine Graphiksammlung.

Für den Kreis Landsberg siehe *Riederau!*

Linderhof (nahe Oberammergau)
Schloß mit Grotte und Maurischem Kiosk. Geöffnet im Sommer: April bis September täglich 9–12.15 Uhr und 12.45–17 Uhr, Juni bis August: nachmittags bis 17.30 Uhr; im Winter (Grotte und Kiosk jedoch geschlossen): täglich 9–12.15 Uhr und 12.45–16 Uhr. Wasserspiele zwischen 9 und 17 Uhr zu jeder vollen Stunde. Erwachsene DM 5,– (Winter DM 3,50), Kinder DM 2,50 (Winter DM 1,50), verschiedene Ermäßigungen. Prunkvolle Schloßanlage von Ludwig II.

Miesbach
Heimatmuseum (seit 1908). Geöffnet mittwochs 15–17 Uhr, samstags 18–19.30 Uhr, sonntags 10–12 Uhr. Erwachsene DM 1,–, Kinder DM 0,50.

Mittenwald
Geigenbau- und Heimatmuseum (seit 1930). Geöffnet Montag bis Freitag 10–11.45 Uhr und 14–16.45 Uhr, am Samstag und Sonntag 10–1.45 Uhr. Erwachsene DM 1,50, Kinder DM 1,–, Ermäßigung auf Kurkarte und für Gruppen. Fünf (später nach Umbau acht) Räume. Am wichtigsten: Darstellung der Alt-Mittenwalder Wohnkultur, Saiteninstrumente.

Mühldorf
Kreisheimatmuseum (seit 1974) im ›Lodronhaus‹ von 1610. Geöffnet dienstags 14–19 Uhr, sonntags 10–12 Uhr und 14–16 Uhr, mittwochs und donnerstags 14–16 Uhr. Für Gruppen Voranmeldung, ☏ 08631/2351. Erwachsene DM 1,–, Kinder DM 0,50, Ermäßigung für Schulen und Gruppen. 17 Räume. Am wichtigsten: Keltengräberfunde, Römerfunde, Mastodonskelett. Außerdem Fundstücke aus dem Heimatkreis sowie Bild-Ton-Schau ›Barock im Kreis Mühldorf‹. Ständig Sonderschauen.

München
Alte Pinakothek, Barer Straße 27. Geöffnet täglich (außer montags) 9–16.30 Uhr. Europäische Malerei des 14.–18. Jahrhunderts.

Bayerisches Nationalmuseum, Prinzregentenstraße 3

Kunstgeschichtliche Sammlungen: Geöffnet dienstags bis freitags 9.30–16.30 Uhr, samstags und sonntags 10–16.30 Uhr. Plastik, Malerei und Kunsthandwerk Europas vom Mittelalter bis zum 19. Jahrhundert. Fachsammlungen für Glasgemälde, Barock-Skizzen, Miniaturen, Elfenbein, Glas, Kostüme, Porzellan, Fayencen, Uhren, Goldschmiedearbeiten.

Volkskundliche Sammlungen: Geöffnet dienstags bis freitags 9.30–12 Uhr und 13.15–16.30 Uhr, samstags und sonntags 10–12 Uhr und 13.15–16.30 Uhr. Bauernstuben, Trachten, Hafnerkeramik, bäuerliches Handwerk, religiöse Volkskunde.
Bayerische Staatssammlung für Allgemeine und Angewandte Geologie, Luisenstraße 37. Geöffnet montags bis freitags 9–18 Uhr.
Bayerische Staatssammlung für Paläontologie und historische Geologie, Richard-Wagner-Straße 10. Geöffnet montags bis donnerstags 8–16, freitags 8–15 Uhr. Saurier und Säugetiere der Vorzeit, Urelefanten-Skelett (Lichthof), Fossilfunde aus Süddeutschland, Meteoritenkrater Nördlinger Ries.
BMW-Museum, Petuelring 130. Geöfnet montags bis freitags 9–17 Uhr, samstags 9–15 Uhr. Historische Sammlung von Flugmotoren, Motorrädern und Automobilen der Bayerischen Motorenwerke AG aus der Zeit von 1919 bis zur Gegenwart sowie Sporttrophäen.
Deutsches Jagdmuseum, Neuhauser Straße 53. Geöffnet täglich (außer montags) 9.30–16 Uhr. Trophäensammlung, Jagdwaffen aus drei Jahrhunderten, Jagdutensilien, Jagdgemälde und Graphiken.
Deutsches Museum, Auf der Isarinsel (Ludwigsbrücke). Geöffnet täglich 9–17 Uhr. In seiner Art das größte technische Museum der Welt. 40 000 qm Ausstellungsfläche mit ca. 15 000 Objekten.
Die Neue Sammlung, Prinzregentenstraße 3. Ständige Ausstellung nur nach vorheriger Anmeldung zu besichtigen; Wechselausstellungen täglich (außer montags) 10–17 Uhr. Staatliches Museum für Angewandte Kunst, ein Institut zur Förderung der guten, zeitgemäßen Gestaltung der menschlichen Umwelt mit wechselnden Ausstellungen, deren Sammlungen Kunsthandwerk von der manufakturellen und industriellen Produktion bis zu Architektur und Städtebau zeigen.
Glyptothek, Königsplatz 3. Geöffnet täglich (außer montags) 10–16.30 Uhr, donnerstags 12–20 Uhr. Sammlung griechischer und römischer Skulpturen.
Mineralogische Staatssammlung, Theresienstraße 41. Geöffnet dienstags bis freitags 13–17 Uhr, samstags/sonntags 13–18 Uhr.
Moderne Kunst, Prinzregentenstraße 1 (Westeingang). Geöffnet täglich (außer montags) 9–16.30 Uhr. Europäische Malerei und Skulptur des 20. Jahrhunderts und Wechselausstellungen.
Münchner Stadtmuseum, St. Jakobs-Platz 1. Geöffnet täglich (außer montags) 9–16.30 Uhr. Ständige Ausstellung ›Münchner Wohnkultur von 1700 bis 1900‹, Moriskenraum mit den Moriskentänzern von Erasmus Grasser, Waffensaal mit den Beständen des Bürgerlichen Zeughauses. Außerdem: *Deutsches Brauereimuseum; Photomuseum; Puppentheater in Europa und Asien; Filmabteilung; Musikinstrumentensammlung.*
Museum in der Stuck-Villa, Prinzregentenstraße 60. Geöffnet täglich (außer montags) 10–17 Uhr. Restaurierte Villa des Künstlers Franz von Stuck mit Originalfresken, Gemälden, Graphiken und Dokumentationen aus der Zeit um 1900.
Neue Pinakothek und Staatsgalerie moderner Kunst, Barer Straße 29. Geöffnet dienstags bis sonntags 9–16.30 Uhr, dienstags auch 19–21 Uhr. Malerei des 19. und 20. Jahrhunderts.
Prähistorische Staatssammlung, Lerchenfeldstraße 2. Geöffnet täglich (außer montags) 10–16 Uhr, donnerstags bis 21 Uhr. ›Vorgeschichte in Bayern‹, ›Römische Kaiserzeit‹ und ›Frühes Mittelalter‹.

PRAKTISCHE REISEHINWEISE

Residenzmuseum, Max-Joseph-Platz 3. Geöffnet dienstags bis samstags 10–12.30 Uhr und 13.30–16.30 Uhr, sonntags 10–13 Uhr. Fürstliche Räume der Renaissance, des Rokoko und des Klassizismus. Besichtigung am Vormittag: Ahnengalerie, Antiquarium, Schlachtensäle, Porzellan des 19. Jahrhunderts, Ostasienporzellan, Kurfürsten- und Charlottenzimmer, Trierzimmer, Reiche Zimmer, Nibelungensäle. Besichtigung am Nachmittag: Ahnengalerie, europäisches Porzellan, Hofkapelle, Paramentenkammern, Reliquienkammer, Silberkammer, Steinzimmer, Nibelungensäle; Altes Residenztheater (Cuvilliés-Theater).

Schack-Galerie, Prinzregentenstraße 9. Geöffnet täglich (außer dienstags) 9–16.30 Uhr. Deutsche Malerei des 19. Jahrhunderts (Böcklin, Dillis, Feuerbach, Klenze, Lenbach, Marées, Piloty, Rottmann, Schnorr von Carolsfeld, Schwind, Spitzweg).

Schatzkammer der Residenz, Max-Joseph-Platz 3. Geöffnet dienstags bis samstags 10–16.30 Uhr, sonntags 10–13 Uhr. Kronen und Kleinodien, Goldschmiedewerke und Juwelen aus zehn Jahrhunderten.

Staatliche Antikensammlung, Königsplatz 1. Geöffnet täglich (außer montags) 10–16.30 Uhr, mittwochs 12–20 Uhr. Sammlung griechischer Vasen, griechische, etruskische und römische Kleinplastik, Goldschmuck, Glas.

Staatliche Graphische Sammlung, Meiserstraße 10. Geöffnet montags bis freitags 9–13 Uhr und 14–16.30 Uhr. Handzeichnungen und Druckgraphik von der Spätgotik bis zur Gegenwart.

Staatliches Museum für Völkerkunde, Maximilianstraße 42. Geöffnet täglich (außer montags) 9.30–16.30 Uhr. Kunst und Kultur außereuropäischer Völker.

Staatliche Münzsammlung, Residenzstraße 1 (Residenz). Geöffnet täglich (außer montags) 10–16 Uhr. Münzen, Medaillen, Plaketten, Geldzeichen, Gemmen und Kameen.

Staatliche Sammlung ägyptischer Kunst, Hofgartenstraße 1 (Residenz). Geöffnet täglich (außer montags) 9.30–16 Uhr, dienstags auch 19–21 Uhr. Denkmäler des ägyptischen Altertums von der Vorgeschichte über die klassischen Epochen bis in hellenistisch-römische Zeit; frühchristliche (koptische) Kunstwerke des Niltals, nubische und meroitische Kunst und assyrische Monumentalreliefs.

Städtische Galerie im Lenbachhaus, Luisenstraße 33. Geöffnet täglich (außer montags) 9–16.30 Uhr, dienstags 9–20 Uhr. Kandinsky und die Maler des ›Blauen Reiter‹, Kunst nach 1945.

Valentin-Musäum im Isartorturm. Geöffnet montags, dienstags und samstags 11.01–17.29 Uhr, sonntags 10.01–17.29 Uhr. Dokumente und Bilder alter Münchner Volkssänger, ständige Ausstellung über die großen Münchner Komiker Karl Valentin und Liesl Karlstadt. Münchner ›Curiositäten-Schau‹, Volkssängermuseum und Volkssängerlokal.

Werner-von-Siemens-Institut für Geschichte des Hauses Siemens, Prannerstraße 10. Geöffnet montags bis freitags 9–16 Uhr, samstags und sonntags 10–14 Uhr. Geschichte des Hauses Siemens in Modellen, Bildern und Demonstrationsgeräten.

Schloß Nymphenburg mit Amalienburg, Badenburg, Pagodenburg, Magdalenenklause, Marstallmuseum.
Öffnungszeiten:
Schloß, im Sommer 9–12 Uhr und 13–17

Uhr, im Winter 10–12 Uhr und 13–16 Uhr
Amalienburg im Schloßpark, im Sommer 9–12.30 Uhr und 13.30–17 Uhr, im Winter 10–12.30 Uhr und 13.30–16 Uhr.
Badenburg, Pagodenburg, Magdalenenklause, im Sommer 10–12.30 Uhr und 13.30–17 Uhr, im Winter geschlossen.
Marstallmuseum im Schloß, im Sommer 9–12.30 Uhr und 13.30–17 Uhr, im Winter 10–12.30 Uhr und 13.30–16 Uhr.
Eintrittspreise:
Schloß (Gesamtkarte), Erwachsene DM 4,-, Kinder DM 2,-, verschiedene Ermäßigungen.
Schloß mit Schönheitengalerie, Amalienburg und Marstallmuseum (Sammelkarte), Erwachsene DM 3,-, Kinder DM 1,50, verschiedene Ermäßigungen.
Schloß mit Schönheitengalerie, Erwachsene DM 1,50, Kinder DM 1,-.
Amalienburg, Erwachsene DM 1,50, Kinder DM 1,-.
Badenburg, Erwachsene DM 1,-, Kinder DM 0,50.
Pagodenburg, Erwachsene DM 1,-, Kinder DM 0,50.
Magdalenenklause, Erwachsene DM 1,-, Kinder DM 0,50.
Marstallmuseum, Erwachsene DM 1,50, Kinder DM 1,-.
Nymphenburger Porzellanmanufaktur im Schloßrondell, bedeutende Beispiele der Porzellankunst. Verkaufsräume geöffnet Montag bis Freitag 8–12 Uhr und 13–17 Uhr, an Wochenenden und Feiertagen geschlossen.

Neuburg a. D.
Staatliches Schloßmuseum (seit 1987) mit Archäologischem Museum; sakrale Volkskunst, Antependien. Geöffnet täglich außer montags, 10–17 Uhr.

Heimatmuseum, Amalienstraße. Geöffnet an Sonn- und Feiertagen 10–12 und 14–16 Uhr. Vielseitige Sammlungen mit Gemäldegalerie und Skulpturen.

Oberammergau
Heimatmuseum (seit 1910). Geöffnet in der Hauptsaison: täglich 10–12 Uhr und 14–17 Uhr, in der Nebensaison: nur 14–17 Uhr und ab 15. Oktober bis Ostern: nur samstags 14–17 Uhr. Erwachsene DM 1,50, Kinder DM 0,40, Ermäßigung für Kurkarteninhaber und Studenten. Zehn Räume. Am wichtigsten: historische Weihnachtskrippen und Hinterglasbilder. Außerdem viele Beispiele der Oberammergauer Schnitzkunst.

Pfaffenhofen an der Ilm
Museum (1978 wiedereröffnet) im Mesnerhaus. Geöffnet am Samstag 11–15 Uhr, im Winter eingeschränkt. Sechs Räume von 200 qm im Gebäude von 1786. Erwachsene DM 1,-, Kinder frei. Sonderführungen möglich. Das Museum umfaßt eine Sammlung religiöser Volkskunst von römischer Zeit bis zum 19. Jahrhundert.

Prien
Heimatmuseum (seit 1901). Geöffnet dienstags bis freitags 10–12 Uhr und 15–17 Uhr, samstags 10–12 Uhr. In der Wintersaison: nur dienstags und freitags 10–12 Uhr und 15–17 Uhr. Erwachsene DM 2,-, Kinder DM 0,50, Ermäßigungen für Kurgäste und Studenten. 20 Räume im Gebäude von 1840. Am wichtigsten: bäuerliche Objekte und Bilder von Chiemseemalern. Außerdem Bauernstuben, Chiemseefischerzimmer, Weberzimmer, Hinterglasbilder und andere folkloristische Objekte.

Bad Reichenhall
Städtisches Heimatmuseum (seit 1854, 1966 erneuert). Geöffnet von Mai bis Oktober: dienstags bis freitags 14–18 Uhr sowie jeden

ersten Sonntag im Monat 10–12 Uhr. Erwachsene DM 1,50, Kinder DM 0,50, Ermäßigung auf Kurkarte. Zehn Räume im früheren Getreidestadel von 1559. Am wichtigsten: größter bronzezeitlicher Hortfund nördlich der Alpen. Außerdem komplett eingerichtete Almhütte, Zeugnisse der Siedlungsgeschichte und Reichenhaller Stadtgeschichte, Entwicklung der Salzgewinnung, Sammlung von Naturplastiken, Trachten usw.

Riederau am Ammersee
Kreisheimatstuben des Landkreises Landsberg am Lech (seit 1975). Geöffnet dienstags und donnerstags 10–12 Uhr und 14–16 Uhr, samstags und sonntags 14–17 Uhr. Erwachsene DM 1,–, Kinder DM 0,50. Zehn Räume im Gebäude von 1770. Am wichtigsten: Bauernwohnräume und alte Holzpflüge. Außerdem Gebäude, Einrichtung und Geräte der Vergangenheit.

Rosenheim
Heimatmuseum (seit 1894) Ludwigsplatz 26. Geöffnet dienstags bis freitags 9–12 Uhr und 14–17 Uhr, samstags 9–12 Uhr und sonntags 10–12 Uhr. Erwachsene DM 1,–, Kinder DM 0,50. 16 Räume mit 400 qm Ausstellungsfläche im Gebäude des 14. Jahrhunderts. Vor- und frühgeschichtliche Sammlung, Zeugnisse der Römerzeit und Objekte zur Stadt- und Heimatgeschichte. Interessant: Perthaler Schränke und Fayencen. Auch Sonderausstellungen.
Städtische Galerie (seit 1937), Max-Bram-Platz 2. Geöffnet dienstags bis samstags 9–13 Uhr und 14.30–17 Uhr, sonntags ab 10 Uhr. Montags und an Feiertagen geschlossen. Erwachsene DM 1,–, Kinder DM 0,50. Neun Räume mit 415 qm Ausstellungsfläche. Am wichtigsten: Werke von Constantin Gerhardinger und Hans Müller-Schnuttenbach. Außerdem Ausstellungen bayerischer Künstler und aus den Beständen der Galerie. Abends auch Konzerte und Führungen durch die Künstler.

Ruhpolding
Bartholomäus Schmucker-Heimatmuseum (seit 1921, ab 1970 im Herzoglichen Jagdschloß von 1587). Geöffnet montags bis freitags 14–17 Uhr. Erwachsene DM 1,30, Kinder DM 0,50, Ermäßigung auf Kurkarte und für Behinderte und Studenten. Sieben Räume mit ca. 1000 qm Ausstellungsfläche. Mobiliar, Gebrauchsgegenstände, Hinterglasbilder, Waffen, Steinsammlung.
Museum für bäuerliche und sakrale Kunst (seit 1970). Geöffnet dienstags bis samstags 9.30–12, 14–16 Uhr, sonntags 9.30–12 Uhr. Geschlossen vom 26. 10. bis 26. 12. Erwachsene DM 2,–, Kinder DM 1,–. Sechs Räume in drei Stockwerken im über 400 Jahre alten Pfarrhof Ruhpoldings. Roman-Friesinger-Str. 1. Am wichtigsten: einmalige Paramentensammlung mit Meßgewändern, größte Europas. Außerdem bäuerliche Sammlung mit 193 Hinterglasbildern, 40 Schränken und Truhen, religiöser Volkskunst, bäuerlichem Schmuck und Gebrauchsgegenständen.

Schleißheim
Neues Schloß. Geöffnet täglich (außer montags) 10–12.30 Uhr und 13.30–17 Uhr, im Winterhalbjahr (Oktober bis März): nachmittags nur bis 16 Uhr. Erwachsene DM 2,50, Kinder DM 1,50, Gesamtkarte mit Schloß Lustheim (s. u.) Erwachsene DM 3,50, Kinder DM 2,-. Schloß aus dem frühen 18. Jahrhundert, von Kurfürst Maximilian II. Emanuel erbaut mit reicher Barock-Ausstattung. Am wichtigsten: hervorragende Gemäldegalerie der Bayerischen Staatsgemäldesammlungen, München.

Schloß Lustheim im Schloßpark von Schleißheim. Gleiche Öffnungszeiten wie Neues Schloß. Erwachsene DM 1,50, Kinder DM 1,–. Das Schloß (Ende 17. Jh., E. Zuccalli) enthält eine Meißner Porzellansammlung, Stiftung Ernst Schneider.

Schliersee
Heimatmuseum (seit 1916). Geöffnet im Sommer: montags, mittwochs und freitags 15–17 Uhr. Erwachsene DM 2,–, Kinder DM 1,-. 14 Räume in zwei Gebäuden des 14./15. Jahrhunderts. Am wichtigsten: eingerichtetes Bauernhaus. Außerdem Schränke, Truhen, bäuerliches Gerät.

Schrobenhausen
Heimatmuseum (seit 1901). Geöffnet tägl. 9–11, 13–16 Uhr. Eintritt frei. Vier Säle, zwei Zimmer, Gänge und Treppenhaus im Bau des 19. Jahrhunderts. Muttergottes von Hans Leinberger. Außerdem Objekte der Vor- und Frühgeschichte, der Stadtgeschichte, drei von Franz von Lenbach gemalte Schützenscheiben, Trachtensammlung, Hinterglasbilder, oberbayerische Folklore und Möbel.
Lenbach-Museum (seit 1937), Ulrich-Preißer-Gasse 1. Geöffnet tägl. 8–17 Uhr. Information über Leben und Werk des Malers.

Starnberg
Heimatmuseum (seit 1914). Geöffnet (außer montags) 9–16 Uhr, vom 1. November bis 1. April geschlossen. Erwachsene DM 1,50, Kinder DM 0,50, Führung (jede volle Stunde) inbegriffen. 300 qm Fläche in einem Haus des 15. Jahrhunderts. Am wichtigsten: Skulptur ›Die Heilige‹ von Ignaz Günther. Außerdem bemalte Bauernschränke, Landschaftsmalerei des 19. Jahrhunderts am Starnberger See, bäuerliches Arbeitsgerät, Trachten und Volkskunst der Region.

Tegernsee
Heimatmuseum (seit 1967) im ehemaligen Kloster Tegernsee. Geöffnet zwischen Juni und Oktober: täglich 14–17 Uhr. Erwachsene DM 1,-, Kinder DM 0,50, Ermäßigung auf Kurkarte. Zwei große Säle. Am wichtigsten: alte Bauernküche. Außerdem Volkskunst, Trachten, Klosterschriften, Waffen, Möbel, Stiche.

Tittmoning
Heimathaus des Rupertiwinkels (seit 1911 auf der Burg von 1234, gegründet bereits Ende des 19. Jahrhunderts). Geöffnet von Mai bis September nur mit Führungen: täglich (außer donnerstags) um 14 Uhr. Erwachsene DM 2,–, Kinder DM 1,–, Ermäßigung für Gruppen und Schulen. 25 Räume mit Schloßkapelle und Wehrgang, 1858 qm. Am wichtigsten: römisches Mosaik, das 1974 in Tittmoning gefunden wurde, und Altarbild des Barock-Malers Johann Michael Rottmayr. Außerdem Objekte aus Vor- und Frühgeschichte, Volkskunst, Möbel, Öfen, Handwerksarbeiten, 120 Schützenscheiben vom 17. Jahrhundert ab, 180 schmiedeeiserne Grabkreuze, sakrale Kunst. Im Scheibensaal auch Volks- und Stubenmusik-Vorführungen.

Bad Tölz
Heimatmuseum (seit 1930) am Schloßplatz 2, jedoch 1981 neue Räume. Geöffnet vom 1. April bis 31. Oktober täglich mit Führungen 10, 14, 15.30 Uhr, vom 1. Oktober bis 31. März mittwochs, samstags und sonntags jeweils 10, 14, 15.30 Uhr. Erwachsene DM 1,-, Kinder DM 0,50. Zwölf Räume mit Folklore, Kunsthandwerk, geologischer Sammlung, Klosterarbeiten.

Traunstein
Heimathaus (seit 1882, ab 1976/77 erneuert). Geöffnet (nur mit Führungen) 1. Mai–

30. Juni und 1. September–15. Oktober wochentags 14 und 15.30 Uhr, am Wochenende 10 Uhr. Juli, August wochentags 9, 10.30, 14 und 15.30 Uhr, sonntags 10 Uhr. Montags geschlossen. Für Gruppen Voranmeldung erforderlich. Erwachsene DM 2,–, Kinder DM 1,–, Kurgäste und Gruppen Ermäßigung. 15 Räume und drei Vorräume, zusammen 604 qm Ausstellungsfläche in altem Bürgerhaus und Brothausturm des Mittelalters. Am wichtigsten: alte Saline. Außerdem vor- und frühgeschichtliche Funde, altes Mobiliar und Kleidung von Renaissance bis Biedermeier, Handwerksgeräte der Weber, Seiler, Töpfer, Gemälde und Graphiken, insbesondere bürgerliche Porträts und religiöse Kunst sowie religiöse Volkskunst.

Wasserburg
Heimathaus (seit 1898), Herrengasse 15. 1937 umgebautes, ehemaliges Stadthaus der Äbte von Attel. Geöffnet vom 1. Mai bis 30. September dienstags bis freitags 10–12, 13–16 Uhr, am Wochenende 11–15 Uhr, montags geschlossen. 1. Oktober–30. April dienstags bis freitags 13–16 Uhr, am Wochenende 10–12 Uhr, montags und jeweils zweite Dezemberhälfte geschlossen. Eintritt DM 2,–, Schüler/Kinder DM 1,– (Sonderführungen für Gruppen möglich). 24 Räume. Wichtigste Sehenswürdigkeiten: Altargruppe (um 1640) von David Zürn, Perthaler Bauernstube. Außerdem stadtgeschichtliche Sammlung, spätgotische Arbeiten, Bürgerporträts, Möbelsammlung, Sakralkunst und Folklore.

Weilheim
Stadtmuseum (seit 1882). Geöffnet sonntags bis donnerstags 10–12 Uhr und 14–16 Uhr, samstags 10–12 Uhr. Erwachsene DM 1,50, Kinder DM 0,50, Ermäßigung für Studenten und Rentner sowie Gruppen. Zwölf Räume im Gebäude von 1788. Am wichtigsten: ›Schmerzensmann‹ von Hans Leinberger (1526/27), Prunkschrank von 1587. Außerdem Werke aus dem Pfaffenwinkel: Skulptur des 15.–18. Jahrhunderts, Malerei des 16.–19. Jahrhunderts, Möbel des 16.–19. Jahrhunderts sowie Bürger- und Bauernstube. Graphische Sammlung. Etwa alle drei Wochen Ausstellungen mit Verkauf.

Souvenirs

Sie können aus Oberbayern prächtige künstlerische Erzeugnisse – und entsetzlichen Kitsch mit nach Hause nehmen. Beides wird reichlich angeboten.

Kunst bieten die einheimischen Künstler, besonders Maler an. Ein gutes Bild läßt sich in manchem Atelier aussuchen; es hat aber auch seinen Preis. *Kunsthandwerk* umfaßt in Oberbayern Schnitzwerke (Oberammergau), Keramik, Handgewebtes vom Fleckerlteppich bis zu erlesenen Kleidungsstücken, Kerzen und Wachsfiguren, kunstvolle Zinngegenstände.

Beliebte Mitbringsel sind *Antiquitäten*. Beachten Sie jedoch, daß die echten Putten, Engel, Leuchter und vor allem Bauernmöbel nur noch sehr selten – und teuer – angeboten werden.

An *vergänglichen Souvenirs* bieten sich in Oberbayern der Enzian und der Ettaler Klosterlikör an, sodann Wurstspezialitäten, Honig, Käse (der allerdings meist aus dem Allgäu stammt) und Süßigkeiten mit lokaler Note.

Glossar

meist auch mit einem gemeinsamen Dach verbunden sind. Dabei erhält die Kirche Licht – anders als bei der Basilika – lediglich von den Fenstern der Seitenschiffe.

Altarblatt Altargemälde.

Apsis (Plural: Apsiden) wörtlich: Bogenrundung, meist halbkreisförmiger Ausgang des Mittelschiffs der Basilika mit Standort des Altars in romanischen Kirchen.

Basilika Mehrschiffiger Kirchenbau mit einem gegenüber den Seitenschiffen erhöhten Mittelschiff, das eigene Fensteröffnungen aufweist.

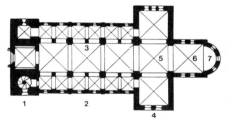

Basilika, Grundriß 1 Westwerk 2 Langhaus: Haupt- und Seitenschiffe 3 Joche 4 Querschiff 5 Vierung 6 Chor 7 Apsis

Dachreiter Türmchen auf dem Dachfirst, meist oberhalb des Zusammentreffens von Lang- und Querschiff (Vierung).

Epitaph Erinnerungsmal, meist in Verbindung mit Grabstätte.

Freskomalerei Dabei wird die Farbe für ein Wandgemälde auf den noch feuchten Putz aufgetragen, so daß sie ihn durchdringt und damit eine besondere Haltbarkeit erreicht.

Hallenkirche Kirche mit mehreren Schiffen, deren Gewölbe gleich hoch reichen, so daß sie

Immaculata Die ›Unbefleckte‹, Bezeichnung für Maria.

Kapitell Oberer Abschluß einer Säule oder eines Pfeilers in verschiedenartiger plastischer Ausgestaltung.

Kassettendecke Eine in gleichmäßige Felder aufgeteilte Decke. Die Felder können rund oder eckig sein und heißen Kassetten. Sie werden bemalt, durch Reliefs verziert oder durch plastische Ränder abgegrenzt.

Konche Halbkreisförmige Nische (vom griechischen Wort für ›Muschel‹), die aus dem Bau herausragt.

Krypta Unter dem Chor gelegener kultischer Raum, der aus dem Reliquienkult des frühen Mittelalters wuchs und in seinen Ausmaßen manchmal auch unterhalb von Querschiff und Vierung verlief. Häufig Grabstätte des für die Kirche bestimmenden Heiligen.

Laterne Aufsatz für einen Turm, eine Kuppel, einen Dachreiter mit fensterartigen Öffnungen, rund oder vieleckig.

GLOSSAR

Lettner Schranke zwischen dem Chor als Standort der Geistlichkeit und dem für Laien zugänglichen Teil einer Kloster- oder Stiftskirche.

Lüftlmalerei Bemalung von Hausfassaden, insbesondere in der zweiten Hälfte des 18. Jahrhunderts (s. S. 77, 78, 240; Farbt. 18, 29; Abb. 11, 113, 135, 136).

Manierismus Im frühen 16. Jahrhundert beginnende Abwandlung des Renaissance-Stils mit Abweichungen von den gegebenen Maßen und Farben auf einen Formalismus zu, der vom Barock abgelöst wurde.

Mater dolorosa Schmerzensmutter, die um ihren Sohn trauernde Mutter Maria.

Netzgewölbe Netzartige Ausprägung eines Gewölbes ohne Rücksicht auf die Gliederung der Wände.

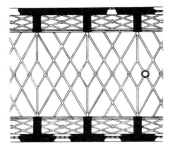

Pietà Auch Vesperbild genannt. Darstellung der Muttergottes, die den vom Kreuz genommenen toten Christus auf ihrem Schoß hält (Abb. 119).

Pilaster Flache Wandpfeiler zur Gliederung und Verstärkung der Wand.

Presbyterium Altarraum der Priester.

Rocaille Mit dem französischen Wort für ›Muschel‹ ist die Ornamentik des aus dem Barock wachsenden Rokoko charakterisiert. Diese an der Muschelform orientierte Ornamentik bestimmte ungefähr die Zeit von 1730–1770.

Schmerzensmutter Siehe: Mater dolorosa

Schutzmantelmadonna Darstellung der Madonna, die unter ihrem Mantel die Gläubigen birgt und schützt. Beliebte Darstellung des späten Mittelalters.

Stuck Eine formbare, später erstarrende Masse aus Gips, Sand und Kalk, die von der Antike über die karolingische und spätromanische Kunst Verwendung fand und einen Höhepunkt im späten Barock mit dem Rokoko erlebte. Dabei wurde der Stuck auch gern bemalt. Berühmte Stuckkünstler Oberbayerns kamen aus der sog. Wessobrunner Schule.

Tabernakel Hülle für die Aufbewahrung von Hostie und Kelch, später auch symbolisch für Ziergehäuse von Figuren benutzt.

Tonnengewölbe Ursprüngliche Wölbung von Räumen mit meist halbkreisförmigem Querschnitt, einer halben Tonne entsprechend. Aus ihm wachsen alle anderen Gewölbeformen wie Kreuz- oder Netzgewölbe.

Triumphbogen Er trennt den Chor vom Kirchenschiff und erhielt seinen Namen davon, daß dort ursprünglich stets der über den Tod triumphierende Heiland und Erlöser angebracht war.

Tumba Grabmal in Form einer auf einem Unterbau angebrachten Grabplatte, oft mit Inschrift oder figürlicher Darstellung.

Tympanon Bogenfeld über einem Portal (Abb. 52, 197).

Vesperbild Siehe unter Pietà.

Votivtafel Als Dank für Gebetserhörung oder Wunderheilung in vielen Wallfahrtskirchen angebrachte bildliche Darstellung (s. S. 14, 20, 21).

Zentralbau Kirchenbau, dessen Teile im Grundriß auf einen gemeinsamen Mittelpunkt bezogen sind. Er kann rund, oval oder vieleckig (s. S. 302) sein. Neben der Basilika (siehe dort) bedeutendste Form des Kirchenbaus.

Register

Personen

Ableithner, Franz 115
Abraham a Sancta Clara 312
Adelhoch, Paul 162
Adelhoch, Susanne 162
Adner, Anton 170
Agilolfinger 25, 26, 376
Agnes, hl. 217
Aigenherr, Anton 336
Alban, hl. 344
Albrecht, Balthasar August 164, 266, 279, 299
Albrecht III., Herzog 130, 155, 266, 268, 269
Albrecht IV. der Weise, Herzog 29, 30, 234
Albrecht V. 147
Altdorfer, Albrecht 69
Amati 235
Amigoni, Jacopo 161, 234
Anianus, hl. 307
Aniona 25
Anna, hl. 225
Antonius, hl. 236
Antonius Eremita 218
Appiani, Pietro 163
Aresinger, Ulrich 125
Aribo, Pfalzgraf 355
Arnulf, Herzog 26, 226
Asam, Cosmas Damian 13, 21, 55, **56f.**, 65, 66, **98**, 111, 113, 128, **145**, 146, 161, 163, 234, 279, 352
Asam, Egid Quirin 21, 55, **57**, 58, 66, 98, 103, 104, 111, 114, 125, **145**, 146, 163, 234
Asam, Hans Georg 55, **56**, 113, 114, 115, 162, 234
Asam, Johann Georg 226, 227

Atterbom, Per Daniel **18**
Attila 339
Augustin, hl. 232, 266, 348, 352, 353
Augustiner 170, 225, 231, 232, 248, 265, 348

Baader, Johann Baptist **57f.**, 238, 248, 265, 271, 273
Baader, Johann Georg 55, 57, 116, 128, 161, 273
Baader, Tobias 125, 309
Baldauff, Ignaz **58**, 66, 104, 105, 106, 164, 175
Barbara, hl. 218, 219, 353
Barelli, Agostino 60, 73, 127, 153
Bauer, Josef Martin 116
Bauhofer, Kaspar 238
Baumgartner, Hans 329
Beauharnais, Eugen (Herzog von Leuchtenberg) 127
Beich, Franz Joachim 161
Benedikt, hl. 309, 354, 355
Benediktiner 106, 161, 164, 219, 223, 226, 248, 272, 307, 354
Benno, hl. 301, 308, 336, 345
Bergmüller, Johann Georg 55, 58, **59**, 160, 266, 279, 280 (Abb. 42)
Bernauer, Agnes **100**, 266
Bernhard, hl. 163
Bernhard von Clairvaux 346
Bernini, Giovanni Lorenzo 57
Binder-Hagelstange, Ursula 80
Birgitta, hl. **105**
Bismarck, Otto Fürst von 51

Böcklin, Arnold 380
Bocksberger d. Ä. 102
Boller, Wolfgang 50
Bomhard, Peter von 217, 222, 302, 356
Bonifatius 26, 101, 111
Boos, Roman Anton 336
Bosl, Karl 30, 32
Brugger, Walter 175, 176, 217, 218, 355
Buchner, Melchior 224
Bukowsky, Albin 14
Bulgaren 26
Burckhardt, Jacob 148, 151
Bürklein, Friedrich 151
Bustelli, Franz Anton 155
Byzantiner 148

Cäcilie, hl. 350
Candid, Peter 114, 125, 127
Carnutsch, Jacob 217
Castelli, Brüder 102
Castorius, Märtyrer 227
Christophorus, hl. **173f.**, 176, 218, 236, 344, 351, 356
Chrysogonus 227
Columban d. J., hl. 24
Corbinian, hl. 25, 111, 113, 114, 308, 358
Courths-Mahler, Hedwig 226
Crailsheim, Freiherr von 375
Croce, Johann Nepomuk della 332, 337
Croce, Johann Peter della 217, 344
Cuvilliés d. Ä., François 56,

387

REGISTER: PERSONEN

59 f., 75, 127, 146, 147, **154**, 160, 164, 265
Cuvilliés, d. J., François 61

Dario, Giovanni Antonio 348
Decius, Kaiser 174
Degler, Hans 269, 272
Degler, Johannes 125, 309, 330
Dehio, Georg 22, 58, 60, 62, 72, 73, 75, 97, 124, 146, 149, 154, 163, 221, 233, 234, 238, 268, 269, 297, 305, 309, 358
Desmarées, Georges 266
Dientzenhofer, Fam. 301
Dießen-Andechs, Grafen von 266
Dietram, hl. 232
Dietrich, Joachim 154
Dietrich, Wendel 127
Dietz, Elmar 125
Dillis, Johann Georg von 380
Dionysius, hl. 176, 351
Doll, Franz 232, 234
Dollmann, Georg 221, 242
Dominikanerinnen 245, 308
Donatus, hl. 347
Doppler, Joseph 336
Dorner, Johann Jakob 336
Drozza 25
Drusus 24
Dubut, Charles Claude 161
Duller, Eduard 18
Dullinger, Sigismund 356
Dürer, Albrecht 69

Eck, Johann 97
Ecker, Johann Franz von 111
Eder, Thormann 301
Effner, Joseph 75, 154, 155, 159, 160
Effner, Karl 221, 242
Egasser, Christoph 171
Egckl, Wilhelm 147
Eisenhower, Dwight D. 53
Elisabeth, hl. 217, 269, 308, 343 (Abb. 183)
Emmeran, Bischof 25
Engelbert, Hallgraf 312
Erasmus, hl. 176
Ernst, Herzog 266

Ettenhofer, Johann Georg 73, 128, 164
Eugen, Prinz 103

Facher, Simon 356
Fagana 25
Faistenberger, Andreas 125
Falkenstein, Grafen von 217, 301
Fassnauer, Alois 353
Feichtmayr, Franz Xaver 106, 115, 307
Feichtmayr, Johann Michael 356
Feichtmayr, Kaspar 233, 234, 271
Feigl, Hans 350
Ferdinand Maria, Kurfürst 31 f., 128, 147, 153, 160, 270, 335 (Abb. 33)
Feuerbach, Anselm 380
Feulner, Adolf 21
Fink 304
Finkenzeller, Roswin 242, 274
Finsterwalder, Ignaz 108
Finsterwalder, Stephan 244
Fischer, F. W. 97
Fischer, Johann Michael 55, 61 f., 75, 98, 103, 106, **145 f.**, 164, 231, 233, 234, 265, 304, 307, 332
Fischer, Karl von 122, 148, 151
Fischer von Erlach, Johann Bernhard 61
Florian, hl. 222, 308, 332, 351
Fontane, Theodor 10
Frank, Sepp 125
Franken 9, 24, 25, 26
Franziskaner 28, 146, 248
Franz Joseph, Kaiser 270
Friedrich der Große 265
Friedrich I. Barbarossa, Kaiser 27, 111
Friedrich II., König 32, 67
Frühholz, Johann Georg 346
Furtner, Balthasar 220
Furtner, Ulrich 149
Fröhlich, Franz 77

Gabrieli, Gabriel di 101, 102
Gaill, Johann Georg 304
Gallas, Klaus 63, 68, 111, 121, 146, 152, 239
Ganghofer, Ludwig 10, 13, 226, 232
Ganghofer s. Halspach, Jörg von
Garibald I., Herzog 25
Gärtner, Friedrich von 67, 68, 151
Georg, hl. 225, 233, 275, 308, 330, 351 (Abb. 21)
Georg der Reiche, Herzog 172, 341, 344
Gerhard, Hubert 68, 122, 125, 150
Gerhardinger, Constantin 381
Gerndt, Siegmar 269
Gerold, Jakob 349, 350
Geßner, Salomon 73
Gießl, Leonhard Matthäus 103, 117, 232, 269
Gitzinger, Peter 125
Gläsl, Dominikus 75
Glasl, Thomas 223
Goethe, Johann Wolfgang von 98, 235, 333
Goldner, Johannes 63, 76
Götsch, Joseph 65, 301, 304, 305, 308
Grasl, Paula 308
Grasser, Erasmus 29, 56, 62 f., 107, 114, 121, 124, 125, 149, 156, 163, 170, 224, 266, 297, 376
Gregor, hl. 308
Gregor, Joseph 13
Greiner, Ulrich 168, 236, 349
Greither d. J., Elias 269, 271
Greither, Johann 271
Griesmann, Adam 270
Grünewald, Matthias 69, 163
Guggenbichler, Johann Meinrad 348
Gulbransson, Olaf 226
Gunetzrhainer, Ignaz Anton 299
Gunetzrhainer, Johann Baptist 103, 125, 164, 174

Günther, Ignaz 21, 55, 64 f., 70, 72, 97, 102, 108, 115, 124 f., 145, 161, 222, 225, 234, 240, 270, 276, 299, 301, **308**, 309, 383
Günther, Matthäus 55, 58, **65 f.**, 70, 71, 106, 231, 235, 237, 240, 265, 273, 274, 275, 276, 297, 307, 309
Gustav Adolf, König 99, 121

Habsburger 28, 31, 32
Hagenauer, Wolfgang 351
Hagen von Tronje 100
Hahilinga 25
Haimhausen, Reichsgrafen von 160
Haldner, Hans 227
Halspach, Jörg von (gen. Ganghofer) 64, 120, 121, 124, 149
Hans von Burghausen (Stethaimer) 329, 336, 344
Hartmann, Joseph 353, 356
Hartwanger, Johann Michel 309
Hauberrisser, Georg Joseph von 150
Hausenstein, Wilhelm 60, 68, 118, 119, 122, 148, 149, 154, 156, 163, 220, 242
Hauttmann, Johann 221
Hauttmann, Max 154
Haydn, Joseph 355
Haziga, Gräfin 223
Hebbel, Friedrich 100
Hedwig, Herzogin 341
Heider, Hans 356
Heigl, Martin 116, 225, 275, 304, 332, 345, 346
Heinrich, Herzog 26
Heinrich II., Kaiser 227
Heinrich IV. 308 (Abb. 182)
Heinrich V., Kaiser 106
Heinrich XIII., Herzog 27, 341
Heinrich von Kyrburg 162
Heinrich der Löwe 27, 111, 120, 144
Henriette Adelaide von Savoyen, Kurfürstin 31, 32, 61, 73, 127, 153, 160 (Abb. 38)
Henselmann, Josef 124
Herkomer, Hubert von 245, 248, 377
Herkomer, Johann Georg 108
Herkomer, Johann Jakob 243
Herle, Lukas 270
Hermann, Franz Georg 266
Herzog, Matthias 348
Hiernle, Johann Michael 116
Hildebrand, Adolf von 150
Hitler, Adolf 32, 52, 152
Hitzl, Franz de Paula 303
Hochwind, Josef 304
Hoffmann, Richard 106
Hofmann, Julius 221, 242
Hofmann, Siegfried 76, 276
Holzer, Johannes Evangelista 58, 59, 101, 236, 266, 307
Honoratus, hl. 304
Höpf, Simon 273
Huber, Kurt 52
Hunklinger, Georg 358
Hunnen 219, 339
Huosi 25
Hürnle, Thomas 226

Illyrer 24
Innozenz, Benediktiner 273
Inntzinger, Peter 172
Irmengard, Äbtissin 219, 220
Isidor, hl. 308 (Abb. 184)
Italiener 60

Jäger, Johann 115
Jakobus, hl. 353, 376
Jank, Christian 242
Jawlensky, Alexej von 238
Jean Paul 156
Jesuiten 30, 32, 49
Johann, Herzog 268
Johann III. Hertzhaimer 352
Johannes, hl. 299, 302, 329
Johannes der Täufer (Johannes Baptist) 273, 301, 308, 355
Johann Nepomuk, hl. 222, 303, 347, 358
Jorhan d. Ä., Christian 66 f., 107, 116, 331, 376

Jorhan d. J., Christian 66
Josef, hl. 266
Judas Thaddäus 353

Kager, Matthias 114
Kandinsky, Wassily 52, 238, 380
Kapfer, Johann Georg 345
Karl Albrecht, Kaiser 31, 128, 147, 148, 154, 335
Karl der Große 26, 269
Karl IV. Theodor, Kurfürst 32, 49, 128, 152, 155 (Abb. 34)
Karlstadt, Liesl 380
Karner, Franz 78, 235
Karolinger 26
Katharina, hl. 219, 308, 344, 353
Keller, Gottfried 68
Kelten 24
Kiffhaber, Ulrich 248
Kindlin, Valentin 248
Kipfinger, Franz-Joseph 271
Kipfinger, Othmar 271
Kistenfeger, Jakob 125
Klenze, Leo von 67 f., 122, 127, 148, 149, 151, **152 f.**, 226, 380 (Abb. 40)
Klotz, Matthias 235
Knobelsdorff, Georg Wenzeslaus von 67
Knoller, Martin 64, 65, 234, 240, 271, 309
Kobell, Louise von 237
Kögelsperger, Philipp Jakob 62, 146
Kogler, Hans 116
König, Wolf 356
Konrad von Parzham, hl. 334, 335
Krummenauer, Stephan 329
Krausen, Edgar 346
Krumper, Adam 69, 271
Krumper, Hans 68 f., 114, 125, 147, 160, 272, 301 (Abb. 43)
Kugler, Hans 116
Kühnert, Hanno 80

REGISTER: PERSONEN

Lacher, Max 125
Laib, Konrad 176
Laiming, Erasmus 356
Lamb 236
Lambert, hl. 354
Laubacher, Leander 309
Laub, Jacob 222
Laurentius, hl. 218, 232, 307, 351, 354
Leb, Wolfgang 309, 329
Lechner, Erika 303
Lederwasch, Christoph 348
Leibl, Wilhelm 303
Leinberger, Hans 22, 29, 56, 69 f., 99, **109 f.**, 116, 124, 125, 272, 336, 354, 355, 375, 383
Lenbach, Franz von 103, 380, 383
Leonhard, hl. 58, 176, 225, 351
Lethner, Johann Baptist 116
Leyden, Nikolaus Gerhaert von 62
Lieb, Norbert 59, 266, 269, 307, 308
Lindenschmitt, Wilhelm 242
Lindner, Josef 240
Lindt, Johann Georg 344, 345
Lisenz, Johann 305
Lory, Maria 278
Loth, Johann Karl 234
Loth, Johann Ulrich 125, 330
Ludwig I., Herzog 27, 104
Ludwig I., König (Kronprinz Ludwig) 23, 49, **50**, 67, 68, 103, 122, **148 f.**, **151**, 160, 164, 268, 345, 358 (Abb. 35)
Ludwig II., König 10, 13, 18, 31, **51** f., 149, **220** f., **237**, 242, 270, 378 (Abb. 37)
Ludwig II. der Strenge, Herzog 27, 120, 162, 165
Ludwig III., König 52
Ludwig IV. der Bayer, König 27 f., 149, 238, 240 (Abb. 31)
Ludwig V. der Brandenburger 28
Ludwig IX. der Reiche 28

Ludwig XIV., König 31, 221, 353
Ludwig der Gebartete, Herzog 28, 97, 104, 336, 341
Ludwig der Deutsche, König 219
Ludwig das Kind, König 26
Luidl, Johann 248
Luidl, Lorenz 248
Luitpold, Markgraf 26
Luitpold, Prinzregent 51
Lukas, hl. 350
Luther, Martin 174
Lutz, Benedikt 62
Lutz, Minister 51

Macke, August 238
Magdalena, hl. 176
Mages, Josef 106, 279
Magyaren 26
Mäleskircher, Gabriel 163
Mallet, Franz Anton 116
Mang, Balthasar 222
Mann, Thomas 11, 156, 161
Marc, Franz 234, 238
Marées, Hans von 380
Maria, hl. 302, 329, 350
Maria von Brabant 162
Marian, Josef 268
Maria Theresia, Kaiserin 333
Marinus, hl. 225, 307
Marlborough, Herzog von 103
Marquartstein, Marquard von 353
Martin, hl. 223, 231, 276, 333, 351
Martin der Glaser **54**, 156
Maß, Blasius 302
Mathaeo, Michael 336
Maultasch, Margarete 28
Mauritius, hl. 276
Mauthe 275
Maximilian I., Kurfürst 31, 121, 122, 147, 160, 299, 307, 335 (Abb. 32)
Maximilian I. Josef, König 67, 128, 170, 230
Maximilian II., König **50** f, 121 f., 151, 153, 173, 242, 270 (Abb. 36)

Maximilian II. Emanuel, Kurfürst 31, 60, 73, 127, 128, 153, 160, 270, 382
Maximilian III. Josef, Kurfürst (Kurprinz Maximilian Josef) 32, 128, 147, 335, 353
Maximilian IV. Josef, Kurfürst (Max I. Josef, König) 49
Maximilian von Bayern, Herzog 270
Mayr, Ernst 269
Mayr, Franz Alois 340, 345, 346, 352
Mayr, V. 356
Megerle, Brüder 312
Meister der Altöttinger Türen 54
Meister Bernhard (von Freising) 114
Meister der Blutenburger Apostel 54, 156
Meister Ott 176
Meister von Rabenden **54**, 302, **353**, 354, 356
Meister Stephan von Traunstein 357
Merck, Johann Michael 265
Merian, Matthäus 30, 100, 109, 111, 112, 119, 159, 169, 220, 228, 229, 239, 246, 247, 268, 310, 311, 312, 331, 352, 355
Meyerl, Wolf 107
Michael, hl. 127, 226, 266, 307, 330
Mielich, Hans 97
Miesgang, Georg 341, 346
Millauer, Abraham 299, 304
Millauer, Johann 225
Millauer, Philipp 299
Miller, Ferdinand von **68**
Miller, Wolfgang 126
Moniac, Rüdiger 168
Monika, hl. 348
Montez, Lola 50, 359
Morlock, Martin 118, 149, 151
Montgelas, Maximilian Graf von 49 (Abb. 39)
Mozart, Leopold 273

390

Mozart, Wolfgang Amadeus 148, 355
Müller-Schnuttenbach, Hans 381
Multscher, Hans 245
Münter, Gabriele 238

Napoleon I. Bonaparte 49, 99, 332
Neuchinger, Degenhart 271
Ney, Elisabeth 221
Niederreiter, Kaspar 270
Nikolaus, hl. 218, 269, 275
Nockher, Friedrich 231
Nöhbauer, Hans F. 28, 31, 32, 50, 51, 120, 155, 170, 221, 270, 341
Norbert, hl. 218, 280
Normannen 149
Notburga, hl. 308

Oberhofer, Hanns 302
Odilo, Herzog 25
Onuphrius, hl. 163
Österreicher 31
Oswald, hl. 218, 305
Ottheinrich, Pfalzgraf 102, 103
Otto, Kaiser 26
Otto I., Herzog 27
Otto I., König 51, 52
Otto II., Kaiser 226
Otto II. der Erlauchte 27
Otto von Freising, Bischof 111, 164, 234
Otto von Griechenland, König 128, 149, 299, 304
Otto von Valley, Graf 270
Otto von Wittelsbach, Pfalzgraf 104, 106, 223

Pabst, Th. 150
Pader, Johann 108
Pader, Konstantin 105, 301, 305
Parler, Fam. 97, 101
Paschalis II., Papst 106
Paulus, hl. 301 (Abb. 186)
Perger, Jörg 335
Perron, Philipp 221
Perz, Michael 244

Petrus, hl. 301
Petrus, Damianus 308
Petzet, Detta 221
Pfeiffer, Jörg 248, 280, 329
Pfetten-Niederarnbach, Freiherr von 103
Philipp, König 106
Pichler, Johann Martin 304
Piloty, Karl von 380
Pinder, Wilhelm 29, 63, 74, 110
Pittersberger 344
Pittoni, Giovanni Battista 266
Polack, Jan 64, 107, 114, 125, 156, 165, 224
Polgar, Alfred 119
Pöllner, Martin 344
Pörnbacher, Hans 59, 280
Prämonstratenser 248
Pröbstl, Michael 103
Pürkhel, Konrad 354, 356
Pusinger, Matthias 274

Quaglio, Domenico 242
Quirin, hl. 227

Rauch, Jakob 106, 307
Rechenauer, Sebastian 175
Reitzenstein, Alexander Freiherr von 69, 124, 128, 145, 151, 164
Rem, Jakob 98
Rempl, Philipp 232
Renata von Lothringen 150
Riedel, Eduard 242
Riemenschneider, Tilman 170, 376
Rilke, Rainer Maria 344
Riva, Antonio 115
Rochus, hl. 230, 301, 351
Römer 24, 25, 26, 171
Roth, Hans 148
Roth, Johann Michael 268
Rottaler, Lukas 120
Rottmann, Carl 380
Rottmayr, Johann Michael 346, 347, 350, 383
Rousseau, Jean Jacques 73
Rubens, Peter Paul 113, 114

Ruf, Sepp 150
Rumford, Graf von (Sir Benjamin Thompson) 152
Rupertus, Bischof 25, 172, 219, 335, **339**, 345, 353, 358
Rupprecht, Kronprinz 128, 170

Sandizell, Grafen **103**
Sandrart, Joachim von 114
Satzger, Prälat 278
Schamberger 350, 354
Schattenhofer, Michael 121
Scheffler, Christoph Thomas 248
Scheffler, Felix Anton 248, 352
Scheingraber, Wernher 232
Scheyern, Grafen 103, 106
Schilling, Joseph 305
Schindler, Herbert 59, 62, 66, 70, 71, 105, 171, 266, 274, 276, 279, 297, 298, 303
Schinnagel, Dominikus 268
Schmädl, Franz Xaver 55, 70, 232, 237, 238, 242, 265, 266, 269, 271, 273, 274, 276, 297
Schmidt, Veit 337
Schmuzer, Franz 72, 276
Schmuzer, Franz Xaver 71, 72, 240, 242, 273, 280, 297
Schmuzer, Georg 71, 272
Schmuzer, Johannes 71, 75, 265, 273, 297
Schmuzer, Jörg 272
Schmuzer, Joseph 65, 71, 231, 235, 237, 239, 242, 273, 274, 297
Schmuzer, Matthias d. J. 71, 105, 108
Schneider, Ernst 382
Schnell, Hugo 70, 163, 248, 272, 273, 297
Schnorr von Carolsfeld, Julius 380
Scholastika, hl. 309
Scholl, Geschwister 52
Schön d. Ä. Heinrich 160
Schuberth, Ottmar 16, **17**, 158

REGISTER: PERSONEN/ORTE

Schütz, Matthias 304
Schwanthaler, Ludwig 68
Schwarz, Christoph 127
Schwarzenberger, Johann 219, 305
Schwarzenberger, Thomas 304
Schweden 27, 100, 160, 231, 270, 336
Schwind, Moritz von 173, 242, 380
Sciasca, Lorenzo 226
Sckell, Friedrich Ludwig von 122, 152, 155
Sebastian, hl. 225, 230, 266, 301, 308, 336, 337, 344, 351
Seeoner Meister 54, 109, 309, 329, 355
Seidl, Gabriel von 301
Seidl, Melchior 164
Semper, Gottfried 151
Servatius, hl. 176
Siegmund, Kaiser 173
Sigismund, hl. 332
Sigismund, Herzog 155
Sigismund von Tumberg 344
Simon, hl. 353
Sitticus, Marcus 346
Solari, Santino 336, 346
Soll, F. Josef 352
Speer, Martin 237
Spitzweg, Carl 380
Spreng, Blasius 125
Stadler, Josef Klemens 354
Stark, Heinrich 280
Staufer 149
Steinitz, Wolfgang 64
Steinle, Bartholomäus 230, 271, 272
Stephanus, hl. 218, 266
Stier, Wilhelm 151
Stifter, Adalbert 243
Stitz, Frank 301
Storer, Johann Christoph 280
Stoß, Veit 170
Straub, Johann Baptist 55, 62, 64, 65, **72,** 106, 146, 163, 164, 230, 233, 238, 240, 266, 268, 269, 272, 299, 301, 335 (Abb. 41)
Strauß, Richard 237

Streicher, Franz Nikolaus 358
Streiter, Joseph 244
Strieder 227
Strigel, Claus 125
Stuber, Nikolaus Gottfried 125
Stuck, Franz von 379
Stumpfegger, Sebastian 171
Sturm, Anton 55, 237, 279
Sulzer, Johann Georg 20
Süskind, W. E. 15
Sustris, Friedrich 147

Tassilo III., Herzog 26, 219, 271, 272
Tatz d. Ä., Christoph 171
Thalhammer, Karl 248
Therese, Königin 304
Therese von Sachsen-Hildburghausen 49
Theresia, hl. 299
Thoma, Hans 173, 226
Thonauer, Hans 159
Thorvaldsen, Bertel 127
Thurmair, Johannes 341
Thürr, Philipp 114
Tiberius 24
Tiepolo, Giovanni Battista 59, 65, 98, 266
Tilly, General 336
Tintelnot, Hans 59, 66
Toerring, Oswald 356
Treitschke, Heinrich von 226
Troger, Sebastian 232
Tucholsky, Kurt 333
Tünzel, Jörg 329
Türken 31, 58, 341

Übelherr, Johann Georg 240
Ungarn 219, 226, 233, 273
Urban, hl. 351

Valentin, hl. 219, 351
Valentin, Karl 380
Vanni, Francesco 358
Veit, hl. 219
Verhelst, Egid 279
Vilzkotter, Josef 346
Vilzkotter, Thomas 346

Viscardi, Giovanni Antonio 56, 60, **73,** 115, 128, 153, 162, 164

Wagner, Richard 51
Walburga 101
Wallenstein, Albrecht E. W. von 31
Wassermann, Franz Anton 276
Wechselberger, Hans 344
Weichslgartner, Alois J. 57
Weigert, Hans 12, 61, 64, 66, 69, 98, 163
Weigl, Kolumba 308
Welf I., Herzog 26, 297
Welf VI., Herzog 280
Welf VII., Herzog 280
Welfen 27
Wening, Michael 119, 120, 121, 126, 273, 375
Werschig, Jakob 305
Widmann, Franz 221
Wiedholz, Josef-Hugo Schnell 224
Wieser, Wolfgang 329
Wilhelm IV., Herzog 30, 150, 312, 329
Wilhelm V. der Fromme, Kurfürst 31, 147, 150, 160
Willibald, hl. 101
Wink, Christian 55, **73 f.,** 77, 108, 145, 161, 164, 232, 269
Wink, Johann Adam 74
Winter, Franz Joseph 231
Winzerer, Kaspar 230
Wittelsbacher 27 ff., 104, 107 f., 120, 147, 155, 170, 266, 333, 341, 375
Witzigmann, Eckart 371
Wohlgemuth, Michael 269
Wolfgang, hl. 176, 330, 332, 353
Wolfgang, Herzog 268
Wolff, Johann Andreas 266
Wölfflin, Heinrich 153
Wolfskehl, Karl 118
Wunderer, Franz Xaver 115
Wunderer, Joseph Anton 304
Wüst 104

Zächenberger, Wolfgang 98
Zech, Graf 145
Zeckl, Johannes 98
Zeiller, Johann Jakob 233, 234, 239
Zick, Johann 346
Zimmermann, Dominikus 21, 55, 70, **74ff.**, 244, **245**, 265, 276, 278
Zimmermann, Franz 74
Zimmermann, Johann 74
Zimmermann, Johann Baptist 13, 21, 55, 60, 62, **74ff.**, 98, 113, 115, 125, 146, 154, 161, 164, 219, 221, 222, 224, 225, 231, 233, 268, 269, 279, 304, 305, 312, 340, 346

Zisterzienser 161, 162, 341
Zobl, Sebastian 309
Zöpf, Benedikt 358
Zöpf, Georg 244
Zöpf, Tassilo 275
Zuccalli, Domenico Christoforo 56, 60, 331, 332, 336
Zuccalli, Enrico 56, 60, 73, 127, 128, 153, 160, 227, 238, 239, 335, 375, 382
Zuccalli, Gaspare 56, 60, 73, 268, 331, 356
Zuccalli, Giulio 217
Zürn, David 76, 77, 383
Zürn, Hans 76

Zürn, Jörg 76
Zürn, Martin 21, 56, **76**, 329, 344
Zürn, Michael 21, 55, 56, **76**, 329, 376
Zürn, Michael d. J. 77
Zwerger, Jörg 301
Zwinck, Bartholomäus 238
Zwinck, Blasius 77
Zwinck, Franz Seraph 12, 56, **77**, 78, 235, 237, **240**
Zwinck, Johann Joseph 77, 242, 275
Zwinck, Paul 77
Zwinck, Stephan 225

Orte

Abtsdorf 350
– St. Jakobus major **350f.**
Abtsdorfer See 350, 351
Adelzhausen 105, 106
Aichach 58, 80, **104**, 375
– Burg Wittelsbach 104
– Heimatmuseum 375
– Spitalkirche Heilig Geist 104
– St. Maria 59, **104**
Ainring 369, 373
Albaching 74
Allershausen 362
Alpen 24, 168, 351, 366
Altenerding, Mariae Verkündigung 67
Altenhohenau 308f.
– St. Peter und Paul 65, 308f. (Abb. 185, 186)
Altenstadt 54, 275, **276f.**, 298, 371
– St. Michael 22, **276f.** (Abb. 16, 161–163)
Altmannstein 64, 102
Altmühl 101, 102
Altomünster 80
– Birgittinenklosterkirche 61, 72, **105f.**, 375 (Abb. 48)
Altötting 10, 19, 66, 151, 232, **333f.**, 362, 368, 373, 375

– Gnadenkapelle 60, 333, 334, **335** (Farbt. 33; Abb. 10, 195)
– Heimatmuseum **375**
– Marienbrunnen **336**
– St. Magdalena 334, **336**
– St. Philipp und Jakob 54, 69, 334, **335f.**, 375 (Abb. 195)
– – Sebastianskapelle 60
Ambach 270
Amerang
– Schloß **329**, 373, 375 (Abb. 196)
– Bauernhausmuseum 329, **375**
Ammer 248, 297
Ammergau 240
Ammergebirge 12
Ammersattel 237
Ammersee 70, 158, **265**, 362, 363, 365
Amper 158
Andechs 19, 20, 266, 298, **373**
– Mariae Verkündigung 60, 70, 75, **266ff.** (Farbt. 49; Abb. 150–152)
Anger 18, **358f.**
– St. Peter und Paul **358** (Abb. 219)
Apfeldorf 61
Asch, Schloß 110

Aschau 222, 364, 368, 369, 373, 375
– Priental-Museum 222
– Rastkapelle 222
– St. Maria **222** (Abb. 112)
Asten, St. Maria 346
Attel 329
– St. Michael **309** (Abb. 187)
Augsburg 59, 65, 66, 106, 159, 226, 362
Avignon 27, 28
Aying 371
Bad Aibling 303, 362, 368, 369, **371**, 373, 375
– Heimatmuseum 375
– Mariae Himmelfahrt **304** (Abb. 174)
– St. Sebastian **304**
Bad Feilnbach 368, 369, 373
Bad Heilbronn 368, 369, 373
Bad Kohlgrub 78, 368, 369, 373
Bad Kreuth 363, 368, 373, **374**
– Hl. Kreuzkirche 230
– St. Leonhard 230
Bad Reichenhall 28, 120, **171ff.**, 339, 362, **363**, 364, 368, 369, 372, 373, **381f.**
– Städt. Heimatmuseum 381

REGISTER: ORTE

- St. Johannes 173
- St. Nikolaus 173
- St. Zeno 54, **172** (Abb. 103–105)
- Wittelsbachbrunnen 173

Bad Tölz 230f., 362, 363, 368, 369, 373, **374**, 383 (Farbt. 18; Abb. 5, 6, 122)
- Franziskanerkirche 231
- Heimatmuseum 383
- Kalvarienberg 231 (Abb. 124)
- Mariae Himmelfahrt 230 (Abb. 120, 121, 123)
- Wallfahrtskirche Mariahilf 66, 73, **230f.**

Bad Wiessee 226, 368, 369, 373

Bamberg 103, 106

Baumburg 340, **352f.**, 356
- Augustiner-Chorherrenstift 54, **352f.**
- St. Margaretha **352** (Abb. 209, 210)
- St. Wolfgang 353

Bayerisch-Schwaben 9, 298

Bayersoien 369, 373

Bayrischzell 18, **223**, 362, **364**, 368, 369, 372, 373 (Farbt. 25)
- St. Margaretha 223

Beilngries 102

Beinberg 59

Benediktbeuern 26, **233**, 248, 272, 369, **374**
- Anastasiakapelle 57
- Klosterkirche St. Benedikt 56, 75, **233** (Abb. 128)

Benediktenwand 233

Berbling 303

Berchtesgaden 10, 13, 16, 167, **169f.**, 350, 362, 364, 366, 373, 373, **374, 375** f. (Farbt. 16)
- Gasthaus ›Zum Hirschen‹ 77, **169**
- Frauenkirche am Anger 170
- Marktplatz 169 (Abb. 98)
- Salzbergwerk 171
- Schloß Adelheim (Heimatmuseum) 171, **376**

- St. Peter und Johannes **170**, (Abb. 96, 97, 100)
- – Kreuzgang 22 (Abb. 101)
- Wittelsbacher Schloß 170, **375** (Abb. 102)

Berchtesgadener Land 17, 168, 368, 369

Berg, Schloß 270

Bergen 364, 369, 373

Berlin 52, 152

Bernau 217, 362, 368, 369, 373

Bernried 270f.
- St. Maria 271
- St. Martin 271

Beyharting, Stiftskirche 305 (Abb. 178)

Beylerbey 237

Bichl 233
- St. Georg 72, **233** (Abb. 21)

Bockhorn, Mariae Heimsuchung 67

Bodensee 24, 167

Brandenburg 10, 28

Brannenburg 223, 301, 362, **364,** 372, 373

Braunau 32, 337, 340

Breitbrunn 372

Brenner 24, 235

Brixen 65

Bründling 364

Burghausen 10, 77, 217, 339, 341 ff., 362, 367, 368, 369, 373, **376** (Farbt. 51)
- Burg 341 ff., **376** (Abb. 200–202)
- – Innere Schloßkapelle 343
- – Stadtmuseum **376**
- Kirche der Englischen Fräulein 344
- Marktplatz 343
- Spitalkirche Hl. Geist 22, **344**
- St. Jakob 54, 76, **344** (Abb. 203)
- St. Joseph 22
- Taufkirchenpalais 343
- Wöhrsee 341, 343

Burgkirchen an der Alz 340

Burgkirchen am Wald 340

Chiemgau 27, **158**, 356, 363

Chieming 368, 369, 373

Chiemsee 168, 176, **217**, 362, 363, 365 (Farbt. 19; Abb. 9)

Cluny 14

Dachau 52, 157, **159f.**, 362
- KZ-Gedenkstätte 159
- Petersberg 160
- Schloß 159
- St. Jakob 69, **160** (Abb. 94)

Dachauer Moos 158, 160

Dasing 362

Degerndorf 223, 362, **364,** 373

Deisenhofen 158

Deutsche Alpenstraße 166 ff., 301, 362, 363, 366

Dießen 265 f.
- Augustiner-Chorherrenstift St. Mariae 59, 60, 63, 65, 70, **265 f.** (Abb. 142–144)

Dietramszell 15, 70
- Augustiner-Chorherrenstift Mariae Himmelfahrt 75, **231** (Farbt. 22)
- Maria im Elend 232
- St. Leonhard 232

Dollnstein 101

Donau 10, 23, 26, 32, 80, 101, 299, 337

Donaumoos 80

Dorfen 116
- St. Marien 116
- St. Vitus 116

Dorfseeon, St. Ägidius 356

Dresden 152

Ebenhausen 231

Ebersberg 14, 69

Ebersberger Forst 158

Egling 77

Eibsee 236, 364

Eichstätt **101**, 102, 363, **376**
- Dom **101**

Endorf 368, 369, 373

Erding 66, 115 f., 304, 362, 376
- Frauenkirche 116
- Heilig Blut 57, **116**
- Johanneskirche 70, **116** (Abb. 57)

394

- Rathaus (Heimatmuseum) **376**
- Schöner Turm **116** (Abb. 58)

Erdinger Moos 80, 110, 115, 158
Eresing, St. Ulrich 75
Ettal, Benediktiner-Klosterkirche St. Marien 19, 28, 29, 60, 65, 71, 72, 75, 77, 237, **238 ff.**, 298, 368 (Farbt. 40, 41; Abb. 141)
Ettenberg (Abb. 12)
Ettendorf 357
Etting, St. Michael 100

Farchant 368, 373
Feilenforst 80
Feldkirchen, St. Anna 69, **108 f.**
Fischbachau 223
- Mariae Schutz **224**
- St. Martin **223 f.** (Abb. 110)
Fischhausen 224
- St. Leonhard **224**, 374
Flintsbach 217, 301
Forstenrieder Park 158
Franken 9, 23, 55
Frasdorf 222, 362
- St. Florian **222**
Frauenchiemsee 217, **219 f.**, **376**, 384
- Michaelskapelle 220
- St. Maria **219** (Abb. 109)
- Museum **376**
Freilassing 339, **351**, 361, 362, **363**, 368, 373
Freising 10, 26, 29, 75, 80, 101, **110 ff.**, 114, 163, 330, 362, 368, 373
- Abtei Weihenstephan 62, 110
- Altöttinger Kapelle 115
- Diözesanmuseum 63, 114, **376**
- Dom St. Maria und St. Corbinian 54, 57, 63, 64, 66, 69, 75, **111 ff.**, 272 (Abb. 59, 61)
- Fürstbischöfl. Lyzeum 115
- Fürstbischöfl. Residenz 69
- Johanniskirche **114**
- Klarakirche 54
- Mariensäule 115

- Neustift St. Peter und Paul 73, **115**
- St. Georg **115** (Abb. 60)
- Wieskirche **115**
Fridolfing **348 f.**
Froschhauser See 238
Fürstenfeldbruck 157, 161, **162 f.**, 362, **377**
- Jexhof 164
- Klosterkirche Mariae Himmelfahrt 57, 58, 60, **73**, 103, **162** (Abb. 89, 90)
- St. Leonhard 164 (Farbt. 4)
- St. Magdalena 58, 164
Füssen 75, 242, **243**, 248, 298
- Hohes Schloß 243
- St. Mang 243

Garmisch-Partenkirchen 10, 12, 16, 70, 101, **235 f.**, 361, 363, 364, 368, 369, **372**, 373, 374, **376** (Farbt. 24)
- Alte Apotheke 237
- Alte Pfarrkirche St. Martin 66, 71, 77, **236** (Abb. 132)
- Altwerdenfelser Bauernhaus 237
- Hotel Husar 237 (Abb. 132, 136)
- Neue Pfarrk. St. Martin **237**
- St. Anton 59, 71, **236** (Abb. 133)
- Werdenfelser Museum 236, **377**
Gars am Inn **330 f.**
- Augustiner-Chorherrenstift 60, 67, 330 f.
- St. Maria **331**
Geisenfeld 80, 107
Glentleiten, Freilichtmuseum **15 ff.** 158, 374, **377** (Abb. 2–4)
Glonn 107, 372
Gmund 226
- St. Egidius 226
Grainau 364, **365**, 368
Grassau 369, 373
- St. Mariae Himmelfahrt **176** (Farbt. 31)
Graswangtal 240, 242

Gröbelalm (Farbt. 38)
Großmehring 100
Groß-Thalheim 116
- St. Mariae 67, **116** (Abb. 30)
Großweil 376
Grünau 103
Grünwald, Burg 158, **165** (Abb. 95)
Gurstersberg 330

Haag 330
Hagen 70
Hagenauer Forst 80
Haimhausen, Schloß 59, 60, 160 (Abb. 85)
Haiming 337
Halfing 329
Hallein 349
Hallertau **80**, 108
Hechenberg 231
Heilig Blut (Heiligblut) **302**
Heiligkreuz (bei Burghausen) **344**
Herrenchiemsee 10, 219, **220 ff.**, 366, 374, 377
- Altes Schloß 221
- Neues Schloß **221**, **377** (Farbt. 11; Abb. 19, 20)
- König Ludwig II.-Museum 377
Herrsching 268, 368, 373
Herzogstand 234 (Farbt. 43)
Heuwinkl 71
Hilgertshausen, Pfarrkirche (Abb. 22)
Hintersee (Abb. 99)
Hirsau 124, 307
Hochfelln 364
Hochries 365
Höglwörth, Augustiner-Chorherrenstift **357** (Farbt. 52; Abb. 18, 213)
Hörgersdorf, St. Bartholomäus 67, 116
Hohenaschau, Schloß **222**, 375 (Abb. 111)
Hohenau 312
Hohenkammer 107
- Schloß 107
- St. Johannes 107

REGISTER: ORTE

Hohenpeißenberg 274
– Mariae Himmelfahrt 274 (Abb. 157)
– Gnadenkapelle 66, **274** (Abb. 159)
Hohenschwangau 242
Holzkirchen 50, 362
Hüll 80

Iffeldorf 362
Ilgen, Mariae Heimsuchung 71, **297**
Ilm 107
Ilmendorf 100
Ilmmünster 107, 108
– St. Arsacius 63, **107** (Abb. 49)
Inchenhofen 58, 66, **104**
– St. Leonhard **58, 104**
Ingelheim 26
Ingolstadt 10, 14, 17, 28, 61, 67, 80, **97 ff.**, 124, 362, 373, 374, **377** (Abb. 44)
– Bürgersaal Sta. Maria Victoria **56 f.**, **98**, 279 (Farbt. 1; Abb. 46)
– Deutsches Medizinhistorisches Museum **377**
– Gnadenthal 69, 99
– Herzogskasten 99
– Ickstadthaus 99
– Kreuztor 99 (Abb. 47)
– Liebfrauenmünster **97 f.**, 103 (Abb. 44)
– Minoritenkirche **98**
– Neues Schloß 99 (Farbt. 2)
– – Bayerisches Armeemuseum **377**
– Untere Pfarrkirche St. Moritz **97**
– Universität 97
– Wallfahrtskirche ›Zur Schuttermutter‹ 62, 76, 98
Inn 22, 24, 25, 32, **299 ff.**, 362
Inning 73
Innsbruck 303
Innviertel 32
Inzell 173, 368, 373
– St. Michael 173
Irschenberg 225, 362

Isar 80, 120, 151, 156, 158, 164, 230, 232, 235, 299
Isareck 109
Isarwinkel 231, 232
Ischl, St. Martin 356
Isen, St. Zeno 117, **330** (Abb. 197)
Isenheim 69
Ising, Wallfahrtskirche 377
Ismaning, Schloß 75

Jachenau 231, 369, 373
Josefsthal 369

Kampenwand 217
Kappel 77
– Heilig Blut 72
Karlstein 173
Karwendel 232, 235, 236, 365 (Farbt. 30; Abb. 129)
Kehlstein 364
Kempfenhausen 354
Kesselbergstraße 29, **234**
Kiefersfelden 299, 361, 368, 373, **374**
Kinding 102
Kipfenberg 102
Kirnstein 301
Kleinmehring 100
Kochel 234, 368, 373, 376
– Franz-Marc-Museum 234, 378
– St. Michael 234
Kochelsee 29, **234**, 377
Königsdorf 369
– St. Laurentius **232**
Königssee 12, 171, 364, 365, 366 (Umschlagrückseite)
Kottingwörth 102
Kranzberg 365
Kreuth s. Bad Kreuth
Kreuzigungskapelle (bei Wessobrunn) 273
Kreuzpullach, Heilig Kreuz 55, **165** (Abb. 86)
Krün 78, 235
Kufstein 299, 303, 361
Kunterweg, Mariae Himmelfahrt **171**

Laberjoch 365
Landsberg 10, 57, 75, **244 ff.**, 362, 363, 368, 373, **374**, 378 (Farbt. 46)
– Bayertor **244** (Abb. 148)
– Heilig Kreuz 59, 245, **248**
– Jesuitenklosterkirche **248**
 Mariae Himmelfahrt **245 f.** (Abb. 146, 147)
– Mutterturm 248, **378**
– Rathaus 76, 244 (Abb. 149)
– Schöner Turm 244
– Stadtmuseum 378
– St. Johannes 245, **248**
– Ursulinerinnenkloster 59, 245
Landshut 28, 29, 66, 69, 97, 103, 115, 341
Langenbruck 362
Laufen 54, 339, **349**, 362, 368, 373
– Kapuziner-Klosterkirche **350**
– Oberes Tor 349
– Paulihaus **349**
– Pfarrkirche Mariae Himmelfahrt 22, **349 ff.** (Abb. 17, 211, 212)
– Unteres Tor 349
Lech 10, 80, 248, 299
Lechfeld 26
Lechmühlen 57
Lenggries 231, **232**, 235, 365, 368, 373
– Kalvarienberg 232
– Schoß Hohenburg 232
– St. Jakob 232 (Abb. 127)
Lepanto 58, 98, 219
Lindau 57
Linderhof, Schloß 237, **242**, 375, **378** (Farbt. 39; Abb. 23)
Leutstetten, St. Alto 63
Loisach 235, 238

Mainburg 80
Mannheim 32, 64
Margarethenberg, Pfarrkirche **340 f.**
Maria Birnbaum 71
– St. Maria **105** (Abb. 45)
Mariaeck, Wallfahrtskirche **356**

396

Maria Gern, St. Maria **171** (Farbt. 17)
Marienberg, Wallfahrtskirche **345** (Abb. 204)
Marienstein (bei Eichstätt) 102
Markt Indersdorf
– Augustiner-Chorherrenstift **106** (Abb. 56)
– Rosenkranzkapelle 66
Marktl 337
Marquartstein **368,** 373
– Schloß 175
Maxlrain, Schloß **305** (Abb. 179)
Meißen 155
Menning, St. Martin 100
Miesbach 75, 77, **225, 378**
– Heimatmuseum **378**
– Mariae Himmelfahrt 225
Mittenwald 10, 17, 29, 121, **235, 365,** 368, 369, 373, **378** (Abb. 11, 135)
– Gasthaus zur Alpenrose 78, 235
– Geigenbau- und Heimatmuseum 235, **378**
– Höglhaus 235
– Hornsteinerhaus 78
– Schlipferhaus 235
– St. Peter und Paul 66, 72, **235**
Monreale 149
Moorenwies, St. Sixtus 66
Moosburg 69, 70, 80, **109 f.,** 362
– Stiftsherrenhäuser 110
– St. Castulus 22, **69, 109 f.** (Abb. 15, 52–55)
– St. Johannes 110
Mörlbach 270, 354
– Stephanskirche **270** (Umschlaginnenklappe vorn)
Mörnsheim 102
Mühldorf 10, 66, 151, 299, 303, **331 f.,** 362, 369, 372, **378**
– Kreisheimatmuseum 377
– Münchner Torturm 331
– Rathaus 332

– St. Nikolaus **332** (Abb. 194)
– – Bäckerkapelle **332**

München 9, 13, 14, 26, 28, 29, 50, 51, 52, 57, 62, 64, 72, 73, 97, 110, 111, **118 ff.,** 225, 312, 354, 362, **363, 364,** 365, 368, **370 f.,** 373, **374, 378 ff.** (Farbt. 5, 6)
– Allerheiligenhofkirche 112, 148
– Allerheiligenkirche am Kreuz 64, 125 f.
– **Alte Pinakothek** 68, 128, **152,** 343, 378
– Alter Hof 27, **120,** 163
– Altes Nationalmuseum 122
– **Altes Rathaus** 63, 64, 121, **149** (Abb. 78)
– Altes Residenztheater s. Residenz
– Angertor 120
– Asamhaus 57
– Asam-Kirche s. St. Johann-Nepomuk
– Augustinerkirche 126
– Augustinerstraße 120
– **Bayerisches Nationalmuseum** 54, 64, 69, 70, 72, 76, 152, 153, 170, 305, 354, 307, 331, **378**
– Kunstgeschichtliche Sammlungen 378
– Volkskundliche Sammlungen 379
– Bayerische Staatsbibliothek 272
– Bayerische Staatsgemäldesammlungen 112, 342
– Bayerische Staatssammlung für Allgemeine und Angewandte Geologie **379**
– Bayerische Staatssammlung für Paläontologie und historische Geologie **379**
– **Blutenburg** 54, **155 f.,** 297
– – Schloßkapelle St. Sigismund 63, **155 f.** (Abb. 87, 88)
– BMW-Museum 379
– Brienner Straße 151

– Bürgersaal 65, 73
– Chinesischer Turm 152 (Abb. 72)
– Cuvilliés-Theater s. Residenz
– Damenstiftskirche St. Anna 57
– Deutsches Jagdmuseum 379
– **Deutsches Museum 153, 379**
– Die Neue Sammlung 379
– **Dreifaltigkeitskirche** 57, 60, 72, 73, **128** (Abb. 64)
– **Englischer Garten** 32, 68, **152**
– Färbergraben 120
– Feldherrnhalle 122, 336
– **Frauenkirche** (Domkirche ›Zu Unserer Lieben Frau‹) 63, 64, 65, 69, 115, 120, 121, **124 f.,** 150, 174, 374 (Farbt. 5; Abb. 62, 63, 79)
– – Sixtusportal 124
– – Schutzmantelkapelle 125
– Friedensengel 152
– **Glyptothek** 149, **379**
– Haus der Kunst 152
– **Heilig Geist-Kirche** 57, 125 (Abb. 65)
– Hirschau 152
– Hofgarten 147
– Hofgartenstraße 147
– Hofgraben 120
– Hospitalkirche St. Elisabeth 66
– Isartor **120** (Farbt. 6)
– Kammerspiele 152
– Karolinenplatz 68, 151
– Karlsplatz 150, 156
– Karlstor 120
– **Königsplatz** 68, 122, 149, 150, 151
– Kosttor 120
– Landschaftshäuser 121
– Lenbach-Haus s. Städtische Galerie
– Lenbachplatz 150
– Ludwigkirche 122
– **Ludwigstraße** 67, 68, **122,** 151, 152, 156

397

REGISTER: ORTE

- **Marienplatz** (Schrannenplatz) 118, 121, 122, **149**, 150, 156 (Abb. 74)
- – Mariensäule 115, 121, 122, **150** (Abb. 74)
- – Matthäuskirche 122
- – Maxburg 150
- **Maximilianeum** 122, 147, **151**
- – Maximiliansplatz 150
- – Maximilianstraße **151**, 156
- **Max-Josephs-Platz** 147, 148, 150, 151
- – Maxvorstadt 122
- – Mineralogische Staatssammlung **379**
- – Monopteros 68, **152**
- – Museum für Moderne Kunst 379
- **Nationaltheater** 68, **148** (Abb. 80)
- **Neue Pinakothek** 153, **379**
- – Neufeste 68, 147
- **Neues Rathaus** 149 (Abb. 79)
- – – Glockenspiel **150** (Abb. 75)
- **Nymphenburg** 31, 60, 61, 65, 73, 74, 75, 122, **153 ff.**, 159, **374**, 380 f. (Farbt. 9)
- – – Amalienburg 59, 60, 75, **154**, 346, **381**
- – – Badenburg 154, **381**
- – – Großer Saal (Steinerner Saal) (Farbt. 8; Abb. 84)
- – – Magdalenenklause 154, **381**
- – – Marstallmuseum 154, 381
- – – Orangenbau 154
- – – Nymphenburger Porzellanmanufaktur 381
- – – Pagodenburg 154, **381**
- – – Remise 154
- – – Rondellbauten 154
- – Odeon 68
- – Odeonsplatz 122, 150, 151
- – Palais Portia 60
- – Palais Törring 72
- – Prähistorische Staatssammlung **379**
- – Preysing-Palais (Abb. 71)

- – Prinzregentenstraße 152
- **Propyläen** 67, 122, 149
- **Residenz** 60, 68, 75, 120, 121, 147, 151, 272, 305
- – Ahnengalerie 148
- – Altes Residenztheater (Cuvilliés-Theater) 59, 60, 122, 147, 148, **380**
- – Antiquarium 68, 148 (Farbt. 10)
- – Apothekentrakt 147, 148
- – Brunnenhof 68, 147 (Abb. 76)
- – Geweihgang 148
- – Grottenhof 147
- – Hofgartenzimmer 148
- – Hofkapelle 148
- – Kaiserhof 147
- – Königsbau 148
- – Kurfürstenzimmer 148
- – Marstall 147
- – Nibelungensäle 148
- – Päpstliche Zimmer 148
- – Patrona Bavariae (Abb. 77)
- – Porzellankabinett 148
- – Reiche Kapelle 148
- – Reiche Zimmer 148, 346
- – Reliquienkammer 148
- – Residenzmuseum 380
- – Schatzkammer 148, 380
- – Staatsratszimmer 148
- – St. Georgs-Rittersaal 148
- – Residenzstraße 147
- – Rosental 120
- – Ruhmeshalle 68, 149
- – Schackgalerie 152, **380**
- – Schäfflerstraße 120
- – Schrammerstraße 120
- – Schwabing 122, 156
- – Schwabinger Tor 120, 127
- – Sendlinger Tor 120, 156
- – Siegestor 122, 151
- – Sparkassenstraße 120
- **Staatliche Antikensammlung** 149, **380**
- **Staatliche Sammlung ägyptischer Kunst** 380
- **Staatliche Graphische Sammlung** 380

- Staatl. Münzsammlung 380
- Staatliches Museum für Angewandte Kunst 378
- Staatliches Museum für Völkerkunde 380
- Städtische Galerie im Lenbach-Haus 380 (Abb. 73)
- Stadtmuseum 63, 149, 379 (Abb. 29)
- **Stuck-Villa** 379
- **St. Anna auf dem Lehel** 57, 62, 72, **145** f.
- St. Bonifaz 122, 268
- **St. Johann-Nepomuk** (Asam-Kirche) 57, 74, **145** (Farbt. 7; Abb. 68)
- St. Kajetan s. Theatinerkirche
- St. Michael 69, **126** f. (Abb. 70)
- St. Michael in Berg am Laim 62, 146 (Abb. 81, 82)
- St. Peter 57, 63, 65, 69, 120, 124, **125** (Abb. 66)
- – Schrenck-Altar 125
- – St. Eligius-Altar 125
- **Theatinerkirche** (St. Kajetan) 31, 60, 61, 73, 122, **127**, 227, 297 (Farbt. 5; Abb. 67)
- Theresienwiese 149, 156
- Unteres Tor 150
- **Valentin-Musäum** 380
- Viktualienmarkt 118, 156
- Werner-von-Siemens-Institut 380
- Wittelsbacher Brunnen 150

München 26
Münsterschwarzach 307
Murnau 52, 65, 236, **238**, 363, 368, 372, 373, 376 (Abb. 7)
- Schloß 238
- St. Nikolaus 70, **238**
Murnauer Moos 238

Neubeuern 301 (Farbt. 20)
- Mariae Empfängnis 301
Neuburg a. D. 102, 103, 374, 381

398

- Hofkirche 102
- Schloß 102

Neumarkt – St. Veit 10, 332 f.
- St. Johannes Baptist 332
- St. Veit 332

Neuötting 336 f. (Abb. 198)
- Burghauser Tor 336
- Landshuter Tor 336
- Spitalkirche 337
- St. Anna 337
- St. Nikolaus 336 f.

Neuschwanstein, Schloß 242, 270 (Farbt. 45)

Niederarnbach 103
Niederaudorf 369, 373
Niederbayern 9, 23, 27, 28, 32, 97
Niederlande 28, 32, 119
Noricum 24, 25
Nördlinger Ries 378
Nürnberg 163
Nußdorf 372

Oberammergau 12, 70, 77, 236, 237, **240**, 365, 368, 373, **374, 381**, 384
- Geroldhaus 78, 240
- Heimatmuseum 240, 381 (Abb. 138)
- Kölblhaus 78
- Pilatushaus 78, 240
- St. Peter und Paul 66, 71, 77, **240** f. (Abb. 137, 139)

Oberaudorf 369
Oberföhring 111, 120
Obergrainau (Abb. 131)
Oberpfalz 9, 23, 73
Oberwittelsbach 104
Obing, St. Lorenz 354
Odelzhausen 105
Ohlstadt 77
Osterfelderkopf 365
Ostermünchen, St. Laurentius und Stefan 357
Österreich 27, 31 32, 49, 56, 299, 337, 341, 261
Ostsee 124

Pang 301
Partenkirchen s. Garmisch-Partenkirchen

Partnachklamm 22, 237, 365
Passau 299, 337, 349
Perlach 158
Peißenberg 274
- Maria Aich 66, **274** f.
- St. Georg 275

Peiting **26** f.
Penzberg 362 (Farbt. 21)
Perach 54
Perchting 58
Petersberg (bei Dachau) 223
Petersberg, St. Peter (bei Eisenhofen) 69, **106** (Abb. 51)
Petersberg, St. Peter (bei Fischbach) 301
Petersburg 71, 148
Pfaffenhofen 108, **381** (Abb. 50)
- Museum (Mesnerhaus) 381
- St. Johann Baptist 108
Pfaffenwinkel 244 ff., 362, **363, 367**
Pförring 100
Piding 369, 373
Pobenhausen 103
Pöcking 270
Polling 15, 26, 58, 66, 71, **271** f.,
- Heimatmuseum 381
- Liebfrauenkirche 69
- Stiftskirche 69, 70, 72, **271** (Abb. 153, 154)

Pöring, Schloß 75, **265**
Possenhofen 270
Potsdam 265
Pöttmes, St. Peter und Paul 104
Prag 352
Preußen 32, 49, 51
Prien 219, 363, 368, 373, **381**
- Heimatmuseum 381
- Mariae Himmelfahrt 219

Rabenden 353
- St. Jakobus major 54, **353** (Abb. 214)

Raiten, St. Maria 175
Raitenhaslach, Pfarrkirche St. Georg 75, 341, **345** f. (Abb. 205)

Ramersdorf, St. Maria 63
Ramsau, St. Fabian und Sebastian 171 (Farbt. 15; Abb. 14)
Rappoltskirchen, St. Stephan 67
Rätien 24, 25
Rauschberg 365
Rebdorf (bei Eichstätt) 102
Regensburg 26, 69, 109, 339, 345, 354
Reichenkirchen, St. Michael 116
Reichersbeuern 230
- Schloß Sigriz 230
Reichersdorf, St. Leonhard 63
Reichertshausen, Wasserschloß 107
Reisach, Karmeliterklosterkirche 72, **299** (Abb. 172, 173)
Reit im Winkl 18, **175**, 368, **372, 373** (Abb. 13)
Reschenpaß 24
Rheinpfalz 27
Rieden 238
Riederau, Kreisheimatstuben **382**
Riegsee 238
Rimsting 373
Rohrdorf 362
Rom 57, 97
Rosenheim 302 f., 354, 361, 362, **363**, 368, 373, **382**
- Heimatmuseum 381
- Loretokapelle 303
- Max-Josephs-Platz 303
- Mittertor 303
- Städtische Galerie **382**
- St. Nikolaus 303
Roseninsel 24
Rott am Inn 21, 56, **307** f.
- **St. Marinus und St. Anianus** 61, **62**, 64, 65, 307 (Abb. 180–184)
Rott (bei Schongau) 58, **265**
- Ottilienkapelle 265
- St. Johannes 265
Rottach-Egern 226, 365, 368, 369, **372, 373** (Abb. 125)

399

REGISTER: ORTE

– St. Laurentinus 230
Rottenbuch 15, 70, 71, 163, 170, 240, **297**,
– Augustiner-Chorherrenstift 63, 71, **297**,
– Stiftskirche Mariae Geburt **70, 297** Abb. 167, 168,170)
Rotwandgebiet 365
Ruhpolding 10, **174 f.**, 362, 365, 368, 372, 373, **374**, 382
– Bartholomäus-Schmucker-Heimatmuseum 382
– Museum für bäuerliche und sakrale Kunst 175, **382**
– St. Georg **174 f.** (Farbt. 13)
Rupertiwinkel 25, 168, **339 ff.**, 363
Rußland 49

Salmannskirchen, St. Oswald 67
Salzach 25, 28, 32, 171, 339, 341, 344, 349
Salzburg 26, 61, 64, 170, 171, 172, 217, 225, 307, 336, 344, 351, 358, 361
Samerberg **365**
Sandizell 103
– Schloß 58, 103
– St. Petri 57, 58, **103** (Abb. 28)
Schachen, Schloß 237
Schäftlarn 15, 161, **164**, 248, **374**
– Benediktinerabtei 72, 73, 74, 75, **164** (Abb. 24, 91–93)
Scheyern 107 f., 223, 238
– Mariae Himmelfahrt **108 f.**
Schleching, St. Remigius 175
Schlehdorf 234
– Kloster 61, 234
– Stiftskirche St. Tertulin 74, **234** (Abb. 126)
Schleißheim 57, 60, 65, 74, 75, 122, **160 f.**, 362, **374**, 382
– Altes Schloß 160, 305
– Neues Schloß **161, 382** (Farbt. 12; Abb. 83)
– Lustheim 160, **383**

Schliersberg 365
Schliersee 50, 224, **363, 365**, 367, 368, 373, **374, 383**
– Heimatmuseum **383**
– St. Georgskapelle 224
– St. Sixtus 63, 77, **224**
Schliersee 224, 362 (Abb. 114)
Schondorf 373
Schongau 22, 26, 57, **275 f.**, 362, 373, **374**
– Mariae Himmelfahrt 65, 70, 72, **276**
– Rathaus (›Ballenhaus‹) **276** (Abb. 158)
Schongauer See 276
Schrobenhausen 10, 80, **103**, **383**
– Heimatmuseum **383**
– Lenbach-Museum 103, 383
– Salvatorkirche 58, 103
– St. Jakob **103**
Schwaben 21, 55, 75
Schwetzingen 152
Schwindegg, Wasserburg 331
Seebruck 369, 373
Seehausen 238
Seeon 14, 54, 76, **354 f.**
– St. Lambert **354** (Umschlagvorderseite, Farbt. 53; Abb. 215, 216)
– St. Maria **356**
Seeshaupt 362
Segesta 149
Sendling 231, 234
Siegsdorf 362, 369, 373
Siena 358
Sizilien 149
Spitzingsee 224
Staffelsee 238, 365, 366
Starnberg 50, **269 f.**, 362, 368, **383**
– Heimatmuseum **383**
– St. Joseph 65, **269** (Abb. 26, 145)
Starnberger See (Würmsee) 24, 50, 51, **269 f.**, 362, 365, 370
Steiermark 27
Steindorf, St. Johannes der Täufer 73
Steingaden 277, **280**, 362, 374

– Kirche des Prämonstratenserklosters 72
– St. Johann Baptist **59, 280** (Farbt. 44; Abb. 27, 169, 171)
Steinhausen 75
Straubing 28, 124
Streichen-Kapelle (bei Schleching) **175** (Farbt. 14; Abb. 106)
Stuttgart 65
St. Anton 365
St. Bartholomä 12, **171** (Umschlagrückseite)
St. Florian s. Frasdorf
St. Leonhard 232
St. Leonhard im Forst 275
St. Nikolaus (bei Breitmoos) 173
St. Nikolaus im Walde 275
St. Pankratius 173
St. Pölten 226
St. Quirin 227
St. Wolfgang (bei Baumburg) **353**
St. Wolfgang (bei Haag) 117, **330** (Abb. 199)
Sudelfeld 223
Sylvenstein-Stausee 232

Tatzelwurm 223, 362
Taubenstein 365
Tegernsee 10, 26, 63, 75, 162, **226 ff.**, 266, 362, 363, 368, 369, 373, **374, 383**
– Heimatmuseum **383**
– Schloß 227
– St. Quirin 56, 67, 163, **226, 227** (Abb. 115–117)
Tegernsee **226, 228 f.**, 365, 370
Teisendorf 339, 357
Thalkirchen, St. Maria 65
Theiß 26
Thonhausen, St. Coloman 108
Tiroler Ache 176
Tittmoning 339, 346, 373, **383** (Abb. 207)
– Allerheiligenkirche **348**
– Burghauser Tor 347
– Heimathaus des Rupertiwinkels **383**

- Khuenburghaus 347
- Rathaus 347 (Abb. 208)
- Salzburger Tor 347
- Schloß (Heimatmuseum) 346
- – Kapelle St. Michael 346f.
- St. Laurentius 348
- Wagner'sches Haus 347

Tolbath, St. Leonhard 99 (Farbt. 3)
Toter Mann 364
Traun 32, 352, 357
Traunstein 356f., 362, 368, 373, 374, 383f.
- Brothausturm 384 (Abb. 217)
- Heimathaus 383
- Liendlbrunnen 356
- St. Oswald 60, 73, 357 (Abb. 217)
- St. Rupert in der Au 22, 357 (Abb. 218)
Trausnitz 341
Trier 226
Trostberg 54, 340, 351
- Gasthof ›zum Pfau‹ 352
- St. Andreas 351
Tuntenhausen 21, 305
- Mariae Himmelfahrt 305ff. (Abb. 177)
Tüßling, Schloß 338
Tutzing 78, 270, 372, 373

Überlingen 76
Übersee-Feldwies 369, 373
Uffing 77, 238, 270, 369
Unterammergau 78, 240 (Abb. 134, 140)
Unterelkhofen 354
Unterholzhausen 54
Unterpfaffenhofen 158
Unterwössen 369, 373
- St. Martin 175
Urfeld 369
Urschalling, St. Jakobus 217ff. (Abb. 107, 108)
Utting 369

Venedig 29, 121, 235
Versailles 51, 220, 221, 377
Vilgertshofen, Wallfahrtskirche zur schmerzhaften Maria 58, 71, 72, 265 (Farbt. 50)
Vohburg 80, 100f.
- Burg 100f.
- – St. Peter 101
- Stadttor 101

Waakirchen (Abb. 8)
Waging 339, 351, 368, 373
- St. Martin 351
Waginger See 351, 366
Walchensee 29, 234, 235, 368, 373
Walkertshofen 105
Wallgau 78, 232, 235, 372 (Abb. 129)
Wallberg 365
Wank 365
Wartenberg 116
Wasserburg 299, 303, 309ff., 329, 349, 362, 367, 368, 373, 374, 384 (Abb. 190)
- Altes Mauthaus 312
- Burg 329
- Frauenkirche 312
- Haus Kern 76, 312 (Abb. 189)
- Heilig-Geist-Spital 312
- Heimathaus 76, 384
- Herrenhaus 329
- Rathaus 312
- St. Jakob 77, 312f. (Abb. 188, 191–193)
Watzmann 12, 169, 171 (Umschlagrückseite; Farbt. 16)
Weihenlinden, Hl. Dreifaltigkeit 304 (Abb. 175, 176)
Weildorf 54
Weilheim 68, 70, 158, 271, 362, 384
- Franziskanerkirche 77
- St. Mariae Himmelfahrt 58, 271 (Abb. 155)
- Stadtmuseum 384

Weißendorf, St. Margaretha 99f.
Wellheim 102
Wendelstein 22, 363, 364
Werdenfels, Burg 53, 235
Werdenfelser Land 17, 168, 235, 236, 298, 363
Wessobrunn 15, 26, 71, 75, 76, 145, 272f.
- Benediktinerkloster 71, 272f. (Abb. 156)
- St. Johannes 58, 273
Westerndorf am Wasen, Heilig-Kreuz 301f. (Abb. 1)
Wettersteingebirge 235, 236
Weyarn 304
- St. Petrus und Paulus 65, 75, 225 (Abb. 25, 118, 119)
Wien 61, 62, 64, 72, 101, 148
Wienerwald 24
Wieskirche (Wallfahrtskirche zum gegeißelten Heiland) 10, 12, 15, 19, 22, 55, 59, 74, 75, 277ff., 362 (Farbt. 47, 48; Abb. 164–166)
Wieskirche b. Freising s. das.
Wilparting, St. Marinus-Arianus 225 (Farbt. 23)
- St. Veit 225
Winhöring 337f.
- St. Peter und Paul 338
- Schloß 338
Winklmoosalm 175
Wolfratshausen 270, 362
- St. Andreas 270
Wolnzach 80
Worms 339
Würmsee s. Starnberger See
Würzburg 65

Yelditz 237

Zahmer Kaiser 299
Zell, St. Valentin 173
Zugspitze 12, 22, 168, 236, 237, 365 (Abb. 130)
Zweibrücken 49

Abbildungsnachweis

Farbtafeln und Schwarzweiß-Abbildungen

Wilfried Bahnmüller, Gelting   Abb. 45, 50, 86, 94, 124, 126, 127, 132, 145, 173, 174, 194, 198, 199, 209, 217, 219
Klaus Barisch, Köln   Farbt. 26, 27
Ernst Baumann, Bad Reichenhall   Abb. 96, 98, 100, 102–104, 106
Max Baur, Aschau   Abb. 57, 78, 80, 91, 93, 111, 118, 143, 152, 165, 185, 186, 190, 191, 196
Bayerische Staatsgemäldesammlungen, München   Abb. 31, 32, 41, 43
Joachim Blauel, Gauting (Graphische Sammlung, München)   Farbt. 19, 20
Anneliese Eckert, Kükelühn   Farbt. 2, 3
Wolfgang Fritz, Köln   Farbt. 32, 34–37
Erika Groth-Schmachtenberger, Murnau   Abb. 2–4, 58, 115, 158
Dinah Hayt, München   Abb. 54
Michael Jeiter, Aachen   Abb. 14, 99
Joachim Kinkelin, Worms   Umschlagrückseite, Farbt. 5, 9, 21, 24, 28, 29, 47, 52
Peter Klaes, Radevormwald   Umschlagvorderseite, Farbt. 15, 25, 30, 38–40, 43, 53
Löbl-Schreyer, Bad Tölz   Umschlaginnenklappe vorn, Farbt. 1, 18, 33, 41, 42, 44, 50, 51; Abb. 13, 16, 17, 20, 27, 47, 60, 67, 70, 72, 75, 92, 95, 97, 108, 109, 114, 120–123, 130, 131, 134–136, 139, 150, 161, 164, 166, 167, 170, 210

Luftbild Albrecht Brugger, Stuttgart   Abb. 44
Manfred Mehlig, Lauf   Farbt. 4, 16, 17, 22
N. P. Molodowsky, Prien   Abb. 116, 175, 176, 218
Münchner Stadtarchiv   Abb. 35, 40, 42
Münchner Stadtmuseum   Abb. 33, 34, 36–39
Werner Neumeister, München   Farbt. 10, 11, 13, 31, 46, 49; Abb. 1, 5–12, 18, 19, 22–25, 29, 30, 46, 48, 51, 53, 59, 61, 62, 64–66, 71, 73, 74, 81–85, 89, 101, 105, 110, 112, 113, 125, 129, 133, 138, 140, 141, 146–149, 151, 154–156, 159, 160, 177–180, 189, 195, 202, 206–208
U. Pfistermeister, Fürnried   Farbt. 7, 8; Abb. 15, 21, 26, 28, 45, 49, 52, 55, 56, 63, 68, 76, 77, 87, 88, 90, 107, 117, 119, 128, 137, 142, 144, 153, 157, 162, 163, 168, 169, 171, 183, 184, 188, 192, 197, 201, 203–205, 211–216
Praun-Photo, München   Farbt. 14
Fritz Prenzel, Gröbenzell   Farbt. 6, 12
Helga Schmidt-Glassner, Stuttgart   Abb. 79, 181, 182, 187, 193, 200
C. L. Schmitt, München   Farbt. 23, 48
Hugo Schnell/Dreifaltigkeitsverlag, Planegg   Abb. 172

Abbildungen im Text
(die Zahlen bezeichnen die Seiten im Buch)

Altenstadt bei Schongau (Karl Pörnbacher), Altenstadt 1977 277

Altomünster. Schnell-Kunstführer Nr. 589, München/Zürich 1978 105

Altötting, Heilige Kapelle. Schnell-Kunstführer Nr. 19, München/Zürich 1957 335

Anger, Höglwörth. Schnell-Kunstführer Nr. 553, München/Zürich 1972 357, 359

Biller, Josef H./Rasp, Hans Peter: München, Kunst & Kultur-Lexikon, München 1978 145 u. 146

Manfred Brauneck, Hamburg 14, 19, 20, 21, 107, 267, 278, 306

Burg zu Burghausen. Amtlicher Führer, von Johann Georg Prinz von Hohenzollern, München 1978 342, 343

Dehio, Georg, Handbuch der Deutschen Kunstdenkmäler; Ernst Gall, Oberbayern, München/Berlin 1964 106, 172, 233, 239, 271, 308, 332

Franziskanerkirche Ingolstadt, München/Zürich 1977 99

Freising, Dom und Domberg, Reihe Blaue Bücher, Königstein im Taunus (Domkirchenstiftung Freising) 111

Fürstenfeldbruck. Schnell-Kunstführer Nr. 6, München/Zürich 1978 162

Erika Groth-Schmachtenberger, Murnau 241

Die Kirchen der Pfarrei St. Georg, Freising, München/Zürich 1972 114

Knopp, Norbert: Die Frauenkirche zu München und St. Peter, Stuttgart 1970 124, 125

Lieb, Norbert/Sauermost, Heinz Jürgen: Die Kirchen in München, München 1973 127, 128, 145 o.

Matthäus Merian, Topographia Germaniae; Bayern 1657, Neue Ausgabe, Kassel 1972 Frontispiz S. 2/3, 30, 97, 101, 109, 112/113, 118, 159, 169, 220, 228/29, 246/47, 268, 310/11, 334, 337, 348, 352, 355

Nöhbauer, Hans F.: Wittelsbach und Bayern, Reisen durch 800 Jahre Geschichte, München 1980 Übersicht ›Die Wittelsbacher‹ in der hinteren Umschlagklappe

Nymphenburg: Schloß, Park und Burgen, Amtlicher Führer, bearb. von Gerhard Hojer und Elmar D. Schmid, München 1979 153, 154, 155

Reitzenstein, Alexander von/Brauner, Herbert: Reclams Kunstführer Deutschland Band I: Bayern – Baudenkmäler, Stuttgart 1974 279

Rottenbuch. Schnell-Kunstführer Nr. 8, München/Zürich 1977 297

Ruhpolding. Schnell-Kunstführer Nr. 28, München/Zürich 1978 174

Schindler, Herbert: Große Bayerische Kunstgeschichte, Originalausgabe 1963 sowie verbesserte Studienausgabe 1976, Süddeutscher Verlag, München 218, 345, 347

Schuberth, Ottmar: Die Bauernhöfe auf der Glentleiten, München 1979 15, 16, 17

St. Wolfgang. Schnell-Kunstführer Nr. 1020, München/Zürich 1974 331

Michael Wening 119, 120, 121, 126

Westerndorf. Schnell-Kunstführer Nr. 667, München/Zürich 1970 302

Vom Autor des vorliegenden Buches sind in unserem Verlag erschienen:

Die Schweiz
Zwischen Basel und Bodensee · Französische Schweiz · Das Tessin · Graubünden · Vierwaldstätter See · Berner Land · Die großen Städte

Bulgarien
Kunstdenkmäler aus vier Jahrtausenden von den Thrakern bis zur Gegenwart

Bitte beachten Sie auch folgende Veröffentlichungen aus unserem Verlag:

München
Von der welfischen Gründung Heinrichs des Löwen bis zur Gegenwart: Kunst, Kultur, Geschichte. Von Klaus Gallas

»Richtig reisen«: München
Von Hannelore Schütz-Doinet und Brigitte Zander

Das Allgäu
Städte, Klöster und Wallfahrtskirchen zwischen Bodensee und Lech. Von Lydia L. Dewiel

Bodensee und Oberschwaben
Zwischen Donau und Alpen: Wege und Wunder im ›Himmelreich des Barock‹. Von Karlheinz Ebert

Der Schwarzwald
und das Oberrheinland. Wege zur Kunst zwischen Karlsruhe und Waldshut: Ortenau, Breisgau, Kaiserstuhl und Markgräflerland. Von Karlheinz Ebert

Württemberg-Hohenzollern
Kunst und Kultur zwischen Schwarzwald, Donautal und Hohenloher Land: Stuttgart, Heilbronn, Schwäbisch Gmünd, Tübingen, Rottweil, Sigmaringen. Von Ehrenfried Kluckert

Oberpfalz, Bayerischer Wald, Niederbayern
Kunst, Kultur und Landschaft im Nordosten Bayerns. Von Werner Dettelbacher

Zwischen Neckar und Donau
Kunst, Kultur und Landschaft von Heidelberg bis Heilbronn, im Hohenloher Land, Ries, Altmühltal und an der oberen Donau. Von Werner Dettelbacher

Franken
Kunst, Geschichte und Landschaft. Entdeckungsfahrten in einem schönen Land – Würzburg, Rothenburg, Bamberg, Nürnberg und die Kunststätten ihrer Umgebung. Von Werner Dettelbacher

Tirol
Nordtirol und Osttirol. Kunstlandschaft und Urlaubsland an Inn und Isel. Von Bernd Fischer

Salzburg, Salzkammergut, Oberösterreich
Kunst und Kultur auf einer Reise vom Dachstein bis zum Böhmerwald. Von Werner Dettelbacher

DuMont Kunst-Reiseführer

Ägypten und Sinai – Geschichte, Kunst und Kultur im Niltal
Vom Reich der Pharaonen bis zur Gegenwart

Algerien – Kunst, Kultur und Landschaft
Von den Stätten der Römer zu den Tuareg der zentralen Sahara

Belgien – Spiegelbild Europas
Eine Einladung nach Brüssel, Gent, Brügge, Antwerpen, Lüttich und zu anderen Kunststätten

Brasilien
Völker und Kulturen zwischen Amazonas und Atlantik

Bulgarien
Kunstdenkmäler aus vier Jahrtausenden von den Thrakern bis zur Gegenwart

Volksrepublik China
Kunstreisen durch das Reich der Mitte

Dänemark
Land zwischen den Meeren

Deutsche Demokratische Republik
Geschichte und Kunst von der Romanik bis zur Gegenwart

Bundesrepublik Deutschland
Das Allgäu
Städte, Klöster und Wallfahrtskirchen zwischen Bodensee und Lech
Das Bergische Land
Kultur, Geschichte, Landschaft zwischen Ruhr und Sieg
Bodensee und Oberschwaben
Zwischen Donau und Alpen: Wege und Wunder im ›Himmelreich des Barock‹
Bremen, Bremerhaven und das nördliche Niedersachsen
Kultur, Geschichte und Landschaft zwischen Unterweser und Elbe
Die Eifel
Entdeckungsfahrten durch Landschaft, Geschichte, Kultur und Kunst
Franken – Kunst, Geschichte und Landschaft
Würzburg, Rothenburg, Bamberg, Nürnberg und die Kunststätten der Umgebung
Hessen
Vom Edersee zur Bergstraße. Die Vielfalt von Kunst und Landschaft zwischen Kassel und Darmstadt
Hunsrück und Naheland
Entdeckungsfahrten zwischen Mosel, Nahe, Saar und Rhein
Kölns romanische Kirchen
Architektur, Ausstattung, Geschichte
Die Mosel
Von der Mündung bei Koblenz bis zur Quelle in den Vogesen
München
Von der welfischen Gründung Heinrichs des Löwen bis zur Gegenwart: Kunst, Kultur, Geschichte
Münster und das Münsterland
Ein Reisebegleiter in das Herz Westfalens
Oberbayern
Kultur, Geschichte, Landschaft zwischen Donau und Alpen, Lech und Salzach

Oberpfalz, Bayerischer Wald, Niederbayern
Regensburg und das nordöstliche Bayern
Ostfriesland mit Jever- und Wangerland
Über Moor, Geest und Marsch zum Wattenmeer und zu den Inseln Borkum, Juist, Norderney, Baltrum, Langeoog, Spiekeroog und Wangerooge
Die Pfalz
Die Weinstraße – Der Pfälzer Wald – Wasgau und Westrich. Wanderungen im ›Garten Deutschlands‹
Der Rhein von Mainz bis Köln
Eine Reise durch das Rheintal
Das Ruhrgebiet
Kultur und Geschichte im »Revier« zwischen Ruhr und Lippe
Sauerland
mit Siegerland und Wittgensteiner Land
Schleswig-Holstein
Zwischen Nordsee und Ostsee
Der Schwarzwald und das Oberrheinland
Wege zur Kunst zwischen Karlsruhe und Waldshut: Ortenau, Breisgau, Kaiserstuhl und Markgräflerland
Sylt, Amrum, Föhr, Helgoland, Pellworm, Nordstrand und Halligen
Natur und Kultur auf Helgoland und den Nordfriesischen Inseln
Der Westerwald
Vom Siebengebirge zum Hessischen Hinterland
Östliches Westfalen
Vom Hellweg zur Weser. Kunst und Kultur zwischen Soest und Paderborn, Minden und Warburg
Württemberg-Hohenzollern
Kunst und Kultur zwischen Schwarzwald, Donautal und Hohenloher Land: Stuttgart, Heilbronn, Schwäbisch Gmünd, Tübingen, Rottweil, Sigmaringen
Zwischen Neckar und Donau
Kunst, Kultur und Landschaft von Heidelberg bis Heilbronn, im Hohenloher Land, Ries, Altmühltal und an der oberen Donau

Frankreich
Auvergne und Zentralmassiv
Entdeckungsreisen von Clermont-Ferrand über die Vulkane und Schluchten des Zentralmassivs zum Cevennen-Nationalpark
Die Bretagne
Im Land der Dolmen, Menhire und Calvaires
Burgund
Burgen, Klöster und Kathedralen im Herzen Frankreichs: Das Land um Dijon, Auxerre, Nevers, Autun und Tournus
Côte d'Azur
Frankreichs Mittelmeer-Küste von Marseille bis Menton
Das Elsaß
Wegzeichen europäischer Kultur und Geschichte zwischen Oberrhein und Vogesen
Frankreich für Pferdefreunde
Kulturgeschichte des Pferdes von der Höhlenmalerei bis zur Gegenwart. Camargue, Pyrenäen-Vorland, Périgord, Burgund, Loiretal, Bretagne, Normandie, Lothringen
Frankreichs gotische Kathedralen
Eine Reise zu den Höhepunkten mittelalterlicher Architektur in Frankreich
Korsika
Natur und Kultur auf der ›Insel der Schönheit‹. Menhirstatuen, pisanische Kirchen und genuesische Zitadellen
Languedoc – Roussillon
Von der Rhône zu den Pyrenäen

Das Tal der Loire
Schlösser, Kirchen und Städte im ›Garten Frankreichs‹
Lothringen
Kunst, Geschichte, Landschaft
Die Normandie
Vom Seine-Tal zum Mont St. Michel
Paris und die Ile de France
Die Metropole und das Herzland Frankreichs. Von der antiken Lutetia bis zur Millionenstadt
Périgord und Atlantikküste
Kunst und Natur im Lande der Dordogne und an der Côte d'Argent von Bordeaux bis Biarritz
Das Poitou
Westfrankreich zwischen Poitiers, La Rochelle und Angoulême – die Atlantikküste von der Loiremündung bis zur Gironde
Die Provence
Ein Begleiter zu den Kunststätten und Naturschönheiten im Sonnenland Frankreichs
Savoyen
Vom Genfer See zum Montblanc – Natur und Kunst in den französischen Alpen
Südwest-Frankreich
Vom Zentralmassiv zu den Pyrenäen

Griechenland
Athen
Geschichte, Kunst und Leben der ältesten europäischen Großstadt von der Antike bis zur Gegenwart
Die griechischen Inseln
Ein Reisebegleiter zu den Inseln des Lichts
Korfu
Das antike Kerkyra im Ionischen Meer
Kreta – Kunst aus fünf Jahrtausenden
Von den Anfängen Europas bis zur kreto-venezianischen Kunst
Rhodos
Eine der sonnenreichsten Inseln im Mittelmeer – ihre Geschichte, Kultur und Landschaft
Alte Kirchen und Klöster Griechenlands
Ein Begleiter zu den byzantinischen Stätten
Tempel und Stätten der Götter Griechenlands
Ein Reisebegleiter zu den antiken Kultzentren der Griechen

Großbritannien
Englische Kathedralen
Eine Reise zu den Höhepunkten englischer Architektur von 1066 bis heute
Die Kanalinseln und die Insel Wight
Die britischen Inseln zwischen Normandie und Süd-England
London
Biographie einer Weltstadt
Schottland
Geschichte und Literatur. Architektur und Landschaft
Süd-England
Von Kent bis Cornwall. Architektur und Landschaft, Literatur und Geschichte
Wales
Literatur und Politik – Industrie und Landschaft

Guatemala
Honduras – Belize. Die versunkene Welt der Maya

Das Heilige Land
Historische und religiöse Stätten von Judentum, Christentum und Islam in dem zehntausend Jahre alten Kulturland zwischen Mittelmeer, Rotem Meer und Jordan

Holland
Ein Reisebegleiter durch Städte und Provinzen der Niederlande

Indien
Von den Klöstern im Himalaya zu den Tempelstätten Südindiens
Ladakh und Zanskar
Lamaistische Klosterkultur im Land zwischen Indien und Tibet

Indonesien
Ein Reisebegleiter nach Java, Sumatra, Bali und Sulawesi (Celebes)
Bali
Tempel, Mythen und Volkskunst auf der tropischen Insel zwischen Indischem und Pazifischem Ozean

Irland – Kunst, Kultur und Landschaft
Entdeckungsfahrten zu den Kunststätten der ›Grünen Insel‹

Italien
Apulien
Kastelle und Kathedralen im Südreich der Staufer
Elba
Ferieninsel im Tyrrhenischen Meer. Macchienwildnis, Kulturstätten, Dörfer, Mineralienfundorte
Das etruskische Italien
Entdeckungsfahrten zu den Kunststätten und Nekropolen der Etrusker
Florenz
Ein europäisches Zentrum der Kunst. Geschichte, Denkmäler, Sammlungen
Gardasee, Verona, Trentino
Der See und seine Stadt – Landschaft und Geschichte, Literatur und Kunst
Lombardei und Oberitalienische Seen
Kunst und Landschaft zwischen Adda und Po
Die Marken
Die adriatische Kulturlandschaft zwischen Urbino, Loreto und Ascoli Piceno
Ober-Italien
Kunst, Kultur und Landschaft zwischen den Oberitalienischen Seen und der Adria
Die italienische Riviera
Ligurien – die Region und ihre Küste von San Remo über Genua bis La Spezia
Von Pavia nach Rom
Ein Reisebegleiter entlang der mittelalterlichen Kaiserstraße Italiens.
Rom – Ein Reisebegleiter
Zweieinhalb Jahrtausende Kunst und Kultur der Ewigen Stadt
Rom in 1000 Bildern
Kunst und Kultur der ›Ewigen Stadt‹ in mehr als 1000 Bildern
Das antike Rom
Die Stadt der sieben Hügel: Plätze, Monumente und Kunstwerke. Geschichte und Leben im alten Rom
Sardinien
Entdeckungsreisen auf einer der schönsten Inseln im Mittelmeer
Sizilien
Insel zwischen Morgenland und Abendland. Sikaner/Sikuler, Karthager/Phönizier, Griechen, Römer, Araber, Normannen und Staufer
Südtirol
Begegnungen nördlicher und südlicher Kulturtradition in der Landschaft zwischen Brenner und Salurner Klause
Toscana
Das Hügelland und die historischen Stadtzentren. Pisa · Lucca · Pistoia · Prato · Arezzo · Siena · San Gimignano · Volterra
Umbrien
Eine Landschaft im Herzen Italiens
Venedig
Die Stadt in der Lagune – Kirchen und Paläste, Gondeln und Karneval